丛书主编：张景中院士
执行主编：王继新

教育技术学研究方法（第三版）

Research Methods in Educational Technology

主　编　张　屹　周平红
副主编　陈蓓蕾　范福兰

图书在版编目(CIP)数据

教育技术学研究方法/张屹,周平红主编. —3版. —北京:北京大学出版社,2020.6
21世纪教育技术学精品教材
ISBN 978-7-301-30928-5

Ⅰ.①教… Ⅱ.①张…②周… Ⅲ.①教育技术学－研究方法－高等学校－教材 Ⅳ.①G40-057

中国版本图书馆 CIP 数据核字(2019)第 251801 号

书　　名	教育技术学研究方法(第三版)
	JIAOYU JISHUXUE YANJIU FANGFA (DI-SAN BAN)
著作责任者	张　屹　周平红　主编
丛 书 主 持	唐知涵
责 任 编 辑	唐知涵
标 准 书 号	ISBN 978-7-301-30928-5
出 版 发 行	北京大学出版社
地　　　址	北京市海淀区成府路 205 号　100871
网　　　址	http://www.pup.cn　　新浪微博:@ 北京大学出版社
微信公众号	通识书苑(微信号:sartspku)　科学元典(微信号:kexueyuandian)
编辑部邮箱	jyzx@pup.cn
总编室邮箱	zpup@pup.cn
电　　　话	邮购部 010-62752015　发行部 010-62750672　编辑部 010-62753056
印 刷 者	河北滦县鑫华书刊印刷厂
经 销 者	新华书店
	787 毫米×1092 毫米　16 开本　22.25 印张　540 千字
	2010 年 11 月第 1 版
	2013 年 2 月第 2 版
	2020 年 6 月第 3 版　2025 年 1 月第 5 次印刷
定　　　价	59.00 元

未经许可,不得以任何方式复制或抄袭本书之部分或全部内容。
版权所有,侵权必究
举报电话:010-62752024　电子信箱:fd@pup.pku.edu.cn
图书如有印装质量问题,请与出版部联系,电话:010-62756370

第三版说明

随着我国教育信息化的发展,研究方法在教学研究和科研中的作用日益凸显,"教育技术学研究方法"课程在教育技术学专业整个课程体系中的作用也越来越重要。本书自第一版、第二版出版以来受到了众多读者的青睐,为了更深入地体现教育信息化发展新时期研究的新趋势,本书在第二版的基础上进行了再次修订。

本次修订紧密结合实际教研需求和学科发展前沿,参考专家和读者意见,全面审视书中各章内容。修订的重点主要在以下几个方面。

1. 增加了配套的二维码课程资源

为了方便教师和学生更好地使用本书,本次修订结合作者教学研究经历,开发了配套的课程资源,读者可通过扫描二维码获取。具体资源包括方便教师授课用的教学课件和视频,方便学生学习用的活动任务单、评价量规和作品范例等资源。特别为第2章、第3章、第4章、第5章增加了概念化和操作化、文献综述撰写、调查问卷和访谈提纲设计、实验研究方案设计、内容分析法等内容的案例拓展资源,为第8章和第9章增加了SPSS操作的微视频资源(包括演示型视频和交互视频)及原始数据文件。这些资源将为教师授课和学生学习提供参考和便利。

2. 基于智慧课堂与信息化教育研究实践,更新了书中的部分研究案例

为了体现教育信息化发展新阶段与智慧教育研究的新趋势,对书中的部分研究案例进行了更新。在第1章增加了国外教育技术核心期刊的相关介绍,将第2章、第4章、第5章、第9章的部分案例更新为智慧教室环境下学习投入度、行为特征、形成性评价和同伴评价对学生的学习态度和学习成效的影响等案例,此外更新了第3章的数字化校园调查问卷案例、第10章的研究报告案例和英文科技论文的撰写案例。

3. 重新梳理了书中文字,修订了个别有误的内容

此次修订对书中的文字表述进行了重新斟酌,修订了部分错误表达,调整了个别不当表述,例如,对第4章实验设计描述不具体的地方进行了更新,对第8章中部分书写错误进行了修订,力求达到科学客观。

张屹 周平红

2019年6月27日

第二版说明

自本书第一版出版以来,受到了各位读者的青睐。随着新的研究开展和新媒体技术在教育技术学科中的应用,"教育技术学研究方法"这门课程内容的丰富和完善显得尤为重要。

本次修订紧密结合实际教学需求和学科发展前沿,参考专家和读者意见,全面审视书中各章内容。修订的重点主要在以下几个方面。

1. 增加了新的研究案例

本书第 2 章文献综述的撰写部分新增了"EDR 视野下对外汉语教育游戏的设计与开发"案例;第 4 章,实验研究法中新增了"交互式微视频教学资源能够提高教学效果"的实验研究案例;第 5 章,将原来的"农村中小学现代远程教育期刊论文内容分析"和"移动学习硕博学位论文的内容分析"案例替换为"从技术视角看高等教育信息化——历年地平线报告内容分析"研究案例,将 5.2.1 节内容分析法的特征分析案例替换为"PGP 电子双板与传统教学环境下的教学交互比较研究"案例,将 5.2.3 节的比较分析案例替换为"Discovery 解密——美国探索频道节目研究";第 6 章,将典型案例"现代教育技术公共课网络管理平台建设的行动研究"替换为"教育技术学研究方法课程改革与创新的行动研究"案例;第 10 章,增加了"英文科技论文的撰写"的典型案例。这些案例充分彰显学科研究的最新趋势。

2. 部分章节内容顺序进行了调整

本着科学、规范研究的宗旨,结合实际研究流程,调整了第 3 章调查研究法、第 8 章研究数据的初步分析等章节内容的呈现顺序,调整后的内容更适合学习者的学习需求。

3. 更新了书中 SPSS 软件的版本

因新版软件的出现,本书对第 8 章和第 9 章中研究数据的统计分析部分所运用的 SPSS 软件的相关内容进行了更新,书中所有相关的图形由原来的 SPSS13.0 操作界面更新为 SPSS18.0 操作界面,同时对新版本软件的操作步骤进行了详细的讲解。

4. 重新梳理了书中文字,修订了个别有误的内容

此次修订对书中文字进行了重新斟酌,对一些错误的表述进行了修订。例如对第 9 章因子分析部分内容进行了重新整理,力求达到科学客观。

张屹　周平红

2013 年 1 月 24 日

第一版前言

"教育技术学研究方法"课程作为教育技术学专业的必修课,一直以来受到广大师生的高度重视,尤其在国外的教育技术学专业课程体系中,有关研究方法和统计分析的课程时数占总课时的30%以上,研究方法类型的课程设置在专业人才培养中的重要性可见一斑。

本教材既可作为教育技术学本科生教材,也可作为该专业研究生的选用教材,由于书中涉及大量丰富的教育和教育信息化领域的研究案例,因此还可作为教育专业的师生在讲授或学习研究方法类课程时参考。为方便大家更好地解读研究方法的原理,掌握研究方法的技巧,作者编写了与本教材配套使用的另一本书——《信息化环境下教育研究案例精选》,此书记录了大量真实的研究案例资料,有助于读者模仿与学习,有助于师生讨论与研习,即将由北京大学出版社出版。

本人作为华中师范大学信息技术系的一名教师,长期从事教育技术学专业本科生和研究生的"教育技术学研究方法""信息技术环境下的教育研究理论与实践""现代远程教育原理与技术""学与教的理论与方法"等课程的教学任务。近10年来,我们的研究团队承担了20多项国家级、省部级纵向科研项目和20多项横向科研项目,产生了一批有一定应用价值的研究成果,这些鲜活的、富有生命力的研究经验与研究成果,成为研究方法课程极其宝贵的教学案例,也让我们深刻体会到:高等教育的教学工作与科研工作相辅相成、相得益彰。

有鉴于此,本书以我们研究团队的真实研究项目和研究课题为基础,遵循科学研究的规范研究过程与流程,构建如图0.1所示的课程内容框架。

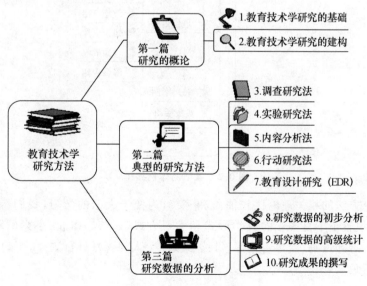

图0.1 本书的内容框架

全书分为三大篇：第一篇，研究的概论，介绍教育技术学研究的基础知识，特别讨论了教育技术学研究的建构、研究方案的设计；第二篇，典型的研究方法，除了讨论教育技术学常用的研究方法，如调查研究法、实验研究法、内容分析法、行动研究法之外，还探讨了在教育和教育信息化领域富有特色的、比较新颖的教育设计研究法（EDR）；第三篇，研究数据的分析，该篇以我们研究团队真实的研究数据为基础，详尽地介绍了如何应用SPSS软件，运用概率与数理统计原理，处理和分析研究数据，并对研究数据做出合理的解释。该篇使用大量的真实研究案例和数据，对统计方法与操作步骤进行了全方位的解析，这是本教材区别于其他同类教材的特色之处。

本教材在章节体例的设计上，充分运用教学系统设计的思想，力图有所创新。每一章按照如图0.2所示的体例编排，涵盖学习目标、关键术语、知识导图、情境导入、课程学习、参考文献等要素，在每一节的课程学习模块，包含问题的提出、理论讲解、经典案例、实践活动等元素。

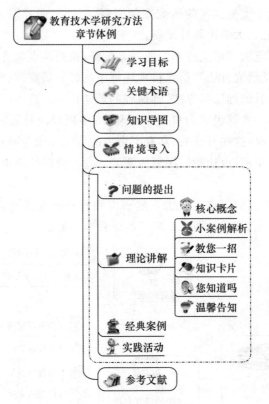

图0.2 章节的体例编排

由于研究方法的相关理论比较抽象和笼统，为便于大家的学习，我们特别在理论讲解模块，精心设置了丰富多彩的教学形式和学习方式，如核心概念、小案例解析、教您一招、知识卡片、您知道吗、温馨告知等，供读者按照个人的喜好进行选择。

本书的特色之处在于以下几个方面。

1. 内容框架的规范性与完整性

"内容是王道",一本好的教材首先需以内容取胜。我们在考虑内容框架时,遵循规范、科学的研究范式和流程,从研究选题至研究成果的撰写与发表,本教材内容涉及完整研究历程中的各个研究阶段,让师生亲历完整的研究过程,厘清研究成果的来龙去脉。

2. 研究案例的鲜活性与丰富性

本教材中绝大部分研究案例均来源于我们研究团队的研究课题和研究项目,这些真实的研究实例,涉及教育技术研究领域的多个方面,极大地丰富了教材的内容,让读者感觉研究工作不再是枯燥的工作,而是一项非常有趣的、充满活力的创造性活动。

3. 知识讲解的生动性与翔实性

为了避免抽象的知识讲解,在教材内容的讲解时,我们尽可能使用生动的研究案例与翔实的研究数据,融合理论知识与实践案例、原理知识与实际操作,化深奥的研究理论为浅显易懂的实例,让读者在情境中学习与模仿,在任务驱动中学习与研究。

我们的研究团队在开展研究活动中,始终得到华中师范大学分管科研工作的杨宗凯副校长的指导,得到华中师范大学社科处处长石挺教授的关心,得到华中师范大学信息技术系主任赵呈领教授、副主任王继新教授、副主任杨九民教授和黄汉福书记、郭春娥书记的大力支持,在此我代表研究团队对各位的关心与支持表示深深的谢意!

在本书的编写过程中,尤其感谢我们研究团队所有成员的辛劳付出,正是有大家无私的奉献,才有今天丰富的研究案例;正是有大家积极的参与,才有今天教材的独特之处。在本书的编写过程中,特别要感谢黄磊、董阁、林钦、林艳华、吕莉、熊建峰、许哲、陈蓓蕾、单利名、陈慧,他们参与了本书初稿的资料收集和编写工作,为本书的出版付出了辛勤的劳动。

本书从策划到出版,得到北京大学出版社的大力支持,在教材策划阶段,北京大学出版社教育出版中心周雁翎主任、周志刚编辑不遗余力地推进教材的出版。在教材编辑阶段,本书的责任编辑唐知涵,花费了大量的时间与精力,同时以专业人士的角度,给我们提出了一些非常中肯的建议。他们饱满的工作热情和认真负责的工作态度,深深感染了我们团队的每一位成员。

最后我要感谢一直以来默默支持我工作的父母、理解我的丈夫和对研究乐此不疲的儿子,有了他们的陪伴,让我的教学和研究工作更加充满活力,让我的生活焕发出旺盛的生命力!

我思故我在,我行故我乐!

张屹

2010 年教师节于桂子山

目 录

第一篇 研究的概论

第1章 教育技术学研究的基础 (1)
1.1 科学研究的概述 (2)
1.2 研究的前期准备 (6)
1.3 文献资料的查询 (12)

第2章 教育技术学研究的建构 (18)
2.1 研究课题的选择 (19)
2.2 文献综述的撰写 (29)
2.3 变量与假设的建立 (42)
2.4 研究方案的设计 (46)
2.5 概念化与操作化 (56)
2.6 研究样本的抽取 (62)

第二篇 典型的研究方法

第3章 调查研究法 (68)
3.1 调查研究法的概述 (69)
3.2 调查问卷的设计 (77)
3.3 访谈法 (94)
3.4 调查的实施 (101)
3.5 调查结果的分析 (110)

第4章 实验研究法 (115)
4.1 教育实验研究概述 (116)
4.2 教育实验的效度 (125)
4.3 单组前测后测设计 (128)
4.4 随机化实验组控制组前测后测设计 (131)
4.5 拉丁方设计 (135)
4.6 单组时间序列分析 (139)

第5章 内容分析法 (144)
5.1 内容分析法的概述 (145)

5.2 内容分析法的应用模式 …………………………………… (156)
5.3 案例分析 …………………………………………………… (163)

第6章 行动研究法 …………………………………………… (171)
6.1 行动研究法概述 …………………………………………… (172)
6.2 行动研究法的应用模式 …………………………………… (178)
6.3 典型案例——"教育技术学研究方法"
    课程改革与创新的行动研究 ……………………………… (185)

第7章 教育设计研究(EDR) ………………………………… (192)
7.1 EDR 概述 …………………………………………………… (193)
7.2 EDR 的研究模式 …………………………………………… (202)
7.3 EDR 经典案例 ……………………………………………… (209)

第三篇 研究数据的分析

第8章 研究数据的初步分析 ………………………………… (217)
8.1 SPSS 数据文件的建立和管理 …………………………… (218)
8.2 研究数据的图表描述 ……………………………………… (232)
8.3 研究数据的频数分析 ……………………………………… (244)
8.4 研究数据的量数描述 ……………………………………… (250)
8.5 研究数据的多选项分析 …………………………………… (257)

第9章 研究数据的高级统计 ………………………………… (262)
9.1 研究数据的参数检验 ……………………………………… (263)
9.2 研究数据的方差分析 ……………………………………… (278)
9.3 研究数据的非参数检验 …………………………………… (288)
9.4 研究数据的相关分析 ……………………………………… (300)
9.5 研究数据的因子分析 ……………………………………… (307)

第10章 研究成果的撰写 …………………………………… (323)
10.1 研究报告的撰写 ………………………………………… (324)
10.2 学术论文的撰写 ………………………………………… (329)
10.3 学位论文的撰写 ………………………………………… (339)

第一篇 研究的概论

第1章 教育技术学研究的基础

学习目标

1. 能够归纳出科学研究的目的,以及社会科学研究中的一些辩证关系,对科学研究的框架有总体认识。
2. 做好科学研究的前期准备工作,包括了解教育技术研究,组建自己的研究小组和管理课题的研究过程。
3. 运用文献查询的常用方式进行文献检索,明确教育技术文献的主要来源。

关键术语

科学研究　辩证关系　前期准备　文献查询

知识导图

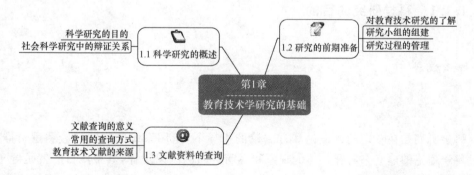

情境导入

随着中国进一步对外开放,不少国家出现了学习汉语的热潮,然而我国现有的数字化教学环境和教学资源远远不能适应世

扫一扫,获得本章课件

扫一扫,获得本章链接资源

界汉语教学发展的形势和需要。为了缓解汉语学习需求与教学供给之间的矛盾,应充分运用网络和多媒体等先进技术,针对国内外不同层次学习者的需要,开发与整合数字化教学资源,设计和开发汉语言远程教学平台,为各国汉语学习者提供汉语学习的多媒体资源和网络化学习环境。

汉语言远程教学平台的设计与开发项目研究的目的是研发一个汉语言远程教学平台。那么,什么是科学研究?在开展研究之前,需要做好哪些前期准备工作?又如何查阅与该研究相关的文献资料呢?

基于对以上问题的思考,我们开始本章的学习。

1.1 科学研究的概述

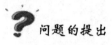
问题的提出

科学是在寻求解答的过程中所发展出的一种答案,我们需要科学研究来探索社会生活的事实。那么到底什么是科学研究,它的目的是什么?社会科学中的辩证关系是什么?这都将是我们这节所要探讨的问题。

几乎所有人都知道科学这个名词,但是,每个人对科学的理解却各不相同。有的人认为科学就是数理化知识;有的人认为科学就是实验室;有的人认为科学就是发明创造,等等。当然,这些都不是科学的本质属性,科学是对一定条件下物质变化规律的总结,是由一系列概念、判断构成的具有严密逻辑性的包含规律性知识的理论体系,是人类认识世界的成果。

本书要将科学视为一种获得知识的研究方法,或者说,是一项有意识的、有准备的学习和理解我们周围事物的重要方法。而明确科学研究的目的,了解社会研究中的辩证关系,对我们理解科学有很大的帮助和指导作用。

1.1.1 科学研究的目的

核心概念

> 真实,就是指客观存在的、精确的现象与关系。

科学研究是在一定的认识论和方法论的指导下,运用系统的实践经验和逻辑推理,通过科学理论的建立来解释具体的现象和说明普遍的因果规律,其根本目的就是寻求真实。真实,就是指客观存在的、精确的现象与关系。它既可以是亲身经验发现的真实,也可以是约定俗成的真实。对于不是亲身经历的事情,科学家有特定的标准来对它进行判断,审核通过的才能确认为真实。然而日常生活中总是存在着一般的、非科学化的研究,同时一些由传统与权威得来的约定俗成的知识可能阻碍我们亲手去发掘真正的"真实"。

1. 一般的人类研究

几乎每个人,甚至一些其他动物,都希望能预知自己的未来。而我们在平时的日常生活中,可能喜欢用因果和概率的推理来进行预测。首先,因为我们知道事情的发生都有它的原因,而未来的发展是受现在的情况影响。例如,我们知道受教育程度会影响我们未来的收入;学生知道努力用功会获得较好的考试成绩等。其次,因为因果关系牵涉到了概率问题,即当某些"因"存在时,与这些"因"不存在时相比较,更有可能产生某些"果",这就是概率,尽管并不是绝对的。在科学研究的帮助下,就能使得因果和概率这两个概念变得更加准确,并且能为它们提供实际的处理技巧,这和人类一般的依据本能的预测是有所不同的。

在一般的人类研究中,即使不了解实际情况也能做预测,当然这样预测的准确性和科学性是大打折扣的。例如,老人感到膝盖酸痛时他们就会预测要下雨了。对人类而言,想要科学、准确地预测未来,就要在自己所掌握和了解的知识范围内进行。如果一个人能够了解事物之间产生关联的原因,能够理解一些固定模式的产生原因,比起那些只是简单地记住这些固定模式的人来说,预测的要更加准确,因为这是在观察和推理之后得出的较为科学的结论。

2. 传统与权威

我们从出生开始,对这个世界的了解和认识,主要是由别人告知的约定俗成的知识,只有少部分是直接通过个人的亲身经验或个人的实际研究得到的。其中,传统和权威就是那些约定俗成的知识的重要来源,它们就像是一把双刃剑,既可以成为我们进一步研究的起点,也可能误导我们的研究。

人类的发展总是在不断地传承某种文化,我们也是在传统文化的熏陶中成长的,而一些根深蒂固的知识构成了传统文化中的一部分。其中一些"众所周知"的传统促进了人类科学研究的发展,因为接受了这些传统,就可以替我们省下很多亲自探究的时间,而让我们有更多的时间去探索新的、未知的知识和领域;不过,有时传统也可能阻碍人类的研究,因为人类往往不会对这些传统产生任何的怀疑,这样也就不会想要尝试寻求异于传统的、新的、不同的观点和认识。

传统的力量是很巨大的,但是我们自己或他人所探索、研究出的新知识还是不断地涌现,而我们对这些新知识的接受程度和发现者的地位有很大的关系,因为我们更愿意信服一个权威专家或学者所说的话。就像传统一样,权威既可能帮助也可能阻碍我们研究的发展。一方面,权威专家或学者在自己某个专长领域的新发现会促进我们知识的增长,对我们的科学研究有一定的支持和帮助;另一方面,一些权威专家或学者的错误言论,或超出他们专长领域所发表的错误意见,都会严重地阻碍我们的研究,给我们带来错误的引导。

3. 真正的"真实"

在我们的日常生活中,人们一般都认为"真实皆显而易见",可是真正的"真实"却比我们日常生活中所想象的要复杂得多。有三个关于真实的观点,即前现代、现代和后现代观点,为其后的科学研究和讨论提供了哲学基础。

(1) 前现代观点。

前现代观点认为"眼见为实",而且这种观点占据了人类历史的大部分时间。他们认为听来的传闻是靠不住的,只有亲眼看到的才算是真实的。

(2) 现代观点。

现代观点认为差异的存在是正当的,人类的主观性是不可避免的,也就是"仁者见仁,智者见智",不是所有人对同一个事物都会持有相同的观点。其实每件事物都拥有自己的本质属性,而不同的人会将自己的主观看法加诸在该事物上,从而产生了有差异的观点。而我们不能认为与自己观点不同的看法就是错误的,只不过是不同的人有不同的看法而已,没有人对,也没有人错。

(3) 后现代观点。

后现代观点认为所有的"真实",都来源于自我观念中的想象,即根本不存在什么外在世界,一切都存在于内在之中。例如,我们通过不同角度看一栋房子,发现每个角度所见的都不一样。不能说某个角度看到的就是它的真正样子,我们只是提供了从不同视角看这栋房子的方式,根本没有真正的房子,只有透过不同观点得到的房子的想象,而这些不同的想象都是一样的"真实"。因此,根本没有客观事实可供观察,只有我们主观的各种观点而已。

1.1.2 社会科学研究中的辩证关系

社会研究本身所包含的各种不同的研究取向是其主要的功能和潜在的用途,这几种不同的研究取向是既相互关联又相互区别的辩证关系,而它们的这种辩证关系使得社会研究的研究方式多学科性,数据收集的方法综合化。现就社会研究中的几种辩证关系进行分析。

1. 个案式与通则式解释

个案式解释是指试图穷尽某个特定情形或事件的所有原因,即试图针对特定的个案进行全面的了解。当我们使用个案式解释时,即运用了所有相关的因素来全面了解某一特定的现象。但与此同时,我们的视野也局限在个案上。也许某个个案的解释可以部分应用在其他情况上,但我们的意图只是在于完全了解某案例之所以发生的全部原因。

通则式解释是指试图寻找一般的影响某类情形或事件的原因,即对许多案例进行概括性的、表面的了解。于是我们在因果表述中经常使用了"总体来说""通常""其他人也是如此"之类的字眼。当我们使用通则式解释时,即运用越少越好的相关因素来大致了解一类现象。

个案式和通则式解释都可以对我们日常生活中的理解有所帮助,且二者都是社会研究中非常有用的工具,两种方式都很好,也都非常有益。但是通则式解释比个案式解释更简约,也更多地被运用于社会科学研究中。

2. 归纳与演绎理论

归纳,在这种逻辑模型中,普遍性的原理来自特定的观察,是从个别到一般的过程,即从个别的观察中寻求一般的模式。演绎,在该逻辑模型中,特定的命题来自普遍性的原理,是从一般到个别的过程,即根据一般的理论预测个别的事件。归纳和演绎这两种模式正好是相反的,但是二者在应用上并不矛盾,这两种不同的方法都是科学研究的有效途径。有些问题可采用归纳,有些则可采用演绎,而更多情况是将二者结合使用。将这二者结合的科学论是人们对问题寻求更完整、更全面了解的有效途径,如图 1.1.1 所示。

图 1.1.1　科学论

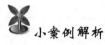小案例解析

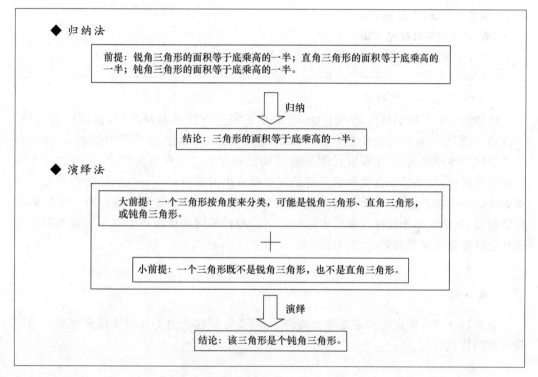

3. 定量与定性分析

定量资料是用数学语言进行描述的,定性资料是用文字语言进行描述的,可见社会科学研究中定量与定性资料实质性的区别就在于数据化和非数据化。

定量是依据统计的数据,建立数学模型,并用数学模型计算出分析对象的各项指标及其数值的一种方法。定量化常常使我们的观察更加准确,收集资料更加容易,能对资料进行从简单的平均到复杂的公式计算等统计分析,从而能够对结果进行比较并得出结论。定性主要是凭分析者的直觉、经验,凭分析对象过去和现在的延续状况及最新的信息资料,对分析对象的性质、特点、发展变化规律等作出判断的一种方法。定性资料的意义比定量资料更为丰富,然而纯粹的文字语言描述也存在着一些不足,比较粗糙,因此就可以对一些定性的描述进行量化。

定量和定性方法都很实用、合理。定量研究通常采用数据的形式,对研究问题进行说明;定性研究大多采用参与观察和深度访谈的方式获得第一手资料,通过文字的形式对研究问题进行阐述。定性是定量的依据,定量是定性的具体化;定性研究为定量研究提供框架,而定量研究又为进一步的定性研究创造条件。如果我们能将二者结合起来灵活运用,就会取得最佳的效果。另外,定性研究通常是与个案式解释相结合,而定量研究是与通则式解释相结合。

小案例解析

> ◆ 定量研究的研究方法
> 调查研究法、实验研究法等。
> ◆ 定性研究的研究方法
> 内容分析法、行动研究法、访谈法、实地考察法等。

4. 纯粹研究和应用研究

社会科学家在科学研究的一开始,就展现了完全不同的两种动机,即理解和应用。一方面,他们想要解释人类社会生活的本质,透过喧嚣的表象去发现其中的意义,即所有科学领域的纯粹研究,其主要宗旨就是推进知识和变量之间联系的理论,为了增加人类的知识而研究,而不关心这类知识是否具有立即应用的价值;另一方面,社会科学家可能受到他们研究主旨的激发,而想要展现他们所学到的知识,想将纯粹研究所产生的知识付诸行动,设法应用于解决人类的实际问题。这两种不同动机所产生的不同研究取向对于社会研究来说都是有效的、重要的。

实践活动

查找科学研究中定性和定量研究的例子,简要分析这些例子如何体现定性研究与定量研究的特点。

1.2 研究的前期准备

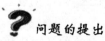
问题的提出

研究的前期准备是为后期研究活动的开展做准备的,只有研究的前期准备做充分,才能保障研究活动的顺利开展。那么前期我们应该做好哪些准备工作,才能为后期诸如选定研究课题、编制研究方案、拟订研究计划、实施研究活动、总结与评价研究成果等研究活动打好基础呢?

做好研究的前期准备工作,对后期研究活动的开展具有很大的帮助作用。通过了解教育技术学研究的现状,分析当前教育技术学领域的前沿研究课题,结合自己的研究兴趣,从而确定自己的研究方向,是进行研究的起点。而科学研究的实施仅靠自己是不够的,需要组建一个研究小组,该研究小组不仅要考虑各个成员的学科特长,还要保证其规模。

1.2.1 对教育技术研究的了解

教育技术研究属于社会科学研究的范畴,但又不同于一般的科学研究,它有自己的任务、特点以及作用。因此,在开展教育技术研究之前,需要对教育技术研究的基本知识有个大概的了解。教育技术研究主要包括教育技术研究的概念、教育技术研究的内容、教育技术研究的方法和教育技术研究的取向。

1. 教育技术研究的概念

核心概念

> 教育技术研究是科学研究中的一种学科应用,是通过科学的研究方法,按照一定的研究程序,应用现代技术的手段,对教育技术学领域中的现象和问题进行研究分析,从而探究教育技术学的本质和规律,解决教育技术学中存在的问题。

教育技术学作为一个正在不断发展的学科,正显示出卓越的生命力,其研究的领域、理念、成果不断扩展,研究队伍不断壮大,研究范围不断延伸。教育技术研究只有在概念、方法、理念等方面达成比较集中的一致性,才能为连贯的科学研究提供模型或范式,才能使研究者把注意力集中在小范围的相对深奥的问题上,只有这样才能对其研究得更细致、更深入,才能使研究更具有指导价值。

2. 教育技术研究的内容

您知道吗?

> 1994年,美国教育传播与技术协会(AECT)发布了著名的 AECT1994 定义:教学技术是对学习过程和学习资源进行设计、开发、使用、管理和评价的理论与实践(Instructional Technology is the theory and practice of design, development utilization, management and evaluation of processes and resources for learning)。
>
> 近年来,教育技术领域发生了重大变化。AECT 定义与术语委员会于 2005 年公布了教育技术的新定义,AECT2005 定义认为:教育技术是通过创造、使用和管理合适的技术性的过程和资源,以促进学习和提高绩效的研究与符合伦理道德的实践(Educational Technology is the study and ethical practice of facilitating learning and improving performance by creating, using, managing appropriate technological processes and resources)。

要了解教育技术研究,就不能脱离教育技术研究的内容;只有搞清楚教育技术研究的内容,才能更好地了解教育技术研究。根据 AECT2005 定义,教育技术的研究对象是与技术相关的过程和资源,其中技术包括硬件和软件两方面的内容,即有形的物质设备、工具手段和无形的、非物质的、观念形态的方法与技能。过程指的是为了达到预期的目标而采取的一系列过程和活动,与技术相关的活动是教育技术的研究对象;资源指的是学习过程中可被学习者利用的一切要素,与技术相关的要素是教育技术的研究对象。

教育技术研究的内容所涉及的领域包括两方面:一方面是基础性探索,包括教学设计研究、学习环境设计研究、创新性技术研究和哲学文化研究等;另一方面是应用性探索,包括面向学校教育所进行的关于信息技术与学校教育的整合研究、面向企业培训所进行的绩效技术研究以及远程教育与远程培训研究。而所有从事教育技术研究的人员都有一个共同的任务,就是构建一个教育技术学科体系,该体系的一个重要部分就是教育技术的基本理论问题。教育技术理论研究的核心应该是如何运用系统的思想、技术学的方法对整个学习过程、学习资源和学习环境进行研究。

3. 教育技术研究的方法

科学研究方法是人们认识客观世界的途径,是研究工作者正确反映客观事物规律的主观手段,是科学研究必不可少的有效工具。不借助科学的研究方法,就得不到反映客观规律性的科学真理。研究方法还是学科之间相互区别的重要标志,不同学科使用的研究方法也不一样。教育技术的研究方法能够为描述教育技术现象、揭示教育技术规律提供获取信息、加工信息、整理信息的方法和步骤,从而使研究者做出科学的解释、预测和控制,建立基础理论,推进应用实践。

教育技术在研究过程中需要使用的方法有两类。第一类是哲学方法,它是教育技术研究的宏观性的、指导性的方法,如辩证唯物主义法。第二类是一般研究方法,它是指在具体研究过程中针对某类问题而使用的方法,主要包括三种:第一种为定性研究法,如内容分析法、行动研究法、访谈法、实地考察法等;第二种为定量研究法,如实验研究法、调查研究法等;第三种为综合研究法,包括系统论方法、软件工程法、EDR研究法以及定性定量相结合的方法。

教育技术属于社会科学范畴,社会科学中各种具体的研究方法具有非常大的通用性。许多社会科学的研究方法,特别是教育学和心理学的研究方法,只要能够达到教育技术的研究目的,我们都可以使用。

4. 教育技术研究的取向

随着社会的不断进步、技术的不断发展,教育技术研究的取向也经历了一系列的演变。回顾和反思这些研究取向,分析教育技术研究取向的现状,展望研究取向未来的发展趋势,对我们合理选题以及从事教育技术研究具有重要的指导意义。

在教育技术发展的初期,由于缺乏专门的研究方法和手段,主要采用描述和观察的方法对媒体技术应用于教学的效果进行描述和观察研究。而媒体技术的功能和效果一直都是教育技术研究的主要取向之一。以前每当有新的技术或媒体被应用于教育领域,都会引发新旧媒体功能的对比研究,现在则主要侧重于媒体的优化设计研究,以及媒体对于人类学习的内部过程可能产生的作用研究。在教育技术中"硬件和软件相结合"的观念产生后,硬件和相配套软件的开发就开始受到重视,如教学和管理平台、网络课程、教学网站和电子课件等。

根据 AECT2005 定义,教育技术研究的范畴包括创建、使用和管理三个方面,其中创建指的是在各种不同的、正式或非正式的环境中,创建学习资料、学习环境、知识管理数据库等所涉及的研究、理论和实践,包括设计、开发过程;使用指的是将学习者带入学习环境,接触学习资源所涉及的理论和实践,包括学习材料的利用、推广革新、整合和制度化等四个子领域;管理包括项目管理、资源管理、传统系统管理、信息管理等领域。这三个方面都包含了评价。教育技术研究的范畴也是教育技术研究的主要取向。

1.2.2 研究小组的组建

组建合适的研究小组是科学研究活动能否成功的关键。在组建研究小组时,必须仔细考虑和权衡,既要强调成员之间的相互合作和帮助,又要强调小组成员的独立性和探索精神;既要全面考虑各个相关领域的专家学者,又要保证研究小组的规模。研究小组的规模是跟研究课题的大小相关的,当某个研究课题非常大时,就需要比较多的小组成员。

在一般的研究小组中,其小组人数大多为4~6人,而研究小组的具体规模需要结合研究课题而定。在选择研究小组成员时,还需要考虑研究课题各个相关领域的专家学者,因为只有把与该课题相关的不同领域的学者组合起来,才能使得整个研究小组的实力更强,如,首先需要能对课题进行整体宏观把握的课题负责人,而在项目的具体实施过程中,又需要相关的设计和开发人才等。把具有不同特长而又是课题需要的人才组合在一起,这样有利于研究活动的顺利开展,因为整个研究小组具有的知识始终比单个成员的知识要丰富;小组成员中不同的知识结构有利于新观点、新看法的出现;研究小组成员间的和谐、友好、及时、有效的交流与沟通有利于课题的研究。

教您一招!

依据课题的研究问题或持续时间来选择研究小组的成员,并可制作如下的研究小组成员情况表:

研究小组成员情况表

课题名称					
持续时间					
成员情况	姓名	性别	年级	科研兴趣与能力	任务分工
组长					
组员1					
组员2					
组员3					
组员4					

1.2.3 研究过程的管理

从研究课题的选定到研究活动的开展与监控、研究成果的总结与发布,在整个课题的研究过程中,会有很多的资料以及阶段性的研究成果,管理好这些资料和阶段性成果,将有利于研究活动的有序开展,也有利于最终形成有一定理论或实践价值的研究成果。因此,我们在课题的研究起始阶段,就可以为自己的研究小组建立一个研究档案袋,收集和管理平时的研究资料以及研究成果;也可以通过博客、空间等工具记录自己小组的研究历程和心得。

1. 电子研究档案袋的建立

电子研究档案袋是让学生收集能够证明自己的研究进步、创新精神和知识技能的成果,可以包括计划、研究过程、最终成果以及相关资料等,以此来评价学生学习和研究的状况。电子研究档案袋记录了学生在某一时期的研究情况,它以学生的现实表现作为评价其研究质量的重要依据,而且能帮助学生有效地调控自己的研究进程。

在课题的研究过程中,建立研究小组的电子研究档案袋,即基于计算机的研究过程档案袋,允许小组成员以多媒体的形式收集、组织档案袋的内容,如视频、音频、动画、文本和图片等,可以让小组成员将收集到的各种资源经过筛选后保存到相应的文件夹中。这样有利于研究小组成员养成良好的学习和研究习惯。

 教您一招!

> 依据研究课题的需要,建立自己的电子研究档案袋。
>
> 首先,需要在电脑的某个硬盘上新建一个文件夹,可以将该文件夹命名为你的研究课题的名称,例如"汉语言远程教学平台的设计与开发"。这个文件夹就是整个研究过程中都要用到的电子研究档案袋。
>
> 其次,在这个文件夹下建立五个子文件夹,分别把这五个子文件夹命名为:
> ① 研究方案:主要存放设计的研究方案、研究计划及与其相关的资料。
> ② 课题资源:主要存放与课题相关的国内外研究资源,如文献资料等。
> ③ 研究素材:主要存放研究过程中所需使用的相关素材,包括研究工具和数据分析资料等,如调查问卷、访谈提纲、评价量表以及数据分析的结果等。
> ④ 成果总结:主要存放课题的研究成果,如学术论文、调查报告等。
> ⑤ 协作交流:主要存放研究过程中与教师、小组成员的沟通交流信息,如邮件、聊天记录等。
>
> 当然,也可以只建立三个子文件夹,即研究方案、资源素材、成果评价。子文件夹的数量完全可以根据研究小组的需要而定。

2. 研究历程和心得的撰写

在课题的研究过程中,研究小组的每个成员都会有很多的心得、体会,或者是对自己研究历程的反思,对自己研究过程的前期阶段进行一个经验总结,提取一些成功或失败的经验,以便更好地指导后期研究活动的开展。而研究历程或经验不会自然而然地成为课题的有效资源,一定需要研究者经过反思并把其记录下来,才能成为课题研究的有用资源。

因此,撰写研究历程和心得,也就是研究者本人将自己研究过程中所发生的一系列事情记录下来,包括如何确定研究课题、如何设计研究方案、研究过程中遇到哪些问题以及如何解决、如何总结研究成果、自己的感想和心得等。

博客,即网络日志,是网络上的一种流水记录形式。博客通常由简短且经常更新的帖子构成,这些帖子一般是按照年份和日期的倒序排列的。博客的内容可以是个人的一些想法或一些事情,也可以是一群人基于某一特定主题或某一共同领域的集体创作的内容。因此,研究小组在研究过程中,可以利用博客这一平台来记录各自的研究历程和心得。这样不仅随时能将自己在研究过程中的收获记录下来,而且也增进了研究小组中不同成员的相互了解。

在"中国博客网"上注册自己的博客。
(1) 打开 http://www.blogcn.com。
(2) 点击"马上去注册",进入"免费注册"的界面(如图 1.2.1 所示),请按照要求将用户名、密码、邮箱和博客名填写清楚。

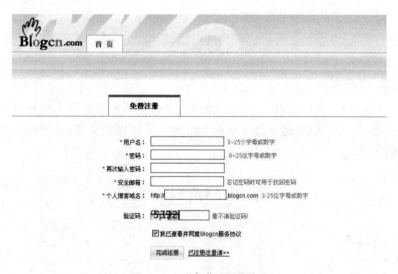

图 1.2.1 "免费注册"界面

(3) 点击"完成注册",就会出现"要能够继续使用 Blogcn,你必须确认你的电子邮箱地址"这样的提示界面。因此,你只要进入自己的电子邮箱,激活自己的博客账号,你的博客就完成了注册并可以使用了。

 经典案例

1. 了解教育技术研究

通过了解教育技术研究的内容、方法和取向,可以发现教育技术研究很关注教学资源和学习过程的设计、开发和应用的研究,而且重视将硬件和软件相结合,以开发出促进教师的教和学生的学的平台。

为了给各国的汉语学习者提供汉语学习的多媒体教学资源与网络化的学习环境,也为了给国内高校的国际文化交流学院和遍布全球的孔子学院提供多媒体教学资源与网络教学平台支持,设计和开发一个面向全世界的汉语远程教学平台是符合教育技术研究的发展趋向,也是具有很强可行性的。

该课题的研究内容主要包括业务需求分析、相关平台的现状调研、平台的设计和开发等;而该课题的研究方法,主要包括访谈法、调查研究法、软件工程法等。

2. 组建研究小组

依据课题的研究目标,该课题的研究需要总体规划、需求调查与分析、平台设计与开发、平台测试等方面的人才。因此,在组建研究小组时,一定要寻找具有这些特长的人才。同时,由于该课题的任务较重、持续时间较长,因此该研究小组的规模也相对较大,小组人数相对较多。

3. 管理研究过程

为了更好地管理本课题的研究过程,可以为其建立一个电子研究档案袋,并注册一个研究小组的交流博客。因为该课题的名称还未确定,所以可以在电脑的 D 盘上先建立一个"新建文件夹",并结合该课题的主要研究内容,在"新建文件夹"内建立五个子文件夹,分别将其命名为:研究方案、课题资源、研究素材、成果总结、协作交流。

实践活动

组建自己的研究小组,每组以 4~6 人为宜,并选出一名同学作为组长,将"研究小组成员情况表"填写完整;同时建立自己研究小组的电子研究档案袋,并注册一个属于自己的研究小组博客。

1.3 文献资料的查询

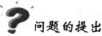
问题的提出

大多数社会研究者在研究时都是从文献回顾开始的,而大多数的研究都可视为对某一特定主题前人研究成果的拓展。在许多情况下,充分利用现有文献、资料,研究者可以了解哪些是已知的、哪些是未知的,这样可以在很大程度上弥补直接观察的不系统性。那么如何才能查询到研究者所需要的文献呢?文献查询的常用方式又有哪些呢?这都将是本节主要探讨的问题。

人类科学的发展有着悠久的历史,从远古的甲骨文记载到如今多样化的书籍、光盘、磁盘等,文献对于知识的继承和传播起着重要的作用。文献包含的内容非常丰富,记载在甲骨、竹木、丝帛、纸张、感光片、光盘、磁性物质等材料上以及发布在网上的信息资源均可称为文献。文献资料的查询是科学研究工作中的一个重要步骤,它贯穿于研究的全过程。首先,文献提供了选题的依据;其次,当研究课题确定之后,又必须围绕选题进行广泛的文献资料查询与阅读。因此,文献资料的查询在研究工作中具有非常重要的意义。

核心概念

> 文献是指记录知识或信息的物质载体,主要是指用文字、图形、代码、符号、音频、视频等方式和技术手段记载在一定载体上,具有一定价值的文字资料、图书资料、音像资料与电子资料等。

1.3.1 文献查询的意义

当今社会,文献的数量可以说是难以估量,其内容包罗万象,涉及社会各个领域。文献查询对于研究者进行科学研究有着非同凡响的意义。通过文献查询,对收集的大量资料进行阅读,不仅能够开阔视野、扩充知识、积累经验,还能启发思路、增强信息意识、借鉴方法,提高自身的科研能力。同时,文献查询还是进行科学研究、论文撰写、制订规划等必不可少的一步,是立题和撰写论文的理论依据。在进行科学研究的过程中,文献查询有以下作用。

文献查询让我们能全面正确地掌握所要研究的问题,更好地选择研究课题并确定研究方向。通过搜集现有的与这一特定研究领域相关的信息,并对所要研究的问题做系统的评判性分析,了解其已经基本解决的问题以及有待进一步研究的问题,了解有关的研究动态,才能选定最有意义、最具可行性的前沿课题。

文献查询为我们研究活动的开展提供了科学的论证依据和研究方法。文献资料的查询是要对国内外该领域的研究学术思想和成果进行查阅,了解国内外在该领域最新的理论、实践和研究方法,这样就可以为我们研究的选题提供丰富且有说服力的理论、事实和数据资料,使研究建立在可靠的资料基础上。

文献查询帮助我们避免了重复工作,提高了科学研究的效益。文献资料的查询使我们了解、熟悉相关研究的发展历史、现状和趋势,使我们能充分了解前人已经解决了的问题,利用前人已经提出的正确观点,不再出现前人已经犯过的错误。这样就避免了重复并减少了盲目性,提高了科学研究的效率,有效地推进了科学研究的发展。

1.3.2 常用的查询方式

一些初学者由于缺乏经验,在文献查询时手足无措,通常会漫无目的地胡乱搜索一番,当然,最后得到的文献也很不理想。文献查询主要有以下几种常用的方式,可供参考。

1. 按照文献的类型查询

按照不同的依据可将文献划分为不同的类型,比如按其载体不同,可将文献划分为印刷型文献、微缩型文献、机读型文献和声像型文献;按其出版形式不同,可将文献划分为图书、期刊、报纸和特种文献(如专利文献、会议文献、科技报告、政府出版物、学位论文、技术档案等);按加工程度不同,可将文献划分为一级文献、二级文献和三级文献,其中一级文献是指没有经过任何加工的原始文献,二级文献如目录、题录、文摘、索引、书目指南等,三级文献如综述、述评、词典、年鉴、手册等。

在查询文献的过程中,可以按照文献的不同类型进行查询,这种查询方式能够搜集到大量的文献,而且比较全面,整理起来也很方便,但是在操作过程中需要花费相对多的时间和精力。

2. "滚雪球"式文献查询

所谓"滚雪球"式文献查询是指根据所选的课题,按时间顺序由近到远搜集比较完善的文献资料,然后再按照这些文献资料上所提到的、引用到的文献和后面的参考文献继续搜索。如此下去,便能轻易地获得大量相关的、有用的文献。这种查询方式简便易行,而且非常奏效,是常用的查询方式。

3. 通过检索工具查询

目前,常用的检索工具主要有文献、索引类期刊,通过这些工具,我们能够快速地获取丰富的国内外文献。国内外权威的检索工具,包括SCIE(科学引文索引)、ISTP(ISI会议录)、JCR(期刊引证报告)、EI(工程索引)和CSSCI(中文社会科学引文索引)等。同时,还可以直接登录到各个专业电子期刊来获取学术论文资源,常用的中文期刊论文数据库包括CNKI数据库、万方数据知识服务平台、维普网等;常用的外文期刊论文数据库包括EBSCO数据库、ScienceDirect数据库、Springer Link电子期刊数据库等。在这些数据库中,只要按照要求输入相对应的关键字,便可根据需要(比如题名、作者、年份等)获得文献资料。但是期刊网的使用并非免费的,这给一部分学习者带来了不便。

通过检索工具进行查询,一般的步骤为:(1)分析研究课题,明确检索要求;(2)选择检索工具与检索手段;(3)确定检索方式与检索主题词;(4)对检索的结果进行分析,做好记录;(5)获得原始文献。通过检索工具进行文献查询是当前最省时、最科学的方式,掌握了它就犹如掌握了一把打开丰富资源库的金钥匙。

温馨告知

◆ 常用中文期刊论文数据库的网址:
① CNKI 数据库:http://www.cnki.net/
② 万方数据知识服务平台:http://www.wanfangdata.com.cn
③ 维普网:http://www.cqvip.com/
◆ 常用外文期刊论文数据库的网址:
① EBSCO 数据库:http://search.epnet.com/
② ScienceDirect 数据库:http://www.sciencedirect.com
③ Springer Link 电子期刊数据库:https://link.springer.com/
◆ 其他学术数据库
① 百度学术:http://xueshu.baidu.com
② 谷歌学术:https://scholar.google.com
③ 读秀学术:http://edu.duxiu.com

4. 由主到次的查询

在进行文献查询的过程中,首先,一般搜集具有权威性的参考书,如专著、教科书、学术论文集等,教科书叙述比较全面,提出的观点为多数人所认同,专著集中讨论了某一专题的发展现状、有关问题及展望,而学术论文集则反映了在一定时期内该领域的研究动向和取得的成果、趋势;其次,我们应该查找期刊或通过互联网进行搜索,这部分文献数量较多,但通常比较散,并且良莠不齐,我们要善于取其精华,去其糟粕。

以上是几种常用的查询方式。在进行文献查询的过程中,应当根据自己的实际情况灵活选择适合自己的方式。此外,在平时工作、学习中,应该养成随时积累,做好读书笔记和文摘的好习惯,以备随时查找。

1.3.3 教育技术文献的来源

教育技术学是一门年轻却富有生命力的学科,它对指导教学工作、提高教学效率发挥着重要的作用。教育技术学文献是记载教育技术学知识的载体,是人们将技术应用于教与学活动中所积累的成果,它包括对学习过程和学习资源的设计、开发、运用、管理和评价的理论与实践的知识,还包括许多教学实践案例、调查研究数据、学科理论方法和软硬件的设计与开发等,涵盖了应用先进的教学媒体促进教与学的经验和教训。关于这一学科的文献,我们可通过以下几个方面进行查询。

1. 教育技术学类书籍

教育技术学类书籍是与教育技术学相关的理论与实践方面的书籍,内容比较全面、系统,包括名著、专著、教科书、手册、教育技术辞书和百科全书、科普读物等,这些书籍可以帮助研究者全面系统地了解教育技术领域的专业术语和专业知识,了解教育技术领域的研究方法、研究内容和研究取向等。

2. 教育技术类期刊

期刊,也称杂志,在辞海中将其定义为:由多位作者撰写的不同题材的作品构成的定期出版物,一般分为国家级期刊、省级期刊和核心期刊。教育技术学作为教育学的二级学科,拥有自己的权威核心期刊,其中有些期刊是以学术为主,有些是以应用为主,有些期刊的主要研究对象为高校,而有些期刊的主要研究对象为中小学。目前,国内主要的教育技术期刊有《电化教育研究》《中国电化教育》《现代教育技术》《中国远程教育》《开放教育研究》《现代远距离教育》《中国教育信息化》《中国教育技术装备》等;国外主要的教育技术期刊有 *Computers & Education*,*International Journal of Computer-Supported Collaborative Learning*,*Educational Technology Research and Development*,*Journal of Computer Assisted Learning*,*British Journal of Educational Technology*,*Journal of Higher Education* 等。

温馨告知

◆ 国内教育技术类权威期刊及网址：
① 《中国电化教育》：http://www.webcet.cn/ewebcet/homePage
② 《电化教育研究》：http://aver.nwnu.edu.cn/
③ 《现代教育技术》：http://xjjs.cbpt.cnki.net/
④ 《远程教育杂志》：http://dej.zjtvu.edu.cn/default.aspx
⑤ 《开放教育研究》：http://openedu.shtvu.edu.cn/frontsite/index.asp
⑥ 《现代远程教育研究》：http://xdyjyj.scrtvu.net
◆ 国外教育技术类权威期刊：
① *Computers & Education*
② *International Journal of Computer-Supported Collaborative Learning*
③ *Educational Technology Research and Development*
④ *Journal of Computer Assisted Learning*
⑤ *British Journal of Educational Technology*
⑥ *Journal of Higher Education*

3. 网络文献资源

近年来，随着网络技术和信息技术的不断发展，出现了一种新的信息资源，即网络文献资源。网络文献资源是指数字化的视频、音频、动画、图片和文本等多种形式的信息资源。利用网络进行文献的检索已是目前最常用、最有效的方法。教育技术的网络文献资源主要是以教育网站的形式存在，通过收集、加工、存储教育技术资源等方式建立的教学资源库等。

 温馨告知

◆ 常用的国内教育技术网站的网址：
① 中国教育信息化网：http://www.ict.edu.cn
② 全国中小学信息技术教育网：http://www.nrcce.com.cn/
◆ 常用的国外教育技术网站的网址：
① 美国教育传播与技术协会：http://www.aect.org
② 美国国际教育技术协会：http://www.iste.org
③ 美国远程教育协会：http://www.usdla.org

第1章 教育技术学研究的基础

 经典案例

运用文献查询的常用方式,我们可以查询到如下与本课题相关的部分文献资料。

1. Belanoff,Pat & Dickson,Marcia (eds). Portfolios：Process and Product [M]. Poutsmouth：Heinemann,1991.

2. Campbell, Melenyzer,Nettles & Wyman,Portfolio and Performance Assessment in Teacher Education [M]. Boston：Allyn & Bacon,2000：22.

3. Barker,P. Designing Interactive Learning Systems [J]. Education& Training Technology International，1990,27(02)：125-145.

4. Ikujiro Nonaka and Hirotaka Takeuch, The Knowledge-Creating Company [M]. New York：Oxford Univ. Press，1995：142-145.

5. 陈丽. 远程教育中教学媒体的交互性研究[J]. 中国远程教育,2004(07)：17-24,78-79.

6. 曾强. 基于知识管理的高中英语网络学习平台的设计与研究[D]. 上海：华东师范大学软件学院，2006.

7. 余胜泉,何克抗. 网络教学平台的体系结构与功能[J]. 中国电化教育，2001(08)：60-63.

8. 彭飞,邰振淮. 中小学教师教育网络平台调查分析[J]. 中国电化教育，2006(05)：39-41.

9. 张新明. 网络学习社区的概念演变及构建[J]. 比较教育研究,2003(05)：55-60.

 实践活动

运用不同的文献查询方式进行文献查询,体验一下哪种文献查询方式最快捷、有效；同时依据教育技术文献的来源,尝试搜集一些与教育技术相关的文献资料,并对其进行详细的阅读。

扫一扫,获得本章活动及学生作品范例

 参考文献

[1] 李克东. 教育技术学研究方法[M]. 北京：北京师范大学出版社,2003.

[2] 艾尔·巴比. 社会研究方法[M].第十一版.邱泽奇,译.北京：华夏出版社,2009.

[3] 张一春. 教育技术研究方法[M]. 南京：南京师范大学出版社,2016.

[4] 裴娣娜. 教育研究方法导论[M]. 合肥：安徽教育出版社,1995.

[5] 付瑛,周谊. 教育研究方法中定性研究与定量研究的比较[J]. 医学教育探索,2004(02)：9-11,21.

[6] 孙宽宁. 对我国教育技术研究未来发展的思考[J]. 当代教育科学,2007(21)：55,64.

[7] 李文光,张文兰,何克抗. 有关教育技术学研究方法的若干思考[J]. 电化教育研究,2002(10)：26-30.

[8] 博客：http://baike.baidu.com/view/1509.htm

[9] 期刊：http://baike.baidu.com/view/244999.htm

第 2 章　教育技术学研究的建构

学习目标

1. 区别研究课题的不同类型,叙述选题的原则、主要途径和思维策略,举例说明好的研究课题应具有的特点和选题应注意的问题。
2. 描述文献资料的处理原则,阐述文献综述的主要组成部分,明确文献综述的撰写步骤。
3. 复述研究假设的特征和作用,并能建立和陈述出符合规范的研究假设。
4. 叙述研究方案的一般格式,设计并制订出合格的研究方案。
5. 解释概念化和操作化,学会将抽象的研究课题进行概念化与操作化。
6. 能为抽样下定义,能分析并运用几种常用的抽样方法和确定样本容量大小的方法。

关键术语

研究课题　文献综述　研究假设　研究方案　概念化　操作化　抽样

知识导图

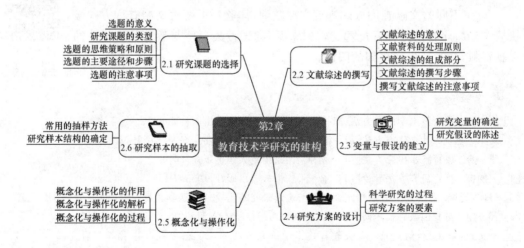

情境导入

情境一:2009 年 3 月 12 日,孔子学院总部总干事许琳谈道:世界各国学习汉语的人数已经超过了 4000 万,很多国家都是以 50% 甚至是翻番的速度增长。但传统的对外汉语教学模式和教学资源已无法满足日益增长的全球汉语学习热潮。信息技术的

扫一扫,获得本章课件

扫一扫,获得本章链接资源

发展改变了传统的教学理念和教学方式，游戏化学习、快乐学习等教育理念不断深入人心，游戏化教学初露端倪，EDR 视野下对外汉语教育游戏的设计与开发项目就是为了满足这一需求而提出来的。

情境二：在研究的前期准备和文献资料查询的基础上，我们对该研究有了一定的了解。汉语言远程教学平台的设计与开发项目就是为了设计和开发出一个符合外国人学习风格、符合国际网络教育技术标准的汉语言教学平台，探索对外汉语教学和中国文化推广的新模式，为学习汉语的师生提供专业化的汉语言教学空间，提供丰富的数字化汉语资源服务。

为了很好地完成以上项目研究，就需要有一个详细而具体的研究计划。那么，如何确定研究课题？如何撰写与研究课题相关的文献综述，并对选题所提出的问题做出合理性的假设，设计出一份切实可行的研究方案？如何对研究课题中的一些研究术语进行概念化与操作化，如何抽取研究样本呢？基于以上问题的思考，我们开始本章的学习。

2.1 研究课题的选择

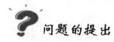
问题的提出

开展任何一项科学研究，首先必须选择并确定研究的中心问题。研究课题的选择是科学研究的起点，是整个科研工作中具有战略意义的一步。那么我们该如何选择并确定一个切实可行的研究课题呢？

科学研究始于问题，发现并提出有意义的问题是科研的起点。研究课题的选择是我们进行科学研究的首要环节，在整个科研工作中具有战略性的意义。课题的选择是科学研究的起始步骤，关系到科学研究的方向、目标和内容，直接影响到科学研究的水平、价值和可持续发展。

核心概念

> 研究课题，是指研究者通过研究想要说明和解决的问题，是研究者依据现存的各种事实理论和自身的主客观条件进行认真分析而确立的研究问题。

2.1.1 选题的意义

1. 课题的选择是决定整个研究工作胜败的关键

课题是研究的起点。选题正确与否，直接影响到研究的方向是否正确，甚至决定了科研所能取得的成果以及成果所带来的科学、社会、经济价值。一个课题通常界定了研究对象、研究范畴、研究主题等多方面的内容，还制约着研究的过程和研究的方式，不同的研究课题，研究方法也不相同。因此，研究课题的选择是整个研究工作成败的关键。

2. 课题的选择是创造力、想象力的体现

科学研究是对前人研究的延伸和拓展，是一个创造性的过程。研究课题的选择要求研究者既要熟悉现有的相关研究,同时还要具有创新的勇气,敢于打破旧学说和传统观念的束缚,放飞丰富的想象力,尽可能产生大量新奇独特的构想。这样,才可能提出具有时代性、新颖性、开放性的研究课题。

2.1.2 研究课题的类型

按不同的角度划分,一般性的研究课题可分为以下几种类型。

1. 按研究的目的分类

(1) 描述性课题。

描述性课题是以描述、研究社会现象的具体情况,发现新特点、新规律为目的的。它是最基本的研究课题,难度比较小,层次也比较低。

(2) 因果性课题。

因果性课题是以揭示两种或两种以上社会现象之间的因果关系为目的的,主要回答"为什么""怎么办"。难度较大,层次也较高。

(3) 预测性课题。

预测性课题是指在清楚社会现象关系的基础上,对事物的发展趋势和状况进行预测。其对实际工作可起指导作用,难度最大,层次最高。

小案例解析

> 根据不同的研究目的,研究课题的案例如下:
> ◆ 描述性课题
> ① 新课程改革背景下的信息技术教材研究
> ② 远程教育视听软件发展规律浅析
> ③ 农村科教电视节目的时代特点和创作手法研究
> ④ 概念地图在知识管理中的应用研究
> ◆ 因果性课题
> ① 农村教育资源优化与信息技术教育开展的策略与方法研究
> ② 信息技术环境下促进中小学生创造性思维培养的教学设计研究
> ③ 培养中学生自主学习能力的网络学习环境设计策略研究
> ④ 网络环境下大学生创新能力培养模式探索及其网络平台的研发
> ◆ 预测性课题
> ① 网络时代教育电视发展趋势研究
> ② 教育改革和发展战略与政策研究
> ③ 高校现代远程教育试点政策变迁及未来对策研究
> ④ 全球化背景下中国影视文化问题发展战略研究

2. 按研究的成果分类

(1) 理论性课题。

理论性课题的研究成果主要是对某些教育观念、教育思想等进行分析,探索教育规律、教学方法,揭示教学现象的本质。其研究成果一般具有广泛的指导意义。

(2) 应用性课题。

应用性课题是为了解决教育教学或社会实践中遇到的困难、问题,其最终成果是对这一问题或困难的具体解决方案或对策。

(3) 综合性课题。

当一个课题既涉及了理论性又涉及了应用性等多方面,便称之为综合性课题。

 小案例解析

> 根据不同的研究成果,研究课题的案例如下:
>
> ◆ 理论性课题
>
> ① 青少年认识信念发展模式与作用机制研究
>
> ② 智慧教育:教育信息化的新境界
>
> ③ 职业教育现代化的内涵、标准、实现路径和监测指标研究
>
> ④ 基于核心素养的智慧教育建构研究
>
> ◆ 应用性课题
>
> ① 个性化自适应学习视野下SPOC建设与教学实践应用研究
>
> ② 互动式土家织锦文化虚拟展示研究
>
> ③ 基于数字媒体技术特色活动的大学生创新创业能力培养实践研究
>
> ④ 基于移动互联网的协同式学习平台的设计与应用研究
>
> ◆ 综合性课题
>
> ① 信息技术环境下创建区域性教师学习共同体的理论与实践研究
>
> ② 基于深度学习的个性化智能导学策略及效果研究
>
> ③ 智慧教室中促进小学生深度学习的教学策略研究
>
> ④ 基于"教师专业标准"的教师培训需求分析模式和教师培训需求信息数据库建设研究

3. 按课题的性质分类

(1) 探索性课题。

探索性课题主要是指前人没有解决的问题或尚未涉及的领域或问题,研究成果能够填补理论或技术上的空白。

(2) 发展性课题。

发展性课题是指在前人研究的基础上延伸和拓展、修正或完善已有理论。

(3) 争鸣性课题。

争鸣性课题是指针对当前一些众说纷纭、暂无定论的问题的研究,最好能提出自己与众不同的观点或看法。

小案例解析

根据不同的研究性质,研究课题的案例如下:

◆ 探索性课题

① 基于手机终端的微学习研究

② 运用交互式电视技术构建远程教学模型的探索

③ 终身学习视野下的微型移动学习资源建设研究

④ 泛在学习中数字化学习资源的开发与应用

◆ 发展性课题

① 现代教育媒体下优秀教师的再定位

② 生态化虚拟学习环境的设计与开发研究

③ 网络环境下大学英语视听教材的再开发

④ 游戏和动画中三维人物模型制作的比较研究

◆ 争鸣性课题

① 关于"知沟"和"数字鸿沟"现象研究

② 基于研究性学习的研究生网络课程的研发与应用

③ 自组织理论指导下的教学设计思想再构

④ EDR 视野下的对外汉语教育游戏的设计与开发

总之,对于教育科研课题可以进行多角度、多侧面的分类。不过各种类型的划分都只是相对的,在现实的教育研究中的课题往往是几种类型的综合。而一个好的研究课题就应该是有价值的、可行的,具有科学的现实性、新颖性且有创造性,表述应该具体明确,让人一目了然。

温馨告知

安德森(G. Anderson)概括的适于进行研究的好课题的 10 个特征如下:

① 能被清晰、准确地陈述

② 能概括与研究有关的一系列具体问题

③ 具有理论背景或基础

④ 与一个或多个研究学术领域相关

⑤ 拥有一定的研究文献供参考

⑥ 具有潜在的意义和重要性

⑦ 能在一定的实践和经费范围内完成

⑧ 能够获得或收集到足够的资料

⑨ 研究者采用的方法适合于这个问题

⑩ 课题是新的,还没有充分满意的答案

2.1.3 选题的思维策略和原则

1. 选题的思维策略

(1) 敢于怀疑。

怀疑是指人们对原有理论、观点、行为等合理性的重新思考。一般而言,科学发展水平越落后,值得怀疑的结论就越多。人类科学的前进就是在不断的怀疑中推动的。怀疑,让我们推翻旧的不合理结论,更进一步接近真理。敢于怀疑会产生许多的问题,而这些问题无疑为我们研究课题的选择提供了丰富的来源。

在教育实践中,当自己的亲身经历或者观测到的事实与现有理论或权威存在不一致甚至矛盾时,不能盲目地相信书本上的结论或是权威的观点,轻易否认自己的经验。我们应当敢于怀疑,然后做进一步的思考核对,提出研究的问题。

敢于怀疑,提出问题,最终结果有两种:一是现存结论是正确的,但是在求证的过程中充实了自己对知识的理解、深化,或许在思考自己的经历为什么与结论不一致甚至相矛盾时会有新的发现;另外一种就是现存结论是错误或者不完善的,无疑,我们提出的新问题便很有意义,我们的研究课题就很有价值。

(2) 变换角度。

变换角度是指摆脱定式思维的影响和已有经验的束缚,以新的视角、新的层次去发现、挖掘新的问题,它是一种另辟蹊径的思考方法,其思维形式具体表现为发散思维和横向思维。发散思维具有不定向性和产生结果的多样性,而横向思维具有新异性,往往出乎意外。因此,即使对待同一事物,当我们变换角度再次审视的时候,通常会有不同的感受,产生不同的看法,从而发现新的问题。

比如在教学活动中,最初是从教师的角度进行思考的,当时绝大部分的研究者所进行的研究都是以教为主的教学方式。随着教育的发展与改革,学生开始受到了重视,于是,教学研究的中心便由教师转向了学生,便产生了以学为主的教学理论。后来,随着教学活动的进一步发展,教育研究者发现单纯地从教师或学生的角度进行研究具有很大的局限性,于是出现了以教师为主导,学生为主体的新型教学模式。

(3) 移植思考。

移植思考是将某一学科领域的原理、技术、方法应用或渗透到另一学科领域。在科学领域中,各学科之间并非孤立存在的,它们之间存在着千丝万缕的关系,有的甚至是相互依存的。比如物理学、化学、统计学需要良好的数学基础,而金融学、经济学、管理学之间存在着密切的关系。因此,当我们面对一些无法直接解决的问题或困难时,尝试把其他学科的理论、方法或技术移植过来,或许会柳暗花明,得到新的启发。

把教育技术应用到各学科的教学中,已成为当今教育的又一热点。比如,在技术上有博客、教育游戏、网络技术等;在理论上有多元智能理论、建构主义理论等;在研究方法上有行动研究法、软件工程法、教学设计研究法等。

2. 选题的原则

并不是所有的问题都能成为研究课题。一个研究课题往往要受到科研的目的、价值、条件等多因素的制约。一般只有那些具有普遍意义和具体可操作的问题才能成为研究课题,因此,课题的选择需要遵从以下原则。

(1) 需要性原则。

需要性原则指的是科研课题的价值,包括理论价值和应用价值两方面,也称为必要性原则或有用性原则。它是课题选择的基本原则,理论是对实践的归纳与总结,又对实践起指导作用,同时又在实践的过程中得到进一步的检验。理论价值主要体现在对现有理论的修正、补充、完善或突破甚至是新理论的提出,弥补现有理论的空白;应用价值主要体现在解决现实问题,提高质量和效益,包括科技、经济、生活、教育等方面的实际需要。我们认识世界的目的在于改造世界,即满足人类生产和物质文明与精神文明的需要。需要性原则充分体现了这一目的。

(2) 创造性原则。

创造性原则是课题选择的核心和要义。科学研究的目的在于揭示教育领域中的新规律、新特点,形成新的教育理论和技术,促进教育的改革和发展。科学研究的过程本身就是一个具有创新性的过程。创造性原则是指研究的课题在内容方面应该是那些没有解决或没有完全解决,尤其是那些具有争议性尚未有定论的问题;在预期成果方面,应具有突破性、独创性,最好能提出新的观点或开发出新的技术。重复别人的研究并没有多大意义,但创造性原则并非要求我们所研究的一切都是全新的,毕竟任何研究都是在前人研究的基础上进行的,选择一个别人尚未涉及的问题进行研究是创新;换一个新的角度重新研究同一事物也是创新;把新的技术或理论应用到某一学科领域中同样也是创新。

(3) 科学性原则。

科学性原则是指选择的研究课题应当以科学理论和科学事实为依据,符合事物发展的客观规律。如果违背科学,研究就会陷入非科学或伪科学的歧途,我们的研究将会徒劳无获。因此,在课题选择的过程中,研究者应以严谨的科学态度出发,认真思考正在构思中的课题或已提出的课题是否符合科学性原则,确保我们的研究没有偏离科学的轨道。

(4) 可行性原则。

可行性原则是指选择的研究课题在已经具备的和经过努力可以具备的条件下,能够克服研究过程中可能产生的所有问题,在一定的时间内能够完成研究任务并取得预期的研究成果,其在课题选择中具有决定性作用。课题的可行性原则包括两方面的内容:一是主观条件,即研究小组的知识储备、研究能力、兴趣爱好等因素;二是客观条件,即要充分考虑社会、学校、家庭的具体条件,现有的科技水平、研究经费、实验器材等因素。我们在选择研究课题的时候一定要量力而行,切忌好高骛远和贪大求全,要选择力所能及的研究课题,对于一些宏观性、操作性很难的课题要慎重考虑。

2.1.4 选题的主要途径和步骤

课题是研究的心脏,有了课题,研究才有了航标;有了课题,研究才有了动力。然而,"万事开头难",如何选择合适的、有意义的研究课题是研究的首要步骤,也是最困难的阶段之一。

1. 选题的主要途径

通过归纳总结,选择研究课题的主要途径有以下几个方面。

(1) 向专家咨询。

专家往往有着广阔的视野、渊博的知识以及丰富的经验,他们可以帮助我们更好地了解和熟悉相关的研究领域,为我们提供有针对性、建设性的意见。一位专家可能只专长于某一方面的研究,因此,我们可以向多位专家咨询。然后,采纳总结各专家的建议,确保我们选择的研究课题有意义。

(2) 进行文献调研。

各种教育报刊、会议资料以及相关的课题指南中蕴含着丰富的信息,查阅大量的文献资料,了解国内外相关研究的历史、现状和发展趋势,可以帮助我们避免重复别人的研究,同时还利于我们发现知识的空白区、争议区或亟待解决的热点问题。

(3) 参加学术活动。

参与各种各样的学术活动,认真听取同行或专家的见解,积极参与讨论,不仅能快速有效地扩充自己的知识,还能在思维的碰撞中擦出灵感的火花,很多研究课题就是由此产生的。

(4) 参与实践活动。

在实践过程中,问题会层出不穷,甚至永无止境。从教育实践的困难和需求入手、分析教育现象、提出要研究的问题是研究课题的重要来源。因此,我们应该多参与各种类型的实践活动,密切关注在教育实践中产生的新问题。

(5) 了解教育发展和教育技术发展规划。

把教育技术与学科进行整合,有效提高教学质量是当今教育界的又一热点。因此,了解熟悉教育发展历史、现状、趋势和教育技术发展的规划,有利于我们研究课题的选择。

(6) 跨学科浏览。

在选择研究课题的时候,我们不要仅仅只局限于某一学科,不同学科之间是相互渗透的,具有密切的联系。我们应当跨学科浏览,多方面考虑,大胆地尝试把不同的学科进行整合或迁移运用。

2. 选题的主要步骤

对于同样一个研究方向,可以有不同层次的研究问题。我们可以根据现有的基础知识、不同的选题途径等来决定选择什么样的问题,并将这些问题转化成研究的课题,选题的主要步骤如图 2.1.1 所示。

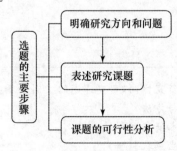

图 2.1.1　选题的主要步骤

（1）明确研究方向和问题。

在确定研究课题前，首先要明确自己的研究方向和所要研究的主要问题。

知识卡片

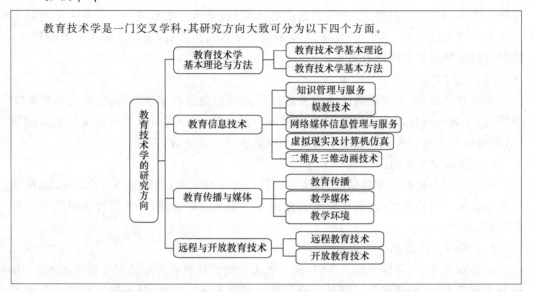

（2）表述研究课题。

在明确了自己的研究方向和问题之后，还必须仔细考虑如何表述这个研究课题的题目。研究课题表述得好，可以为研究者提供从事该研究计划的方向。课题的表述可以采用叙述或描述的形式，也可采用问题的形式。一个研究课题的表述，最重要的一点是它必须能为研究指明足够明确的焦点和方向，人们从题目中可以立刻了解所要研究的内容是什么。

一个研究课题题目的表述，一般要做到以下几点。

第一，明确研究的对象，即应该准确无误地表述所要研究的对象是什么。

第二，明确研究的主要内容，即应该指明研究的焦点问题或研究方法。

第三，用词准确、科学，即避免使用有歧义的词语，用词要清晰、准确、严谨和科学。

第四，用词精练，即尽量做到简洁明了，一般不超过 20 个汉字。

人们在陈述一个研究课题的题目时，常用到以下一些陈述语句：×××的现状和展望，×××的调查研究，×××的实验研究，×××的分析和对策研究，×××的探讨，关于×××的研究，浅议×××，对×××的几点看法，×××在×××中的应用，×××对×××的影响等。

小案例解析

根据教育技术学的四个研究方向，研究课题的案例如下：

◆ 教育技术学基本理论与方法

① 基于大数据的教育技术研究新范式

② 小学生数学核心素养生成机制研究

> ③ 智慧教室环境中小学生协同知识建构研究
> ④ 以教育信息化推进教育精准扶贫研究
> ◆ 教育信息技术
> ① 智慧型 3D 网络学习空间构建与应用研究
> ② 基于双向交互机制的自适应学习系统关键技术研究
> ③ STEM 项目学生评价工具开发与有效性验证
> ④ 生态化虚拟学习环境的设计与开发研究
> ◆ 教育传播与媒体
> ① 信息化背景下虚拟现实技术推进医学教育发展的理论和实践研究
> ② 基于 O2O 模式的学前教育课程资源和教师培训资源开发与应用研究
> ③ 孔子学院与新媒体在跨文化传播中融合发展的探索
> ④ 融合媒体时代中国电视剧的海外新媒体传播与接受研究
> ◆ 远程与开放教育技术
> ① 虚拟学习社区社会网络位置与知识建构的关系研究
> ② 信息技术在开放式教育系统中作用的实验研究
> ③ 协作式在线课程设计理论与实证研究
> ④ 网络环境下用户自适应性学习资源推荐机理研究

（3）课题的可行性分析。

在日常的学习和工作中，可供我们研究的课题很多。但是，某些研究课题的进行往往受到许多因素的制约，所以，我们不可能盲目地把任何问题都拿来进行研究，必须有所分析，以判定这一研究课题是否可行。

我们常常从人力、物力、财力、时间等方面去考虑一个课题的可行性，同时还可以考虑该课题是否具有创新性和应用价值。如果一个课题的可行性不高，意味着该课题后面的实施部分将困难重重、举步维艰，甚至无法进行下去或者无法达到预期的研究目标。因此，在选择研究课题时应该充分进行课题的可行性分析。

2.1.5 选题的注意事项

研究者特别是缺乏经验的研究者在选题的过程中，往往会出现这样或那样的问题，在选题的过程中我们应当注意以下几点。

1. 切忌选题过大

有的研究者错误地认为，研究的课题越大，研究成果也会越大。而事实上，对于过大的课题，研究者往往难以将研究向前推进，得到的研究结果也会显得空泛乏力。

2. 切忌选题过难

选题的时候应当充分考虑主客观各方面的具体情况，对于过难的课题，我们难以按时完成，难以取得预期的研究成果。

3. 切忌选题陈旧

重复别人研究的课题，难以获得新成果，对社会或研究并没有多大的意义。我们的选题应当具有新鲜感、时代感。

研究课题的选择并非是随心所欲、一蹴而就的。研究者应当在科学研究中不断积累经验、归纳总结，才能使自己的选题具有价值性、新颖性、可行性、科学性等，成为一个好的、有意义的研究课题。

 经典案例

> 1. 明确研究方向和问题
> （1）研究问题。
> 随着中国进一步对外开放，经济持续快速增长，中国与世界的交往和联系日趋广泛和深入，不少国家和地区出现了学习汉语的热潮。目前，全世界学习汉语的人数已达 3000 万。但我国现有的数字化教学环境和教学资源远远不能适应世界汉语教学发展的形势和需要。在互联网上，中文资源和信息非常有限，为世界各国朋友提供汉语学习的网络平台非常匮乏，这都将不利于汉语和中国文化的推广与传播。
> （2）研究方向。
> 本研究既包括"教育信息技术"，也包括"远程与开放教育技术"。
> 2. 表述研究课题
> 为了缓解汉语学习需求与教学供给之间的矛盾，弘扬和推广中国文化，应充分运用网络和多媒体等先进技术，针对国内外不同层次学习者的需要，开发与整合数字化教学资源，设计和开发汉语远程教学平台，为各国汉语学习者提供汉语学习的多媒体资源和网络化学习环境，为国内高校的国际文化交流学院和遍布全球的孔子学院提供多媒体教学资源与网络教学平台支持，建设一个面向全世界的中国语言与文化推广平台。
> 因此，可将该研究课题表述为"汉语言远程教学平台的设计与开发"。
> 3. 课题的可行性分析
> （1）项目组成员（略）。
> （2）项目组成员完成的与本项目相关的部分研究课题（略）。
> （3）项目的研究条件。
> 本单位现有企业级服务器 IBM X250 8665 8RY 一套，部门组级服务器 IBM X250 8665 71Y 两套等。本单位拥有 IBM WebSphere 4.0、BEA WebLogic 6.1 等价值上百万元的服务器软件和开发工具软件。本单位还有 30 余台数字摄像机、30 余套非线性编辑系统等价值 300 余万元的信息技术设备系统。本单位拥有足够的开发场地和实验室，场地条件好，设备先进而且配套齐全，可为本项目的研究工作提供良好的物质支持。
> （4）项目的创新之处。
> 首次开发满足外国学习者认知风格的专业化的汉语言远程教学平台。
> 首次开发符合国际网络教育技术标准的汉语言远程教学平台。
> 首次开发具有强大扩展和兼容功能的汉语言远程教学平台。

教育技术学可分为四个研究方向：教育技术学基本理论与方法、教育信息技术、教育传播与媒体，以及远程与开放教育技术。（详见本章的"知识卡片"）

请从这四个方向中,选择你感兴趣的研究方向,结合选题的思维策略与原则,依据选题的主要途径和步骤,选择并确定一个研究课题,对该研究课题进行可行性分析,明确该课题的理论价值与实践意义。

2.2 文献综述的撰写

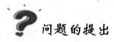

通过研究课题的关键词,可以搜索到很多相关的文献。在仔细阅读完这些文献之后,就可以通过文献综述的撰写来迅速理解这些文献内容,知道其他学者是如何看待这个课题,哪些理论与这个课题相关,相关的理论是如何描述这个课题的,等等。我们该如何撰写文献综述呢?如何才能将所有文献中我们所需要的重要信息和资料总结出来呢?本节主要对以上问题展开讨论。

> 文献综述简称综述,是对某一领域、某一专业或某一方面的课题、问题或研究专题搜集大量相关资料,通过分析、阅读、整理、提炼当前课题、问题或研究专题的最新进展、学术见解和建议,做出综合性介绍和阐述的一种学术论文。

文献综述往往能反映出相关研究的发展历史、新动态、新趋势、新原理、新技术和各家见解等重要信息,为后续研究寻找出发点、立足点和突破口。文献综述是科学文献中的一种。

2.2.1 文献综述的意义

阅读国际上的顶级刊物,我们会发现书评以外的所有论文都有翔实的文献综述,而专门的综述性文章通常是由该领域的一流学者撰写的,由此可看出文献综述受重视之程度。然而,在国内很长的一段时间里,文献综述并没有得到重视。近年来,随着学术规范的逐步建立,这种状况终于有了很大的改善。比如,所有的学术论文都必须有文献综述这一部分。文献综述对于我们进行科学研究具有重要意义。

1. 定位自身研究

写综述,不仅是表示对前辈、同行或知识产权的尊重,还是全面了解自身研究的前提,是对自身研究的定位。有时候一篇论文的意义,只有把它放到一个学术史的脉络中,我们才能真正理解这篇论文的内容和价值。只有通过综述的写作,我们才能更好地了解在相关研究领域中别人贡献了什么,我们应该怎么打算或能够贡献什么,现存研究中有哪些不完善的,我们的研究有什么意义等。

2. 提高科研能力

文献综述并不是对别人的研究作简单的罗列和陈述,也不能以偏概全,根据主观意见加以推断或下结论。一篇优秀的文献综述其实就是一幅学术谱系图,要写好它并不容易。首先,必须熟悉相关研究的重要文献,了解最新进展和动向,这点在"知识大爆炸"的今天,尤其不容易,它需要我们花费大量的精力和时间搜集和整理资料;其次,面对汗牛充栋的文献,必须具备高超的理解能力和概括能力,从宏观上把握总的研究状况,用简洁凝练的语言概括,还需指出现状的不足,提出有针对性的、建设性的意见,并使意见具有一定的导向性和前瞻性。无疑,撰写文献综述能提高我们的判断、分析、综合概括等多方面的能力。

 您知道吗?

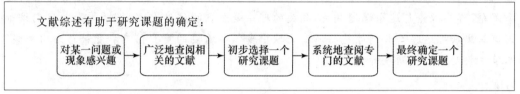

2.2.2 文献资料的处理原则

通过文献查询的常用方式,我们可以搜集到大量的文献资料,这些文献资料可能是研究报告、学术论文、文献评论和个人见解文章等。面对如此丰富的文献资料,我们应该知道文献资料的处理原则,即哪些资料需要优先处理,将哪些文献进行综述等。这样才能将这些文献资料进行合理的归纳整理与综合分析,并提炼出有效的研究结果。因此,我们在对文献资料进行处理时,可参照以下的原则。

第一,面对首次研究的主题或不熟悉的主题时,可以先从百科全书等综合性文献资料中的宏观描述开始,了解其一些概述性的知识,或者从期刊中搜寻与研究主题相关的文章的文献摘要,对该主题有总体的了解。

第二,需要通过核心的权威期刊或国家级期刊,搜寻与该研究主题相关的最近的研究,即包括一些学者提出的问题或假设、搜集的相关数据等,然后再回溯到以前与该研究主题相关的研究。在阅读这些期刊的文献时,不仅要注意每一研究的理论框架、研究背景、研究方法、研究成果,还要注意把这些文章的参考文献记录下来,以便获得更多的研究线索。

第三,由期刊转向与该研究主题相关的书籍,包括学术性专著、单一研究主题的图书或编著的图书等。

第四,搜集与研究主题相关的近期会议论文,这些论文通常是一些最新的研究动态。而搜索的会议应该是国内外的大型学术会议,因为这样的会议才会要求作者提交他们的论文以便进行计算机索引。

第五,还可以在"国际论文摘要"(DAI)上寻找学位论文的摘要,但是因为学位论文的水平存在比较大的差异,所以要对这些论文进行选择。

在查询、阅读、处理文献资料时,一定要注意这些文献资料的质量,重视它们的严谨性、思想性和系统性。比如在期刊数据库中进行文献资料的检索时,就应该选择高水平、有质量保障的国家级或核心期刊的文献。同时在阅读文献的过程中,应该随手对某些重要内容做上标记,并记录下自己的简要评价,这样有助于文献综述的整理和综合。

2.2.3 文献综述的组成部分

文献综述的内容和形式灵活多样,与一般研究性论文的格式有所不同,无严格规定,篇幅大小也不限制。从内容上看,综述一般包括研究的发展、现状、动态、展望以及自己的评论等部分。从结构上看主要分为前言、主体、总结、参考文献四个部分,在撰写文献综述时可以先按这四个部分拟好提纲,再根据提纲进行文献综述的撰写。

1. 前言

前言以简明扼要的语言,阐述写作的目的,提出要研究的课题和研究的目的,介绍相关的概念,以及综述的范围等,使读者对全文有一个初步的了解。

2. 主体

主体是综述的重点,通过对大量文献的查阅、归纳和总结,用自己的语言扼要地论述相关研究的历史发展、现状和动向,并根据已有的资料做出客观、准确的预测,指出现状的不足或填补理论上的空白,挖掘研究课题的价值所在。

文献综述的主体内容一般是按照研究课题的几个关键要素进行总结的,这几个关键要素就是课题的研究重点。因为一般的研究课题中都会包含一个或多个自变量,以及一个或多个因变量(自变量和因变量将在2.3节中详细介绍),这些自变量和因变量就是课题研究的关键要素。因此在文献综述的撰写中,就要将自变量和因变量的学术文献分离开来,分别撰写。

知识卡片

主体内容中包括的几个主题

主题1:总结了"一个或多个自变量"的学术文献

该主题仅论述关于自变量的文献,而且一般是只考虑或只关注几个小部分或几个重要的单一自变量。

主题2:总结了"一个或多个因变量"的学术文献

该主题仅论述关于因变量的文献,尽管因变量有很多,但一般是只写每一个因变量的小部分或只关注单一的、重要的因变量。

主题3:总结了"自变量与因变量的关系"的学术文献

该主题论述了自变量和因变量关系的文献,包括了与研究课题最为接近的研究。如果没有与研究课题相关的文献,就要尽可能找到与课题相近的部分,或者把更广泛层面上提及的与主题相关的研究进行综述,该部分应该相对短小。

各主题的内容灵活多样,既可以按照时间的先后顺序或发展过程,即"纵式"的写法,对各阶段的主要内容进行详尽阐述和评论,也可以按照"横式"的写法,即对该专题国内外的各个方面加以描述并进行比较,当然也可以综合使用"纵横式"的写法或其他的写法。然而,不管采用怎样的写法,综述内容要求全面概括、条理清晰、重点突出,做到有理有据,而且直接或间接引用的文献应该具有代表性、权威性。

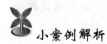
小案例解析

> 例如,"汉语言远程教学平台的设计与开发"文献综述的主体内容可包括以下三个主题:
> 主题1:目前的汉语言教学情况等
> 主题2:现有的远程教学平台或学生学习网站的情况等
> 主题3:相关语言类的教学或学习平台的设计与开发的情况等

3. 总结

总结是综述的结束语,对以上综述内容进行概括,一般包括研究的意义、研究的预期成果、有待解决的问题,或是提出自己的建议。

4. 参考文献

注明作者所引用的资料,不仅是对引用文献的尊重,而且是为了供人们做进一步的查证或研究之用。通过参考文献,可以在一定程度上看出文献综述的深度和广度。

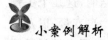
小案例解析

> 请查询并阅读以下文献综述,体会文献综述的组成部分。
> [1] 严莉,杨宗凯,刘三女牙.关于高校教师与网络教学的研究综述[J].电化教育研究,2009(04):39-42,51.
> [2] 李爽,陈丽.远程教育专业人才培养的实践和研究综述[J].中国电化教育,2007(08):49-54.
> [3] 刘建设,李青,刘金梅.移动学习研究现状综述[J].电化教育研究,2007(07):21-25,36.
> [4] 张秀梅.远程教育学基本理论综述[J].电化教育研究,2006(04):31-34,42.
> [5] 陈文汉,张建奇.高等教育网络化教学研究综述[J].比较教育研究,2003(09):46-52.

2.2.4 文献综述的撰写步骤

由于文献综述能概括或确定出研究的主题,因此,其对于研究方案的设计、研究活动的开展等有着非常重要的作用。文献综述的撰写没有固定的模式或方法,但一般可按照以下几个步骤进行。

1. 确定题目和关键词

题目和关键词是整个文献综述的导航。选题时,应该通过多种渠道、多种方式了解信息,选择有意义的、有价值的问题或专题作为我们的题目。而关键词可能在确定题目时出现,也可能在初步查阅文献资料时产生。

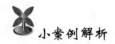 小案例解析

> 题目：智慧教室环境下小学生课堂学习投入度及影响因素研究
> 关键词：智慧教室　iPad教学　学习投入度　影响因素

2. 查询文献及文献摘录

大量、全面的文献资料是撰写文献综述的基础。题目和关键词确定后，我们应该围绕题目和关键词，通过常用的中外文期刊论文数据库，搜集尽可能多、尽可能全面的文献，大概要搜集 50 篇左右与自己的研究主题相关的文献资料。我们可以边搜集边阅读，也可以搜集完毕后再阅读。但一定要认真研读，检阅论文的摘要，善于归纳，善于思考总结，弄清这些文献资料是否有助于我们对自己的研究主题进一步理解。

为了提高阅读效率，并为下一步工作打好基础，阅读时要做好文献摘录，如下表 2.2.1 为常用的文献摘录表。

表 2.2.1　文献摘录表

作者（年份）	文献题目 & 期刊名称，卷（期），页码	摘要记录（研究问题、研究对象、研究方法、研究过程、研究结论等）
……		

 小案例解析

> 题目：智慧教室环境下小学生课堂学习投入度及影响因素研究
> 1. 查询文献
> （1）中文期刊检索。
> 中文期刊检索常用数据库：CNKI 数据库、万方数据知识服务平台、维普网。
> ● 单个关键词检索
> 例如：在 CNKI 数据库中输入"学习投入度"，如图 2.2.1 所示。 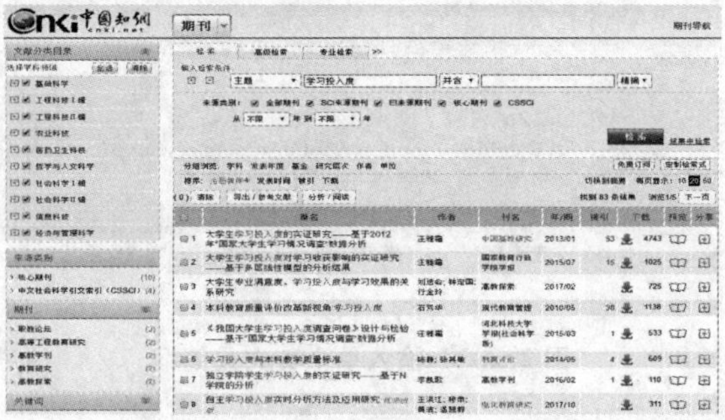
>
> 图 2.2.1　输入单个中文关键词

● 多个关键词检索

例如：在 CNKI 数据库中输入"学习投入度＋影响因素"，如图 2.2.2 所示。

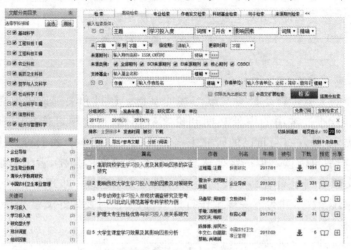

图 2.2.2　输入多个中文关键词

（2）外文期刊检索。

外文期刊检索常用数据库：EBSCO 数据库、ScienceDirect 数据库、Springer Link 全文数据库、Google 学术等。

● 单个关键词检索

例如：在 Spring Link 数据库中输入"learning engagement"，如图 2.2.3 所示。

图 2.2.3　输入单个英文关键词

- 多个关键词检索

例如：在 Google 学术搜索中输入"learning engagement＋influence factor"，如图 2.2.4 所示。

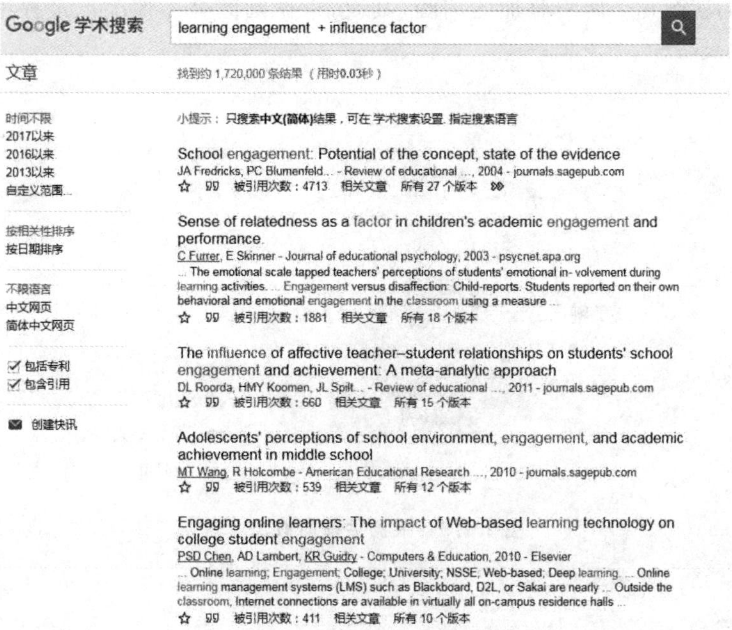

图 2.2.4　输入多个英文关键词

2. 文献摘录

在阅读文献的时候，做好文献摘录，这是撰写文献综述的必要过程，如表 2.2.2 所示。

表 2.2.2　文献摘录表

作者(年份)	文献题目 & 期刊名称，卷(期)，页码	摘要记录(研究对象、研究方法、研究过程、研究结论及启示……)
侯明慧(2011)	小学生课堂参与的现状及对策研究——以青岛开发区两所小学为例[D]. 济南：山东师范大学教育学部，2011.	侯明慧对小学生课堂参与的现状和影响小学生课堂参与的因素，利用问卷调查法、观察法和访谈法进行调查分析，研究发现社交退缩阻碍小学生的课堂参与行为，而教学方式与教学内容也影响了小学生的课堂参与水平
张屹，等(2016)	基于 APT 教学模型的移动学习对学生学习兴趣与成绩的影响研究——以小学数学"扇形统计图"为例[J]. 中国电化教育，2016(01)：26-33.	张屹教授等人基于 APT 教学模型以小学数学"扇形统计图"为例，运用实验研究法对比传统环境与移动环境下基于 APT 教学模型的课堂教学效果。研究发现，移动环境下基于 APT 教学模型的课堂教学能够有效提高学生学习成绩和学习兴趣，同时也增加了学生的认知负荷，但在一定范围内，较高的认知负荷有利于学生学习成绩的提升

3. 根据关键词拟定提纲

前期工作准备就绪后,就要明确整个综述的框架,按照一般的格式拟好提纲。可以根据确定好的关键词相互叠加的方式来拟定提纲,具体做法是:首先确定关键词的个数,有几个关键词就画几个两两叠加的圆圈;其次,根据圆圈叠加情况拟定提纲。具体方法如图 2.2.5 所示①。

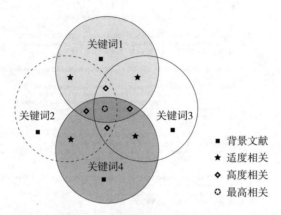

图 2.2.5 根据关键词拟定提纲

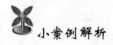 小案例解析

> 题目:智慧教室环境下小学生课堂学习投入度及影响因素研究
> 关键词:智慧教室　iPad 教学　学习投入度　影响因素
> 提纲:(1) 智慧教室及移动学习相关研究
> 　　　(2) 课堂学习投入度的测量研究
> 　　　(3) 课堂学习投入度的影响因素相关研究

4. 提炼文献并评述,撰写成文

在写综述的过程中,必须深刻理解参考文献的内涵,提炼文献中对自己研究有帮助的观点。根据事先拟好的提纲逐个问题展开阐述,做到有论必有据,同时还要融入自己的见解、评述。综述完成后,应该多次修改或询问他人建议,力求做到更好。

(1) 文献综述的写法。

段落写法 1(总—分):每一段落的第一句话可以是结论,后面用不同的文献来支撑。而不是简单地罗列出已经有的研究而没有任何归纳总结。

段落写法 2(分—总):先按照特定的逻辑(年代顺序、发展阶段、不同主题或者观点)进行综述,最后对综述的文献进行总结。

总结部分:在文献研究的最后部分,往往采用"转折"的方式来写。即总结前人在此研究领域的研究成果,已经研究了哪些,还有哪些没有研究;前人已有研究的贡献和不

---

① 此图引自新加坡南洋理工大学国立教育学院陈文莉副教授(终身教职)讲座的 PPT。

足,找出研究的"gap",带出你研究的必要性。

(2)文献引用方式。

引用方式1:"作者(年份)+观点/研究过程及发现等。"如:Tiene(2000)……该方式突出的重点是作者(Author Prominent Citation),或者说是谁的研究。

引用方式2:"观点/研究过程及发现等+(作者,年份)。"如:……(Tiene 2000),该方式突出的重点是观点。

 小案例解析

《智慧教室环境下小学生课堂学习投入度及影响因素研究》中文献综述节选。
(1)国内文献分析。
● 段落写法1(总—分)
学生自身因素包括性别、年龄、对外界的人际关系、社交能力等。Hu和Kuh在研究中发现,女生的学习投入水平高于男生。① Theodossa S. D.认为学生的课堂学习投入度存在性别差异,主要表现为男生在课堂上的参与比女生更为积极主动。② 侯明慧则通过问卷调查分析了小学生课堂参与的现状和影响小学生课堂参与的因素,发现社交退缩阻碍小学生的课堂参与行为,而教学方式与教学内容也影响了小学生的课堂参与水平。③ Carrie Furrer和Ellen Skinner通过对5、6年级的学生研究证明,学生对家长、教师及同伴的亲密度的高低对学生的学习投入度特别是情感投入度有明显的影响,且女学生的亲密度及其对投入度的预测能力均高于男学生。④

● 段落写法2(分—总)
在中小学领域获得较多认可的是Connell和Wellborn开发的"罗切斯特学校评估包"(the Rochester Assessment Package for Schools,简称RAPS)。Miserandino在其基础上对学生行为及情感投入量表进行修订,包括六个行为维度和五个情感维度。国际学生评估项目(PISA)近年来逐渐开始重视学生投入度的研究,PISA的投入度评价包括学校投入、学业投入、学科投入三个方面,主要针对阅读、数学、科学学科进行调查。⑤ 动机与投入量表(the Motivation and Engagement Scale,简称MES)包括小学生、初中生、高中生三个不同阶段学生的动机与投入量表⑥,该量表主要考察学生的认知投入、认知不投入、行为投入和行为

---

① Hu,S.,Kuh,G. D.. Being(dis)engaged in educationally purposeful activities:The influences of student and institutional characteristics[C]. Seattle,WA:Paper presented at the meeting of the American Educational Research Association Conference,2001.

② Theodossa,S. D.. Patterns of participation in classroom interaction:girls and boys on compliance in a Greek high school[J]. Linguistics and Education,2003,14(01):123-140.

③ 侯明慧.小学生课堂参与的现状及对策研究——以青岛开发区两所小学为例[D].济南:山东师范大学教育学部,2011.

④ Furrer,C. & Skinner,E.. Sense of relatedness as a factor in children's academic engagement andperformance[J]. Journal of Educational Psychology,2003(95):148-162.

⑤ Miserandino,M.. Children who do well in school:Individual differences in perceived competence and autonomy in above-average children[J]. Journal of Educational Psychology,1996(88):203-214.

⑥ Martin,A. J.. Motivation and engagement across the academic life span:A developmental construct validity study of elementary school,high school,and university/college students[J]. Measurement Educational and Psychological,2009,69(05):794-824.

不投入情况。孙蔚雯参考国外相关研究,编制了针对高中生的学习投入度问卷,包括行为投入、情感投入、认知投入三个范畴,共七个子维度。① 除使用学生自我报告的形式外,国内外研究者还使用教师打分、课堂观察、访谈等形式对学生的学习投入度进行测量②。综上所述,在测量方式上,对学习投入度的测量主要采用学生自我报告的形式,也可见部分研究采用学生报告、教师打分与课堂观察相结合的测量形式;在测量维度上,大部分量表均从行为、情感、认知三个维度进行测量。

● 总结部分

综上所述,在学习投入度的影响因素方面,国内外学者进行了大量的研究并从多方面进行了论证。可以看出,学习投入度已成为教育研究的热点课题。然而,在已有的研究中,依然存在着研究方法单一等问题。对于信息技术支持下的教学中学生参与度的研究主要集中在对网络学习等方面的研究,针对信息技术支持下的课堂学习,研究较少,仍未形成相关研究体系,需要进一步的探索。

(略)

小案例解析

《EDR视野下对外汉语教育游戏的设计与开发》中文献综述节选。

(1) 国内文献分析。
● 国内游戏设计开发理论方面
● 游戏开发与应用方面
(2) 国外文献分析。
● 教育游戏设计理论和方法方面
● 教育游戏开发与应用方面
● 教育设计研究EDR(Educational Design Research)

2.2.5 撰写文献综述的注意事项

文献综述涵盖着大量的信息,对学术水平和写作要求都比较高,一般只有资深的研究者才能写出高质量、高水平的综述。但是,我们也应该多练习并尝试写综述。一些初学者在写综述的过程中往往会出现这样或那样的问题。

1. 查阅的文献应该全面

掌握大量、全面的文献资料是写好综述的基础。综述不是对几篇文章的简单综合,而是对相关研究的概况、动态、趋势有一个清晰的了解。要达到这一层次,必须是以查阅大量、全面的相关文献为前提的。单凭极少的资料难以写好综述,即使写出来也不算上综述。

2. 避免大量的直接引用或转抄

综述一般避免大篇幅的直接引用,而是通常采取间接引用的方式。所谓间接引用是指

---

① 孙蔚雯.高中生日常性学业复原力、学业投入对学习成绩的影响[D].长春:东北师范大学心理学院,2009.
② Helme,S.,Clarke,D..Identifying cognitive engagement in the mathematics classroom[J].Mathematics Education Research Journal,2001(13):133-153.

作者用自己的语言表述引文的观点,这样往往要求作者具有较好的理解能力和概括能力,同时也要避免转抄其他的综述。在写综述的时候,可以借鉴他人综述的思路或方法,但切不可照搬照抄,必须结合自身的实践经验,写出有别于他人的特色,应具有自身的特点和创意。

3. 避免资料的堆积,注意引文的代表性、科学性

综述不是对相关资料的堆积和对相关观点的罗列,而是要求作者对查阅的文献进行整理、提炼和总结,再结合自己的评论综合而成的。因此,作者在面对浩瀚如烟的文献和众说纷纭的话题时,要善于辨别,选择具有代表性、可靠性和科学性的文献作为参考和写作的基础。

4. 参考文献不能省略

有的科研论文可以省略参考文献,但综述绝不可以,而且列出的文献应是作者亲自阅读过的原文献,但也并非所有的文献都需要列出来,选择主要的、新近的、具有代表性的即可。

知识卡片

文献综述撰写的策略:
(1) 将文献主题归纳总结为不同的类别。
(2) 在写作中要表达自己的观点。

经典案例

在一般的学术论文或学位论文中都会包括文献综述的内容,这样有助于研究者总结前人的经验,为自己的科学研究提供必备的知识基础。现以一篇硕士学位论文为例,分析其中的文献综述。

参见:寇洪丽.EDR 指导下的免费师范生职后远程学习平台的研发[D].武汉:华中师范大学,2009:4-9.其中省略的部分详见该硕士论文原稿。

1. EDR 研究现状

(1) 国外 EDR 研究现状。

在国外,研究者开发了很多成功的案例,其主题涉及虚拟学习环境,基于游戏的学习,数学、科学和技术教育,教师教育和高等教育,在线讨论工具开发等多方面的应用。

① Ann Brown 与 Campione:培育学习者共同体。

培育学习者共同体(Fostering a Community of Learners,简称 FCL)是 Ann Brown 与 Campione(1994,1996;Brown,1992)为 1—8 年级学生开发的一个学习模型,用来激发学生广泛的兴趣和丰富在班级社区中的知识基础。

FCL 关注的是生物学科和生态之类的问题,其研究工作包括了从学习原理的实验室研究到学习环境的设计。研究过程是:通过对学习环境的分析,修正学习原理,进一步修改学习环境形成新的实验室实验,这样一个循环贯穿在 FCL 的三个阶段。

第一阶段：设计的最初目标是鼓励学生更深入地探索学习内容，通过口头和书面的形式，起草和表达他们学到了什么，来增进他们的理解。该设计在实施过程中也实现了更重要的社会目标：学生对多种学习技能的关注。由此在第一阶段出现了两个重要的理论观点：即"多样性技能"（Diverse Expertise）的概念和"学习者社群"（Community of Learners）的概念。

第二阶段：针对在学生作业中发现学生形成的许多关于生物学系统的错误概念，对 FCL 的最初设计进行了修正，增加基准课程和手工活动，这些修正为学生提供了学习生物学的情境。同时，通过重新设计 FCL，使学生能通过 Web 获得他们研究课题的相关信息，并与生物学专家建立远程指导关系，从而将课堂里学到的知识与真实的问题情境联系起来。

第三阶段：通过在更大范围内与教授 2 年级到 8 年级课程的教师一起工作，开发并试行一个"开发走廊"（Developmental Corridor），使得借助 FCL 的学习能够循环覆盖到相关的研究课题，从而增加学习的深度。

② Sasha Barab 等人：探索亚特兰蒂斯（略）。

③ Nelson："河流城市"科学教育项目（略）。

(2) 国内 EDR 研究现状。

国内目前也开始了设计研究的实践探索。华东师范大学网络学院的祝智庭教授团队，率先在技术开发中进行了设计研究的应用研究，并在原创性的协同学习理论研究与技术工具开发、远程教师培训平台的技术开发中取得了很好的成效。另外，华东师范大学学习科学研究中心高文教授团队在"对称"和"人·建筑与城市"的研究型课程项目中，也开始了设计研究的课堂实践探索。

(3) EDR 研究现状总结。

在分析了上述 EDR 案例后，总结出这些案例具有的一些共同特征。

① 研究过程集设计与研究为一体，研究目标不仅包括教学技术的开发，还包括对理论的发掘与创新。

② 研究以技术、理论和实践三者的结合为基础，通过设计和研究将技术、理论与实践三者紧密地结合起来。

③ 研究问题都来源于真实情境，由研究者与实践者甚至包括学生、科学家等多方人员的通力协作在真实情境中开展完成。

④ 研究过程都历经多次的迭代循环和不断的测试与完善。

⑤ 研究所采用的技术都是比较考究的，并能抓紧当前教学改革中的热点或难点问题而展开对理论问题的探索研究。

⑥ 研究成果既是对技术应用的研发，也对学习和教学理论提出了新的观点和发现。

2. 远程学习平台研究现状

(1) 国外远程学习平台研究现状。

目前，国外网络教学平台的研究比较多，涌现了一批优秀的教学平台，比较有特色的有以下几种。

① Black board 网络教学平台。

Black board 网络教学平台是一款国际著名的网络教学软件，教师可利用网络教学平台从事各种教学活动，如作业布置、自动打分的测验、成绩统计分析等；学生通过平台进行自主化、个性化、探索式、研究式学习。通过网络教学平台，可以进行教师与学生以及学生与学生之间的交流、讨论与答疑。该平台为教师、学生提供了强大的施教和学习的网上虚拟环境。

平台的主要功能模块构成：Black board 网络教学平台以课程为核心，每一个课程都具备独立的学习区、交流区、考试区、管理区。

内容资源管理：包括查看通告、日程、任务和多门课程分数、课程内容的上载、数字收发箱、电子黑板等。

在线交流功能：包括讨论区、虚拟教室、学习小组、群发邮件等。

考核管理功能：包括试题库管理、创建实时测验、测验定时、在线成绩簿。

系统管理功能：包括系统注册和课程创建、跟踪统计学生的学习进度和学习效果、资源管理等。

② WebCT（略）。

③ Virtual-U（略）。

(2) 国内远程学习平台研究现状。

在我国，网络教学平台的建设目前已形成了很好的发展势头。很多高校都有自己的网上教学平台，用于支持高校教学和管理。其中比较有代表性的有以下几种。

① THEOL（清华教育在线网络教育支撑平台）。

该平台是由清华大学教育技术研究所开发的支持高等教育教与学的支撑平台。在充分吸取教育技术理论与方法最新研究成果的基础上，利用网络技术，根据不同教学模式、不同教育对象的特点，在各种不同的教学环节中为网络教学提供灵活的、可缩放的、适合于多种层面、多种对象及多种网络环境的交互式教与学支撑环境。

平台从高校的实际教学需求出发，面向用户，充分考虑学校在教学管理、资源共享、信息交互等方面的复杂需求，针对不同的用户角色，精心设计各个功能模块，用户的实际功能由用户的实际权限决定，强大的权限体系能确保真正解决实际教学中的各类实际问题。

平台为不同的用户分别提供了不同的个性化空间，包括教学管理员频道、教师频道和学生频道。教学管理员频道为教学管理员提供了用户管理、课程管理和对系统进行基本设置的功能。教师频道为教师提供了强大的备课与施教环境，充分的互动模块，极大地拓宽了课堂空间。学生频道为学生提供了强大的个性化学习和研究性学习的环境。

② 北京大学网络教学平台（略）。

③ 北京师范大学 webCL 网络教学平台（略）。

3. 小结

依照师范生免费教育政策，对免费师范生的培养是职前教育和职后培训一体化的过程。目前，免费师范生的职前教育已经在实施，而如何实现对免费师范生的职后培训还处于研究阶段，是当前亟待解决的问题。远程学习平台作为能够实现对免费师范生进行职后教育的一种方式，其研发需要考虑理论的支持、技术的实现及实施的效果，需要研究者和实践者的共同合作。同时，随着师范生免费教育政策的不断完善，需要经过多次的反复循环和不断评估与修正，这一过程充分体现了 EDR 在实践中的应用模式。因此，EDR 指导的免费师范生远程学习平台的研发是一个迭代循环的过程，研发要从平台使用对象的实际需求出发，紧密结合技术、理论和实践，在参考国内外典型的远程学习平台特点的基础上，不仅从技术上实现平台的相应功能，还在理论上实现发掘和创新。

实践活动

结合已确定的研究课题，以及在"文献查询"中所查阅的文献，依据文献综述的编写步骤，撰写一篇与该课题相关的文献综述，要求严格按照文献综述的格式进行编写。

2.3 变量与假设的建立

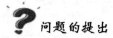
问题的提出

"变量"是研究中一个非常重要的概念。一般的科学研究中都有许多的变量，而大多数的科学研究就是为了寻找变量之间的关系。由于许多假设表述了变量之间的关系，而且假设是直接建立在研究问题的基础上，是研究问题的延伸，因此假设也是我们需要重点关注的一个要素。那么，科学研究中的变量与假设应该如何建立呢？这将是本节重点探讨的问题。

许多研究问题其实就是在探讨某些变量之间的某种关系，而如果证实了这种关系，就能增进我们对这些变量的理解，有助于解释我们所生活的世界的本质。因此，探讨变量之间关系的科学研究是非常重要的，通过分析世界各部分之间的联系，我们就能学会理解世界。于是，一种能预测某种关系存在的假设也成为科学研究中一个重点关注的要素，形成假设是科学研究活动中的基本程序之一，因为一般的研究问题，我们都可以用假设的方式陈述一遍，甚至一个研究问题会有多个不同的假设，这就有助于研究活动的开展。

2.3.1 研究变量的确定

核心概念

> 变量，就是在研究过程中，需要进行操纵控制和测量的、具有一个以上不同取值的诸因素。

当研究课题确定后，我们还需要确定研究变量，因为我们研究活动的开展就是要分析研究课题中所涉及的变量之间的关系，就是要以变量之间的关系来解答研究课题中所提出的问题。在科学研究的过程中，我们会遇到许多的变量，而某些变量是研究者想要研究的，因为他们怀疑这些变量之间的某种关系会对我们认识世界的本质带来帮助。

在实际的研究过程中，我们需要改变某些变量，而要记录、观察另外一些变量，同时可能需要尽量控制其他一些变量使其保持恒定或排除其影响。根据变量之间的这种相互关系，我们将研究变量分为自变量、因变量和干扰变量。

1. 自变量

自变量是指引起其他变量发生变化的变量。它是由研究者操纵控制的，做有计划变化的要素，它的变化会导致研究对象发生反应。研究者选择操纵这些变量，就是为了评估它们对一个或多个其他变量可能产生的影响。例如，对于相同教学对象和教学内容，不同教学水平的教师会产生不同的教学效果，那么不同的教学水平，就是其自变量。

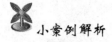

> 在教育技术研究中,以下这些要素可以作为自变量。
> ① 教学媒体。使用不同的教学媒体,可能会产生不同的教学效果,有的是积极的促进作用,有的可能产生了不利的影响。
> ② 教学方法。不同的教学方法对教学效果也会产生不同的影响,一些以学生为主体的教学方法,可能会取得更好的教学效果。
> ③ 研究对象的特性。研究对象自身的不同特性,如年龄、性别、受教育程度等,都可以作为自变量。
> ④ 教学或学习环境。环境在教学中的作用也是非常重要的,比如教学设施条件、教学实验条件等。
> ⑤ 教学组织形式。教学组织形式就是要研究教学活动应怎样组织和进行,科学合理的教学组织形式对提高教学效果有直接影响,如小组合作学习等。

2. 因变量

因变量是指由于其他变量的变化而导致自身发生变化的变量。它是能够被研究者观测和测量的要素,随着自变量的变化而变化,且能够以某种反应参数来表征自己的变化。因变量的性质取决于自变量的作用和影响它的方式。例如,对于相同的教学对象和教学内容,使用不同的教学方法,学生的学习成绩可能不一样,那么学生的学习成绩就是因变量。

> 在教育技术研究中,以下这些要素可以作为因变量。
> ① 知识积累。研究对象在不同的自变量的影响下,其知识的掌握程度会有所不同。
> ② 能力变化。例如,不同的教学实验条件,会使得学生的动手实践能力发生变化。
> ③ 学习行动。例如,不同的评价方式,可能会对学生的学习主动性、学习活动的参与度产生影响。
> ④ 态度转变。某些教学媒体或教学方法,会激发学生的学习动机和学习兴趣,端正学生的求学态度。

3. 干扰变量

干扰变量是指除了自变量之外,其他一些对因变量产生影响的要素。它使得研究者无法对自变量和因变量之间的关系做出正确的判断和解释,因此研究者要通过消除或减少它们的影响来控制这些干扰变量,使其保持恒定。例如,使用两种不同的教学方法,学生的学习效果可能不同,但是其中学生的主观态度、习惯、动机、自身水平等都可能成为干扰变量。

自变量、因变量和干扰变量这三者之间的关系,如图 2.3.1 所示。因此,在研究设计中,要全面考虑好各种变量之间的关系,也就是要考虑如何有效地改变自变量、如何测量和记录因变量,以及如何控制好干扰变量,以使得研究能达到预期的效果。

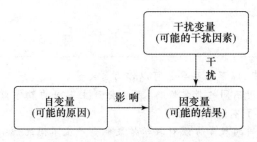

图 2.3.1 研究变量之间的关系

2.3.2 研究假设的陈述

> 假设,就是对课题提出的问题做尝试性的解答,并对有关变量之间的关系做推测性的判断或设想。假设是关于某个研究的可能结果的一种预期。

在研究课题确定并获取了大量相关材料之后,就需要进一步做一些推测性的判断或设想,这就是假设。而在做了合理的假设之后,才能更好地设计研究方案,进而更好地开展研究活动,以便验证或修正这些假设,直至完成预定的目标,或者找出事物的本质规律。

研究假设的建立是科学研究工作者最重要的思维方法,他们需要将研究问题用假设的形式陈述出来,而一个研究问题可能会有多种不同的假设,因为假设有多种不同的陈述方式。假设中的基本元素是具体的变量,陈述一个研究假设需要包括一些基本要素。而合理地陈述研究假设,具有一些积极的作用。

1. 研究假设的基本要素

假设中至少要包括两个变量,各变量要具有明确的定义,并且是可以被控制和测量的,而陈述假设就是对这些变量之间关系的推断性表述,且必须是能被检验的。要陈述一个研究假设,通常要包括以下三个要素。

(1) 条件因素。

条件因素是指研究课题的限制性条件,它可以包括研究对象(个体或群体)的特征参数,或研究环境的状态参数。

(2) 自变量。

自变量即在研究过程中,研究者打算操纵控制的,做有计划变化的要素。

(3) 因变量。

因变量即在研究过程中,研究者打算观测和测量的,了解其如何随着自变量的变化而发生变化。

2. 研究假设的陈述方式

研究假设的陈述就是用假设的形式把研究问题复述一遍,而且要做有意义的假设,这样才能给我们带来更有用的知识。通常研究假设的陈述方式包括以下四种。

(1) 描述式陈述。

描述式陈述是描述认知对象的结构,向我们提供关于事物的外部联系的推测,是关于对象的外部表象关系的一种描写。其形式为"在 C 的条件下,A 具有 B 的性质"。

 小案例解析

> 研究假设:在精品课程中,多媒体的教学资源具有帮助学生提高学习兴趣的作用。
> 分析:条件因素 C=精品课程
> 　　　自变量 A=多媒体的教学资源
> 　　　因变量 B=学生的学习兴趣

(2) 条件式陈述。

条件式陈述是揭示事物的内部联系,说明事物原因的一种重要陈述,是揭示条件与结果、研究对象的最初状态和最终状态的因果关系原理。其形式为"在 C 的条件下,如果有 A,则有 B"。

 小案例解析

> 研究假设:在高中信息技术的 Flash 制作的教学中,教师如果利用任务驱动教学法,则能增强学生对这一操作性知识的理解和掌握。
> 分析:条件因素 C=高中信息技术的 Flash 制作的教学中
> 　　　自变量 A=任务驱动教学法
> 　　　因变量 B=对操作性知识的理解和掌握程度

(3) 差异式陈述。

差异式陈述是指明了研究者对预期的研究关系中所出现的具体差异(如高于、低于、多于或少于)的假设。其形式为"在 C 的条件下,A 和 B 之间存在差异(也可直接表述为:A>B 或 A<B)"。

 小案例解析

> 研究假设:对于汉语拼音的学习,北方学生和南方学生的学习效果存在差异。
> 分析:条件因素 C=汉语拼音的学习
> 　　　自变量 X=不同地域(北方和南方)
> 　　　因变量 Y=学生的学习效果(北方学生的学习效果 A,南方学生的学习效果 B)

(4) 预测式陈述。

预测式陈述是在对现实事物的全面、深入的了解基础上,对事情未来发展趋势的科学推测。其形式为"在 C 的条件下,随着 A 的改变,B 将发生变化"。

小案例解析

> 研究假设:在英语口语的学习中,随着学生口语练习的时间增加,学生的口语水平也将提高。
> 分析:条件因素 C= 英语口语的学习中
> 　　　自变量 A= 口语练习的时间
> 　　　因变量 B= 学生的口语水平

3. 陈述假设的优点

研究假设的陈述迫使我们更深刻、更具体地思考研究问题,探讨其可能出现的研究结果。因此研究假设的陈述具有以下三个优点:首先,能使我们更完整地理解研究课题中的隐含意义和所涉及的研究变量;其次,能使我们基于先前的理论对某种现象做出具体的预测,如果该预测被后来的研究所证实,那么整个研究过程就更具有说服力和效率;最后,有助于我们了解是否在研究一种关系,如果不是,我们就可以研究是否需要建构一种关系。

实践活动

结合你自己的研究课题,尝试分析一下其包括哪些研究变量,这些研究变量之间是什么关系,然后再选取合适的研究假设的陈述方式,对你的研究问题进行一下复述。

2.4 研究方案的设计

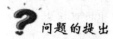问题的提出

如果计划组织并开展一个研究活动,想要获取经费支持,那么必须先提交一份详尽的活动策划书。对于一个研究课题的实施也是一样的,必须设计一份详细的研究方案,说明研究的原因和执行的程序,这样既能让自己对整个研究过程有一个总体把握,也能够获得经费的支持。那么一份好的研究方案应该如何设计呢?包括哪些主要的组成部分呢?

教育技术学研究活动是一项有目的、有计划的系统的认识活动。因此,全部活动都要有所计划和安排,要制订一个完整的、切实可行的研究方案,只有在研究活动开展前有比较周密和详细的规划,研究活动的实施过程才能比较顺利。研究方案是否合理完善,不仅直接影响研究的预定目标能否实现,还将影响研究工作的效率和研究结果的可靠性、科学性。

核心概念

研究方案就是一种研究计划书,是研究者为了完成研究任务对研究活动的实施过程进行总体规划,它初步规划了课题研究各方面的具体内容和步骤,是整个研究工作顺利开展和有条不紊进行的关键。

2.4.1 科学研究的过程

在研究方案的设计之初,我们首先要明确科学研究的一般过程,这样才能知道研究方案中需要包括哪些具体的内容,而其所包括的各部分内容都是相互联系的。研究方案的设计要与具体的研究课题相结合,研究方案会因研究对象、研究目的、研究内容等方面的不同而不同。

在设计研究方案各具体要素之前,我们应该了解科学研究的整个过程,如图 2.4.1 所示,这样有利于我们设计出更加科学、更加合理的研究方案。

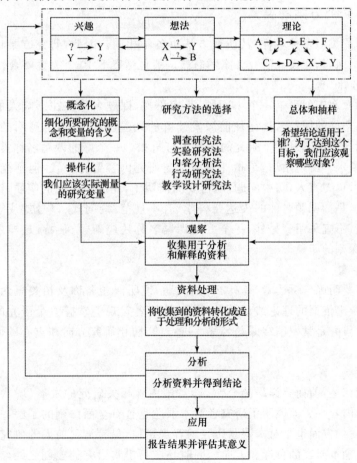

图 2.4.1 科学研究的过程

从图 2.4.1 中,我们可以发现研究工作的起点应该是兴趣、想法和理论,而其中的字母代表的是一些变量和要素。首先,对于兴趣,可能你对什么教学方法有利于教学效果的提高感兴趣,或者你觉得某种教学媒体的应用有利于教学效果的提高等。其次,对于想法,也就是在研究工作的初始阶段,你可能有一些具体的想法,比如你想利用多媒体的教学资源提高学生的学习效果等。最后,对于理论,可以理解为多个变量之间的一组复杂关系。研究工作的这些起点是相辅相成的,一方面,兴趣可能产生想法,而想法又可能是理论的一部分;另一方面,理论可能促使新的想法和新的兴趣的出现。

在对自己的研究课题有了比较清楚的界定之后,就要对一些研究变量进行概念化。首先,让我们明确这些研究变量的真正含义。其次,选择合适的研究方法,最好的研究设计往往不是采用某一种研究方法,而是将多种研究方法相结合。再次,就要对那些研究变量进行操作化,因为一些研究变量的真实含义,是需要通过观测和测量确定的。除了对研究变量进行概念化和操作化之外,我们还要明确研究对象和研究重点,所以我们要对研究对象的总体进行抽样。最后,就是要进行观察、资料处理、分析和应用的研究。

操作化和概念化将在 2.5 节做详细介绍,总体和抽样将在 2.6 节中做详细介绍。而后续的相关研究都将结合具体的研究方法进行深入的探讨。

2.4.2 研究方案的要素

研究课题的类型多种多样,其研究方法也各不相同。因此,研究方案也有不同的类型,但就其结构而言,在设计研究方案的时候一般包括以下 10 个关键要素。

1. 课题名称

课题名称看起来似乎是一个小问题,其实不然,课题名称往往影响人们对该研究的整体印象。一个好的课题名称往往能激发读者的兴趣,给读者留下鲜明的印象,而不好的课题名称则会使读者对整个研究的印象大打折扣。一个好的课题名称需要符合贴切、规范、新颖的要求。所谓贴切,是指课题名称与研究内容要相一致,但不能贪多求全,要有深度和厚度,单刀直入,切中问题,题目要简洁明了,能反映研究的实质,让读者一目了然。所谓规范,是指课题名称的表达要科学、合乎规范,疑问式、口号式或结论式的名称都不合乎规范,不宜采用。另外,一个好的课题名称还应新颖、独特,这样才能吸引读者的目光,留下深刻的印象。

2. 课题界定

课题界定要明确告诉读者"是什么"的问题,说明课题名称及相关概念的定义,如何运作和测量,指出依据的理论或观测的纬度,使读者宏观上掌握整个研究的内容。课题的界定确保了研究是紧密围绕课题名称而进行的,防止研究方向和重心的偏移或范围的扩大、缩小。

3. 文献综述

关于文献综述,前面有详尽的介绍,即对国内外相关研究的发展、现状、动向的综合评价。这部分内容一方面说明了研究者对本课题是否有全面深刻的了解,是否具有良好的研究基础;另一方面也是对本课题研究的客观定位,只有清楚前人的研究状况和程度,才能更好地明确本研究的目标和方向。同时还应指出本研究的独创之处,或填补理论的空白,或解决当前的热点问题等。

4. 研究价值

一般从实践和理论两个方面进行阐述,这部分内容要求写得具体明确,具有针对性,避免不着边际的大喊空泛的口号。它需要研究者认真思考和分析本课题研究的目的,它是否深刻反映了某种社会或教育现象,是否解决了当前的热点问题或是否对现在或以后的实践工作具有先进的指导意义。研究的问题越具有代表性,研究的方法越新,或成果有重大的突破,那么,它便越有价值。

5. 研究思路及预期目标

研究思路及预期目标是研究方案的主体部分,同时也是重难点,需要作者认真、详细地撰写。这部分内容写法没有严格的规定,研究课题不同写法也各不相同,但一定要写得具体清晰,使读者明白"研究什么"和"获得什么"。

研究思路是对研究如何进行的具体过程的描述,包括如何开展研究、如何解决问题的策略,类似工程设计图或我们平时经常提到的教学设计。一般要求研究者把整个大的研究问题分割或细化为若干小问题,并明确每一阶段研究的主要内容,这部分内容避免写得过于笼统空泛,而要具体深入,才能使我们的研究有效进行。

预期目标是指研究者依据各种主客观条件对研究结果的预测,也称为"目标假设"。预期目标是体现研究价值的一部分,同时对我们的研究起引导作用。预期目标不能随心所欲地进行推断,它需要尊重客观事实和科学理论后做出客观全面的推断,可以分点撰写,同样要求写得具体明确。

6. 研究方法

研究方法是指实施本课题研究所主要采用的教育技术研究方法,可以是一种,也可以是多种综合灵活运用。研究方法的种类多种多样,常用的有调查研究法、行动研究法、文献研究法、软件工程法、比较研究法等。

7. 研究人员的分工和进度安排

小组合作课题需要小组全体成员的共同努力和分工合作,人员分工是指依据每位小组成员的具体情况而合理安排研究任务。一般而言,研究进度安排受到研究任务性质、难度、规模和研究条件等因素的影响。如果把整个课题研究分为前、中、后三期的话,前期研究的主要内容为:选择课题和陈述假设,制订研究方案;中期研究的主要内容为:实施研究、搜集资料、整理和分析资料;后期研究主要内容为:解释结果、总结研究成果。

8. 课题研究的条件分析

一般可以从以下两个方面进行分析:一是研究的基础,即取得与本课题相关的研究成果。二是研究力量,包括研究小组各成员的知识储备、研究能力、学校方面的条件、实验条件等因素。

9. 课题研究的保证措施

可以从研究设计的多方面进行阐述,比如人员保证、机制保证、经费保证等,其中经费保证是极为重要的一项,教育科研的开展需要一定的财力和物力支持。因此要认真做好经费预算,一方面,要注意节约确保每一分钱都落到实处,另一方面,应主动积极争取上级有关部门的支持和资助。

10. 参考文献

参考文献是指在研究方案中所引用的具体的有代表性的文献。

经典案例

1. 课题名称

汉语言远程教学平台的设计与开发

2. 课题界定

（1）设计指导思想。

以现代教育理念为指导，以国外汉语学习者学习需求、学习风格为依据，遵循汉语言教学规律，构建具有鲜明特色的对外汉语远程专业教学平台，服务于日益蓬勃的对外汉语教学活动和国家文化推广战略。

（2）设计原则。

① 需求为本原则。

② 教学设计原则。

③ 先进性与实效性原则。

④ 功能完备性与扩展性原则。

（3）平台的定位。

① 平台是汉语国际推广实施的基础。

② 平台是汉语言教学专业平台。

（4）概念模型。

本平台在借鉴现有网站的可取元素基础上，以为汉语学习者提供"学习支持和服务"为宗旨，为汉语学习者提供"感受中国文化土壤"为要义，为汉语教学者提供"远程汉语教学环境"为目的，平台概念模型如图2.4.2所示。

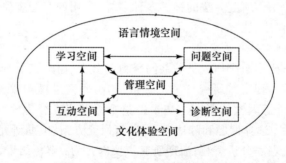

图 2.4.2　平台的概念模型

3. 文献综述

我国学者在汉语言教学等相关领域取得了丰硕的成果，探索了许多汉语言教学的成功经验，可以为我们开展"汉语言远程教学平台"的设计与开发提供有益的借鉴与参考。另外，通过对大量文献的检索和查询，结合我们访谈和调研的结果，发现目前国内外也有一些汉语言教学网站及相关的学生学习网站。现比较分析国内外已有的一些汉语教学网站及相关的学生学习网站，为我们的"汉语言远程教学平台"的设计与开发提供借鉴。

（1）国外的汉语教学网站及相关的学生学习网站。

① 特色。

● 界面设计风格——生动活泼、生态化。

国外的学生教学网站界面生动活泼,多以动态的图片而非静止不变的图片展示各板块的设计。页面的排版简洁合理、导航清晰、主题突出、文字和图片协调合理,且图片能形象地展现本模块的内容。国外的汉语教学网站界面布局合理,前景色与背景色对比鲜明,以中英文形式呈现各模块。

● 学习内容——资源具有趣味性。

国外学生教学网站所提供的学习内容极具有趣味性,如故事书、趣味拼图等。

● 学习方式——寓教于乐。

国外学生教学网站大多融入寓教于乐的思想,如设置了游戏模块,包括历险游戏、运动游戏、谜语游戏,设置了在线交朋友模块,学习者可在线结识具有相同观点的朋友,以及虚拟购物模块。

● 学习工具——提供电子词典、搜索引擎等工具。

国外的汉语教学网站大多提供以下学习工具:电子词典,学习者根据需要查询汉字的发音、书写、组词、中英文解释。搜索引擎,学习者可以通过输入关键字查询相关的学习内容。

② 不足。

● 学习服务——缺乏良好的学习服务系统。

国外关于汉语教学的网站很少有提供学习服务系统的,而学生在学习汉语的过程中可能会碰到许多疑难问题,教师及时解决这些问题有助于学习动力的维持。

● 学习内容——缺乏汉语语言学习和文化学习的结合。

国外的汉语教学网站有些只注重语言学习,也有些则只注重文化学习,很少有既注重汉语语言学习又强调中国文化学习的网站。

(2) 国内的汉语教学网站及相关的学生学习网站。

① 特色。

● 界面设计风格——导航清晰、文字图形合理搭配。

国内的汉语教学网站界面设计风格多以淡色为主,导航清晰,前景色与背景色对比鲜明。主页面中有对网站栏目的简介,并附象征性的图片,使访问者对该模块的内容一目了然。网站多以文本为主,附有图片、视音频、动画等。

● 学习资源——语言学习与文化学习相结合。

国内的汉语教学网站大多为用户提供在线视频、在线课本、在线演示等辅助学习者学习汉语拼音、汉语书写、汉语会话等内容,并能提供关于中国文化的丰富的学习资源。这些资源涉及中国的沿海城市、风景、诗文、节日等,它们通过图片、动画、视音频的方式向用户展示如杂技、手工包饺子的过程、文学、历史、旅游等诸多方面。大部分资源能在线观看并下载。

● 学习方式——学习与娱乐相结合。

国内的汉语教学网站大多能在线听音乐,欣赏诗歌散文等。如网上广播、音乐,内容涉及广播的时间、主题、内容以及一些音乐歌曲。再如每日杂志,包括开心一刻、汉字解析、修改病句、寓言故事、常用词辨析等,可以使汉语学习者在比较愉快的环境下进行汉语学习,并且这些部分关于词和语言的解析非常详细,利于学习者快速掌握学习内容。

● 学习工具——提供搜索引擎、网站链接等学习工具。

在国内汉语教学网站中,用户可通过选择内容、标题、日期、数目、关键字进行快速搜索。用户可点击主要链接网站的名称即可连接到相关网站。

② 不足。

● 界面设计——缺乏动态性。

国内网站的界面制作大多以静态的方式展示各板块内容。

● 学习资源呈现方式——缺乏主动性。

国内学习资源呈现方式多以文字为主,附以图片,较少采用动画、视音频等方式呈现。
● 学习工具——个性化体现不明显。
国内学习网站所提供的学习工具大多是通用的搜索引擎等,针对学习者本身设计的学习工具还比较缺乏。

迄今为止,我国还没有适合各国汉语学习者的专业教学网站,汉语学习者需要有一个专业的教学和学习环境,在此数字化的教学环境下,师生可以在任何时间、任何地点、以任何形式开展汉语言的教学,完成汉语言的教学任务。

4. 研究价值

(1) 学术价值。

① 打造符合外国人学习风格的汉语言教学平台。

② 研制第一个符合国际网络教育技术标准的汉语言教学平台。

③ 探索对外汉语教学和中国文化推广的新模式。

(2) 实践意义。

① 为汉语学习的师生提供专业化的汉语言教学空间。

② 提供丰富的数字化汉语资源服务。

5. 研究思路及预期目标

(1) 研究思路。

① "汉语言远程教学平台"业务需求分析,以及相关技术平台的现状调研。

第一,"汉语言远程教学平台"业务需求分析。

为使平台建设达到预期目标,必须先期了解平台未来的使用对象的需求,了解对外汉语教学与文化推广的专家学者的意见和想法,即开展"汉语言远程教学平台"的业务需求分析。为全面分析业务需求,需要开展以下四个方面的调查研究。

● 国外汉语学习者问卷调查。
● 国外汉语学习者访谈调查。
● 对外汉语教学的教师问卷调查。
● 对外汉语教学与文化推广的专家学者的访谈调查。

第二,相关技术平台的现状调研。

建设"汉语言远程教学平台",还涉及平台开发和运营的技术问题,因此需对当前的网络教学平台开发技术进行调研,主要有:基于 Web 的开发技术、多媒体技术、软件工程技术、数据库技术、信息安全技术、网络技术等。

② "汉语言远程教学平台"功能与结构设计。

为了理清平台的功能和结构,从用户群体中抽象出四类主要的服务对象,即学生、教师、普通用户和管理者,其中管理者还包括教学管理者和网络平台的管理者。从用户对象的视角,平台的总体功能结构可如图 2.4.3 所示。

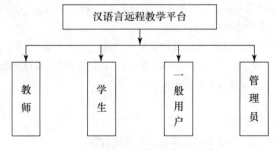

图 2.4.3 对象功能结构

第一,教师角色的核心功能。

远程教学平台可为教师提供"远程汉语言教学资源""远程教学支持服务""教师专业发展服务"三方面的服务。其中,"远程汉语言教学资源"模块主要包括"远程网络课程群""远程教学案例库"和"远程教学素材库"三个部分的结构。远程教学支持服务"模块主要有"远程教学辅助工具"和"远程教学评价工具"两个部分的结构;"教师专业发展服务"模块主要包括"教学质量评测"和"汉语言教师培训"两个部分的结构。

第二,学习者角色的主要功能。

远程教学平台主要为学习者提供"远程汉语言学习""文化中国""远程学习支助"三方面的服务。其中,"远程汉语言学习"的核心模块结构是"实时学习系统""异步学习系统"和"协作学习系统"。"文化中国"模块旨在向海内外汉语学习者展现博大精深的中国文化,主要包括"中国文化展示"和"中国文化体验"两大模块结构。"远程学习支助"以"答疑解惑空间"和"学习娱乐空间"的结构方式,为学习者提供强大的学习支持服务。

第三,普通用户的主体功能。

远程教学平台主要为普通用户提供"感受中国文化""体验中国文化""咨询与服务"三方面的服务。其中,"感受中国文化"的核心功能结构是"新闻发布""文化博览"和"阅读中国"。"体验中国文化"的主要功能结构是"汉语言学习入门"和"虚拟体验空间"。"咨询与服务"功能结构主要包括"网络汉语社区"和"中国万里行"。

③ "汉语言远程教学平台"业务功能设计。

根据业务需求分析和相关技术平台的现状调研结果,对"汉语言远程教学平台"进行业务功能设计。其功能主要包括以下方面。

- 汉语言教与学。
- 新闻发布。
- 中国文化推广。
- 咨询与服务。
- 网络汉语社区。
- 其他功能。

④ 技术开发。

按照软件工程开发规范,本课题技术开发过程分为三个阶段。

第一,定义阶段。

该阶段需完成的主要工作有项目规划、可行性研究、需求获取与分析。

第二,开发阶段。

这一阶段需完成的主要工作有:总体设计(包括软件系统体系结构设计、用户界面总体设计、模块接口设计、数据库总体设计),详细设计(包括系统控制流程设计、用户界面详细设计、数据库/数据结构详细设计、主要算法设计),编码和单元测试(包括集成测试、系统测试、运行测试)。

第三,交付与维护阶段。

这一阶段需完成的主要工作是交付、后期维护与使用。

综上所述,该课题研发的技术路线如图 2.4.4 所示。

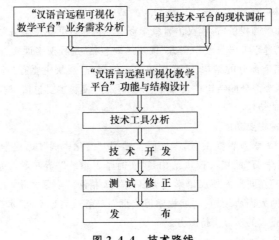

图 2.4.4 技术路线

(2) 预期目标。

第一,设计开发"汉语言远程教学平台"。

建设该平台的核心目标是:为用户提供汉语言教与学的资源、工具、服务。平台既面向国际社会,又具备鲜明的民族特色;既提供远程教学功能,又提供丰富的中国文化的内容;既提供各种媒体类型的资源,又具备强大的交互功能;既为正式注册用户服务,又为一般访问者提供各类服务。平台建设的总体目标是:形式上的国际化与民族性,功能上的开放性与可扩展性,呈现方式上的交互性与多媒体化,技术上的规范性、安全性与先进性。

第二,为汉语国际推广提供资源整合应用的环境和技术支持。

该平台作为对外汉语教学的资源整合平台,首先要保证多种类型、不同规格的资源能够正常运行,同时,平台又对资源建设提出技术上的标准、规范等要求,为资源开发提供技术规范和技术支持。

6. 研究方法

本项目研究主要采用调查研究法、访谈法、软件工程法。

在业务需求调查方面,综合采用问卷调查、访谈调查、网络调查等方法收集需求信息。对现有相关语言教学平台的分析采用调查和比较研究法。在平台设计与开发过程中应用软件工程法,系统地规划、设计与开发平台。在教学过程的设计、教学工具与系统的设计方面,采用教学系统设计的方法。

7. 研究人员的分工和进度安排

(1) 研究人员分工(略)。

序号	姓名	出生年月	学位	职称职务	研究任务和分工
1					
2					

(2) 进度安排(略)。

任务名称	开始时间	结束时间	研究与开发成果	经费投入计划

8. 课题研究的条件分析

（1）课题组成员完成的与本项目相关的部分研究课题（略）。

序号	课题名称	主持人	课题说明

（2）课题研究的基础设施条件。

本单位现有企业级服务器 IBM X250 8665 8RY 一套，部门组级服务器 IBM X250 8665 71Y 两套等。本单位拥有 IBM WebSphere 4.0、BEA WebLogic 6.1 等价值上百万元的服务器软件和开发工具软件。本单位还有 30 余台数字摄像机、30 余套非线性编辑系统等价值 300 余万元的信息技术设备系统。本单位拥有足够的开发场地和实验室，场地条件好，设备先进而且配套齐全，可为本项目的研究工作提供良好的物质支持。

9. 课题研究的保证措施

课题的经费保证：

类别	金　额(人民币)
图书资料费	×万元
调研费	×万元
硬件购置和使用费	×万元
软件购置费	×万元
人工费	×万元
会议费	×万元
协作费	×万元
印刷费	×万元
其他费用	×万元
合计	××万元

10. 参考文献（略）

实践活动

研究方案是研究思路的主要体现，也是研究能否成功的重要依据。研究方案体现了研究者对研究过程的全面思考和设计，具有非常重要的作用。

请结合已确定的研究课题，依据经典案例，设计并撰写一份切实可行的研究方案，要求包括研究方案的所有要素。

2.5 概念化与操作化

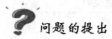 问题的提出

研究课题中常常有一些不易理解的学术性术语,我们应该如何将这些术语用浅显易懂的语言表述出来,并将其转化为精确的研究对象呢?我们应该如何细化所要研究的术语和变量的含义?我们应该如何对研究变量进行实际的测量呢?这就是本节要讨论的概念化和操作化。

在确定了研究课题之后,就要开展实际的研究活动,因此我们需要先明确课题中的研究变量。然而在确定研究变量的过程中,我们往往会发现现实生活中的一些想法是模糊不具体的,这就需要我们知道如何将现实生活中的这些一般想法转化为有效的、可以测量的概念,这就是本节所要探讨的概念化和操作化。当然这主要是针对定量研究的,因为在定性研究中,研究者一般不会事先设定具体的、明确的、客观的变量与指标来进行测量。

2.5.1 概念化与操作化的作用

我们在进行课题研究时,可能会遇到一些概念、含义模糊不清的观念或术语,它们不是桌子或凳子这样真实存在的具体事物,而是在现实生活中看不见、摸不着的事物。那些模糊不清的观念或术语不是一种简单的概念,其在现实生活中没有明确的对应物,它自己存在的本身就是一种概念定义。因此,如果我们要研究这些现实生活中的观念或术语,就必须先对它们进行概念化与操作化。科学研究工作者能够测量一切真实存在的事物,而且在概念化和操作化的帮助下,他们也可以测量那些不存在的事物,例如教学效果、学习动机、情感态度等。因此,概念化和操作化在科学研究中具有非常重要的作用。

首先,概念化与操作化能将模糊不清的术语转化为我们能够理解和操作的术语,即概念化与操作化能够测量研究术语,明确抽象术语,并解析人造术语。其次,概念化能使各种模糊的印象变得明晰,而且能对各种观察和测量进行梳理,而操作化是概念化的延伸,它明确了用来测量的研究变量的属性,这样有利于我们研究过程的开展。再次,概念化和操作化的过程使得研究者头脑中的一些观念和想法被普通人所知并在现实社会中显现出来,比如在设计调查问卷中,概念化和操作化的结果就是问卷上的问题和选项,这对于结构严谨的研究是非常重要的。最后,概念化和操作化是进行定量研究的关键环节,因为只有通过概念化和操作化,那些思辨色彩很浓的理论知识才能成为检验世界的具体事实。因此,概念化和操作化的过程是科学研究中架构理论知识和具体事实的一座桥梁,也是实际研究中测量抽象概念的关键手段。

2.5.2 概念化与操作化的解析

1. 概念化的解析

> 概念化,是对抽象术语或人造术语的界定和详述,是将模糊的、不精确的观念或术语明确化、精确化的思维过程,概念化为研究中的术语赋予了明确的、共识的意义。

由于人们在日常生活的交流中往往会使用一些模糊的、不精确的词汇,所以在人们的头脑中也经常会出现一些模糊的想法或观念。如果能将这些模糊的想法或观念具体化,那么就可能成为一个研究的课题。因此,概念化为研究中的概念指定了明确的、共识性的意义,而概念化的过程就是要进行维度的描述。

维度是概念可以指明的一个方面。例如,一个人很健康、对生活充满了满足和兴趣、精力旺盛、有愉快的心情、能够很好地控制自己的情感和行为、处于不紧张的状态,我们可以说他是幸福的,于是我们就把幸福分为这六个维度。

我们要把抽象术语完全的概念化,就是从不同维度对术语所表示的现象进行分类,即具体区分术语的不同维度,而区分术语的不同维度会加深我们对研究事物的了解。

2. 操作化的解析

> 操作化,也称具体化、分解化,是将抽象的术语和命题逐步分解为可测量的指标的过程。

在科学研究中,对现象的测量是从抽象概念具体化开始的,科学研究工作者如果不对这些概念做出定义和具体化,也就无法对现象进行观察和度量。而操作化就是对那些抽象层次较高的概念进行具体测量所采用的程序、步骤、方法、手段的详细说明。在对任何概念进行操作化时,一定要明确这些变量的变异范围。变异范围指的是变量的不同取向等,比如研究学生对网络教学的态度,"支持""赞成""不支持""反对"等就是变量的变异范围。但是在实际研究中,并不是变量的全部变异都要测量,而只要考虑自己的研究是否需要,变异范围的取舍主要依据研究对象而定。

在确定了变量的变异范围之后,就要考虑变量的精确程度,这也是与研究目的和程序相关的,并没有一个统一规定。但如果无法确定某个测量的精确程度时,宁可做得精确也不能做得粗略。因为在分析资料时,将精确的资料变得粗略比较容易,而要将粗略的资料变得精确就很难了。在进行术语概念化时,我们会明确概念的不同维度,但是在进行操作化时,需要清楚哪些维度对研究比较重要,就重点分析这些维度即可,因此对概念的不同维度需要进行取舍,并最终确定所想要的维度。

2.5.3 概念化与操作化的过程

概念化和操作化是属于资料收集与分析之前的程序，即研究设计的初始阶段，但是这两个过程贯穿于包括数据分析在内的整个研究设计的所有阶段。研究变量是科学研究中非常重要的因素，但是它通常是由抽象定义界定的，因此如果要对研究变量进行测量，就必须对其进行概念化和操作化。

要界定一个研究变量或术语，首先要清楚它属于哪一个更大的类内的事或物，即找到它的归属。种属关系辨明后，就要弄清楚该术语在同类中的个性，当个性弄清楚后，该术语的内涵也就清晰了。因此，一个术语的概念化和操作化过程包括以下两个方面。

1. 概念化的过程

概念化的过程也就是概念的界定过程，即用抽象定义将概念所指的现象与其他现象区分开来，因此需要对其进行概念分解和做出抽象定义。其中，概念分解就是要从不同的角度或维度对概念所表示的现象进行分类；做出抽象定义，就是根据概念的各种分类的共同属性和特征对概念下定义。首先可以将概念的界定过程具体化，即首先弄清楚该术语的范围和维度，可通过查阅文献参考其他研究者对该术语的定义。其次将该术语的各种定义进行分类，可以按照各种定义中所含的一些基本元素进行分类。最后明确该术语的一个定义，该定义可以是其他研究者的也可以是自己的。

2. 操作化的过程

在明确了该术语的概念之后，将其中的一些元素或维度陈列出来，便可作为操作化的对象，即测量的项目或指标。测量指标是概念内涵中某一方面内容的指示标志，它表示经验层次的现象。为了更有效地测量变量就需要用多个指标，而这些指标可以是利用别人已有的指标，也可以是研究者自己先进行一段时间的探索研究总结出来的。

概念化的过程就是要描述所包括的维度，而且要将其名义定义转化为操作定义，其中名义定义是指某个术语被赋予的意义，而操作定义就是明确规定了如何测量一个术语。而操作化的过程包括了一系列相互关系的选择，包括根据研究目的适当地明确变量的变异范围、决定变量的测量精确程度、确定变量的最终维度等，即将操作定义又转化为具体的可测量的指标。

知识卡片

将一个模糊不清的术语转换为科学研究中测量的具体指标的步骤：

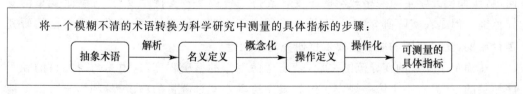

经典案例

1. 研究课题

(1) 课题名称：教育信息化建设与应用研究。

该课题是教育部教育改革和发展战略与政策研究重大课题。从课题的名称中，我们就可以看出该课题的关键术语是"教育信息化"，因此我们需要对"教育信息化"这一抽象术语进行概念化和操作化。

(2) 解析该抽象术语的"名义定义"。

"教育信息化"是在教育领域全面深入地利用信息技术，开发利用教育资源，促进知识创新和共享，提高教育教学质量和效益，推动教育改革和发展的历史进程。这是对"教育信息化"的语义定义，也相当于"教育信息化"的名义定义，我们只是理解了"教育信息化"这个术语的意义，但是我们还没有办法对其进行操作与测量。因此，我们需要分析该术语的操作定义。

2. 概念化

20世纪90年代末期，随着网络技术的迅速普及，我们国家提出了"教育信息化"这一概念。由于"教育信息化"是"国家信息化"的重要组成部分，其建设与应用必须在国家信息化建设的总体方针下进行，因此，要确定"教育信息化"的操作定义，首先需要明确"国家信息化"的操作定义。

(1) 国家信息化的操作定义：国家信息化体系六要素（维度）。

因为"信息化"的内涵就是以信息技术的广泛应用为主导，以信息资源为核心，以信息网络为载体，以信息产业为支撑，以信息化人才为依托，以法规、政策、标准、安全为保障的综合体系。所以，可以推断出国家信息化体系中包括了六个要素，如图2.5.1所示。

图 2.5.1　国家信息化体系的六个要素

(2) 教育信息化的操作定义：教育信息化体系六要素。

"教育信息化"是以国家信息化基础设施为依托，在国家制定的一系列标准规范、法律法规、管理体制、政策措施，并提供许多培训服务以培养具备信息技术应用能力的教育信息化人才等条件的保障下，在技术攻关和示范应用的支持下，在教育中，建设了各种面向用户的主动服务、智能服务环境，以及各级各类应用系统和学习型社会支撑服务平台，并提供了大量的基础教育、高等教育、职成教育、师范教育等各种教育信息资源，如图2.5.2所示。

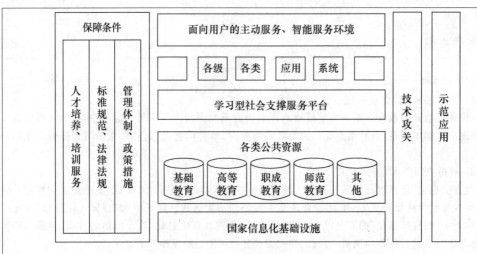

图 2.5.2　教育信息化是国家信息化的重要组成部分

根据国家信息化的六个要素,再结合教育信息化与国家信息化之间的关系,即教育信息化是国家信息化的重要组成部分,我们可以确定教育信息化所包括的六个维度,以及每个维度所包括的若干方面,如表 2.5.1 所示。教育信息化的这些维度和若干方面都可以作为我们课题研究的操作定义。

表 2.5.1　教育信息化的六个维度及若干方面

	六个维度	若干方面
教育信息化	1. 教育信息化基础设施	1.1 教育信息化国家级公共基础设施建设情况
		1.2 教育信息化省级公共基础设施建设情况
		1.3 校园信息化基础设施建设情况
	2. 数字化教育资源	2.1 图书馆电子资源的建设和应用
		2.2 教学资源的建设和应用
		2.3 科研资源的建设和应用
		2.4 数字化博物馆的建设和应用
	3. 教育信息化技术应用	3.1 教学信息化
		3.2 科研信息化
		3.3 管理信息化
		3.4 社会服务信息化
	4. 教育信息化人才培养	4.1 教育信息化人才培养状况
		4.2 师生信息技术素养培养计划
		4.3 教师信息技术教学培训
	5. 教育信息化管理及政策机制	5.1 信息化规划与政策制定情况
		5.2 信息化年度经费或资金投入
		5.3 信息化领导执行机构情况
	6. 教育信息化产业发展	6.1 政府导向和推动情况
		6.2 产学研发展情况
		6.3 重要协会组织介绍
		6.4 国际合作情况

3. 操作化

在对"教育信息化"这一抽象术语进行解析,得到其名义定义之后。我们也通过概念化,得到了"教育信息化"的操作定义,即其包括的六个维度和若干方面。

现以"中国高校教育信息化建设与应用水平"的调查问卷为例,根据教育信息化的六个维度和若干方面,我们选取了"教育信息化"维度1中的"校园信息化基础设施建设情况"作为我们的调查对象。为了使该方面变成我们实际可测量的指标,我们要对维度1的这一方面进行操作化,得到我们可以测量的具体指标,如表2.5.2所示。

表 2.5.2　操作化后的可测量的具体指标

维度	二级指标	三级指标	可测量的指标
1. 教育信息化基础设施（校园信息化基础设施）	1.1 校园信息化设备的拥有水平	1.1.1 服务器的总价值	计入固定资产的服务器总价值（万元）：_____,其中10万元以上的服务器数（台）：_____
		1.1.2 学校个人电脑拥有情况	计入固定资产的PC机(含笔记本)数（台）：_____
		1.1.3 学生电脑拥有情况	学生拥有个人电脑的比例大约是（%）：_____
		1.1.4 多媒体教室配备情况	配备多媒体设备（如计算机、投影仪）的教室占教室总数的比例（%）：_____
	1.2 校园网建设与应用水平	1.2.1 校园网覆盖情况	1.2.1.1. 全校网络接口（布线的网络接入点）总数（个）：_____ 1.2.1.2. 网络通达学生宿舍、教学、科研与管理楼栋的比例（%）：_____ 1.2.1.3. 由学校统一部署的无线AP数（个）：_____ 1.2.1.4. 由学校统一部署的无线网覆盖学校公共区域（图书馆、操场、会议室等）的比例（%）：_____
		1.2.2 校园网出口带宽及其利用率	1.2.2.1.校园网出口总带宽(Mbps)：_____；其中教育网带宽(Mbps)：_____ 1.2.2.2.总带宽的最大利用率（%）：_____ 1.2.2.3.校园网出口情况,请选择：_____ A.教科网 B.电信 C.网通 D.其他出口
		1.2.3 校园网主干带宽情况	1.2.3.1.千兆主干数量（条）：_____ 1.2.3.2.万兆主干数量（条）：_____
		1.2.4 主干网络稳定性	最近一年因故障校园网主干停止服务时间（小时），请选择：_____ A.1小时以内 B.1~6小时 C.6~12小时 D.12~24小时 E.24小时以上
	1.3 校园的网络与信息安全建设水平	1.3.1 病毒防治	1.3.1.1. 是否由学校统一提供了网络防病毒系统：_____ A.是 B.否 1.3.1.2. 软件升级方式为：_____ A.用户下载后自行升级 B.自动更新

续表

维度	二级指标	三级指标	可测量的指标
	1.3 校园的网络与信息安全建设水平	1.3.2 网络运行故障监测系统	1.3.2.1.是否建立了网络运行状态实时监测系统：_____ A.是 B.否 1.3.2.2.是否有网络运行故障实时报告系统：_____ A.有 B.无
		1.3.3 信息过滤	1.3.3.1.是否建立信息过滤系统：_____ A.是 B.否（若否，跳过下面1个问题） 1.3.3.2.已有的信息过滤系统有（多选）：_____ A.网页内容过滤 B.搜索引擎过滤 C.电子公告系统（BBS）信息过滤 D.垃圾邮件过滤
		1.3.4 入侵检测	1.3.4.1.是否建立入侵检测系统：_____ A.是 B.否（若否，跳过下面1个问题） 1.3.4.2.请选择相关功能（多选）：_____ A.自动报警 B.自动锁定跟踪 C.自动反击功能 D.详细日志审计 E.实时协议分析 F.入侵行为分析
		1.3.5 通过的信息安全测评或认证	1.3.5.1. 相关的信息系统和工程是否通过信息安全测评认证(如中国信息安全测评认证、省市信息安全测评认证等)：_____ A.是（请列举通过的相关认证_____） B.否 1.3.5.2. 在信息安全方面，是否建立风险评估体系：_____A.是 B.否

实践活动

请依据所学习的知识，将自己研究课题中的一些概念模糊、含义不清的术语进行概念化与操作化，以便为研究活动的开展做好准备。

2.6 研究样本的抽取

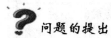
问题的提出

我们在对研究课题有了清晰的认识之后，就应该明确研究目标以及需要选取哪些样本对象进行研究。而选取样本的方法有很多，如何根据课题的研究目的和条件进行合理选择呢？这将是本节需要讨论的内容。

在科学研究的过程中，通常会遇到研究对象或研究内容太大而难以进行研究的情况。比如说要研究电灯的寿命，在实际操作过程中我们无法对所有电灯的寿命进行一一检验；又比如我们要研究某市的人均消费水平，虽然我们可以对该市每个人都进行调查，但那样做要花费大量的财力和精力。因此在很多情况下,我们会抽取样本进行研究,即抽样。

> 抽样,是指从全体被研究对象中,按照随机原则抽取一部分对象作为代表进行研究,以此推断全体被研究对象的状况。

全体被研究对象中具有共同性质的个体就构成了研究的总体。研究样本就是从总体中所抽取的一部分供我们研究的个体。抽样的目的在于通过样本进行估算或推断出总体的某些特征。因此,在抽样中我们就要充分考虑样本的代表性,样本越能近似地代表总体就越好。在设计一个抽样调查时,我们通常需要做的工作是:定义总体及抽样单元、确定或构建抽样框、选择抽样方法、确定样本量的大小、制定实施细节并实施。这里我们将介绍几种常用的定量研究抽样方法和样本量的确定方法。

2.6.1 常用的抽样方法

最基本的定量研究抽样有两类:一类是非概率抽样,非概率抽样不能推断总体,不能计算抽样误差,但在实际调查中也经常被应用;另一类是概率抽样,概率抽样最常用的就是随机抽样法。在这里我们主要对随机抽样法作重点介绍。随机抽样法就是调查对象总体中每个部分都有同等被抽中的可能,是一种完全依照机会均等的原则进行的抽样调查,被称为一种"等概率"。随机抽样有四种基本形式,即简单随机抽样、等距抽样、分层抽样和整体抽样。

1. 简单随机抽样

简单随机抽样又称为纯随机抽样,是事先对总体数量不做任何分组排列,完全凭偶然的机遇从中抽取样本加以调查的方法。简单随机抽样的特点是:每个样本单位被抽中的概率相等,样本的每个单位完全独立,彼此间无一定的关联性和排斥性。它是其他各种抽样形式的基础。通常只是在总体单位之间差异程度较小和数目较少的情况下,才采用这种方法。简单随机抽样一般可采用抽签法、计算机造数法或查随机数表等方法抽取样本。

简单随机抽样的实施步骤一般为:首先,取得总体单位名录,即所有被调查对象;其次,为总体单位编号;最后,利用抽签法、随机号码表等抽取样本。这样抽样方法的优点是操作简单,均数、率及相应的标准差计算简单。其缺点是总体较大时,难以一一编号。

2. 等距抽样

等距抽样亦称机械抽样或系统抽样。这种抽样方法要求先将总体各个单位按照空间、时间或某些与调查无关的标志排列起来,然后等间隔地依次抽取样本单位。抽样间隔则等于总体单位数除以样本数所得的商。等距抽样的特点是:抽出的单位在总体中是均匀分布的,且抽取的样本可少于纯随机抽样。这种抽样方法在用于被调查的总体数量较多时,更为方便。

等距抽样的实施步骤一般为:首先,取得总体抽样框架;其次,为总体单位排队编号;

然后,计算抽样距离间隔;再次,在抽样距离间隔数中,随机抽取一个样本单位;最后,按照间隔数依次抽取其他样本单位。这种抽样方法的优点是简便易行,且当对总体结构有一定了解时,充分利用已有信息对总体单位进行排队后再抽样,则可提高抽样效率。其缺陷在于总体单位的排列上,一些总体单位数可能包含隐蔽的形态或者是"不合格样本",调查者可能疏忽,把它们抽选为样本。

 小案例解析

> 某中学共有学生1500人,该校校长想了解学生们对学校食堂有什么意见,他把全校学生按照学号顺序排列出了一份名单,然后按照这个名单,每隔10人抽取一名学生作为样本,同时他为了消除偏差,从0到9这十个数字中随机抽取了一个样本单位。
>
> 结果他抽中的数字是6,于是他选择了学号尾数是6的所有学生,如20050006,20050016,20050026……直到获得了一个有150个学生的样本进行调查。这即为等距抽样。

3. 分层抽样

分层抽样亦称分类抽样或类型抽样,是将总体单位按其属性特征分成若干类型或层,然后在类型或层中随机抽取样本单位的抽样方法。分层抽样的特点是:由于通过划类分层,增大了各类型中单位间的共同性,容易抽出具有代表性的调查样本。该方法适用于总体情况复杂、各单位之间差异较大、单位较多的情况。分层抽样实际上是科学分组或分类与随机原则的结合。

分层抽样的实施步骤一般为:首先,将总体按一定标准进行分层;其次,计算各层的个数与总体的个数的比;再次,按各层个体数占总体的比确定各层应抽取的样本容量;最后,在每一层进行抽样。分层抽样比单纯随机抽样所得到的结果准确性更高,组织管理更方便,而且它能保证总体中每一层都有个体被抽到。这样除了能估计总体的参数值,还可以分别估计各个层内的情况,因此分层抽样技术常被采用。

 小案例解析

> 某政府机关在编人员100人,其中副处级以上干部10人,一般干部70人,工人20人。上级机关为了了解政府机构改革的意见,要从中抽取一个容量为20的样本,试确定用何种方法抽取。
>
> 分析:首先,因个体差异较大,故采用分层抽样的方法。
>
> 其次,因机构改革关系到个人的不同利益,故采用分层抽样的方法为妥。

4. 整体抽样

整体抽样即按照某一标准将总体单位分成"群"或"组",从中抽选"群"或"组",然后把被抽出的"群"或"组"所包含的个体合在一起作为样本,被抽出的"群"或"组"的所有单位都是样本单位,最后利用所抽"群"或"组"的调查结果推断总体。抽取"群"或"组"可以采用随机方式或分类方式,也可以采用等距方式来确定;而"群"或"组"内的调查则采用普查的方式进行。整体抽样又可分为一段抽样和分段抽样两种类型。这种抽样方法的优点是便于组织、节省经费。其缺点是抽样误差大于单纯随机抽样。

 小案例解析

> 某地想了解各高校毕业生的就业取向,该地共有大学毕业生约 80000 人,他们来自分布非常广泛的 20 所学校。因为没有足够的经费来对所有的大学毕业生进行调查,但又想尽快了解大学毕业生的就业取向。因此,就可以决定选择几所学校,然后对这些学校中的所有大学毕业生进行调查。
>
> 所以,每所学校中的所有大学毕业生分别组成了一个群或组,这即为整体抽样。

以上四种基本抽样方法都属单阶段抽样。在实际中,我们常常根据实际情况将整个抽样过程分为若干阶段来进行,即为多阶段抽样。

2.6.2 研究样本结构的确定

研究样本结构是指要研究的样本中个体的规模和组成结构。样本结构的大小对统计推断非常重要。样本结构过小,会影响样本的代表性,使抽样误差增大而降低了统计推断的精确性,那么是不是样本越大越好呢?一些人或许会产生这种想法,其实不然。样本结构过大,虽然减小了抽样误差,但调查是要消耗大量人力、财力和时间的,并且,从统计学上讲,当样本量达到一定程度以后,再增加样本,对于提高调查效果的作用(样本对于总体的估计效应)就不大了,反而会增加所需经费和时间。

那么我们应该如何确定样本结构呢?确定样本结构是一个比较复杂的问题,需要考虑研究的对象、抽样方法、决策的重要性、调研的性质等多方面因素。具体地说,非常重要的决策,就需要更多、更准确的信息,这就需要较大的样本;探索性研究,样本量一般较小;结论性研究如描述性的调查,就需要较大的样本;如果需要采用多元统计方法对数据进行复杂的高级分析,样本量就应当较大;如果需要特别详细的分析,如做许多分类等,也需要大样本。针对子样本分析比只限于对总样本分析,所需样本量要大得多。

统计学中通常以 30 为界,把样本容量大于 30 的称为大样本,而把样本容量小于 30 的称为小样本。因为,样本容量大于 30 时,其平均值的分布就接近于正态分布,这样许多统计学的公式就可以运用,其样本的资料也可以用来推断总体。然而,30 个样本容量在现实的科学研究中是完全不够的。

 知识卡片

> 样本容量的大小,需要根据研究的目的、研究总体的多少、研究的精确程度、研究的置信程度、研究的条件等来确定。

当所研究的现象越复杂、差异越大时,样本量要求越大;当要求的精度越高、可推断性要求越高时,样本量要求也越大。在同样的精度要求下,样本容量还因所选择的抽样方法不同而不同,每一种抽样方法都有自己的计算样本容量的公式。因此,在选定抽样方法后,还必须分别考察和计算这一方法所需的样本容量。在抽样研究中,一般用于估算样本容量大小的公式为 $n=\dfrac{t^2 \cdot \delta^2}{\Delta_{\bar{x}}^2}$,其中,$\delta$ 为总体的标准差,t 为概率度,$\Delta_{\bar{x}}^2$ 为抽样误差范围。

当概率度 $t=2$,也就是当置信度为95%时,用样本标准差 S 代替总体标准差,用 d 代表误差范围,那么,样本容量大小 $n=\dfrac{4S^2}{d^2}$。

当概率度 $t=3$,也就是当置信度为99%时,用样本标准差 S 代替总体标准差,用 d 代表误差范围,那么,样本容量大小 $n=\dfrac{9S^2}{d^2}$。

 小案例解析

> 某专业某门专业课的教学采用了网络授课,现要测试该网络授课方式是否有利于学生学习效果的提高,故需要对学生该门课程的学习情况进行评测。该专业共有学生150人,先抽取了20人进行测试,发现该公共课成绩标准差为 $S=15$。那么要研究整个专业学生该门课程的学习情况,要求抽样误差范围小于5分,问应该抽取多少样本才合适?
>
> 解析:设 $t=2$,已知 $d=5$,$S=15$。
>
> 所以 $n=\dfrac{4S^2}{d^2}=\dfrac{4 \times 15^2}{5^2}=36$(人)

 经典案例

> 为了贯彻落实国家的免费师范生教育政策,华中师范大学启动了国家教师教育创新平台"985"工程项目——"中部地区教师教育综合改革与创新实验区"建设与示范工程,以免费师范生远程学习和服务的平台为技术支撑环境,以平台所需的网络教育资源建设为核心,实现免费师范生职前职后一体化的教育和培训体系。因此,我们需要对华中师范大学首届免费师范生进行远程学习资源需求的调查,旨在通过对调查结果的分析,为平台网络教育资源建设提供重要的实证依据。
>
> 1. 选择抽样方法
>
> 华中师范大学首届免费师范生招收的总人数为2200人,其中文科类930人,理工科类890人,艺术类230人,体育类150人,覆盖了全校的16个院系,学生的家庭居住地包括了直辖市或省会城市、地级市、县级市或县城、乡镇和农村。可见,学生个体的程度差异较大,而且该平台网络教育资源的建设涉及每个学科门类学生的利益。因此,为了使调查具有代表性和可操作性,故将调查对象确定为所有学科门类的学生,并选择"分层抽样"的方法确定各类学科和各院系应抽取的样本数。

2. 确定研究样本结构

在保障收集数据有效性的前提下,考虑到数据收集的工作量与成本,确定抽样比例为 10%,共 220 人。具体研究样本结构如表 2.6.1 所示。

表 2.6.1　研究样本结构

学科门类	免费师范生人数	抽样	院系类别	免费师范生人数	抽样
文科类	930	93	政法学院	80	8
			教育学院	70	7
			文学院	270	27
			历史学院	130	13
			城市与环境科学学院	120	12
			外语学院	260	26
理工科类	890	89	生命科学学院	140	14
			信息技术系	70	7
			计算机科学系	100	10
			数学与统计学学院	270	27
			物理科学与技术学院	120	12
			化学学院	120	12
			心理学院	70	7
艺术类	230	23	音乐学院	130	13
			美术学院	100	10
体育类	150	15	体育学院	150	15
合计	2200	220			

请根据所学的知识,结合自己的研究课题,明确自己课题的研究总体和样本,选择适合自己研究课题的抽样方法,并确定研究样本的结构。

扫一扫,获得本章活动及学生作品范例

[1] 李克东. 教育技术学研究方法[M]. 北京:北京师范大学出版社,2003.
[2] 艾尔·巴比. 社会研究方法[M]. 第十一版. 邱泽奇,译. 北京:华夏出版社,2018.
[3] 张一春. 教育技术研究方法[M]. 南京:南京师范大学出版社,2008.
[4] 裴娣娜. 教育研究方法导论[M]. 合肥:安徽教育出版社,1995.
[5] 张蓉. 社会调查研究方法[M]. 北京:知识产权出版社,2014.
[6] 杰克·R.弗林克尔,诺曼·E.瓦伦. 教育研究的设计与评估[M]. 第四版. 蔡永红,译. 北京:华夏出版社,2004.
[7] 约翰·W.克雷斯威尔. 研究设计与写作指导:定性、定量与混合研究的路径[M]. 崔延强,主译. 重庆:重庆大学出版社,2007.

扫一扫,获得本章拓展案例资源

第二篇 典型的研究方法

第3章 调查研究法

学习目标

1. 叙述调查研究法的基本内容、特点、作用和方法。
2. 说出问卷调查法的特点和类型,并描述问卷设计的基本程序。
3. 结合调查问卷和量表的设计原则,设计出符合主题的调查问卷。
4. 借助具体的调查实施过程,灵活运用问卷设计中的问题与技巧。
5. 结合自身的体会,描述问卷发放与回收中应注意的环节。
6. 借助具体的访谈,能设计出符合主题的访谈提纲,并灵活运用访谈中的技巧。
7. 在实施调查的基础上,分析调查数据,总结调查结果,写出详细的调查报告。

关键术语

调查研究法　调查问卷　量表　设计　实施　结果分析

知识导图

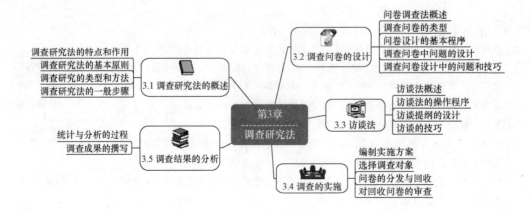

第 3 章 调查研究法

扫一扫，获得本章课件

扫一扫，获得本章链接资源

情境导入

情境一：从 2007 年起，国家实施了新一轮高等院校马克思主义思想政治理论课的课程改革方案，"中国近现代史纲要"是这次新增加的课程。该课程自 2007 年开设以来，已经经过了两轮教学，当前学生的学习情况如何？今后这门课程的教学应该如何进一步改进与提高？

情境二：结合国家 2007 年实施师范生免费教育的契机，华中师范大学启动了国家教师教育创新平台"985"工程项目——"中部地区教师教育综合改革与创新实验区"建设与示范工程，项目以免费师范生的远程学习和服务平台为技术支撑环境，以平台所需的网络教育资源建设为核心，实现免费师范生的职前职后一体化的教育和培训体系。因此，非常有必要对首届免费师范生进行远程学习资源需求的调查，通过对调查结果的分析，为国家教师教育创新平台"985"工程项目教育资源建设提供重要的实证依据。

情境三：为促进湖北省基础教育信息化的有效发展与应用，相关部门开始"湖北省基础教育信息化发展战略和规划"的制定工作。可行且有效地发展战略政策需以实证研究为基础。因此如何全面了解湖北省中小学信息化建设与应用现状？如何明确全省中小学校在信息化建设与应用方面的切实需求和面临的困难？这些都成为规划编制及研究课题组需首先解决的问题。

为了解决以上问题，需要通过访谈法、调查研究法，对这些状况进行详尽的调查与分析。究竟什么是调查研究法？如何采用调查研究法来解答这些问题呢？

基于对以上问题的思考，我们来进行这一章的学习。

3.1 调查研究法的概述

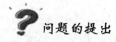
问题的提出

什么是调查研究法？调查研究法有哪些特点、作用以及方法？调查研究法的一般步骤是什么？这是本节所要学习的内容。

调查研究是对已形成的事实的考察和研究。在教育技术研究中运用调查研究，能通过对已形成的事实的考察，来了解教育技术的发展现状，发现教育技术现象之间的关系，从而认识教育技术的规律。由于教育技术是以信息化条件下的学习过程和资源为研究对象，具有某种特定条件(在信息化的环境中、使用信息化学习资源、利用信息工具等)的教育研究活动，在某些条件下实验研究的方法对其并不适用，因此这种通过由结果而追溯原因来揭示某些因果关系的调查研究方法就显得非常必要了。同时，由于教育技术现象非常复杂，影响它的因素又是多种多样的，采用实验的方法严格地控制各种无关变量的影响往往不太容易，而调查研究则较易进行。再者，调查研究往往又是我们进行实验研究的先导，如选择实验研究课题、制订计划、选择方案等往往都以调查研究的结果为依据，因此在教育技术研究中，调查研究是一种常用的基本方法。

3.1.1 调查研究法的特点和作用

核心概念

> 调查研究法,是有目的、计划、系统地搜集有关研究对象的现实状况或历史状况的材料,借以发现问题、探索教育技术规律的一种方法。

调查研究法同实验研究法等研究方法相比较,有着明显的特点。

1. 适用性广

调查研究是以间接的方式研究客观现象,而不是直接研究对象行为本身。客观事物纷繁复杂,有些客观现象不能完全被我们直接观察到,或者不能用实验方法进行研究时,常常需要用间接的方法去搜集资料、获得信息、进行研究。如学生在信息化环境中的一般性情绪状态、在家庭中的表现、对周围人的感情、父母的教育观念与态度、家长教育儿童的方法、教师的观点与态度等,对学生来说,家长和老师是他们接触次数最多、接触时间最长的人,故许多研究需要通过向家长与教师的间接了解,来考察学生的学习情况。

2. 效率高、范围广

调查研究基本上可以不受时间、空间等条件限制,研究涉及范围广,搜集资料速度快,效率高。

3. 形式灵活,手段多样

调查研究可以通过多种方式去搜集反映客观现实、符合课题需要的资料。调查研究既可通过访问、座谈、问卷等方式,向熟悉研究对象的第三者或当事人了解情况,又可通过测验、搜集书面材料等途径来了解情况,从而掌握研究对象的现状和发展趋向。

4. 自然真实、简便易行

调查研究在自然进程中搜集资料,有利于了解研究对象的"本来面目"。同时它主要是通过考察现状而不是通过实验来进行研究的,因而不需要像实验研究法那样控制实验的对象,比较简便易行。

调查研究法除有上述特点和优点之外,还存在以下不足。

第一,调查研究旨在考察现状,是在自然进程中搜集材料,而不是通过实验主动操纵和改变现象与变量,因此它不能确定现象之间的因果关系。例如,我们可以通过调查发现A、B这两个现象之间具有密切的关系,但究竟哪一个是原因,哪一个是结果,却难以断定。

第二,调查结果的可靠性往往依赖于被调查者的合作态度与实事求是精神,常常可能出现主观偏差,而研究者往往难以控制这一点,由于调查是向别人间接了解情况,被调查者所反映的现象事实的客观性和真实性决定了调查所搜集到的资料的可靠性。出于种种原因,有时被调查者可能有意或无意地加入自己的主观臆想或偏见,而调查者却难以了解这种主观加入的程度,从而影响调查结果的可靠性。

3.1.2 调查研究法的基本原则

进行有效的调查研究,需要一定的原则作为基础。

1. 客观性原则

客观性原则,是指在调查时,调查者应该按照事物的本来面目了解事实本身,必须无条件地尊重事实,如实记录、搜集、分析和运用材料。调查者在实施调查计划时,对调查对象不抱任何成见,搜集资料不带主观倾向,对客观事实不能有任何一点增减或歪曲,这就是教育调查中必须遵循的实事求是的科学态度,也是从事调查研究需遵循的最基本原则。

2. 多向性原则

多向性原则,是指调查者在调查中,应该多角度、多侧面地去获得有关的材料,即进行全面调查,注意横向与纵向、宏观与微观、多因素与主因素的结合,使调查既全面又具有代表性。教育调查的对象是干部、教师、学生等,他们都是活生生的人,是不断变化的。因此,在进行调查研究时,不仅要注意了解对象以往的特点,还要调查其新产生的特点,了解其发展趋势。

3. 灵活性原则

在教育调查过程中,由于教育现象的复杂性,如调查对象的地位、职业、年龄、性别等的不同,或者调查题目、调查方法手段的不同,因而一定要适应情况的变化,注意灵活性,根据调查对象的特点,灵活对待,随时调整,以保证取得可信的调查材料。

4. 定性、定量分析相结合原则

比较数量化是现代教育调查的一个特点,因而调查者一定要在调查研究过程中坚持对调查材料进行定性和定量相结合的分析,在进行具体操作时,可以将精确与粗略结合,但不能使用"也许""大概""差不多"等词句,只有坚持定性、定量相结合的调查研究和分析,才能真实、具体地反映现象。这样的调查结果,才能成为了解实情、进行决策的基础。

3.1.3 调查研究的类型和方法

1. 调查研究的类型

调查,就是通过对研究对象的历史和现状进行考察,从中获得来自调查对象的直接资料的一种方法。调查的类别,根据不同的标准,有种种不同的分法。但每一次完整的调查,都包含目的、对象、内容、范围、方法等诸多因素,而每项因素又会体现出各不相同的特征,从而形成比较明显的界限。根据调查目的、调查对象、调查内容的不同,调查研究可分为多种类型,每种类型的作用如表 3.1.1 所示。

表 3.1.1 调查研究的类型

分类方法	种类	作用
目的	常模调查	了解一般情况,寻找一般数据
	比较调查	比较两个群体、两个地区、两个时期的情况
内容	事实调查	掌握现有的事实与数据
	态度调查	了解对问题的看法、倾向性意见与态度

续表

分类方法	种类	作用
对象	全面调查	对调查对象的全部都加以考察
	抽样调查	在总体中抽取部分有代表性的单位加以考察
范围	综合调查	涉及多类问题或某个问题的各个方面
	专题调查	仅涉及某个方面的问题

2. 调查研究的方法

按照调查对象的性质和调查工作的方式,调查研究法又可以分为访谈法、问卷调查法、个案调查法和文献调查法等方法,它们的特点如表 3.1.2 所示。

表 3.1.2　调查研究的方法

调查方法	定义	调查对象	特点
访谈法	访谈法是研究者通过与调查对象的直接对话来搜集事实材料的一种调查方法	社会成员中的个体或集体（如教师或学生）	调查者与调查对象做面对面的谈话,搜集口述材料
问卷调查法	问卷调查法是研究者通过事先设计好的问题来获取有关信息和资料的一种方法	社会成员中的个体	调查者通过特别设计的问题表格,由调查对象做自填式的回答,搜集笔答资料
个案调查法	个案调查法指采用各种方法,搜集有效、完整的资料,对单一对象进行深入细致的研究过程。个案调查法是教育研究中一种常用的研究方法	某项事物有关的文件、档案及其他已存材料	调查者对文件、档案及其他已存材料的考察和分析
文献调查法	文献调查法是指搜集、鉴别、整理文献,并通过对文献的研究形成对事实的科学认识,从而了解教育事实,探索教育现象的研究方法	与某项课题有关的,已记载的文献、情报资料	对已记载的文献、情报资料的内容鉴别、整理、归纳

3.1.4　调查研究法的一般步骤

调查研究法的一般步骤如图 3.1.1 所示。

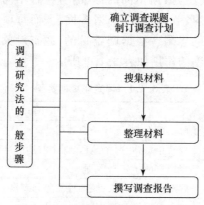

图 3.1.1　调查研究法的一般步骤

1. 确立调查课题、制订调查计划

(1) 确定题目。

在调查前,首先必须明确调查方向,确定调查课题。只有明确所要解决的问题,才能减少调查的盲目性,增强调查的自觉性。确立题目时,要注意以下五点。

① 必要性。既要考虑现实的必要性,又要考虑未来的必要性;既要考虑微观的必要性,又要考虑宏观的必要性。简言之,所选题目都应该有调查研究的价值。

② 可能性。即所选课题,从人员、时间、经费和环境等方面考虑,有没有调查研究的可能。

③ 题目切忌太大,要以小见大。

④ 重视参阅有关资料,弄清楚本课题过去有没有人研究过,达到了什么程度,避免无意义的重复劳动。

⑤ 注意课题的论证,阐明课题的现实与理论意义,突破难点的方法等。

(2) 拟订计划。

拟订教育调查计划,是调查研究工作能否顺利进行的重要保证,一个好的教育调查计划往往是成功的良好开端。教育调查计划一般包含以下内容:

① 调查目的。

调查目的主要是通过本调查研究解决什么问题,以及解决到什么程度:是描述一般情况,还是要进一步探究因果关系?是想提出对策还是作学术探讨,是要影响社会舆论还是供领导决策参考。

② 调查的主要内容。

③ 调查范围、对象和规模。

××区×所学校抽取×年级×人,共计划调查×人。

④ 调查手段和方法。

⑤ 调查程序。

● 起止时间:×年×月×日至×年×月×日。

● 调查进度:

查阅文献资料:×月×日至×月×日。

探索性调查(试调查、访谈等)。

实施调查。

整理统计分析调查资料。

撰写调查报告。

⑥ 经费预算。

⑦ 组建调查队伍。

课题负责人××,成员×人。

由于人们的认识是有限的,情况也常处在动态之中,初步制订的调查计划是否适合不断变化的客观情况,只有在调查活动的实践中才能加以检验。在制订计划的过程中,为了使计划制订得更加切合实际,可以先进行探索性调查,对研究对象有个初步了解,或是征询有关专家的意见,得到一定的指导。

2. 搜集材料

搜集材料，即在教育调查过程中采用问卷、访问、测验、开调查会等手段全面搜集资料。为了保证所获材料的信度，在搜集调查材料时应注意以下几点。

第一，尽可能保持材料的客观性。在教育调查过程中，调查者不能带有主观偏见和倾向性，应实事求是地搜集材料，不要带着观点去找材料，也不能任意取舍材料，否则会失去材料的客观性、真实性。

第二，多个调查人员采用座谈会或谈话等手段搜集资料时，必须采用统一的标准、统一的表格做调查记录，否则会影响材料的信度和效度。

第三，在搜集材料时还要注意不能把事实和意见混在一起，"意见"往往带有主观色彩。对被调查者提供的材料，需进行核实，以保证材料的可靠性。

第四，尽可能地采用多种手段或途径，从不同的角度、侧面、层次较广泛地搜集材料。

3. 整理材料

在教育调查中，那些直接采集到的材料称为原始材料，必须对之进行整理分析，使之达到系统化和条理化，以便调查者能弄清材料之间的相互关系，发现教育现象和事物联系的规律，解答调查者提出的课题。整理的目的是为了便于分析，而分析的基础在于整理，所以整理分析材料的工作必须认真对待，马虎不得。整理材料的步骤主要有检查、汇总、摘要和分析四步。

4. 撰写调查报告

调查报告的撰写，是调查研究过程中最后的也是最重要的一步，单纯地进行调查研究，其本身并没有什么意义，只有认真叙述结果，进行交流，才能真正发挥调查研究的作用。

教育调查研究和作为其成果的调查报告，绝不是东拼西凑地罗列情况，而是一项实事求是的艰苦工作和具有创造性的劳动。因而调查报告与调查研究本身同样重要，必须认真地写好调查报告。

 知识卡片

> 调查报告的结构一般由导言、正文和结论三部分组成。调查报告的形式有描述性报告、解释性报告和建议性报告三种。根据读者对象不同，调查报告也可以写成通俗性报告或专业性报告。但不论是什么形式的调查报告，只有把理论和实践结合起来，才有一定的深度和价值。

经典案例

数字化校园(基础教育)应用现状评估调研方案

一、调查目的

我国基础教育信息化经过多年的快速发展取得了很大的成绩,但也面临着区域间发展不平衡等问题。通过实证调研,摸清湖北省中小学数字化应用现状,明确中小学在信息化建设与应用方面的切实需求和面临的困难等,为科学客观地评价各市区的基础教育信息化水平和制定切实可行的基础教育信息化发展战略和政策提供科学决策依据。

二、调查内容

调查内容主要包括七部分:基本信息、数字化应用、数字化人才培养、数字化资源建设、数字化环境建设、数字化管理、保障体制。

三、调查范围及对象

课题组从全省约17个市区中选取了16个市区作为调研地区,受调研对象为市区内的教学点、普通小学、普通初中、普通高中,约占全省中小学总数的10%。

湖北省基础教育调研抽样情况如表3.1.3所示。

表3.1.3 湖北省基础教育调研抽样情况

总体规模(所)			样本结构和容量		问卷数量
电化教育馆 (区、县级)			20~30所区、县级电化教育馆		20~30份
学校(12368)	高中(603)	城市:243 县镇:278 农村:82	约占总体的 10%,约60所	城市(40%),约24所 县镇(46%),约28所 农村(14%),约8所	1200份
	初中(2184)	城市:362 县镇:671 农村:1151	约占总体的 10%,约216所	城市(17%),约37所 县镇(30%),约65所 农村(53%),约114所	
	小学(7749)	城市:685 县镇:937 农村:6127	约占总体的 10%,约744所	城市(9%),约67所 县镇(12%),约90所 农村(79%),约587所	
	教学点(1832)	城市:20 县镇:39 农村:1773	约占总体的 10%,约180所	城市(1%),约2所 县镇(2%),约4所 农村(97%),约174所	
学校样本合计:1200所					

四、调查手段和方法

本次调研力求深入,将定量和定性研究相结合,采用问卷调查法和访谈法分别对湖北省(区、县级)电化教育馆和中小学学校进行调研。调研方式及对象如表3.1.4所示。

表3.1.4 调研方式及对象

调研方式	调研对象
问卷调查	电化教育馆(区、县级)
	学校负责信息技术的副校长或主任
电话访谈	一线教师
	电教馆工作人员

五、调查工具

1. 调查问卷

基础教育信息化建设与应用现状调研问卷(电教馆版)

基础教育信息化建设与应用现状调研问卷(学校版)

2. 访谈提纲

湖北省中小学数字化校园应用现状访谈(电教馆版)

湖北省中小学数字化校园应用现状访谈(学校版)

六、调查程序

本调查通过网络将问卷发给调查对象进行填写。共回收学校795份问卷和13份电教馆问卷,问卷回收率约为79.5%。

1. 起止时间:2012年11月20日—2012年12月30日。
2. 调查进度如表3.1.5所示。

表3.1.5 调查进度表

时间	成果	任务分解	
		时间安排	研究任务
2012.11.20—2012.12.10	调查问卷和访谈提纲	2012.11.20—2012.11.27	1. 文献调研、问卷及访谈提纲编制
		2012.11.28—2012.11.30	2. 组织专家论证会,形成问卷及访谈提纲定稿
		2012.11.30—2012.12.10	3. 实地调研并回收问卷、访谈、实地考察数据
2012.12.10—2012.12.30	撰写调研报告	2012.12.10—2012.12.17	1. 确定框架,数据分析,形成调研报告初稿
		2012.12.18—2012.12.20	2. 初稿修订
		2012.12.21—2012.12.30	3. 专家论证,文本定稿

七、经费预算

调研经费预算如表3.1.6所示。

表3.1.6 调研经费预算

支出项目	金额:元	合计:元
调研费	12000	30000
材料费	3000	
工作经费	5000	
专家咨询费	5000	
差旅费	5000	

八、组建调查队伍

研究团队成员及分工如表 3.1.7 所示。

表 3.1.7　研究团队成员及分工

姓名	职称/职务	专业	工作单位	分工情况
张屹	教授、博导	教育技术学	华中师范大学教育信息技术学院	全面负责本项目的研究
刘清堂	教授、博导	教育技术学	华中师范大学教育信息技术学院	国外基础教育信息化评测指标体系、发展战略等分析
赵刚	教授、博导	教育技术学	华中师范大学教育信息技术学院	国内基础教育信息化政策、规划、典型案例分析
童名文	教授、博导	教育技术学	华中师范大学教育信息技术学院	实地调研
黄勃	教授	数字媒体与技术	华中师范大学教育信息技术学院	实地调研
林利	副教授	教学论	华中师范大学教育信息技术学院	数据基本描述性分析
周平红	讲师、硕导	教育技术学	华中师范大学教育信息技术学院	数据高级统计分析
陈蓓蕾	博士生	教育技术学	华中师范大学教育信息技术学院	数据分析及调研报告撰写
董学敏	硕士生	教育技术学	华中师范大学教育信息技术学院	数据分析及调研报告撰写

实践活动

调查研究常作为社会科学的研究方法,去解决一些现实问题。如果想研究一下目前我国教育领域的应试教育情况,就可以采用调查研究的方法进行探索和研究。可以从应试教育的发展、教师在应试教育中的行为、学生对应试教育的反应,以及家教现象的盛行、应试教育对素质教育的影响等方面进行社会调查,以便摸清这一社会现实问题,提出自己的改革措施。

请结合自己的学习和生活,通过查阅文献等方法,了解调查研究法在现实生活中的应用,尝试写一份关于"调查研究法"的文献综述。

3.2　调查问卷的设计

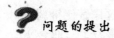

问题的提出

在进行调查研究之前,应设计好调查问卷,这才是做好调查的第一步,也是关键一步。那么,什么是问卷调查法?问卷和量表的一般结构应包括哪些内容?应该怎样安排问题的结构?应注意哪些问题?这正是本节所要学习的内容。

3.2.1 问卷调查法概述

核心概念

> 问卷调查法是研究者通过事先设计好的问题来获取有关信息和资料的一种方法。研究者以书面形式给出一系列与所要研究的目的有关的问题,让被调查者做出回答,通过对问题答案的回收、整理、分析来获取有关信息。

1. 问卷调查法的优点

（1）高效。

问卷调查之所以被广泛使用,最大的优点是它的简便易行,经济节省。问卷调查可以节省人力、物力、经费和时间,无须调查人员逐人逐户地搜集资料,可采用团体方式进行,也可通过邮寄发出问卷,有的还直接在报刊上登出问卷,这对调查双方来说都省时省力,可以在很短时间内同时调查很多人,因此,问卷调查具有很高的效率。问卷资料适于计算机处理,也节省了分析的时间与费用。

（2）客观。

问卷调查一般不要求调查对象在问卷上署名。采用报刊和邮寄方式进行问卷调查,更增加了其匿名性,这样做有利于调查对象无所顾忌地表达自己的真实情况和想法。特别是当问卷内容涉及一些较为敏感的问题和个人隐私问题时,在非匿名状态下,调查对象往往不愿意表达自己的真实情况和想法。

（3）统一。

问卷调查对所有的被调查者都以同一种问卷的提问、回答形式和内容进行询问,这样做有利于对某种社会同质性被调查者的平均趋势与一般情况进行比较分析,又可以对某种社会异质性的被调查者的情况进行比较分析。

（4）广泛。

问卷不受人数限制,调查的人数可以较多,因而问卷调查涉及的范围较大。为了便于调查对象对调查内容方便容易地做出回答,往往在设计方面给出回答的可能范围,由调查对象作选择。这种对"回答"的预先分类有利于从量的方面把握所研究的教育现象的特征。同时,问卷调查有利于对调查资料进行定量分析和研究。

2. 问卷调查法的局限

（1）缺乏弹性。

问卷中大部分问题的答案由问卷设计者预先划定了有限的范围,这样做使得调查对象的作答受到限制,从而可能遗漏一些更为深层、细致的信息。特别是对于一些较为复杂的问题,靠简单的填答难以获得研究所需要的丰富材料。问卷对设计要求比较高,如果在设计上出现问题,调查一旦进行便无法补救。

(2) 容易被误解。

问卷发放后由调查对象自由作答,调查者为了避免引起调查对象的顾虑,不当场检查被调查者的填答方式是否正确或是否有遗漏,这就不可避免地出现一些被调查者的漏答、错答或回避回答一些问题的现象。

(3) 回收率低。

问卷的回收率和有效率比较低。在问卷调查中,问卷的回收率和有效率必须保证有一定的比例,否则会影响到调查资料的代表性和价值。将发出的问卷通过邮寄的形式寄还,靠调查对象的自觉和自愿,没有任何约束,所以往往回收率不高,这就对样本所要求的数量造成一定的影响。

3. 问卷调查法的适用范围

问卷调查法有上述的优势和局限,故它有自身所适用的范围。由于问卷调查法使用的是书面问卷,问卷的回答有赖于调查对象的阅读理解水平,它要求被调查者首先要能看懂调查问卷,能理解问题的含义,懂得填答问卷的方法。而在现实生活中,并不是所有的人都能达到这样的文化程度,因此它只适用于有一定文化水平的调查对象。

从被调查的内容看,问卷调查法适用于对现实问题的调查;从被调查的样本看,适用于较大样本的调查;从调查的过程看,适用于较短时期的调查;从被调查对象所在的地域看,更适用于城市,而大城市比小城市更适用;从被调查对象的文化程度看,适用于具有初中以上文化程度的对象。

 您知道吗?

> 问卷调查的方法最初由英国的高尔顿创立。高尔顿受其表兄达尔文进化论的影响,决心研究人类的遗传变异问题,随后于1882年在英国伦敦设立了人类学测验实验室。该实验室的研究需要搜集反映人类学生理特征和心理特征的大量数据,但高尔顿觉得——访问调查相当费时费钱,于是就把需要调查的问题都印成卷面寄发出去,没有想到取得了重大的成功。随后,这种方法就流传到世界各个国家。美国的一位学者曾分析过581篇教育研究论文或报告,发现其中有143篇(超过总数的四分之一)是全部或局部地采用了问卷调查来搜集资料的。这表明问卷调查在教育研究中有相当重要的地位。

3.2.2 调查问卷的类型

根据研究课题性质和目的的不同,调查问卷可分为结构型问卷和无结构型问卷。

1. 结构型问卷

结构型问卷又称为封闭式问卷,它的特点是:问题的设置和安排具有结构化形式,问卷中提供有限量的答案,受试者只能选择作答。

结构型问卷由于已设置了有限的答案供受试者选择作答,因此它适用于广泛的、不同阶层的调查对象,同时有利于控制和确定研究变量之间的关系,易于量化和进行数据的统计处理,因此,这类问卷被普遍使用。

小案例解析

```
1. 您的专业属于：_____
（1）文科            （2）理科            （3）艺术类（音、体、美）
2. 您认为高校政治理论课开设"中国近现代史纲要"：
（1）十分必要
（2）没有必要，因为很多内容中学都学过
（3）说不清楚，因为_____
3. 您是通过什么渠道了解到免费师范生的？
（1）新闻媒体        （2）相关政策        （3）老师告诉的
（4）亲戚朋友告诉的   （5）其他
4. 您认为信息化学习方式对学习的作用（用数字1到5来表示"从小到大"，1为最小，5为最大）
```

1	2	3	4	5	信息化学习方式对学习的作用
					提高学习效率的作用
					促进学习效果的作用
					增长知识、技能的作用
					提高学习能力的作用
					培养交往、合作的能力
					培养探究、创新的精神

["中国近现代史纲要"教学基本情况调查问卷；
免费师范生本科学习现状与需求调查问卷；
中国高校信息化应用质量与效果评价调查问卷（学生问卷）]

2. 无结构型问卷

无结构型问卷又称为开放式问卷，它的特点是在问题的设置和安排上，没有严格的结构形式，受试者可以依据本人的意愿作自由的回答。

无结构型问卷一般较少作为单独的问卷进行使用，往往是在对某些问题需要作进一步深入的调查时，和结构型问卷结合使用。通过无结构型问卷，我们可以搜集到范围较广泛的资料，可以深入发现某些特殊的问题，探询到某些特殊的调查对象的特殊意见，也可以获得某项研究的补充和验证资料。有时候研究者可以根据受试者的反应，形成另一个新问题，作进一步的调查，使研究者与调查对象之间形成交流，使研究更为深入。

小案例解析

```
1. 请谈谈您对信息技术课和学校校园网的期望。
2. 教师应如何面对教育信息化的浪潮？请谈谈您的看法。
3. 中小学应如何面对教育信息化的浪潮？请谈谈您的高见。
```

3.2.3 问卷设计的基本程序

1. 确定调查问卷的基本框架

该步骤主要确定调查内容分为哪几大方面。

小案例解析

> 1. "中国近现代史纲要"教学基本情况调查问卷——界定为四大方面。
>   (1) 开设纲要课程的必要性——学生的学习态度。
>   (2) 学生的学习状况。
>   (3) 课堂教学状况。
>   (4) 学生的学习收获与自我评价。
> 2. 免费师范生本科学习现状与需求调查问卷——界定为八个方面。
>   (1) 免费师范生基本情况。
>   (2) 专业学习现状。
>   (3) 学习平台功能需求。
>   (4) 科研方面的需求。
>   (5) 职业技能方面的需求。
>   (6) 素质能力培养方面的需求。
>   (7) 生活与心理方面的需求。
>   (8) 其他需求。

2. 设计问卷

一份完整的调查问卷应由名称、前言、主体、结语等四部分组成。

(1) 名称。

第一部分是调查问卷的名称,这是一份调查问卷的开始。其表达方式主要有以下三种。

① 直呼其名:调查问卷。
② 仅指明调查对象:学生问卷、家长问卷、教师问卷。
③ 指明调查对象并扼要指明调查内容问卷。

小案例解析

> ① "中国近现代史纲要"教学基本情况调查问卷
> ② 中小学教育信息化基本状况调查问卷(学生)
> ③ 免费师范生本科学习现状与需求调查问卷
> ④ 湖北省中小学数字化校园应用现状调查问卷(学校)

(2) 前言。

在前言部分,我们应该介绍本次调查问卷的目的,从而指导被试如何回答。其主要由以下七个部分组成。

① 开头称呼。
② 调查的目的和意义(为什么调查、"为了研究的需要,我们设计这份问卷")。
③ 对被调查者的希望("希望您做出真实的回答")。
④ 关于匿名的保证("本调查以不记名方式进行")。
⑤ 填答说明("下列各题,请选一项适合您情况的序号填写在题前的方格内")。
⑥ 致谢。
⑦ 调查者的个人身份或组织名称、时间。

小案例解析

"中国近现代史纲要"教学基本情况调查问卷——前言

亲爱的同学:

您好!从 2007 年起,国家实施了新一轮高等学校马克思主义思想政治理论课的课程改革方案,"中国近现代史纲要"是这次新增加的课程。为了了解"中国近代史纲要"教学的基本情况,以促进教学改革和提高教学质量,我们组织了这次调查。您的意见对我们今后的教学意义重大,请您根据自己的体会和认识,在合适的答案号码上进行填写。

本次调查不用填写姓名。谢谢您的支持与合作!

"中国近现代史纲要"课程组
2008 年 4 月

小案例解析

湖北省中小学数字化校园应用现状调查问卷(学校)——前言

尊敬的老师:

您好!

为制定切实可行的基础教育信息化发展规划,特开展此次调研。本次调研旨在摸清湖北省中小学数字化应用现状,明确中小学在信息化建设与应用方面的切实需求和面临的困难,科学客观评价各市区的基础教育信息化水平。请您根据实际情况客观回答,作答时请在划有"_____"的地方填写数字或文字信息,在相应的"□"内打"√"。您的回答对学校评估不会产生影响,您提供的信息绝对保密,感谢您的合作与支持!

数字化校园应用现状调研项目组
2012 年 11 月

(3) 主体。

第三部分是问卷的主要部分,是调查者所要调查的基本内容,这是调查问卷中最重要的部分。由于采用问卷的形式,所以调查问卷的主体内容应根据调查目的提出调查的问题和可供选择的答案。

调查问卷的主体部分主要由个人特征资料部分、事实性问题部分、态度性问题部分组成。

① 个人特征资料部分。

在问卷设计时,个人特征资料往往是作为自变量中的变数而被使用的。教育技术研究中常常以下列的一些个人特征因素作为自变量,在问卷设计时,可根据研究课题和研究假设选择使用。

个人基本因素:年龄、性别、工作所在地、职业、岗位或职务、工作年限。

教育条件因素:教育程度、在学年级、成绩等级、业余爱好、接触媒体习惯。

家庭环境因素:家庭人口总数及构成、父母职业、父母教育程度、家庭经济状况。

 小案例解析

---

1. 您的性别:
(1) 男　　　　　　(2) 女
2. 您的年级:
A. 大一　　　　B. 大二　　　　C. 大三　　　　C. 大四

("教育技术学研究方法"课程混合式教学现状调查问卷)

---

② 事实性问题部分。

事实性问题,即了解客观存在或已经发生的事实,包括存在性事实和行为性事实。

存在性事实主要用于调查"是否有""有多少"这方面的事实。行为性事实主要用于调查曾经发生过的行为,包括发生行为的时间、地点、行为等多方面的内容。

 小案例解析

---

1. 学校是否建有网站?
□是　□否
2. 如果是,网站的更新频率
□每天　□每周　□每月　□每学期　□每年

(湖北省中小学数字化校园应用现状调查问卷)

---

③ 态度性问题部分。

态度是人对某种现象的相对稳定的心理倾向,通过人的意见和举止行为反映出来。态度性问题部分通常采用态度量表来进行态度测量。

态度量表是针对某些事物而设计的,是问卷的一种特殊形式。态度量表可以了解被测试者对某事物的态度、倾向。

态度倾向主要包括态度的方向性和态度的强弱性两项基本指标。

小案例解析

对于本课堂的教学,请根据您个人的情况评价其效果:(请您在您认为正确的后面打"√")

序号	评价内容	好	一般	差
1	老师讲课能够理论联系实际,便于吸收			
2	老师讲课能够突出重点、难点,便于掌握			
3	老师讲课的深浅度适合学生的理解水平			
4	老师讲课能促进学生积极思考,富于启发性			
5	老师能够提出参考书并指导学生课外阅读			
6	老师讲课能针对学生的思想实际,具有针对性			
7	上课能提出问题进行讨论,促进学生思考			
8	讲课方式灵活,课堂气氛活跃			
9	老师课后能通过多种方式与学生交流			
10	多媒体教学有效果,加深了我对知识的掌握			

("中国近现代史纲要"教学基本情况调查问卷)

(4) 结语。

结语是调查问卷的最后一个部分,主要描述的是调查的一些基本信息,如调查时间、地点、调查员姓名、被调查者的联系方式等信息的记录。最后我们还要对被调查者的配合再次给予感谢。

一般可以采用三种表达方式。

① 再次表示感谢以及关于不要漏填并复核的提示。

小案例解析

对于您花费宝贵时间填完本问卷,我们表示诚挚的感谢!为了保证资料的完整与翔实,请求您再花几分钟,翻阅已填过的问卷,看看是否有漏填、填错的地方。谢谢!

② 提出1~2个关于本次调查的形式与内容的感受等方面的问题,征询被调查者的意见。

小案例解析

1. 您填完问卷后对本次调查有何感想?
   □很有意义　　□有些意义　　□没有意义　　□说不上
2. 对于本次调查,您还有什么需要补充的吗?请写在下面。
3. 请用一两句话表达您对……的感受。

③ 提出本次调查中的一个重要问题,以开放型问题的形式放在问卷的结尾。

小案例解析

> 1. 其他学科教师一般请您帮助他们解决哪方面的问题?
> 2. 教师应如何面对教育信息化的浪潮?请谈谈您的看法。

3.2.4 调查问卷中问题的设计

1. 提出问题

提出所要询问的问题是问卷设计的主要内容。要科学设计调查问卷,必须弄清楚问题的种类、问题的结构和设计问题应该遵循的原则。

问卷中的问题基本上可分为四类。

第一类,背景性问题。背景性问题主要是被调查者个人的基本情况,是对问卷进行分析的重要依据。主要包括:性别、年龄、民族、文化程度、婚姻情况、职业、行业、职务或职称、收入、宗教信仰、党派团体等。可能包括被调查者的某类基本情况,如家庭人口、家庭类型、家庭收入等。

第二类,客观性问题。客观性问题是指已经发生和正在发生的各种事实和行为。事实性问题:"您喜欢上网吗?""您平均每天上网多少时间?"行为方面的问题:"通过'中国近现代史纲要'课的学习,您认为收获最大的是什么?""您经常通过下面哪一种渠道查阅最新的教育信息?"

第三类,主观性问题。主观性问题是指人们的思想、感情、态度、愿望等一切主观世界状况方面的问题。例如:"教师应如何面对教育信息化的浪潮,请发表您的看法?""对于本课堂的教学,请根据您个人的情况评价其效果?"这类问题如果须了解其强弱程度,则要用量表式问卷。

第四类,检验性问题。检验性问题是特为检验回答是否真实、准确而设计的问题。它们一般安排在问卷的不同位置,通过互相检验来判断回答的真实性和准确性。例如:在问卷中先问:"您受过信息技术教育的培训吗?"后再问:"如果您需要在信息技术方面得到培训,您认为最佳的培训方式是什么?"

在这四类问题中,背景性问题是任何情况都不可缺少的,因为它是对被调查者分类和对不同类型被调查者进行对比研究的重要依据。其他三类问题,则根据调查目的、内容而选用。

2. 问题的设计原则

为了提高问卷的回复率、有效率和回答质量,设计问题应遵循以下原则。

第一,客观性原则。这是指作为主体的调查者在问卷设计过程中要从实证性、客观性的要求出发,保持"价值中立",尽可能地减少人为主观成分和影响,以达到如实反映社会现象本来面目的目的。

第二,目的性原则。这是指设计的问题必须紧紧围绕调查研究的目的来进行,不能枝蔓横生。

第三,必需性原则。这是指设计的问题应该是必需的,并以够用为度。

第四,对象性原则。这是指设计问题时要充分注意被调查者的特点,应从被调查者的角度出发,去考虑问题。

第五,自愿性原则。这是指设计问题必须考虑被调查者是否自愿真实回答。

第六,具体性原则。这是指问题的内容要具体,不要提抽象、笼统的问题。

第七,单一性原则。这是指问题的内容要单一,在一个问题中,不能同时询问两件事情,或者说不能把两个或两个以上的问题合在一起提。

3. 问题的结构安排

为了便于被调查者回答问题,同时也便于调查者对调查资料的整理和分析,调查者往往需要精心安排问题的结构,即问题的排列组合方式。设计问题一般可采取以下几种排列方式。

第一种,按问题的性质或类别排列。

第二种,按问题的复杂程度或困难程度排列。

第三种,按问题的时间顺序排列。

在通常情况下,问题都是按一定逻辑来排列的。但是,有时调查者为了防止被调查者回答问题受思维定式的影响,也故意把一些问题的时间顺序颠倒,或分别安排在问卷的不同部分。特别是检验性问题的排列更应分散于各处,否则就难以起到检验作用。总之,问题的排列不是一成不变的,调查者可根据具体的需要,在遵循以上三种排列原则的基础上灵活应用。

4. 问题的表达

把握好问题表达的技巧,对于提高整个问卷的质量至关重要。由于问卷调查一般是自填式调查,被调查者只能根据书面问卷来理解问题和回答问题,因此,调查者在表述问题时要注意以下几点。

第一,通俗易懂。

第二,简明扼要。

第三,准确清晰。

第四,客观中立。

第五,使用非否定句式。

5. 相关问题的接转

有些问题相关程度较高,为了保证回答的系统性和便于统计,需要对它们做特殊处理,即进行相关问题的接转。一般来说,相关问题的接转有:用文字说明、分层次排列、用线条连接等几种方式。

6. 答案的设计原则

答案的设计也是影响整个问卷质量的重要因素。在答案的设计中,要遵循以下原则。

第一,相关性原则,即设计的答案必须与询问的问题具有相关关系。

第二，同层性原则，即设计的答案必须具有相同层次的关系。
第三，完整性原则，即设计的答案应该穷尽一切可能的，起码是一切主要的答案。
第四，互斥性原则，即设计的答案必须是互相排斥的。
第五，可能性原则，即设计的答案必须是被调查者能够回答也愿意回答的。

 您知道吗？

> 问卷设计好以后，一定要进行试调查，即请一些与今后正式被调查者同样的人填答问卷，在此基础上对问卷作若干次修改后，才能进行正式调查。其余工作，如选择调查对象、分发问卷、回收问卷等，虽然也有需要注意的问题，但相对简单和好掌握一些。还有问卷法的主要优点和缺点等问题，教材已讲得很清楚，理解即可。

3.2.5 调查问卷设计中的问题和技巧

1. 问卷设计的六个原则

问卷调查是目前调查业中所广泛采用的调查方式，即由调查机构根据调查目的设计各类调查问卷，然后采取抽样的方式（随机抽样或者整群抽样）确定调查样本，通过调查员对样本的访问，完成事先设计的调查项目，最后经过统计分析得出调查结果的一种方式。它严格遵循概率与统计原理，因而，调查方式具有较强的科学性，同时也便于操作。这一方式对调查结果的影响，除了样本选择、调查员素质、统计手段等因素外，问卷设计水平是其中的一个前提性条件。而问卷设计得好坏很大程度上又与设计原则有关。

(1) 合理性。

合理性指的是问卷必须与调查主题紧密相关。如果违背了这点，再精美的问卷都是无益的。而所谓"问卷体现调查主题"，其实质是在问卷设计之初，就要找出"与调查主题相关的要素"。

(2) 一般性。

一般性指的是问题的设置是否具有普遍意义。这是问卷设计的一个基本要求，但我们仍然能够在问卷中发现这类带有一定常识性的问题。这一问题不仅不利于调查成果的整理与分析，而且会使调查委托方轻视调查者的水平。

 小案例解析

> Word 中您需要以下哪些方面的指导？（可多选）
> □字体属性的改变 □插入表格、图片等 □页面设置
> □修订功能　　　□文档排版　　　　□图像处理
> □声音剪辑　　　□动画处理

其中的图像处理、声音剪辑和动画处理三个选项是此题的冗余选项。

如果我们的统计指标没有那么细（或根本没必要），那就犯了一个"特殊性"的错误，从而导致某些问题的回答实际上是对调查无助的。

在一般性的问卷技巧中，需要注意的是：不能犯问题内容上的错误。

 小案例解析

学校网站建设情况	
学校是否建有网站	□是　　□否
如果是，网站的更新频率	□每天　□每周　□每月　□每学期　□每年
学校网站主页平均每日访问次数约为	_____次
学校是否建有邮箱服务器	□是　　□否

题目"学校是否建有邮箱服务器"并不属于"学校网站建设情况"模块。

（3）逻辑性。

问卷的设计要有整体感，这种整体感即是问题与问题之间要具有逻辑性，独立的问题本身也不能出现逻辑上的谬误，从而使问卷成为一个相对完善的小系统。

由于问题设置紧密相关，因而能够获得比较完整的信息。调查对象也会感到问题集中、提问有章法。相反，假如问题是发散的、带有意识流痕迹的，问卷就会给人以随意性而不是严谨性的感觉。

因此，逻辑性的要求即是与问卷的条理性、程序性分不开的。已经看到，在一个综合性的问卷中，调查者将差异较大的问卷分块设置，从而保证了每个"分块"的问题都密切相关。

（4）明确性。

所谓明确性，是指问题设置的规范性。这一原则具体是指，命题是否准确，提问是否清晰明确、便于回答，被访问者是否能够对问题做出明确的回答，等等。

 小案例解析

问题：你每周利用计算机(含上网)工作的时间是： □几乎没有时间　□1小时　□2小时　□多于2小时

再则，明确性较强的问卷中常有"是"或"否"一类的是非式命题。

 小案例解析

问题：您的婚姻状况： □已婚　□未婚

显而易见,此题还有第三种答案(离婚/丧偶/分居)。如按照以上方式设置则不可避免地会发生选择上的困难和有效信息的流失。其症结即在于问卷违背了"明确性"的原则。

(5) 非诱导性。

不成功的记者经常会在采访中使用诱导性的问题。这种提问方式如果不是刻意地要得出某种结论而甘愿放弃客观性的原则,就是缺乏必备的职业素质。在问卷调查中,因为有充分的时间做前提准备,这种错误应尽量避免。但这一原则之所以成为必要,在于高度竞争的市场对调查业的发展提出了更高的要求。

非诱导性指的是问题要设置在中性位置、不参与提示或主观臆断,完全将被访问者的独立性与客观性摆在问卷操作的限制条件的位置上。

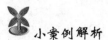
小案例解析

> 问题:你认为这种化妆品对你的吸引力在哪里?
> □色泽 □气味 □使用效果 □包装 □价格
> 这种选项设置是客观的。
> 若换一种选项设置:
> □迷人的色泽 □芳香的气味 □满意的效果 □精美的包装
> 这样一种设置则具有诱导和提示性,从而在不自觉中掩盖了事物的真实性。

(6) 便于整理、分析。

成功的问卷设计除了应考虑紧密结合调查主题与方便信息收集外,还要考虑调查结果的容易得出和调查结果的说服力。这就需要考虑问卷在调查后的整理与分析工作。首先,这要求调查指标是能够累加和便于累加的;其次,指标的累计与相对数的计算是有意义的;最后,能够通过数据清楚明了地说明所要调查的问题。只有这样,调查工作才能收到预期的效果。

2. 问题设计中应避免的问题

(1) 语言不规范。

在问卷调查中,问题设计者不能使用学术化语言,也不能用官方语言,使用的语言必须贴近被调查者的生活。

小案例解析

> 您家属于以下哪种类型:
> □核心家庭 □单亲家庭 □联合家庭 □主干家庭 □其他

上述案例的问题就是明显的专业词汇的不当运用。

(2) 问题有倾向性。

问卷中的问题必须保持中立,不能提带有倾向性的问题。

小案例解析

> 湿地保护很重要,你认为有进行湿地保护的必要吗?
> □有　　□没有　　□说不清

这样的问题是不应该出现在问卷中。

(3) 问题引起回答者的焦虑。

 小案例解析

> 你有没有在自然保护区内狩猎过?
> □有　　□没有

这样的问题容易引起回答者的焦虑,因为大部分人都知道保护区是不准狩猎的。这个问题可以这样问:在保护区狩猎是很普遍的事,你的情况是?

(4) 一题多义。

一个问题只能提问一个方面的情况,否则容易使回答者不知如何作答。

 小案例解析

> 你和你的配偶的文化程度是:
> □小学及以下　　□初中　　□高中　　□大专及以上

这个问题就是一个题目同时询问两个人的情况,让回答者无法回答。

(5) 问题笼统。

问题笼统是调查中存在的较多的问题。

 小案例解析

> 您对湿地的了解情况是:
> □很了解　　□了解　　□一般　　□不太了解　　□不了解

这个问题的情况是——被调查者对湿地的了解程度不是回答者自己说了算的。我们对湿地了解程度的衡量应该有一个标准,一般的处理方式是用量表,即用相关的多个问题来综合测量。

(6) 题支的设计不合理。

这包括设计的答案不穷尽、问题相同或处于同一维度等。

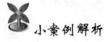
小案例解析

> 您家庭收入的主要来源是：
> □土地收入　　□打工收入

这个问题的答案就是题支没有穷尽，因为还有其他的答案，如生意收入、股票收入等。

以上是问卷设计中的一些比较突出的问题，当然还有其他很多问题存在，有些是研究者难以预料的，这就要求设计者要反复斟酌，同时要征求他人的意见。

3. 问卷回答中的问题

在问卷设计前应明白调查的对象，因为我们的问题是给调查对象看的，所以我们的设计必须符合他们的习惯。一方面，设计应尽量符合他们的语言习惯；另一方面，对他们的整体情况及我们调查的背景资料应该有全面的了解。当然问卷调查可以采取自填式，即让被调查者自己填写，也可以采取访问式调查，即派专人带问卷向被调查者询问答案。至于采取何种方式，可以根据调查的难度、被调查者的文化水平、研究者设计问题的复杂程度等来决定。这里我们主要讨论一下问卷设计中存在的比较突出的问题。

问卷回答中比较多的问题是写答案不规范，因为很多人用笔画"√"，最后在资料处理时才发现很多问题不知道选择的是哪一项。我们希望被调查者最好在问卷回答中画圈，因为要求被调查者在相应代码上画圈，这种情况下使得被调查者的注意力比较集中，有利于保证标记的准确。另外一个问题是回答不符合要求，如是单选的题目答成了多选，这种问题就需要调查者在问卷中强调引起被调查者的注意，也可以把这些要求印成黑体。还有就是问卷没有回答完，这种情况要求调查者重新访问，如果实在不行就只能作废卷处理。

4. 一些技巧

(1) 问题顺序的排列。

问卷的问题不应是杂乱排列的，应该有一定的顺序。一般情况下可遵循以下原则。

第一，把简单易懂的问题放在前面，把复杂的问题放在后面，这样容易得到被调查者的配合，使被调查者感到问题好回答。

第二，把能引起被调查者兴趣的问题放在前面，把枯燥的问题放在后面。

第三，一般性问题放在前面，特殊性问题放在后面。

第四，先问行为方面的问题，再问态度、观念性问题。

第五，同类问题放在一起，这样被调查者容易回答。

第六，开放性问题，即完全由被调查者自己回答、没有备选答案的问题放在后面。

(2) 题支可以设计成半封闭半开放式。

即在备选题后再加一项"其他"，并要求选这一项的被调查者说出内容，这样可以弥补设计时的遗漏,而且在调查中往往会遇到预料不到的情况,所以半开放式问题给了问卷设计者空间。

(3)在问卷调查中,尽量不要以行政命令来派发问卷,这样获得的数据往往不真实。

(4)数据处理时要应用科学的统计分析工具,这样才不会浪费数据。

> 问卷设计与调查是一项实践性的课程,参与是非常重要的。在问卷设计与调查时,我们最好进行预调查,这样可以减少错误,发现我们想不到的一些问题。

 经典案例

1．问卷名称

湖北省中小学数字化校园应用现状调查问卷(学校)

2．问卷前言

尊敬的老师:

您好!

为制定切实可行的基础教育信息化发展规划,特开展此次调研。本次调研旨在摸清湖北省中小学数字化应用现状,明确中小学在信息化建设与应用方面的切实需求和面临的困难,科学客观地评价各市区的基础教育信息化水平。请您根据实际情况客观回答,作答时请在划有"_____"的地方填写数字或文字信息,在相应的"□"内打"√"。您的回答对学校评估不会产生影响,您提供的信息绝对保密,感谢您的合作与支持!

数字化校园应用现状调研项目组

2012年11月

3．问卷的主体

(1)主体部分的构成。

本问卷的主体部分主要由学校基本情况、信息化应用、数字化人才培养、数字化资源建设、数字化环境建设、数字化管理、保障体制等部分组成。

(2)基本信息部分。

学校基本情况

学校所在地	_____市_____县(区)_____乡(镇)
学校地理位置	□城市　　　□县镇　　　□农村
学校性质	□教学点　　□小学　　　□初中　　　□高中
学校人数	教师数:_____其他教职员工数:_____学生数:_____

(3) 事实性问题部分。

教师每学期使用信息化设备进行备课、教学情况

学校教师使用计算机备课占总备课时间的比例	_____%
使用电子白板教学的教师比例	_____%
使用多媒体计算机教学的教师比例	_____%
使用电视机、DVD 机等其他信息化设备教学的教师比例	_____%

学校校长的信息化领导力现状

校长的信息化领导力	弱	中	强
使用网络搜索资源的能力	□	□	□
使用信息化交流工具（QQ、MSN 等）协调沟通的能力	□	□	□
使用数字化校园管理平台管理学校事务的能力	□	□	□
规划、组织校园信息化建设与应用的能力	□	□	□
对学校信息化建设和发展各个方面的评价能力	□	□	□

在线测试题库情况

学校是否建有在线测试题库	□是　　□否
如果是，在线测试题库覆盖学科	□数学　□语文　□英语　□物理　□化学 □地理　□生物　□历史　□音体美　□科学 □信息技术　□其他，请说明_____
每学期在线测试占测试总数的比例	_____%

……

4．问卷的结语

数字化校园建设中遇到的问题及需求有哪些？（数字化应用、数字化人才培养、数字化资源建设、数字化环境建设、数字化管理、数字化保障体制等方面）。

问卷到此结束，谢谢您的合作。为保证资料的完整与翔实，请求您再花费几分钟的时间翻阅已填过的问卷，查看是否有漏填、错填的地方。祝您工作愉快，谢谢！

实践活动

请您设计一份具有实用价值的量表或调查问卷，主要满足以下要求。
- 主题——中小学信息技术教育
- 基本内容（选择其中一个方面）
  开设信息技术教育课程（教材、教师、学生）
  校校通工程（校园网建设）
  信息技术与课程整合（课程改革试验）

教育信息资源建设(资源开发、资源整合、资源库建设)
- 调查目的——现状描述、关系分析、因素分析、需求分析等
- 调查对象——管理人员、教师、学生
- 变量设计
- 问题设计

3.3 访 谈 法

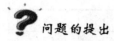

什么是访谈法？如何设计访谈提纲？访谈法的实施步骤是什么？采用访谈法的过程中，应注意的事项是什么？有何技巧？这些都是本节所要学习的内容。

> 访谈法(Interview)又称晤谈法，是通过访员和受访人面对面地交谈来了解受访人的心理和行为的心理学基本研究方法。

3.3.1 访谈法概述

访谈，就是研究性交谈，是以口头形式，根据被询问者的答复搜集客观的、不带偏见的事实材料，以准确地说明样本所要代表的总体的一种方式，尤其是在研究比较复杂的问题时需要向不同类型的人了解不同类型的材料。

在访谈过程中，尽管谈话者和听话者的角色经常在交换，但归根到底访问者是听话者，而受访人是谈话者。访谈以一人对一人为主，但也可以在集体中进行。

1. 访谈法的种类

因研究问题的性质、目的或对象不同，访谈法具有不同的形式。其中，比较常见的访谈法有标准化访谈法、非标准化访谈法、座谈会和电话访谈法等。

（1）标准化访谈法。

标准化访谈法是根据已设计好的访谈问卷向被访者提出问题，然后将其答案填写在问卷上的方法。这是一种高度控制的访谈方法。

标准化访谈的特点是：对在访谈中涉及的所有问题，如选择访谈对象的标准和方法、访谈中提出的问题、提问的方式和顺序、被访者回答的记录方式、访谈时间和地点等都有统一规定。在访谈过程中，要求访谈者不能随意更改访谈的程序和内容。

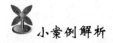
小案例解析

> 1. 您所在的学校硬件设施建设与应用过程中存在怎样的问题？您在教学与办公应用中对基础设施有何需求？
> 2. 您在日常教学工作中，是自制还是直接利用已有的信息化教学资源？对信息化教学资源建设有何需求？
> 3. 在信息化教学工作中，您认为目前最大的障碍是什么（如：信息化教学方法与实践不足等）？
> 4. 学校对信息化教学工作是否有明确要求？是否制定了激励机制？
> 5. 您目前的信息技术应用能力水平如何？（如：简单的硬件及办公软件操作，自主制作信息化教学资源，掌握信息技术与课堂教学的融合方法与实践等）您希望自己未来能达到何种水平？
> 6. 如果您今后参加中小学教师信息技术能力相关培训项目，您觉得以哪种培训方式更好？（如：面对面培训、远程网络培训、混合式培训等）想通过此种培训达到何种目的？如：提升自身信息技术应用能力（技术），增强信息化教学理论知识（理论）等。
> 7. 在信息化办公与教学过程中，学校是否提供技术维修或保障支持？
>
> （湖北省中小学数字化校园应用现状的访谈提纲）

（2）非标准化访谈法。

非标准化访谈法是指事先不制定统一的问卷，只根据拟定的访谈提纲或某一题目，由访谈者与被访谈者进行自由交谈获取资料的方法。与标准化访谈法相比，这种访谈几乎无任何限制，访谈者可随时调整访谈的内容、深度和广度。

（3）座谈会。

座谈会又称集体访谈，是指将若干访谈对象召集在一起同时进行访谈。

开座谈会应注意以下的原则。

第一，座谈会的参加人员要有代表性，要求到会者有必要的能力和修养并熟悉访谈的内容。

第二，参加座谈会的人数最多不宜超过 10 人，以 5～7 人为宜。

第三，要提前确定座谈提纲，并提前通知参加座谈的人做好准备。

第四，座谈会应是讨论式的，允许参加座谈的人发表不同的看法。

（4）电话访谈法。

电话访谈法是指访谈者通过电话向被访者就某一研究课题进行交谈以及搜集研究资料的调查方法。电话访谈法又称电话调查，是一种间接的访谈法。

电话访谈法可以分为两种：一种是类似于标准化访谈的方法，事先设计好问卷，按问卷询问被访谈者；另一种是类似于非标准化的访谈，事先不设计问卷，只根据简单谈话提纲交谈。

访谈法的应用范围比较广泛，主要适用于多种被访谈者，也比较适用于小范围内的调查。

2. 访谈法的优缺点

（1）访谈法的优点。

第一，具有灵活性。

第二，成功率较高。

第三，可观察非语言行为。

第四，适用面广。

第五，控制性较强，即在访谈时，访谈者可以适当地控制访谈环境，避免其他因素的干扰。

第六，可得到自发性回答，这种回答比较真实、可靠。

第七，可获得深层次的信息。

（2）访谈法的缺点。

第一，使用上的限制较大，需要的时间、人力、物力、经费较多。

第二，访谈的样本较小，即不能进行大面积的调查，而只能调查一些典型事例或样本。

第三，无法控制调查者对调查对象的影响，如调查者的性别、外貌、着装、语气、动作、语调等对调查对象的影响。

第四，容易产生偏差。由于笔误和时间紧迫，调查者可能把事实错记或漏记，也可能出现带有主观意向的提问等使访谈出现偏差。

第五，其结果的统计分析较为困难，因为访谈的措辞和问题不容易标准化，而且情景的变化也较大。

3.3.2 访谈法的操作程序

访谈法的操作程序如图 3.3.1 所示。

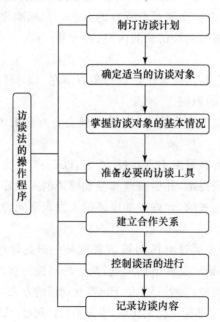

图 3.3.1 访谈法的操作程序

1. 制订访谈计划

访谈计划的内容应包含以下几点。

第一,确定访谈的目的。

第二,确定访谈的题目和内容。

第三,确定访谈的方式。

第四,编写提问的措辞及其说明。

第五,确定必要的备用方案。

第六,规定对调查对象作所回答的记录和分类方法。

第七,确定访谈工作的进程时间表。

2. 确定适当的访谈对象

在标准化访谈中多采用随机取样的方法选取访谈对象;在非标准化访谈中,则主要是根据研究目的来选取有代表性的访谈对象。

3. 掌握访谈对象的基本情况

需要掌握的被访者的情况包括两个方面:一方面是被访者个人的基本情况,例如性别、年龄、婚姻、文化程度等;另一方面是他们所处的环境情况,例如:地区文化特征、家庭背景、班级和学校风气等,以便访谈者可以更好地、更全面地对被访者的谈话做出解释和说明。

4. 准备必要的访谈工具

标准化访谈一般要求有访谈问卷、调查表格、文具、介绍信等;非标准化访谈除上述工具外,根据需要可能还要准备照相机、录像机等。

5. 建立合作关系

建立访谈双方良好关系应注意以下几点。

第一,开门见山进行自我介绍。

第二,可事先通知被访者。

第三,采用肯定的进见约谈方式。

第四,服饰应让被访者接受。

第五,入乡随俗。

第六,充分尊重被访者。

第七,创造友好气氛。

6. 控制谈话的进行

控制谈话的进行应注意以下几点。

第一,提问要明确具体、通俗易懂。

第二,要适当控制话题方向。

第三,采用启发方式引导回答。

第四,适时插问。

第五,适当运用表情和动作。

第六,严格按计划进行访谈,不要随意离开主题,并注意问题之间的衔接。

第七,结束访谈时应表示感谢,为下次可能的访谈工作留下好的印象。

7. 记录访谈内容

一般当场记录应征得被访者的同意,记录下的内容要请被访者过目并核实签字,以免使谈话内容对被访者构成损害。当场记录也可用录音、录像的方法将谈话内容录下来。事后记录的优点是不破坏交谈气氛,使访谈能自由顺利进行。事后记录的缺点是有些内容可能会记不住或记不准而损失了有用的资料。

3.3.3 访谈提纲的设计

1. 访谈中问题的设计原则

在具体的访谈过程中,访谈问题的设计尤为重要。其中,问题的设计主要遵循以下几个原则。

第一,问题必须传递给被访者精确的信息。

第二,问题的设计应该能够激发被访者投入到访谈中,清楚地传递出被访者的态度和观点。

第三,问题的表述必须足够清晰,以便访谈者能够轻松地把意思传达给被访者。

第四,必须足够准确无误地传达出对被访者的期望。

2. 设计中常见的问题

(1) 双主题问题。

在访谈或问卷中的一个共同问题,要求被访者同时对两个问题(常常是截然不同的)做出回答。

小案例解析

> 问题:"你希望看到美国在西欧扩张它的核导弹能力还是集中发展反恐怖主义袭击的势力?"
> 解决方法:把它分成两个独立的问题来分别提问。

(2) 复杂问题。

在对普通群体或弱势群体的研究中,明智的做法是避免冗长复杂的问题。

若用的是无结构的开放型问题,它对被访者的一致性要求比较少,可以包括复杂的问题,因为访谈者有足够的时间倾听。

小案例解析

> 问题:在询问敏感性问题,如年收入时怎么办?
> 解决方法:给被访者提供答案的选项,写有收入选择范围的选项。
> A. 5000元以下   B. 5000元~1万元   C. 2万元~5万元   D. 5万元以上

(3) 问题的顺序。

访谈应该从能使被访者感兴趣的,同时又是没有威胁的、相对简单的问题开始,私人化、敏感性的问题应放在访谈的后半部分。

(4) 探索性问题。

在大范围的研究中,探索性问题应该在指定的地方统一提出。

不同的被访者被问到探索性问题的机会是差不多的。

 小案例解析

> 问题:遇到沉默寡言的被访者该怎么办?
> 解决方法:在得到第一回答之后,访谈者可以问:"关于这件事,你还能告诉我其他的内容吗?"

(5) 采用封闭的还是开放的问题。

关于是采用封闭的还是开放的问题需要考虑的要素有以下几项。

第一,访谈目的。

第二,被访者的信息水平。

第三,被访者观点的结构。

第四,被访者愿意和访谈者交流的动机。

第五,访谈者对先前被访者个性的最初了解。

3. 访谈问卷的最终确定

在研究正式开始之前,做一个试调查是很重要的。

试调查是任何一类实质性研究的一个至关重要的部分,最基本的试调查应该在一个小范围内对问卷和调查程序进行检验,然后,就揭示出的错误或者问题重新设计,以便修正。需考虑的问题主要有以下几点。

第一,研究是否已经涵盖了所有研究假设所必需的问题?

第二,这些问题能诱导出的答案的种类是否完全预料到了?研究者的目的是否充分传达给了被访者?

第三,问卷的语言是否能让被访者完全理解?

第四,问题有没有其他一些不妥之处,如一个单独的问题中是否有歧义,或者暗示了多个主题?

第五,访谈的导言是否有助于激发被访者参与这项研究?

 小案例解析

> 在湖北省中小学数字化校园应用现状的调查中,其访谈提纲主要界定为以下几个方面:
> 第一,学校的基本情况。
> 第二,信息化应用情况。

> 第三,信息化人才培养情况。
> 第四,信息化硬件环境建设情况。
> 第五,信息化资源建设情况。
> 第六,学校管理信息化情况。
> 第七,信息化保障体制。

3.3.4 访谈的技巧

1. 访谈准备

在进行访谈的准备时需要考虑以下几点。

第一,访谈地点可以选在无其他人的办公室、人口较少的家里、僻静的地方、咖啡屋。

第二,访谈时间在1～2小时之间。

第三,较深入的访谈至少要三次。

第四,母语访谈。

第五,准备后续访谈的要留下铺垫。

2. 访谈的提问

在进行访谈提问时应注意以下几点。

第一,敏感问题迂回谨慎。

第二,内向的被访者多问细节。

第三,第一句话闲聊(国家大事、衣服、个人兴趣等)。

第四,开放型问题少用封闭式问法(你认为高校收费合理吗)。

第五,一句话问一个问题(你认为工作中什么最重要,而你又比较关心)。

第六,问题要具体,避免过于抽象。

第七,追问不要在刚开始就频繁进行。

第八,把自己的前见悬置起来(素质教育、为人师表)留待追问。

3. 访谈中的听

(1) 行为层面的听。

第一,表面的听(这个人怎么穿这种衣服)。

第二,消极层面的听(录音机)。

第三,积极层面的听。

(2) 认知层面的听。

第一,强加的听(用自己的意义体系理解对方的谈话,文化客位)。

第二,接受的听(主动捕捉信息、注意本土概念、探询语言背后的含义,最基本的方式)。

第三,建构的听(在反省自己的前见同时与对方进行平等的交流,要求较高)。

(3) 情感层面的听。

第一,无感情的听。

第二,有感情的听。

4. 访谈中的回应

访谈中的回应主要包括：认可、自我暴露和鼓励对方三种方式，而应避免论说型回应和评价型回应。

 您知道吗？

访谈中应注意的事项。
1. 提问要明确清晰——口语表达，语气婉转。
2. 对回答不作任何评价——保持客观、公正的立场。
3. 维持被访者的访谈动机。
4. 注意非语言交流。
5. 访谈中要主动，要及时分析对方给出的信息以调整提问方向。
6. 设定一种数字编码。

 实践活动

针对以上"情境导入"中提到的情境一，请您设计一份具有实用价值的访谈提纲，访谈对象不定，可涉及授课老师以及授课对象等。

3.4 调查的实施

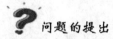 问题的提出

在做好问卷和量表的设计之后，调查该如何有效地实施呢？带着这一疑问，我们来进行本节的学习。

问卷调查的实施步骤包括编制实施方案、选择调查对象、分发问卷、回收问卷以及对回收问卷的审查等过程。

3.4.1 编制实施方案

调查方案的主要内容包括调查目标、调查内容和工具、调查地域、调查时间、调查对象、调查方法等。

1. 调查方案的主要内容

（1）调查目标。

调查目标即调查所要达到的具体目的。它可以从三个方面来考虑：首先是研究成果的目标，即通过调查要解决什么问题？解决到什么程度？其次是成果形式的目标，即调查的成果用什么形式来反映。再次是社会作用的目标，即这次调查究竟要起到什么样的

社会作用?

(2) 调查内容和工具。

调查内容是通过调查指标反映出来的,因此,设计调查指标的过程也就是设计调查内容的过程。

调查工具是指调查指标的物质载体。如：调查提纲、表格、问卷、卡片等。

设计的调查内容、调查指标,最后都必须通过调查工具表现出来。

(3) 调查地域。

调查地域即调查在什么地区进行、在多大的范围内进行。

调查地域的选择要有利于达到调查的目的,有利于实地调查工作的进行,有利于节约人力、物力、财力和时间。

(4) 调查时间。

调查时间即社会调查在什么时间进行,需多少时间完成。

(5) 调查对象。

调查对象即实施调查工作的基本单位及其数量。

(6) 调查方法。

调查方法包括搜集资料和研究资料的方法。如何选择最适合、最有效的调查方法,是设计调查总体方案的一项重要内容。

(7) 调查人员的组织。

(8) 调查经费的计划。

(9) 调查工作的安排。

调查工作的安排主要是调查任务的安排和调查时间的安排。

2. 编制调查方案的基本原则

(1) 实用性原则。

编制调查方案必须着眼于实际应用,只有实用性强的调查方案才能真正成为社会调查工作的行动纲领。为了贯彻实用性原则,就必须从调查课题的实际需要出发,并根据调查工作的主客观条件,选择合适的设计调查方案。

(2) 时效性原则。

编制调查方案必须充分考虑时间效果,特别是一些应用性的调查课题,往往有很强的时间性。

(3) 经济性原则。

编制调查方案必须努力节约人力、物力、财力和时间,力争用最少的人、财、物和时间的投入,取得最大的调查效果。

(4) 一定的弹性原则。

任何调查方案都是一种事前的设想和安排,它与客观现实之间总会存在或大或小的距离。在实际调查过程中,又常常会遇到一些意想不到的新情况、新问题。因此,编制调查方案时,对于调查工作的具体安排和要求,应是可以上下浮动的,应保持一定的弹性。

3.4.2 选择调查对象

1. 确定问卷对象

问卷调查的对象一般为有一定数量的人群,对象的选择是依据问卷的内容确定的。如果是调查"高中生的阅读情况",就不能将小学生作为问卷对象,应该选择具有完成问卷能力与意愿的人群作为问卷对象。

按问卷对象的不同,可将问卷分为全面问卷与非全面问卷。

全面问卷将对所有对象进行问卷调查,可以为认识事物的全体与整体提供可靠的依据。

 小案例解析

- 若是"我校六年级学生对培优的态度",就可对全校六年级学生进行全面的问卷调查。
- 若命题较大——"大多数学生对培优的态度",这个问题做全面问卷就会有困难,可以采取非全面问卷的方式,非全面问卷的方法比全面调查更能节省时间与经费。
- 抽样调查是非全面调查的一种方式,为了保证调查结果的客观性,要注意选择抽样的方法,如对"大多数学生对培优的态度"问题,可抽取不同学校各年级学生样本,在抽样调查中,样本容量越大,就越具有代表性,但要注意的是样本应该是随机抽样,这样的调查才有信度。

在准备阶段,还要考虑问卷填写的方式是采取集中填写还是分散填写。集中填写问卷的方式使问卷的搜集更全面、更及时,但调查成本会较高;分散填写成本低,但周期长,问卷的搜集不够全面。

2. 调查对象数量的控制

在确定调查对象人数时要考虑两个因素:第一是问卷回收率;第二是问卷有效率。

$$问卷回收率(R) = \frac{实际收回的问卷数}{发出问卷总数}$$

$$问卷有效率(K) = \frac{实际收回的问卷总数 - 无效回答数}{实际收回的问卷总数}$$

考虑到问卷调查的回收率和有效率一般都不可能达到100%,因此选择调查对象时,其数目应多于抽样要求的研究对象数,即

$$n = \frac{n_0}{R \times K}$$

n_0——通过抽样确定的研究对象数

R——预测问卷回收率

K——预计问卷有效率

例如,假定通过抽样确定研究对象有 $n_0 = 100$ 人,邮递问卷回收率一般在30%~

60%,取 $R=50\%$,预计问卷有效率可达 $K=85\%$,则应发出问卷数为:

$$n=\frac{100}{50\%\times85\%}\approx235(人)$$

3.4.3 问卷的分发与回收

发出与回收问卷看似简单,所以常被人们所忽视。实际上,这不是简单的发出去、收回来的问题,还要考虑被调查者在总体中的代表性、问卷的回收率,以及实施问卷调查的成本等问题。

1. 选择问卷的发出与回收方式

问卷发出与回收的主要方式:一是邮寄;二是当面分发,当场回收;三是网上问卷调查。三种方式各有千秋,研究者可根据需要和可能进行选择。

(1) 邮寄问卷。

在电话、网络通信业务发达的今天,追求快节奏的人们几乎要把书信这种方式给遗忘了,但是,对于问卷调查来说,邮寄仍是常用的方式。

邮寄问卷的好处有以下几点。

第一,比当场调查节省研究人员的时间和费用。

第二,被调查者匿名作答,能充分表达自己的观点。

第三,被调查者可利用空余时间填写,能认真作答。

第四,不受调查者的影响。

第五,能进行大规模、跨地区的抽样调查。

邮寄问卷的缺点主要有以下几点。

第一,回收率不能保证。

第二,被调查者对问卷中的项目有问题,无法获得合理的解释,只有乱填,造成问卷的失真或报废。

第三,用文字填写,不易了解被调查者的背景。

第四,被调查者在填写问卷时,可能受到他人的影响。

第五,对于某些问题,特别是敏感问题,被调查者往往有顾虑而不予作答,直接影响问卷的有效率。

第六,不易区分未回收的问卷是被调查者拒绝作答,还是地址有误或其他原因。

第七,收回的某些问卷有时候是别人代填的,收回的某些问卷可能是小组讨论后统一回答的。

(2) 当面分发问卷。

由于是被测者当时填写,当场回收,所以能显著提高问卷的回收率,但问题也很多。

当面分发问卷的好处有以下几点。

第一,回收率高。

第二,被调查者对问卷有疑问时,可当场获得解释,避免乱填或误填。

第三,均由被调查者本人填写,避免出现由别人代填问卷的情形。

第四,能马上回收问卷,比较节省时间,也便于分类整理。

当面分发问卷的缺点主要有以下几点。

第一,需要调查人员亲临研究场所,因此而提高了问卷调查的成本。

第二,由于研究经费和人力的限制,研究者会尽可能采用较小样本。

第三,受调查者的影响,被调查者填写时可能言不由衷,不能表达自己真实的看法。

第四,被调查者受时间限制,匆忙作答。

第五,被调查者不感兴趣而随意填写等,导致调查结果的真实性大打折扣。

第六,被调查者因各种原因(如出差在外),调查者找不到人。

(3) 网上问卷调查。

运用网络技术进行问卷调查属于新兴的方式。通过网络提交问卷,比较以上两种方式的优势有以下几点。

第一,减少了印刷和邮寄问卷的时间,缩短了研究过程的时间,同时还节约了邮寄问卷的费用。

第二,由于减少了印刷问卷的纸张,有助于保护环境。

第三,数据能进入问卷开发者设定的数据库,并能较容易地转到数据统计软件包,进行数据统计分析,这就节省了数据输入的人力。

因此,这种方式越来越受到远程教育研究者的青睐。然而,这种方式可能遇到的最大问题是问卷的回收率低。

2. 发出问卷前的准备工作

确定调查的被试名单是整个调查研究中最重要的一环,如果抽样架构明确,等到要寄发问卷时,再逐一抄录即可;否则便应事先准备妥当,以免遗漏,无法完成抽样工作。

小案例解析

> 如果调查对象是学校,可从各级学校的学籍管理处获取学生名册,从人事部门获取教职员名册。
>
> 此时需要注意以下几点。
>
> 第一,检查并询问拿到的研究总体名册是否完整,会不会有遗漏。
>
> 第二,检查并询问拿到的研究名册资料是否为最新版,地址与姓名是否正确,否则将产生很多无法投递的退件。
>
> 由于学籍信息相对比较复杂,以下两个问题应引起足够的重视。
>
> 第一,如果采用邮寄方式,在发问卷前,应先逐一检查,将漏印、缺页、不清楚等有缺陷的问卷剔除。如有必要,可在每一问卷上打上编号。
>
> 第二,问候函的准备。

温馨告知

> 邮寄和网上问卷调查只能用问卷本身与被调查者接触,如果沟通不顺,问卷有可能被丢弃或删除,因此,邮寄或网上问卷的问候函甚为重要。在邮寄中,一般将问候函、正式问卷表和回邮信封依次装入信封,被测者打开信封便可看到问候函。这种做法显得比较正式,较易争取好感。
>
> 在采用邮寄的方式中,要准备回邮信封并贴好邮票,最好直接印好回邮信封,被调查者只要填写完整,将问卷装入信封便可寄回。邮票能采用邮资已付的方式最好,因为可以省却贴邮票的烦琐,又可取得足够的信任。

3. 被退回信件的处理

在邮寄问卷的执行工作中,处理被退回的信件时需要区别情况处理。如果当事人在信封上注明拒绝作答的,不应该再另找人替代,而应列入拒答的人数统计;如果是其他情形的退信,可在同地区或抽样架构中,找相邻的另一位作为替代者,再次寄出问卷,以免影响抽样率。

同时,要对回收的问卷分区归类,以便了解各地区的回收状况,计算回收率。

4. 提高问卷回收率的措施

当面分发问卷时,回收率很高,而如果采用邮寄或网上问卷调查就可能遇到问卷回收率过低的问题。

问卷的回收率要到多少才算有效呢?有什么办法能提高问卷的回收率?回收率太低怎么办?

 您知道吗?

> 问卷的回收率是样本代表性的一项指标,数据分析时如果用到推论统计时,我们会假定所有被测者都填完了问卷并寄回,但事实上这是不可能的。很显然,较低的回收率是一个危险的信号,因为未回函的被调查者与回函者可能正好代表两种完全不同的属性和观点,在这种情形下,按回函者统计的结果只代表了其中一方的观点和意见。按美国社会学家艾尔·巴比的观点,邮寄问卷的回收率至少在50%以上才算合适,60%以上算是较好,70%以上则属于非常好。但是,以上数据只是概略的指标,没有统计上的依据。从节省课题研究时间考虑,70%以上的回收率基本就可以了。

如何提高问卷的回收率?大家回想一下,在前面讨论问卷发放和回收的各种办法时,我们一直在关注回收率的问题。为了提高问卷的回收率,研究者往往想出不少办法,例如,给被调查者赠送小礼品,有的甚至以抽奖的方法赠送书券。经验表明,下面的一些技巧对提高问卷的回收率是有帮助的。

(1) 慎选研究问题与调查对象。

研究者进行调查研究所选择的研究问题若能让被调查对象感到很重要、很有价值,且对个人、社会很有意义,就会引起被调查对象乐意花时间去填答。而在选择被调查对象时,亦应考虑以与研究问题有关系的对象为主。问卷调查中的先行性研究的作用之一就是了解被调查对象是否对问卷的内容感兴趣。

(2) 提高问卷的设计质量。

首先,问卷的项目必须是和研究问题最为有关且经过多次修正精选出来的题目,对于足以造成被调查对象苦恼、困窘或敏感性的问题,应尽量避免列入,否则会影响回收率。

其次,问卷的长度也影响问卷的回收率。一般而言,问卷愈简短,填写不需花费很长的时间,回收率愈高。但是,问卷的长度为多少才适当呢?这并没有一定的标准,其长度以足以获得重要的数据即可,问卷所需的填答时间最好不要超过半小时或不引起填答者心理厌烦为宜。

最后,问卷的形式。问卷的纸张大小适宜、排列整齐、印刷精美、具有吸引力,则回收率较高。

小案例解析

> 香港公开大学遥距及成人教育研究中心的做法是:根据调查对象的特点,选择不同颜色的彩色纸印刷,首页上印有香港公开大学的标识,显得十分正规,能引起被调查对象的重视和好感。

(3) 鼓励被调查对象填答问卷。

鼓励被调查对象填答的最好诱因是使他们相信研究的价值及他们参与的重要性。如果是国家级、省部级的研究项目,指出项目的重要性,也能激发被调查对象填答的意愿。有时,也可使用附赠小礼物作为诱因,以鼓励填答。或者可向被调查对象承诺寄送研究结果摘要,作为填答的诱因。

(4) 问卷调查的时间安排。

进行问卷调查的时间是否适当会影响回收率。重要的假日,学校学期的开始、结束及学校考试期间等,均不适宜让被调查对象填写问卷。

(5) 适时发出催覆信函。

在邮寄或网上的问卷调查中,总有相当一部分被调查者没有填写问卷,其中相当一部分人是因为遗忘,或者是工作太忙而顾不上。因此,在问卷发出一段时间后(通常约两周左右),需发出催覆信函,并再附上一份问卷,提醒被试填答寄回。在两周以后,如果还是没有收到回复,可再发一次温馨提醒,并再附上问卷表,请被调查者填写。如果回收率还是不够高,可采用电话的方式进行再次的温馨提醒。

3.4.4 对回收问卷的审查

对于所回收的问卷必须认真地审查,对一些回答不完整、不按要求和回答不正确的问卷都应该视为无效问卷,在整理和加工问卷数据时,不能把无效问卷的数据算入,否则会降低研究的可靠性和准确性,对问卷的数据处理必须建立在有效问卷的基础上,才能够保证问卷调查结论的科学性。因此,在整理问卷时,可以从以下几方面入手。

第一,挑出不合乎要求的问卷,这包括事实资料与态度资料填写不全,理解错误等问卷,并记录不合格问卷数,计算问卷有效率,计算方法见下面的公式。

$$问卷有效率(K) = \frac{实际收回的问卷总数 - 无效回答数}{实际收回的问卷总数} \times 100\%$$

第二,按所选统计方法的要求登录分数或次数。

第三,对于无结构型问卷,则按照回答者的内容划分到不同的类别中去。

第四,对于属于"事实"性的问卷,一般来说,都是逐题目地登记次数(是、否或其他类别)。

第五,对于尺度式题目则登记分数,对于态度量表可登记总分。

同时,对无回答和无效回答的研究也是很重要的。它是正确评价调查结果的需要。只有弄清了无回答和无效回答调查对象的具体情况,才能正确说明调查结论的代表性和有效范围。它还是总结和改进调查工作的需要。无回答和无效回答有被调查者方面的原因,但主要原因却在调查者方面。因此,弄清无回答和无效回答的原因,有利于总结经验教训,改进调查工作。

经典案例

> 1. 问卷调查的名称
>
> 免费师范生远程学习资源的需求调查与分析
>
> 2. 调查的背景
>
> 2007年5月9日,国务院第176次常务会议讨论通过了《教育部直属师范大学师范生免费教育实施办法(试行)》(以下简称《办法》)。《办法》规定,从2007年秋季开始在教育部直属师范大学实行师范生免费教育。师范生免费教育的内容是:师范生在校学习期间免除学费,免缴住宿费,并补助生活费;免费师范生入学前与学校和生源所在地省级教育行政部门签订协议,承诺毕业后从事中小学教育十年以上;到城镇学校工作的免费师范毕业生,应先到农村义务教育学校任教服务两年;免费师范毕业生经考核符合要求的,可录取为教育硕士专业学位研究生,在职学习专业课程。为了贯彻落实国家的师范生免费教育的政策,华中师范大学启动了国家教师教育创新平台"985"工程项目——"中部地区教师教育综合改革与创新实验区"建设与示范工程,"985"工程项目的目标在于通过构建教师教育服务基地和终身学习支撑环境,实施与师范生免费教育相衔接的基地服务计划、教育硕士专业学位教育计划、远程研修计划等措施,探索教师教育人才培养模式的创新,探索满足优秀教师发展需要的资助环境创新。项目以免费师范生远程学习和服务平台为技术支撑环境,以平台所需的网络教育资源建设为核心,实现免费师范生的职前职后一体化的教育和培训体系。
>
> 3. 调查的目的和意义
>
> 调查组对华中师范大学的首届免费师范生进行了远程学习资源需求的调查,旨在通过对调查结果的分析,为平台网络教育和教育资源建设提供重要的实证依据。
>
> 4. 调研方案设计
>
> 为了解平台网络教育资源建设需求,调查组对华中师范大学的首届免费师范生进行了远程学习资源需求的调查,包括资源类型需求、内容形式需求和媒体呈现方式需求等,旨在通过对调查结果的分析,为平台网络教育资源建设提供重要的实证依据。

(1) 被调查对象的整体情况。

2007年,华中师范大学免费师范生招生总数为2200人,文科类930人,占总人数的42.27%;理工科类890人,占总人数的40.45%;艺术类230人,占总人数的10.45%;体育类150人,占总人数的6.82%,覆盖了全校的16个院系,学科门类涉及文、理、工、艺术和体育,家庭居住地包括了直辖市或省会城市、地级市、县级市或县城、乡镇和农村。

(2) 抽样方案的设计。

在保障收集数据有效性的前提下,考虑到数据收集的工作量与成本,确定抽样比例为10%。为了使调查具有代表性和可操作性,将调查对象确定为所有学科门类中的学生,共220人,并采用分层抽样的方法确定各类学科和各院系应抽取的样本数。具体抽样方案设计如表3.4.1所示。

表3.4.1 抽样方案的设计

学科门类	免费师范生招生人数	抽样	院系类别	免费师范生招生人数	抽样
文科类	930	93	政法学院	80	8
			教育学院	70	7
			文学院	270	27
			历史学院	130	13
			城市与环境科学学院	120	12
			外语学院	260	26
理工科类	890	89	生命科学学院	140	14
			信息技术系	70	7
			计算机科学系	100	10
			数学与统计学学院	270	27
			物理科学与技术学院	120	12
			化学学院	120	12
			心理学院	70	7
艺术类	230	23	音乐学院	130	13
			美术学院	100	10
体育类	150	15	体育学院	150	15
合计	2200	220			

(3) 问卷的内容设计与施测。

在借鉴国内相关调查问卷的基础上,笔者通过解读华中师范大学免费师范生培养方案,并征求专家、教师意见,搜集农村教育硕士的反馈信息,制定了本次调查问卷。问卷的内容结构如图3.4.1所示。

按照上述抽样方案,问卷于2008年3月、4月在华中师范大学的16个院系采用专人递送的方式发放,共发放问卷220份,收回213份,回收率为96.8%,其中有效问卷211份,问卷有效率为99.1%,具有较高的信度。所有问卷采用SPSS13.0进行统计处理。

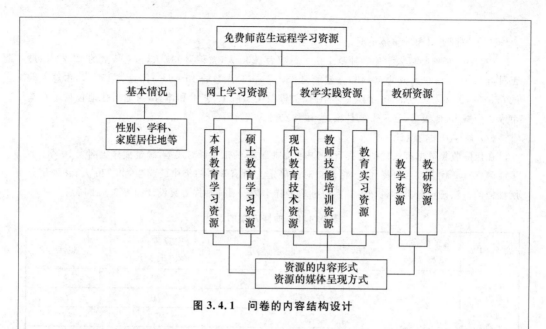

图 3.4.1　问卷的内容结构设计

（4）样本情况。

本次调查对象的基本情况是：男生占调查人数的 42.2%，女生占 57.8%；文科类占 45.5%，理科类占 34.6%，工科类占 3.3%，艺术类占 11.8%，体育类占 3.8%，其他占 1%；来自直辖市或省会城市的占 10.4%，来自地级市的占 10.4%，来自县级市或县城的占 16.1%，来自乡镇的占 21.8%，来自农村的占 41.2%。

 实践活动

我国教育技术学专业虽然起步比较晚，但是发展速度和规模是前所未有的，在国外教育技术学科发展史上也是闻所未闻的。近年来，开设教育技术学专业的院校越来越多，教育技术学专业从师范院校走进了综合性大学，由于中国教育技术专业形成与发展的学科背景与国外存在差异，我国教育技术界一直在结合我国原来的电化教育和国外的"教育技术"来探讨和摸索教育技术的学科体系和研究方向。然而这种不成熟的现状直接导致我国的教育技术出现各种怪现象。

围绕这一现象，请大家尝试着开展一次调查。调查的目的是了解教育技术学专业的现状，调查的类型主要包括对专业满意度、师资力量满意度、资源利用状况、学习气氛、未来规划等，从学生的视角来反映应该改进的方面，从而为教学改革提供参考依据。

3.5　调查结果的分析

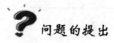 **问题的提出**

在开展正常且有序的调查之后，调查结果该如何进行分析呢？

3.5.1 统计与分析的过程

1. 数据统计与分析的一般步骤

数据分析一般包括搜集数据、加工和整理数据、分析数据三个主要阶段,统计学对此有非常完整和严谨的论述。在数据分析的实践中,用统计学的理论来指导应用是必不可少的,也是极为重要的。数据统计与分析的一般步骤如图3.5.1所示。

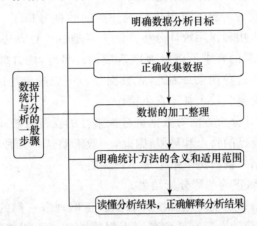

图 3.5.1 数据统计与分析的一般步骤

(1)明确数据分析目标。

明确数据分析目标是数据分析的出发点。明确数据分析目标就是要明确本次数据分析要研究的主要问题和预期的分析目标等。

 小案例解析

> 数据分析之前目标的分析:
> - 分析文科生和理科生对待"中国近代史纲要"课程开设的态度是否存在差异以及原因。
> - 分析免费师范生的基本特征,包括他们的性别、民族、所属学科门类、政治面貌等。
> - 分析湖北省中心小学数字化校园的应用情况。

因此,只有明确了数据分析的目标,才能正确地制订数据收集方案,即收集哪些数据,采用怎样的方式收集等,进而为数据分析做好准备。

(2)正确收集数据。

正确收集数据是指从分析目标出发,排除干扰因素,正确收集服务于既定分析目标的数据。正确的数据对于实现数据分析目的将起到关键性的作用。

排除数据中那些与目标不关联的干扰因素是数据收集中的重要环节。数据分析并不仅仅是对数据进行数学建模,收集的数据是否真正符合数据分析的目标,其中是否包含了其他因素的影响,影响程序怎样,应如何剔除这些影响等问题都是数据分析过程中必须注意的重要问题。

(3) 数据的加工整理。

在明确数据分析目标基础上收集到的数据，往往还需要进行必要的加工整理后才能真正用于分析建模。数据的加工整理通常包括数据缺失值处理、数据的分组、基本描述统计量的计算、基本统计图形的绘制、数据取值的转换、数据的正态化处理等，它能够帮助人们掌握数据的分布特征，是进一步深入分析和建模的基础。

(4) 明确统计方法的含义和适用范围。

数据加工整理完成后一般就可以进行进一步的数据分析了。分析时应切忌滥用和误用统计分析方法。滥用和误用统计分析方法主要是由于对方法能解决哪类问题、方法适用的前提、方法对数据的要求不清等原因造成的。另外，统计软件的不断普及和应用中的不求甚解也会加重这种现象。因此，在数据分析中应避免盲目的"拿来主义"，否则，得到的分析结论可能会偏差较大甚至发生错误。

另外，选择几种统计分析方法对数据进行探索性的反复分析也是极为重要的。每一种统计分析方法都有自己的特点和局限，因此，一般需要选择几种方法反复印证分析，仅依据一种分析方法的结果就断然下结论是不科学的。

(5) 读懂分析结果，正确解释分析结果。

数据分析的直接结果是统计量和统计参数。正确理解它们的统计含义是一切分析结论的基础，它不仅能帮助人们有效避免毫无根据地随意引用统计数字的错误，同时也是证实分析结论正确性和可信性的依据，而这一切都取决于人们能否正确地把握统计分析方法的核心思想。

另外，将统计量和统计参数与实际问题相结合也是非常重要的。客观地说，统计方法仅仅是一种有用的数据分析工具，它绝不是万能的。统计方法是否能够正确地解决各学科的具体问题不仅取决于应用统计方法或工具的人能否正确地选择统计方法，还取决于他们是否具有深厚的应用背景。只有将各学科的专业知识与统计量和统计参数相结合，才能得出令人满意的分析结论。

2. 利用 SPSS 进行数据分析的一般步骤

利用 SPSS 进行数据分析的关键在于遵循数据分析的一般步骤，但涉及的方面会相对较少，主要集中在以下几个阶段。

(1) SPSS 数据的准备阶段。

在该阶段应按照 SPSS 的要求，利用 SPSS 提供的功能准备 SPSS 数据文件，其中包括在数据编辑窗口中定义 SPSS 数据的结构、录入和修改 SPSS 数据等。

(2) SPSS 数据的加工整理阶段。

该阶段主要对数据编辑窗口中的数据进行必要的预处理。

(3) SPSS 数据的分析阶段。

选择正确的统计分析方法对数据编辑窗口中的数据进行分析建模是该阶段的核心任务。由于 SPSS 能够自动完成建模过程中的数学计算并能自动给出计算结果，因而有效屏蔽了许多对一般应用者来说非常晦涩的数学公式，分析人员无须记忆数学公式，这无疑给统计分析方法和 SPSS 的广泛应用铺平了道路。

(4) SPSS 分析结果的阅读和解释。

该阶段的主要任务是读懂 SPSS 输出编辑窗口中的分析结果,明确其统计含义,并结合应用背景知识做出切合实际的合理解释。

使用 SPSS 进行数据分析的基本步骤可用图 3.5.2 来表示。

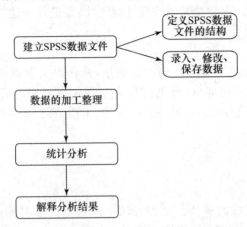

图 3.5.2　利用 SPSS 进行数据分析的基本步骤

3.5.2　调查成果的撰写

在对数据进行统计分析之后,要及时地进行总结,提出调查报告。

其中,调查报告主要包括以下几个部分,如图 3.5.3 所示。

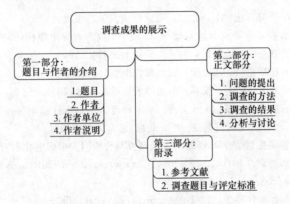

图 3.5.3　调查成果的展示

在第二部分正文部分中,主要从以下几个方面开展。

1. 问题的提出

对于"问题的提出"主要从两方面入手,第一方面是调查的问题是什么,一般包括这一调查要解决的是哪一现象,我们要解决的问题"这一现象的现状如何""两种现象之间有无联系""这一现象形成的原因是什么""这一现象的发展规律是怎样的"。

第二方面是为什么要调查这个问题。

2. 调查的方法

调查的方法一般包括:调查的对象、内容、手段、组织、数据处理和步骤等。

调查的对象包括：调查对象的总体，调查样本的容量，抽样方法。

调查的内容包括：调查内容包括哪些方面，每一方面包括哪些调查项目，每一调查项目包括哪些调查题目。

调查资料的处理包括：是根据内容按逻辑进行整理后加以描述还是进行数量的统计处理，进行数量的统计时，需要对哪些数据进行统计，是进行描述性统计还是进行推理性统计，具体的统计手段是什么。

3. 调查的结果

对于调查的结果，一般采用统计表加以概括，并伴以文字说明。这一部分在具体处理时应根据调查内容的不同部分，分别对研究结果加以说明。研究结果的主体是统计表。统计表的主要结构成分有：表号、题目、线条、主栏、宾栏和数据等。

4. 分析与讨论

实践活动

大三学生，是一个过渡的群体。他们经历了刚进入大学时的冲动与激情，接触了大学生活的方方面面。进入大三，他们即将面对突如其来的各种各样的压力，无论是生活、学习，还是情感，都有着不同程度的变化，都有着一些小小的波动。

围绕这一现象，请大家尝试着开展一次调查，对调查结果进行统计与分析，并写出一份详细的调查报告。

参考文献

[1] 李克东. 教育技术学研究方法[M]. 北京：北京师范大学出版社，2003.

[2] 谢幼如，李克东. 教育技术学研究方法基础[M]. 北京：高等教育出版社，2006.

[3] 叶澜. 教育研究及其方法[M]. 北京：中国科学技术出版社，1990.

[4] 裴娣娜. 教育研究方法导论[M]. 合肥：安徽教育出版社，1995.

[5] 马云鹏. 教育科学研究方法[M]. 长春：东北师范大学出版社，2001.

[6] 杨小微. 教育研究的原理与方法[M]. 上海：华东师范大学出版社，2002.

[7] 张屹. 信息化环境下教育研究案例精选[M]. 北京：北京大学出版社，2012.

[8] 张屹，寇洪丽. 免费师范生远程学习资源的需求调查与分析[J]. 中国电化教育，2008(12)：58-62.

[9] 调查研究法的含义和特点. [2018-12-20]. http://www.cnzx.info/oldweb/bykj/yjff/sub-cont/chapter_15/classses/1-1.htm

[10] 问卷调查法：MBA智库百科. [2018-10-11]. http://wiki.mbalib.com/.

[11] 调查研究法的类别. [2019-01-09]. http://www.xueji.cn.

[12] 问卷法在现代远程教育研究中的应用. [2018-11-20]. http://hexun.com/jxddyil.

[13] 调查研究法特点、类型. [2019-02-01]. http://www.xjwxjxx.org/down/调查研究法及其应用.DOC.

[14] 问卷调查法. [2018-11-12]. http://www.lddc2003.com/diaochalilun/shehuixue/2006/1116/265.html.

[15] 量表与调查问卷的设计. [2019-01-09]. http://219.136.187.225/SchoolWeb/hzdjz/itehome/jxyj/2005_6_23/wenzhang/4.PPT.

扫一扫，获得本章活动及学生作品范例

扫一扫，查看本章拓展案例资源

第4章　实验研究法

学习目标

1. 理解实验研究的基本组成。
   (1) 给出一个过程描述,能判断其是否属于实验研究。
   (2) 能说出以下名词的定义：变量、自变量、因变量、无关变量、实验组、控制组、主试、被试、前测、后测。
   (3) 从一个实验过程描述中,能辨别出自变量、因变量和无关变量。
   (4) 自己设计实验时,能提出合理的自变量、因变量和无关变量。
2. 理解不同划分标准的实验设计类型。
   (1) 能说出以下名词的定义和特点：判断实验、对比实验、析因实验、单因素实验、双因素实验、多因素实验、随机组设计、匹配组设计、重复测量设计、组内设计、组间设计、混合设计。
   (2) 根据实验过程描述,能将其正确地归类。
3. 理解实验效度。
   (1) 能说出以下名词的定义：效度、内部效度、外部效度。
   (2) 能分别说出影响内部效度和外部效度的因素。
   (3) 给出一个实验过程描述,能简要预测其效度高低。
4. 能理解、分析、应用几种具体的实验设计模式：单组前测后测设计、随机化实验组控制组前测后测设计、拉丁方设计、单组时间序列分析,对每种模式要做到以下几点。
   (1) 能说出该实验设计模式的定义。
   (2) 根据实验过程描述,能辨别出其实验设计模式。
   (3) 能自己选题,设计一个运用该模式的实验,并写出实验研究方案。

关键术语

变量　实验组　控制组　组内设计　组间设计　效度　单组前测后测设计　随机化实验组控制组前测后测设计　拉丁方设计　单组时间序列分析

知识导图

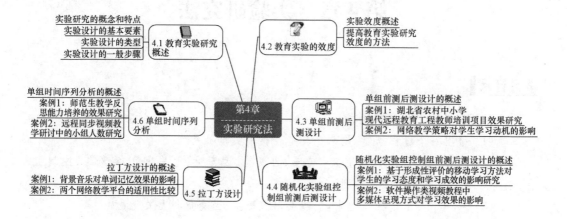

情境导入

情境一：为提高学生的教学研究与数据统计分析能力，我们为"教育技术学研究方法"课程教学增设一门实验教学课程。在教学过程中，教学团队自制了一套"如何在 SPSS 中处理教育科研数据"交互式微视频教学资源辅助教学工作，并将其应用在本课程的实验教学中。该套交互式微视频资源是否能够提高课堂教学质量？如何验证其有效性呢？

扫一扫，获得本章课件

扫一扫，获得本章链接资源

情境二：理论分析认为，与传统的面对面课堂教学相比，网络教学需要学生有更强的自主学习能力，而反过来，网络教学又可以培养和提高学生的自主学习能力。你赞同这一观点吗？为什么？你准备怎样说服别人赞同自己？

"摆事实"是"讲道理"最有效的方式。实验研究就是要通过人为创设条件得到期望行为的量化结果，并依据这些"事实"，从统计学角度推出结论，作为"道理"的有力支持。我们可以通过实验研究法来对上述案例进行分析。

4.1 教育实验研究概述

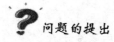 问题的提出

怎样着手设计一个实验？怎样才算实验？实验设计有哪些类型？

4.1.1 实验研究的概念和特点

实验法是自然科学领域中广泛采用的一种研究方法，现在越来越多地应用到社会科学领域中。实验法的主要目的在于查明研究现象发生的原因或检验某一理论或假说的实际效果。

核心概念

> 教育实验研究方法是研究者按照研究目的,合理地控制或创设一定条件,人为地改变研究对象,从而验证假设,探讨教育现象之间的关系,揭示教育规律的一种研究方法。

教育实验研究方法以其严谨性受到教育工作者的推崇。实验研究法的严谨性很大程度上来源于具体量化的数据和科学的统计方法,因此,如何将抽象的教育名词转变成可以被测量、被赋值的东西,是个很现实的问题。例如,自主学习能力是什么?我们完全可以给出一个详细的文字定义,但实验研究需要的是"数据"。于是,我们采用自主学习能力测评量表对学生的自主学习能力进行测量,得分越高,自主学习能力越强,这就对"自主学习能力"这个概念下了操作性的定义。操作定义是指用可感知、可度量的事物、事件、现象和方法对变量或指标做出具体的界定。常见的是用考试分数表示学习成绩,考试分数就是学习成绩的操作定义。这里,"自主学习能力测评量表的得分"是"自主学习能力"的操作定义。

实验研究的关键是对研究对象进行操作,但并非对研究对象进行了操作就一定是科学的实验研究,实验的科学性依赖于严密的实验设计。例如本章开头的情境二,研究目的之一是论证"网络教学可以提高学生的自主学习能力",而要达到一个研究目的,需要验证的假设却往往不止一个,因为严谨的逻辑关系需要从多个角度去证明。针对这个研究目的,我们只证明"网络教学前后学生的自主学习能力与自身相比有了提高"是不够的,还必须证明"进行非网络教学的学生自主学习能力提高幅度小于网络教学下的提高幅度",否则,就不能说明自主学习能力的提高是网络教学的特有作用。因此,研究假设应该表述为"进行过网络教学的学生自主学习能力比网络教学之前有提高"和"采用网络教学方式的学生比采用面对面课堂教学方式的学生自主学习能力强"。这两个假设同时成立,才能保证要证明的结论让人信服。因此,根据严密的推理来建立合理的实验假设是实验研究成功的前提。

与其他研究方法相比,实验研究具有如下特点。

第一,扩大研究范围。可以人为地创造条件,对某些在自然条件下不易出现的现象进行研究。

第二,解释现象成因。可以把某种特定的因素分离出来,通过操纵因素的不同水平来观察所出现的现象,从而推断出导致某一现象的原因。

第三,可以重复验证。人为控制的条件便于再现,当两次实验条件一致时,得到的实验结果也是相同的。

第四,可靠性强。可以适当地控制现象出现的因素,排除无关因素的干扰,突出所要研究的实验因素,从而获得比较可靠的结论。

4.1.2 实验设计的基本要素

逻辑严谨的实验设计(如图 4.1.1 所示)是实验研究科学性的保证。在一个基本的实验中,实验者安排被试接受自变量某个(些)水平的处理,在处理前后对因变量进行测量,同时对无关变量进行控制和排除。

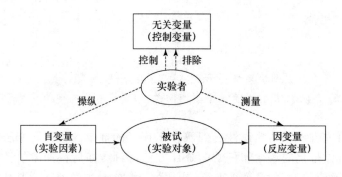

图 4.1.1 实验设计的基本组成

例如本章开头的情境一中,在验证"交互式微视频能够提高教学效果"这一假设时,我们以"参数检验"一章为例设计实验方案:

实验分组:实验一组,采用课堂讲授加课后视频片段学习的方式;实验二组,采用课前视频片段学习加课堂讲授的方式;控制组,采用传统方式授课,授课之后自主复习。

自变量:X＝交互式微视频片段的使用

因变量:Y_1＝学习者对 SPSS 软件中参数检验功能的应用水平

Y_2＝学习者对 SPSS 的学习兴趣

Y_3＝学习者成绩

无关变量:学生原有的自主学习能力水平等

假设:i. 在教学中使用微视频的效果优于传统教学的效果

ii. 教师讲授后使用微视频的效果优于课前使用微视频的效果

当然,这只是实验设计的一种。同一个实验假设,可以有多个不同的实验设计方案来验证。那么,怎样进行实验设计呢?

在进行教育实验设计时,可以按照以下程序(如图 4.1.2 所示),问自己四个问题:实验中有几个自变量?每个自变量有几个水平?如何将被试分派到自变量的各水平中?因变量的数据分几次获得?

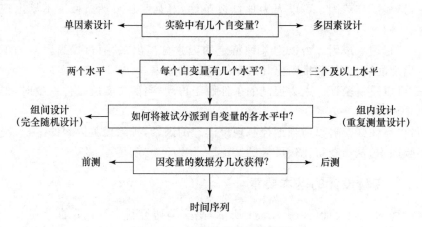

图 4.1.2 实验设计的基本问题

如果能够明确地回答上述四个问题,实验设计思路就比较清晰了。对以上问题的不同回答,意味着不同的实验类型和设计方案。

下面我们就来介绍一下这四个问题所涉及的实验设计的基本要素。

1. 变量

变量(Variable)又称为变数,是指某个与实验相关的因素或条件,将其定义为可观测、可数量化的东西,都可称为变量。变量的值可以是离散的属性,例如男、女,接受网络教学、接受面授教学,18 岁以下、18～25 岁、25～35 岁……很同意、基本同意、无所谓、不太同意、很不同意;变量的值也可以是连续变化的,例如身高、距离、反应时间等。

实验设计中的变量包括自变量、因变量、无关变量三类。

(1) 自变量。

自变量(Independent Variable)是由实验者操纵、掌握的刺激变量,目的是对被试产生影响。自变量可以采用的值叫作自变量的水平。在教育实验中,教学方法、教学组织形式、教材内容、课程结构、师生关系、管理制度等,都可以作为自变量。常见的自变量有以下几种类型。

① 刺激特点自变量。

刺激特点自变量是施加给被试的刺激具有不同的特性,用这些特性来做自变量。例如,教学信息的呈现方式、几种不同的教学策略等。

② 环境特点自变量。

环境特点自变量是以实验环境的差异作为自变量的水平。例如,研究远程网络教学的效果时,"在机房的集体环境中学习",或者"在家这种个别化环境中学习",就是自变量的两个水平。

③ 时间特点自变量。

时间特点自变量是指测量的时间间隔。例如,为了研究学生对视听材料的记忆效果,在视听材料呈现后 1 分钟、1 小时、1 天、10 天之后,分别对学生进行 4 次测验,那么测量的时间间隔就是自变量。

④ 被试特点自变量。

被试特点自变量包括一个人的各种特点,例如,年龄、性别、职业、文化程度、个性特征等。

 小案例解析

> 例如,当考察不同性别学生的网络教学动机时,性别是自变量,它有男、女两个水平;当验证三种教学方法的优劣时,教学方法是自变量,有三个水平。

(2) 因变量。

因变量(Dependent Variable)是反映被试变化的反应变量,是由自变量刺激作用而导致的结果。在教育实验中,因变量往往与被试身心发展的水平、程度、状况有关,如对知识的掌握水平、能力发展、思想品德的发展程度、情感的发展、教学质量等。

(3) 无关变量。

无关变量(Irrelevant Variable)泛指除自变量以外一切可能影响研究结果的因素。无关变量对实验并不是真的"无关",而只是未被当作自变量,是研究者不打算研究的变量。无关变量对实验可能起干扰作用,为了保证实验效度,通常要对这类变量加以控制,因此无关变量又叫作控制变量。如果把无关变量对被试的影响控制到最低程度,或者使无关变量在各种情境下对被试的影响稳定,那么就很好地说明了观测到的因变量就是自变量引起的。

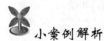小案例解析

在研究"交互式微视频能够提高教学效果"中,确定的变量如表 4.1.1 所示。

表 4.1.1 "交互式微视频能够提高教学效果"研究变量

自变量	交互式微视频片段的使用
因变量	学习者对 SPSS 软件中参数检验功能的应用水平
无关变量	学生原有的自主学习能力水平等

2. 主试和被试

主试是指实验者,是主持实验的人。被试就是实验对象。主试发出刺激给被试,即把自变量施加给被试,搜集实验资料和数据。被试接受主试发出的刺激并做出反应。教育实验中的被试一般是人。

小案例解析

在研究"交互式微视频能够提高教学效果"中,主试和被试如表 4.1.2 所示。

表 4.1.2 "交互式微视频能够提高教学效果"主试被试表

主试	"教育技术学研究方法"课程实验教学改革与创新项目组
被试	华中师范大学信息技术系教育技术学 2010 级 69 名本科生

3. 前测和后测

前测(Pretesting),是指在自变量未对实验对象施加作用之前,事先对因变量进行测量,即事前测验。

后测(Posttesting),是指在自变量对实验对象施加作用之后,对因变量所进行的测量,即事后测验。

前测和后测的方法很多,其中比较常用的是问卷调查法,主要侧重于对实验对象主观因素的测量,例如态度。另外,专用量表、考试和测验、观察等,都可以得到前测和后测的数据。前测和后测的目的就是为了得到有关被试某一方面属性的量化值,即因变量的值。

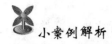 小案例解析

在研究"交互式微视频能够提高教学效果"中，设计"基于交互式微视频的 SPSS 视频片段学习的调查问卷"，进行前测和后测如表 4.1.3 所示。

表 4.1.3 "交互式微视频能够提高教学效果"前测后测表

前测	69人参加了"现代教育技术"自主学习能力的测评，其中男生29人，女生40人
后测	课程结束时，实验组与控制组的学生都参加了后测

4. 实验组和控制组

实验组（Experimental Group），是指接受自变量水平处理的被试组。

控制组（Control Group），是指不接受自变量处理的被试组。它的功能是作为比较标准，与接受实验处理的实验组进行结果比较，以确定自变量的效果。

 小案例解析

在验证"交互式微视频能够提高教学效果"这一假设时其实验组和控制组分别为：

实验 1 组：采用先进行课堂讲授，再进行交互式微视频自主学习的教学方式；

实验 2 组：采用先进行交互式微视频学习，再进行课堂讲授的教学方式；

控制组：采用传统方式授课，授课之后自主复习的教学方式。

4.1.3 实验设计的类型

教育实验的种类多样，所属的层次深浅不一，这是由于研究对象的性质不同和开展实验的情境不同所造成的。教育实验的多样性正反映了教育现象和对象的丰富性、复杂性。下面我们对实验设计的分类做一个概括性的介绍。具体的实验类型请见 4.3 节至 4.6 节，需要指出的是，本章介绍的这几种实验属于实验设计中的基本类型，当面对复杂的研究问题时，完全可以将其组合使用。

1. 按实验目的划分

根据目的不同，实验通常可分判断实验、对比实验和析因实验三种类型。

（1）判断实验。

通过实验，判断某一种现象是否存在，某一种关系是否成立，某个因素是否起作用，着重探讨研究对象具有怎样的性质和结构。这类实验就是为了解决"有没有""是不是"一类的问题，它往往肯定一种事实，从而产生一种新的观念。这类实验在科学研究中占有十分重要的地位，是进一步研究的基础。只有事先确定了研究对象的某些因素是否存在，某种联系是否成立，才有可能安排其他更深入的研究。

(2) 对比实验。

通过实验,对两个不同群体、不同时间或不同条件出现的现象进行比较。这类实验有两个或两个以上的相似组群,其中一个是"对照组",其结果作为参照标准;其他的是"实验组",经过一定的实验处理,产生的结果与"对照组"的参照标准相比较,以确定实验因素对实验组的影响。

(3) 析因实验。

通过实验,探讨在某一事件发生和变化过程中起决定性作用的因素。这类实验的特征是结果已知,而影响或造成这种影响的各种因素却是未知的。将这些可能的影响因素进行不同的排列组合,并施加于相同的对象,比较结果,可以分析出引起某一特定结果现象的原因。

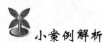
小案例解析

如图4.1.3所示,我们将需要证明的结论"网络教学可以提高学生的自主学习能力"分解为"网络教学前后学生的自主学习能力与自身相比有了提高"和"进行非网络教学的学生自主学习能力提高幅度小于网络教学下的提高幅度"两个假设,验证前者的实验就属于判断实验,而验证后者的属于对比实验。如果要进一步探索引起自主学习能力提高的原因,还需要根据相关理论,提出可能的影响因素,设计专门的实验进行验证,这些实验就属于析因实验了。

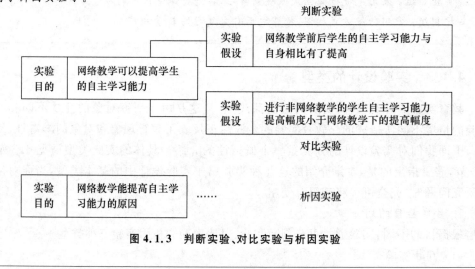

图4.1.3 判断实验、对比实验与析因实验

2. 按自变量数量划分

根据自变量的数目不同,实验设计可以分为单因素实验、双因素实验和多因素实验。

(1) 单因素实验。

单因素实验是只有一个自变量的实验,研究的变量关系相对简单。例如,在考察网络教学方式与自主学习能力之间的关系时,只考虑网络教学的影响,即自变量只有"教学方式"这一个。

(2) 双因素实验。

双因素实验是有两个自变量的实验。例如,同时考虑网络教学方式和性别对自主学习能力的影响,即在实验中有"教学方式"和"性别"两个自变量。这时,我们可以通过一个实验,既研究了教学方式与自主学习能力的关系,又研究了性别与自主学习能力的关系,还可以研究不同性别的学生在经历网络教学后自主学习能力的变化情况。

(3) 多因素实验。

多因素实验是有多个自变量的实验。与双因素实验一样,一个以上的自变量同时作用于被试组,不但可以节省被试数量、减少实验次数,更重要的是可以研究自变量之间的交互作用。交互作用是指,当一个实验中有两个或两个以上的自变量时,如果一个自变量的效果在另一个自变量的不同水平上不一样,我们就说存在着自变量的交互作用。例如,如果不同性别的学生在经历网络教学后自主学习能力的变化存在显著差异,那么性别和教学方式这两个自变量之间就存在交互作用。自变量越多,它们之间的交互作用也就越复杂。实验设计的一个原则是:用简单实验就能解决的问题,不要设计成复杂实验,因为,多个自变量导致的因变量变化毕竟是很难理清的。

3. 按被试的分组方式划分

根据被试接受自变量不同水平的处理方式,实验设计可以分为随机组设计、匹配组设计和重复测量设计。

(1) 随机组设计。

随机组设计是指被试被随机分派到实验组和控制组,目的是使无关变量的影响也随机化,使被试在无关变量上的差异趋于零,从而达到控制无关变量干扰的目的。例如,在"小学生情绪教育活动课程的实验研究"中,抽取了某小学五年级的两个班,并适当兼顾男、女生的比例,随机分组。

(2) 匹配组设计。

匹配组设计是指对全部被试进行预备测验,测验的性质与正式实验的性质类似或者相关,然后按测验成绩均匀地形成组。例如,在"思维导图在小学语文教学的实验研究"中,将被试按照测验成绩排序,可以按顺序号 1、4、5、8、9、12……抽取为一个组,剩下的 2、3、6、7、10、11……为另一个组,其中 1—2、3—4、5—6、7—8、9—10、11—12 是匹配的。

(3) 重复测量设计。

重复测量设计是指在同一个自变量的两个处理中使用相同的被试组,即使用全部被试,不分组。例如,在验证"进行面对面的学生自主学习能力提高幅度小于网络教学下的提高幅度"这一假设时,让同一组学生先后接受面对面课堂教学和网络教学,并分别测量两次学习引起的自主学习能力变化量。

4. 按自变量水平的分配方式划分

根据自变量的各个水平在各被试组的分配方式,实验设计可以分为组内设计、组间设计和混合设计。

(1) 组内设计。

组内设计又称被试内设计,就是使自变量的不同水平轮流作用于同一个被试。例如,要验证"网络教学前后学生的自主学习能力与自身相比有了提高"这一假设,就需要组内设计类型的实验。组内设计消除了被试的个别差异对实验的影响,需要的被试较少,容易产生差异。但一种实验条件下的操作很有可能会影响另一种实验条件下的操作,也就是说,不同的自变量水平作用于同一被试的顺序会对实验造成干扰,这是组内设计的主要缺点。

(2) 组间设计。

组间设计又称为被试间设计或独立组设计,就是使自变量的不同水平分别作用于不同的被试组。由于每个被试只对一个自变量水平做出反应,因此自变量各个水平之间没有干扰。但因为分配到各实验条件下的被试可能在各个方面不是完全相等的,所以因变量的变化很难完全排除被试差异的影响。例如,要验证"进行非网络教学的学生自主学习能力提高幅度小于网络教学下的提高幅度"这一假设,宜采用组间设计。因为自主学习能力一旦提高了,很难再恢复到原有水平,在这种情况下,先进行的实验处理会大大影响后进行的实验处理,所以组内设计不合适。

(3) 混合设计。

混合设计是指在一个研究中有的自变量按组内设计安排,有的自变量按组间设计安排。一般来说,如果自变量 A 很可能会影响其他自变量,或者 A 是被试特点的自变量,那么对 A 应按组间设计,其他的自变量按组内设计。例如,同时考虑网络教学方式和性别对自主学习能力的影响时,"性别"是被试特点的自变量,两个性别值不可能先后出现在同一个被试身上,因此,对"性别"变量必须采用组间设计,"教学方式"可以采用组内设计。具体来说,需要安排男、女两组被试,每组被试都按同样顺序进行面对面课堂教学和网络教学两种方式的教学。混合设计适用于双因素和多因素实验中,可以把组内设计和组间设计两种方法的优点综合起来。

4.1.4 实验设计的一般步骤

开展一个相对完整的教育实验,其基本程序是相对稳定和规范的。具体过程可分为准备、实施、总结三个阶段。

1. 准备阶段

准备阶段一般需要完成以下几个方面的工作。

(1) 确定研究问题和研究目的。

这需要查阅有关的理论文献,确定研究课题的价值及其可行性。

(2) 提出研究假设。

假设的因果关系是实验设计的依据,也是实验要证明或检验的目标,所以提出研究的假设或者问题是实验研究的主要步骤。这需要选择和分析各个有关的变量,将变量分类并建立变量间的因果模型。

(3) 实验设计。

包括选择实验场所,配备各种实验设备,准备测量用的工具,制定实验的日程表,安排控制方式和观察方法。

2. 实施阶段

实施阶段是实验的操作阶段,即进行实验测量的阶段,包括选择被试和进行实验两个组成部分。

选择被试是实验研究中的抽样过程,对实验结果有重要的影响作用,一般采用随机、匹配等方法进行实验分组。有的被试是在实验实施前就确定好的,有的是在实验的过程中进行选择分配的。

进行实验是根据实验设计方案,控制实验环境,引入自变量,然后仔细观察,做好测量记录。实验所要求的观察记录应当是定量化的数据,因为自变量对因变量的影响只能通过定量化的指标加以评定。测量工具一般有问卷、量表和仪器等,测量工具的选择首先要保证它们的准确性和可靠性。

3. 总结阶段

总结阶段是要在分析资料的基础上对实验结果做出陈述,一般分为两个部分。

(1) 整理汇总实验材料。

对观测记录进行统计、分析,得出实验结果,以此检验假设,提出理论解释和推论。

(2) 撰写研究报告。

根据实验的结果和前期的文献资料形成最终的研究报告,这也是实验的最终成果。

4.2 教育实验效度

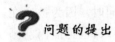

什么是实验效度?内部效度和外部效度有什么不同?它们之间有什么关系?哪些因素会影响实验效度?如何提高实验效度?

4.2.1 实验效度概述

实验效度是指实验的准确性和代表性,是实验设计能够回答所要研究问题的程度,是衡量实验成败、优劣的关键性质量指标。换个角度理解,并非所有统计数据的研究都是科学的。例如,在教授软件操作类的课程内容时,为了验证某种教学方法是否更有效,用一个由计算机专业学生组成的班级和一个由中文专业学生组成的班级做实验,最后的结果是计算机班好于中文班。可这不能说明好的学习效果是由这种教学方法引起的,因为计算机专业的学生在计算机方面的课程学习中本来就有很大优势。那么,这个实验就是不准确的,没有代表性的,不足以让人信服的,是失败的。

实验效度由内部效度和外部效度两部分构成。内部效度决定实验结果的解释,外部效度影响实验结果的推广。

1. 内部效度

> 内部效度(Internal Validity)是指实验的准确度和研究结果的可靠性,即实验处理是否正确反映实验本身,是否确实造成有意义的差异。

如果一个实验设计没能恰当地控制无关变量,使因变量除了受自变量的影响,还受其他因素影响,研究者无法正确解释所得的实验结果,那么该项实验设计的内部效度就很差。我们前面举的用计算机专业和中文专业学生做被试的例子就是这种情况。应该指出的是:没有内部效度的实验研究是没有价值的。

事实上,内部效度关心的是研究结论是否准确地反映了研究内容本身,只要研究内容以外的因素影响了因变量,就会威胁研究的内部效度,导致研究结果的混淆。影响内部效度的因素主要有以下几种。

(1) 成熟。

被试者在实验期间,生理或心理均会产生变化。例如:变得更成熟、健壮、疲劳、饥饿、分心或没有兴趣等,这些改变会影响实验结果。为避免成熟的影响,最好采用组间设计。

(2) 测验。

许多教育实验研究为了比较实验前后的情况,往往在实验处理之前进行测验,但前测的经验常常有助于后测分数的提高,尤其是前后测验的题目基本相同时。因为被试在经过前测之后,会熟悉测验的技巧和内容,所以即使没有实验处理的效果,也可能因前测的经验的影响,导致后测分数的提高。

(3) 测量工具。

在教育实验中,测量工具无效、测量手段和施测人员不统一等,都可能改变实验结果。例如,如果测量因变量所使用的试卷、问卷或量表编制不科学,就不能客观准确地反映因变量的真实情况;对实验组和控制组进行的考试在程序、标准甚至时间上不同,也会影响因变量的值,从而影响实验结果。

(4) 统计回归。

回归是指趋于接近或退回到中间状态。回归现象是指第一次的表现比较差,第二次的表现往往会有所改善,而第一次的表现比较好的,第二次的表现则倾向于稍差的。例如,高分组的被试在第二次测量时,其分数由于向平均数回归而有降低的趋势,低分组的分数则会因回归效应而升高。当然,回归只是一种统计学趋势,具体到某一次测量不是必然的。在有前后测的实验中,若以极端分数(高分和低分组)的学生为被试,容易出现统计回归现象。这是自然规律,很难彻底消除,只能在条件允许时尽量不以极端分数者做被试。

(5) 被试缺损。

当实验持续时间较长时,被试在此期间可能会更换或退出,这将导致最初实验设计中选定的样本失去代表性,从而影响实验结论。例如,如果退出的被试是前测中成绩较差者,那么后测的平均成绩就会提高,导致得出"差异显著"的结论,而这样的结论很可能是错误的。

(6) 传播与模仿。

假如实验组和控制组可以相互沟通,实验组被试就可能把一些实验因素传递给控制组的被试,致使控制组受到"污染",影响实验结果。例如,接受网络教学的学生会把一些扩展的多媒体学习资源或网络活动告诉自己接受面授教学的同学,结果面授组的这位同学其实也接触到了部分网络教学。这样,自变量的效果就可能被抵消了。

(7) 被试心理。

当学生知道自己在参加实验,是被研究的对象时,往往会产生一种特殊的心理反应,或者迎合,或者排斥,这种心理反应会导致实验出现或者难以出现因变量的差异。这种对自变量的准备性动机会极大地干扰实验的内部效度。

(8) 补偿。

在教育实验研究中,实验处理往往是向实验组被试提供较好的学习条件,例如采用多媒体教学、试验新教材等,而控制组被试则得不到这些,甚至要被剥夺某些原有的学习条件来作为对照。从教育伦理角度考虑,这样做有失公平。因此,有时校方会为控制组的学生提供有益于学习的活动或资源作为补偿,以示均等。这种做法,将使控制组也有良好的学习表现,从而导致实验效果的混淆。

2. 外部效度

> 外部效度(External Validity)是指研究结果的代表性和普遍性,即实验结果能否适用于现实世界。

外部效度关系到研究结果的可推广性。如果一个实验仅仅适用于进行实验时的环境,在自然条件下不适用,则表明其外部效度低。教育实验的外部效度如果太低,意义就不大了,因为我们做教育实验的目的就是要探索教育规律,更好地指导具体的教育教学实践。通常影响外部效度的主要原因是实验情境过分人工化和被试缺乏代表性。要提高外部效度,应当在这两方面多考虑。

3. 内部效度与外部效度的关系

一般来说,内部效度越高,研究越真实和可靠;外部效度越高,实验结果推广性越好,研究越有价值。二者的关系是:内部效度是实验质量的根本保证,是外部效度的先决条件,没有内部效度便无所谓外部效度;外部效度是实现研究价值的基本途径,没有一定的外部效度,一个研究虽然内部效度高,也无法体现其应用价值;内部效度高的实验并不一定具有较高的外部效度,反之亦然。

内部效度和外部效度有时难以都得到充分满足,往往是确保了一种效度,就会削弱另一种效度。例如,利用现有学校班级进行的教学实验,虽然能较好地适应现实情境(具有较好的外部效度),也便于推广运用,但受实验条件限制,无法像实验室实验那样充分控制无关变量,实验的内部效度降低了。而严格控制实验变量的实验室实验内部效度,很可能难以找到符合实验条件的真实教学环境来应用。因此,在研究设计中要综合考虑内部效度和外部效度的平衡,在保证实验结果可靠性的基础上,尽可能使研究获得更大的推广能力。

4.2.2　提高教育实验研究效度的方法

为了提高实验的内部效度和外部效度,在实验设计中,通常采用如下的一些方法。

1. 恒定法

恒定法,是指使可能影响实验结果的干扰因素保持恒定。例如,在验证网络学习可以提高学生自主学习能力时,考虑到课程内容会影响网络教学效果,可以在特定的一门课程中来做实验,这样就排除了课程内容的影响。但是,从实验研究的价值来看,使用恒定法后所得的研究结果缺乏普遍的推论性,所以这种方法对外部效度的提高是无效的。

2. 纳入法

纳入法,是指把影响实验结果的干扰因素也当作自变量来处理,同样安排它作系统的变化,并且观察、测量、记录和分析行为反应与这一因素的关系。例如,从文、理、工等多学科中选择几门有代表性的课程,分别进行网络教学实验,其实是把课程内容作为了自变量。这种方法可以有效地提高外部效度。

3. 平衡法

平衡法,是指利用数学概率原理,将被试用随机抽样与随机分配的方式进行分组,使各组被试所具备的干扰因素机会均等,互相平衡、抵消,从而消除系统偏差。在理论上,这种方法是唯一能有效控制所有无关变量干扰的方法。

4. 循环法

循环法,是指让同一被试组接受几种自变量水平的处理,在每个自变量水平上,被试的个人条件基本不变,可以认为被试个人条件对各实验处理结果的影响机会均等,从而排除了干扰。

4.3　单组前测后测设计

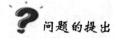
问题的提出

什么是单组前测后测设计?具体该如何操作?

这种实验设计适用于什么情况?需要注意些什么问题?

单组前测后测设计是实验设计中最简单的一种,非常适合一线教师在日常教学中开展研究。但由于其严密性不如其他实验类型,常用于调研或作为正规实验的准备性实验。

4.3.1 单组前测后测设计的概述

> 单组前测后测设计(One-group Pretest-posttest Design)是指对一组被试施加某种实验处理,在这之前和之后分别测量他们的反应,然后检验二者是否存在显著差异。

单组前测后测设计的基本模式可以用图 4.3.1 表示。

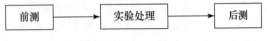

图 4.3.1 单组前测后测设计基本模式

单组前测后测设计的优点:
1. 操作简单,方便实施。
2. 无随机化要求,被试容易选择。
3. 用被试的自身表现进行前后对比,效果真实。

单组前测后测设计的缺点:
1. 缺乏横向比较,难以证明效果来自实验处理。
2. 无法控制无关变量。

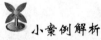

例如,在验证网络学习可以提高学生自主学习能力时,应用自主学习能力测评量表对一个班的学生进行测评,然后采用网络教学方式进行课程学习,课程结束后再对学生的自主学习能力进行测评,对两次能力测评的得分进行统计检验,以考察网络教学是否有助于自主学习能力的提高。

其中,自变量的一个水平是"网络教学",另一个水平默认为"不进行网络教学",即实验设计中默认被试组是与自身不接受实验处理进行比较。因变量为"自主学习能力",采用自编的自主学习能力测评量表进行测量。

这种方法的明显缺点是缺乏横向比较。如果后测成绩比前测成绩有显著提高,虽然我们可以肯定自主学习能力确实提高了,但并没有充分的信心证明这个差异是网络教学方式的效果,因为我们并没有另一个只有教学方式不同的班级作对照。

一个实验设计,应具备处理比较(实验组与控制组的比较)、基线比较(前测与后测的比较)和随机分配(被试的选择是随机的)三个条件。单组前测后测的设计由于缺少处理比较,一般被归为前实验设计,即未能完全符合实验设计要义的实验。进行这类实验必须特别注意缺少"处理比较"这个条件可能付出的代价与错误。尽管如此,单组前测后测设计仍然有不少优点,比如,简单、易于实施,能提供相当程度的研究信息。凭借这些优点,单组前测后测设计一直被广泛应用于学校教育、社会生活、市场调研等领域。

> 单组前测后测设计的注意事项:
> 1. 尽量选择多样化的被试,增加样本的代表性。
> 2. 后测尽量与前测内容一致,减少因测量工具差异造成的额外干扰。
> 3. 原则上,前后测应间隔两个月以上,以免被试在后测时受前测记忆的影响。
> 4. 该模式只适合判断性实验,不能用于对比实验和析因实验。

4.3.2 案例1:湖北省农村中小学现代远程教育工程教师培训项目效果研究

1. 背景

农村中小学现代远程教育工程教师培训项目旨在对"农村中小学现代远程教育工程"(以下简称"农远工程")试点学校的教师进行教育技术能力培训,培训内容主要包括:计算机网络教室的组建与管理;课件的设计与开发;课程、专题教学网站的设计与开发;多媒体软件的使用;信息技术课程教材教法;学科工具的使用;远程教育地面卫星接收系统等几个模块。主要采用讲授、上机操作、交流讨论和参观实践相结合的培训方式。

培训之前,我们对受训学员的能力现状及培训需求进行了问卷调查;培训结束后,对培训效果进行了问卷调查,并对抽样中的部分教师进行访谈。

2. 方法

(1) 被试:参加培训的学员。
(2) 材料:农村中小学教师教育技术能力调查问卷。
(3) 自变量及水平:"农远工程"教师培训(无培训)。
(4) 因变量:(多个)教育技术能力指标的掌握程度。
(5) 假设:参加"农远工程"教师培训后,学员的教育技术能力有提高。
(6) 实验模式:问卷前测——参加培训——问卷后测。

3. 点评

问卷针对培训内容从理论和技术两大方面对学员的教育技术能力进行了调查,考察了学员主观上对自己能力的评价。虽然采用问卷不如编制能力测评量表对教育技术能力的评价科学、客观,但因为实验需要的是两次问卷结果的差值,是个相对值,而非绝对值,所以就教育技术能力变化所反映的培训效果来说,还是相对准确的。

4.3.3 案例2:网络教学策略对学生学习动机的影响

1. 背景

在影响网络教学效果的众多因素中,动机是一个十分核心的环节,通过激发网络学习动机,不但可以提高学生的学习成绩,而且可以改善学生的学习感受,使之保持愉悦感和成就感。为了提高学生网络学习的动机,在依托学校统一提供的网络教学平台基础上,网络课堂还采用了多种激发动机的教学策略,比如,一些网络辅助工具的使用和教学活动的组织。

2．方法

（1）被试：某课程网络课堂的大学生。
（2）材料：大学生网络学习动机测评量表。
（3）自变量及水平：实施网络教学策略（无特殊措施）。
（4）因变量：学习动机。
（5）假设：采用特定的网络教学策略之后,网络课堂学生的学习动机有提高。
（6）实验模式：量表前测——实施网络教学策略——量表后测。

3．点评

该实验属于判断性实验,对自变量的水平设置比较粗糙。在所采用的多种网络教学策略中,多数要求学生参与活动,这在一定程度上增加了学生的负担。因此,有必要对这些动机激发策略进行更加深入细致的研究,考察每种策略对学习动机的作用效果,以便在今后的教学中有所取舍,既不需要学生过度参与,又能保持较高水平的网络学习动机。

实践活动

以小组（最好不要超过 4 人）为单位,设计一个单组前测后测类型的实验,写出实验研究方案（若有可能,请实施该方案）,并在随后的课堂上汇报研究方案（和成果）,与老师和其他同学交流。

4.4　随机化实验组控制组前测后测设计

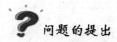
问题的提出

什么是随机化实验组控制组前测后测设计？具体该如何操作？
这种实验设计适用于什么情况？需要注意些什么问题？

随机化实验组控制组前测后测设计是真正意义上的实验,对实验各要素的控制非常严密,适用于小规模、小范围教育教学规律的探索。

4.4.1　随机化实验组控制组前测后测设计的概述

核心概念

> 随机化实验组控制组前测后测设计（Randomized Control-group Pretest-posttest Design）是指随机抽样产生实验组和控制组,对实验组施加实验处理,对控制组不做处理,在这之前和之后分别测量两组被试的反应,然后检验二者的变化量之间是否存在显著差异。

随机化实验组控制组前测后测设计的基本模式如图 4.4.1 所示。

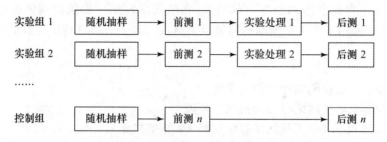

图 4.4.1 随机化实验组控制组前测后测设计的基本模式

当自变量水平多于两个时,需要多个实验组。对控制组也并非真的不做处理,而是做与实验处理相对照的其他处理。进行前测的目的不仅可以检验被试组的随机化程度,更重要的是为后测数据的比较提供参照点,单纯的后测差异意义不大。

> 随机化实验组控制组前测后测设计的优点:
> 1. 能对实验自变量进行有效的控制。
> 2. 用多组对比验证结论,实验的内部效度高。
> 3. 随机抽样形成的被试组之间被试差异为零。
>
> 随机化实验组控制组前测后测设计的缺点:
> 1. 操作复杂,环节众多,稍有考虑不周就可能影响实验效果。
> 2. 适用于实验室环境,难以在真实的教育环境中实施。
> 3. 需要的被试数量较多。
> 4. 被试常常受实验环境的影响,产生迎合或反抗的实验心理。

随机化实验组控制组前测后测设计完全满足实验设计的三个条件,即处理比较、基线比较和随机分派,是实验方法中最典型的实验设计。但对于一些相对简单的问题,由于事先选择各被试组已经是随机化的,所以往往会省略前测,默认无差异的被试组前测也无差异。这种情况也称为随机化实验组控制组后测设计(Randomized Control-group Posttest Design),是教育技术实验中最常见的类型。

> 随机化实验组控制组前测后测设计的注意事项:
> 1. 确保被试分组的随机性,尽量在被试年龄、性别、文化程度等特质上进行平衡。
> 2. 除了实验处理不同,对各被试组的操作尽量一致,甚至是主持实验时的说话语气。

4.4.2 案例1：基于形成性评价的移动学习方法对学生的学习态度和学习成效的影响研究

引自期刊 *Computers & Education*，论文名称：*A formative assessment-based mobile learning approach to improving the learning attitudes and achievements of students*。作者：Gwo-Jen Hwang, Hsun-Fang Chang。

1. 背景

随着科学技术的不断发展，移动终端以及无线网络已逐渐成为生活中不可或缺的部分，由于移动终端的盛行，也催生了大量的与移动学习有关的研究。移动学习就是学生通过移动终端来学习。突破时空的限制，如何设计教学策略与方法帮助学生在移动环境下学习是当前教育领域中热议的话题。形成性评价是对学生学习过程的评价，大量研究表明形成性评价能够促进学生的学习，形成性评价中的提示信息能够为学生的学习提供支架，这种支架能否促进学生的学习正是本研究所要关注的重点。历史文化课是学生必学的课程，其目的是培养学生的民族自豪感，本研究的教学内容主要是通过观察寺庙的艺术品和文化遗迹让学生理解历史背景、当地文化的变化和旧习俗。

2. 方法

(1) 被试：台南市的一所小学五年级两个班的学生。其中，一个班29名学生被分配到实验组，另外一个班32名学生作为对照组。

(2) 自变量及水平：移动学习过程中学习系统与学生交互的方式。

控制组：学习系统提供正确的答案和相关补充材料。

实验组：学习系统未提供正确的答案，相反显示一些提示来引导学生进一步观察。

(3) 因变量：学习成绩、学习兴趣和态度、认知负荷。

(4) 无关变量：学生的学习风格、偏好差异。

(5) 研究假设：

- 与传统的体验式移动学习方法相比，是更加有效的。
- 基于形成性评价的移动学习方法可以提高学生的学习成绩、学习兴趣和学习态度。
- 在基于形成性评价的移动学习环境下学生的认知负荷较高，但适当提高认知负荷有助于成绩的提升。

(6) 研究工具。

- 当地文化课程前测试题、当地文化课程后测试题。
- 学习兴趣、态度测评量表。
- 认知负荷测评量表。

(7) 实验模式。

- 前测——自主学习＋传统的移动学习反馈方式——后测。
- 前测——自主学习＋基于形成性评价提示反馈的移动学习方式——后测。

3. 点评

移动学习已成为当前教育中无法避免的信息技术手段，如何在移动环境下设计有效的教学策略及方式需要教师进行深入思考。本研究中基于形成性评价的提示性反馈是支持移动学习开展的有效策略,通过严格的准实验设计验证了该猜想,但学生的学习风格、偏好差异等仍然有可能对实验的信度和效度产生影响,这也是教育实验中无法避免的无关变量。

4.4.3 案例 2:软件操作类视频教程中多媒体呈现方式对学习效果的影响

1. 背景

用抓屏软件将计算机屏幕上的操作实况录制为演示视频,是目前多媒体软件教学中的一种重要方式,尤其对于自学者,更是一个性价比很高的学习渠道。但是,单纯的"实况录像"缺乏条理,对重点操作的强调不够,而且由于讲解者自身的口音或录音设备问题,可能会出现声音效果不好的现象。如何安排屏幕画面与解说、字幕的关系效果呢?

根据理查德·迈耶的多媒体学习理论,信息最有效的传递与接收方式是画面加解说,即在视觉通道和听觉通道上各加入一种相应的信息,而在视觉通道上再加入一条重复的但不同形式的信息会使学习者产生视觉冗余。比如,将解说语言以字幕形式同步出现,不但不能提高学习者的信息接收效果,反而增加了视觉负担,分散了学习者的注意力,从而影响学习。

但文字也有自身不可替代的作用。奥苏贝尔的先行组织者理论强调,在学习者接受新观念时,先于学习材料呈现之前的一个引导性材料,它在概括与包容的水平上要高于学习的新材料,以学习者易懂的通俗形式呈现。大多数情况下,充当先行组织者的材料是由精心设计的文字或图片充当的。

在对照组材料的基础上,加上屏幕文本,但不与解说一致,而是把解说中重要的内容概括出来标注在画面上,将其作为实验组 2。

2. 方法

(1) 被试:选修"数字视音频制作技术"课程的大学生共 60 人,随机分为 3 组。

(2) 材料:① 自编小试卷"Premiere 中 Track Matte 的使用"。
  ② 作业:提供 3 个实验素材,做成要求的效果。
  ③ 作业评分标准细则。

(3) 自变量及水平:视频中的多媒体元素呈现方式。
  ① 控制组:屏幕操作+解说。
  ② 实验组 1:屏幕操作+解说+同步字幕(与解说完全一样,较多文字)。
  ③ 实验组 2:屏幕操作+解说+概括字幕(是解说的提炼总结,较少文字)。

(4) 因变量:小试卷成绩、作业成绩。

(5) 无关变量:观看次数。

(6) 假设:控制组学习材料比实验组 1 学习材料的效果好;实验组 2 学习材料比控制组学习材料的效果好。

(7) 实验模式:试卷和作业前测——屏幕操作+解说——试卷和作业后测;试卷和作业前测——屏幕操作+解说+同步字幕——试卷和作业后测;试卷和作业前测——屏幕操作+解说+概括字幕——试卷和作业后测。

3. 点评

该实验规模小,采用的实验材料都可以由老师自己制作,随堂进行,非常方便。但由于没有严格的实验室控制,实验中的无关变量很容易对实验结果造成干扰。比如,无论哪种视频学习材料,反复学习的效果肯定好。而且,有的学生总担心老师会将作业表现记入平时成绩,因此,不但反复观看,而且还边做边看,以确保正确。结果大家都是满分,各组的成绩就毫无差异可言了,实验效度也大大降低了。

以小组(最好不要超过 4 人)为单位,设计一个随机化实验组控制组前测后测类型的实验,写出实验研究方案(若有可能,请实施该方案),并在随后的课堂上汇报研究方案(和成果),与老师和其他同学交流。

4.5 拉丁方设计

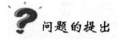

什么是拉丁方设计?具体该如何操作?

这种实验设计适用于什么情况?需要注意些什么问题?

拉丁方设计是一种循环多次的组内设计,它通过特定的实验程序,并利用统计技术抵消无关变量的干扰。

4.5.1 拉丁方设计的概述

> 拉丁方设计(Latin Square Design)又称对抗平衡设计(Counterbalanced Design),其关键技术是:(1)组内设计:通过让被试依次接受自变量各个水平的处理,消除被试差异对实验效果造成的影响;(2)轮换设计:考虑到前一个实验处理影响后一个实验处理的效果,因而对实验处理顺序进行循环控制,从而抵消由实验处理先后顺序的影响而产生的顺序误差。

拉丁方设计可以同时平衡两个无关变量的作用,对被试组的随机性没有要求,是一种准实验研究设计(Quasi-experiment Design),即没有随机化处理的实验研究。

例如,某实验有一个自变量,该自变量有 4 个水平。如果用 4 个被试组分别接受 4 个水平的实验处理,可能会因各组之间本身就存在差异,影响实验结果。如果用 1 个被试组依次接受 4 个水平的实验处理,又可能因为反复接受相似的实验材料产生疲劳或学习效应,这种情况也会影响实验结果。拉丁方设计就是要同时排除被试差异和顺序效应两个干扰变量。具体做法是:

首先,准备4个被试组,分别为一组、二组、三组、四组(可以不是随机的,甚至只有1个人也是允许的,但最好是每组人数相同,以提高被试的使用效率)。

其次,将自变量的4个水平分别标识为:A、B、C、D。

再次,将实验顺序按1、2、3、4编号。

最后,让第一个被试组依次接受A、B、C、D的处理;让第二个被试组先接受B、C、D的处理,最后接受A水平处理;第三个被试组则先接受C、D的处理,然后再接受B、A的处理;第四个被试组先接受D的处理,然后依次接受A、B、C的处理。

表4.5.1所示的是一个典型的拉丁方设计,其中的行和列分别是需要控制的两个无关变量,自变量则均匀地分布在各单元格中,即:自变量的每种水平都作用于所有的被试组,都在所有的顺序上出现过。

表 4.5.1 拉丁方设计的基本模式

自变量水平		实验顺序			
		1	2	3	4
被试组别	一	A	B	C	D
	二	B	C	D	A
	三	C	D	A	B
	四	D	A	B	C

利用统计学方法,行和列的变异可以从实验误差中分离出来。因而,拉丁方设计的精确度比完全随机化设计的精确度高。如果我们把实验顺序和被试差异都作为自变量来处理,可以说,只要实验中自变量的个数与实验处理水平的个数相同,而且这些自变量之间没有交互作用,都可以采用拉丁方设计,需要的被试组与实验处理水平个数相同,即:拉丁方设计适用的最少实验处理数是3个。

知识卡片

> 拉丁方设计的优点:
> 1. 可以有效地控制实验顺序和被试差异这两个无关变量。
> 2. 需要的被试数量少,可以充分利用被试。
> 3. 对被试分组无特殊要求。
>
> 拉丁方设计的缺点:
> 1. 当自变量水平较多时,被试组和实验轮次也多,实验过程复杂。
> 2. 自变量之间的交互作用有时很难彻底排除。

在只有两个实验处理的情况下,通常采用的平衡对抗设计是以ABBA顺序来安排实验处理。即两个被试组,一个先接受A处理,再接受B处理;另一个先接受B处理,再接受A处理。

拉丁方设计的注意事项:
1. 被试组数量必须与实验处理的个数相等。
2. 自变量水平为4~8个较佳,最少是3个。
3. 被试差异和实验顺序对实验处理不产生交互作用。

4.5.2 案例1:背景音乐对单词记忆效果的影响

1. 背景

大多数制作精美的课件中都会设置背景音乐,目的是让学习者在一种轻松、愉快的环境中学习,以提高学习效率、减轻疲劳、增强学习兴趣。设计者的初衷自然是好的,但背景音乐真的对学习者有帮助吗?音乐的类型很多,选什么样的曲子合适呢?

2. 方法

(1) 被试:某文科专业和理科专业大学生共80名,按学号顺序划分为4组。

(2) 材料:背单词课件,每屏呈现相同的30个单词(包括拼写和解释),持续3分钟,结束后有单词匹配和默写的测试。课件共四屏,其中的30个单词是从GRE词汇(但非四、六级词汇)中随机抽取的。四屏所配的背景音乐分别为:轻音乐、民族音乐、通俗歌曲和midi旋律。

(3) 自变量及水平:背景音乐的类型。

　　(A) 柔和的轻音乐。
　　(B) 婉转的民族音乐。
　　(C) 悠扬的通俗歌曲(仅有歌曲无词)。
　　(D) 简单的旋律(由少量乐器合成的midi音乐)。

(4) 因变量:单词记忆测试的成绩(包括单词匹配和单词默写)。

(5) 无关变量:被试差异、实验顺序。

(6) 实验程序。

　　① 每个被试一台电脑学习30个单词,时间为3分钟。此时背景音乐为A。
　　② 要求被试在3分钟之内做完单词测验。
　　③ 被试休息一周。
　　④ 按以上程序进行第二次学习。此时背景音乐为B。
　　⑤ 按照①~③的程序循环进行实验,共4次。

(7) 实验模式。

　　① 实验组1:音乐A——测试A——音乐B——测试B——音乐C——测试C——音乐D——测试D。
　　② 实验组2:音乐B——测试B——音乐C——测试C——音乐D——测试D——音乐A——测试A。

③ 实验组 3：音乐 C——测试 C——音乐 D——测试 D——音乐 A——测试 A——音乐 B——测试 B。

④ 实验组 4：音乐 D——测试 D——音乐 A——测试 A——音乐 B——测试 B——音乐 C——测试 C。

3. 点评

该实验未对被试的英语单词水平进行测试，而且按学号顺序划分小组，容易造成被试组之间的差异。让被试反复学习同一组单词，尽管两次学习之间安排有一周的间隔，仍然很难避免累积的学习效应。正是考虑到以上两点，该实验采取拉丁方设计，对被试差异和顺序效应进行了排除，改善了实验的内部效度。但由于实验室环境和学习任务单一，实验的外部效度还有待提高。

4.5.3 案例 2：两个网络教学平台的适用性比较

1. 背景

为了在各院系广泛开展网络教学，某大学教务处准备引进一套网络教学平台，目前有两个公司开发的产品候选。这两套网络教学平台的教学功能其实是大同小异的，比如，都可以完成多媒体教学内容发布、作业发布和批改、同步交流、异步讨论、教学日程安排、在线考试等教学环节。两家公司的技术实力和所提供的服务也相当。因此，取舍的依据应该是网络教学平台教学功能的易用性。究竟哪一个产品更容易上手、更受老师们欢迎呢？

2. 方法

(1) 被试：从该校 40 岁以上和 40 岁以下的所有任课教师中随机抽取 10 位，共 20 位老师，随机安排 5 位年轻教师和 5 位年长教师组成一个被试组，其余老师为另一个被试组。

(2) 材料：网络教学平台教学功能评价表、态度问卷。

(3) 自变量及水平：A 公司开发的网络教学平台（简称平台 A），B 公司开发的网络教学平台（简称平台 B）。

(4) 因变量：产品得分、使用者态度、使用者探索时间。

(5) 无关变量：被试差异、使用顺序。

(6) 实验模式：

实验组 1：使用平台 A——评分、问卷——使用平台 B——评分、问卷。

实验组 2：使用平台 B——评分、问卷——使用平台 A——评分、问卷。

3. 点评

该实验适合采用组内设计，因为组间设计会使被试在试用时缺乏比较，不能做出正确选择，比如，试用平台 A 的老师可能会认为"这个就可以"，而如果他也用过平台 B，完全有可能认为平台 B 更好。所以，在以选优（或淘汰）为目的的研究中，采用组内设计比较科学。该实验的自变量只有两个水平，即只有两个候选产品，不符合拉丁方设计的条件，但试用顺序确实会影响被试对产品的评价，比如出现先入为主或"这山望着那山高"的情况。这时，可以采用 ABBA 设计，通过统计方法，将顺序这个干扰变量平衡掉。

实践活动

以小组(最好不要超过 4 人)为单位,设计一个拉丁方类型的实验,写出实验研究方案(若有可能,请实施该方案),并在随后的课堂上汇报研究方案(和成果),与老师和其他同学交流。

4.6 单组时间序列分析

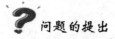
问题的提出

什么是单组时间序列分析?具体该如何操作?

这种实验设计适用于什么情况?需要注意哪些问题?

单组时间序列分析与单组前测后测设计有相似之处,都是对实验处理前后的数据进行比较。但不同之处是,单组时间序列分析的前测和后测不止一次,比较的时候也不仅是对两个时间点的测量值进行静态比较,而是根据多次测量值描绘出数据的图像,进行动态趋势的比较,适用于追踪研究。

4.6.1 单组时间序列分析的概述

核心概念

> 单组时间序列分析(One Group Time-series Analysis),只安排一个被试组,在一个时间段中,按固定的周期对被试进行一系列的某种测试,然后让被试接受实验处理,之后又按原来的周期安排同样的一系列测试,观察实验处理前后因变量的变化趋势。

单组时间序列分析是一种组内设计,被试完全可以依次接受多个实验处理,并在每个实验处理前后接受重复测量,即:前一个实验处理的一系列后测是后一个实验处理的一系列前测,如表 4.6.1 所示。

表 4.6.1 单组时间序列分析的基本模式

前测	前测	前测	实验处理	前测(后测)	前测(后测)	前测(后测)	实验处理	后测	后测	后测
R_1	R_2	R_3	X_1	R_4	R_5	R_6	X_2	R_7	R_8	R_9

我们在前面介绍的单组前测后测设计其实就是在紧邻实验处理的前后两次测量值之间进行比较,例如,R_3 和 R_4 比较,R_6 和 R_7 比较。而单组时间序列分析是利用多次测量值来建立回归方程,R_1、R_2、R_3 这三个测量值可以建立一套实验前的回归方程,R_4、R_5、R_6 这三个测量值可以建立实验后的时间序列模型,实验效果的大小,除了反映在 R_4 和

R_5 的对比上,也反映在两套回归方程的差异上,我们可以比较两者的斜率与截距,来判断一系列前后测数据之间的关系,从而比较实验前与实验后被试行为模式的变化。在根据回归方程所描绘的函数图像中(如图 4.6.1 所示),图像 a 没有体现出实验处理效应,因为处理前后回归方程的斜率和截距是一样的;而图像 b 和 c 则表示实验处理效应显著,其中图像 b 在实验处理前后的斜率虽然不变,但截距差别很大,图像 c 在实验处理前后斜率和截距都有很明显的不同。

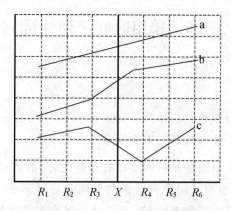

图 4.6.1　时间序列回归方程模型举例

知识卡片

单组时间序列分析的优点:
1. 多次测量可以减少偶然因素造成的测量误差对实验结果的影响。
2. 可以研究事物的发展动态和趋势,有预测功能。

单组时间序列分析的缺点:
1. 很难控制无关变量。
2. 研究的时间跨度大,周期长。
3. 实验时间长容易造成被试缺损,从而使样本失去代表性。

这种实验不但可以检验实验处理的影响,而且可以根据时间序列数据,了解随因变量在一定时期内的变化过程,从中寻找和分析事物的动态特征,提供预测的功能。在进行历时较长的实验时,成熟往往是一个很难控制的干扰因素,在时间序列研究中,可以通过评估变化趋势来控制成熟因素对因变量的影响。如果处理前后行为的变化斜率一致,就说明变化是由成熟导致的。除了这种情况,单组时间序列分析一般不研究事物之间相互依存的因果关系,而主要适用于追踪研究,在教育发展、经济、金融、商业等方面应用广泛,是一种实用性很高的实验设计。

温馨告知

单组时间序列分析的注意事项：
1. 尽量选择多样化的被试，增加样本的代表性。
2. 保留好被试的联系方式，以防被试因各种原因流失。
3. 每个序列至少进行3个时间点的测量，以提高回归模型的准确性。

4.6.2 案例1：师范生教学反思能力培养的效果研究

1. 背景

教师专业化，是指教师在整个职业生涯中，通过专门训练和终身学习，逐步习得教育专业的知识与技能，并在教育专业实践中不断提高自身的从教素质，从而成为一名合格的专业教育工作者的过程。无论在职前教育还是职后培训中，反思都是成为一名优秀教师的重要途径，反思水平直接关系到专业发展潜力。长期坚持写教学反思，会使教师在不断发现和总结新问题中提升专业能力和认识境界。

目前，很多学校正在力促教学反思成为学校教学管理的一个环节。在各级师范院校的职前教师教育工作中，全面倡导反思实践，开展反思能力的培训，对于教师自主专业化发展是非常有意义的。

为了培养师范生的反思能力，我们结合"现代教育技术"公共课，设置了"教师专业化发展"这一专题，利用课程内2个学时的教学，以讲授、演示、讨论的方式，向师范生介绍教师专业化发展的知识，引导他们树立反思和终身学习的理念。这个专题放在课程中段进行，在这之前和之后各有4次（2学时/次）其他内容的教学。在课程之初，要求学生在自己每次教学结束后以博客形式写一篇反思或总结。

2. 方法

（1）被试：选修"现代教育技术"公共必修课的大学生，共80人。
（2）自变量及水平：教学内容为"教师专业化发展"的一堂课（不上该堂课）。
（3）因变量：学生博客篇数、博文内容中与教育相关的反思次数。
（4）实验模式：前测1——前测2——前测3——前测4——课堂学习——后测1——后测2——后测3——后测4。

3. 点评

很多学者论述过博客与教师专业化发展的关系，大多数是在思辨的基础上提出"写博客有利于培养教师的反思能力"。我们通过实际教学发现，如果只布置写博客周记，在8次教学之后观察学生的周记，确实会发现反思次数上的一些变化，但往往是生活反思，或者可以称为"人生感悟"，真正思考教育教学的不多。因此，博客的"日记"性质并不能必然提高"教学反思"的能力。也许，要让师范生养成教学反思的习惯，引导、督促、激励才是关键。

4.6.3 案例2：远程同步视频教学研讨中的小组人数研究

1. 背景

教师职后培训是教师教育的重要内容，目前采取的一般是专家报告、集中讲授的培训方式。其实这种暴风骤雨式的培训并不利于教师理解和转变教学观念，而且容易停留在形式上。集中培训一般安排在较长的假期，将教师们集中到教学点，交通、住宿、饮食、场地，都是一笔不小的开销。

如果利用网络平台，通过同步视频进行培训，不但师生双方可以实时看到、听到，而且学生之间也可以实时交流，就像面对面交流一样。这样，教学点就可以划分得更小，比如，一所学校为一个教学点，属于同一个教学点的教师可以聚在一起，通过摄像头，利用视频聊天的形式与主持教师及其他教学点的教师交流。但一个教学点的人数并不是越少（或越多）越好，因为学科教学培训中的一种主要方式是在主持教师的引导和组织下进行教学案例研讨，而非独立学习或大班教学。所以，每个视频教学点的适宜人数应该存在一个最佳值。

2. 方法

（1）被试：选修"教学设计"研究生课程的学生，共40人。
（2）材料：远程同步视频教学研讨活动评价表（态度问卷）。
（3）自变量及水平：小组人数——2人，3人，5人，7人，9人。
（4）因变量：对教学的评价、对学习效果的自我评价、情绪等级。
（5）实验模式：

2人组——评价1——评价2——评价3。
3人组——评价4——评价5——评价6。
5人组——评价7——评价8——评价9。
7人组——评价10——评价11——评价12。
9人组——评价13——评价14——评价15。

3. 点评

因为远程同步视频教学研讨的教师培训模式尚在研究，所以无法用真正的受培训教师进行实验，而研究生被试在教学经验和感受方面与在职教师毕竟有差别，而且每次研讨的内容也与真正的教学培训有差距，这对实验的外部效度有一定影响。另外，该实验需要进行的教学次数较多，周期长，被试对小组研讨方式逐渐适应，对后来的教学可能评价偏高。

 知识卡片

> 实验研究方案是在开展实验前研究者要提前制定好的研究框架，其基本要素包括研究背景、研究目的、研究问题、实验类型、实验方法等内容，以研究"基于交互式微视频的 SPSS 教学对学生学习兴趣与学习成绩的影响"为例，其实验研究方案如下所示。

实践活动

以小组(最好不要超过 4 人)为单位,设计一个单组时间序列类型的实验,写出实验研究方案(若有可能,请实施该方案),并在随后的课堂上汇报研究方案(和成果),与老师和其他同学交流。

 参考文献

[1] 丁国盛,李涛.SPSS 统计教程——从研究设计到数据分析[M].北京:机械工业出版社,2016.

[2] 杨治良.实验心理学[M].杭州:浙江教育出版社,1998.

[3] 艾尔·巴比.社会研究方法[M].第十一版.邱泽奇,译.北京:华夏出版社,2009.

[4] 李克东.教育技术学研究方法[M].北京:北京师范大学出版社,2003.

[5] 范福兰,张屹,白清玉,林利.基于交互式微视频教学资源教学模式的应用效果分析[J].现代教育技术,2012(06):24-28.

[6] 何敏.我国"农远工程"教师培训绩效的实证研究[D].武汉:华中师范大学教育信息技术学院,2008.

扫一扫,获得本章拓展案例资源

第 5 章 内容分析法

学习目标

1. 能解释什么是内容分析法,说出内容分析法的特征和优缺点。
2. 能用实例解释和分析内容分析法的应用模式。
3. 描述内容分析法的步骤,并能准确地计算内容分析的信度系数。
4. 能够熟练地应用内容分析法来开展教育技术研究,能从研究内容中分析现状、发展趋势以及发现当前存在的问题。
5. 根据研究的主题合理制定类目表格,并能准确地用统计方法分析问题并对研究课题做出结论。

关键术语

内容分析法　类目　类目表格　分析单元　信度　结果分析

知识导图

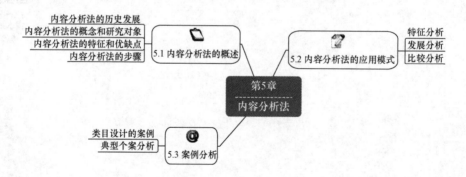

情境导入

情境一:如何根据我国教育技术期刊的主要栏目来探寻教育技术学所关注的研究领域和研究热点以及国内外的研究动态?

情境二:国际新媒体联盟组织(New Media Consortium,简称NEC)于 2004 年发起了"地平线项目"(Horizon Project),该项目每年均以报告的形式发布研究成果——未来五年内对高等教育领域的教学、学习和创造性表达产生重大影响的新兴技术、关键趋势和重要挑战。应该选择什么样的方法从 2004 年至 2012 年的地平线报告中了解高等教育信息化的发展趋势和重要挑战呢?

扫一扫,获得本章课件

扫一扫,获得本章链接资源

情境三：如何根据国内外学术会议主题的内容来了解和掌握学术会议所关注的领域、研究热点以及发展趋势？

为了解决上述问题，可以采用内容分析法。那么什么是内容分析法呢？它是如何发展起来的？在研究过程中是如何应用的呢？本章将对此内容进行重点学习。

5.1 内容分析法的概述

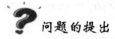问题的提出

什么是内容分析法？内容分析法是怎样发展起来的？它有哪些特征和优缺点呢？内容分析法的研究对象和目的是什么？我们在研究中应该如何使用内容分析法？

5.1.1 内容分析法的历史发展

内容分析法原为社会科学家借用自然科学中定量分析的研究方法，对历史文献内容进行内容分析而发展起来的。后来，美国的一些传播学研究者，利用这种方法去分析报纸的内容，了解信息发展的倾向。随后，内容分析渐渐扩大到对各类语言传播，如电视、电影、广播、报纸、杂志、书籍、信件、演讲、传单、日记、谈话等的分析，以及对各类非语言传播，如音乐、手势、姿势、地图、艺术作品等的分析，进而成为传播学的一种重要的研究手段。

长期以来，不断有人尝试运用定量分析的方法考察传播信息的内容，直到第二次世界大战以前，这种方式的研究仅处于零散的实验阶段。内容分析法作为一种正式研究方法诞生于第二次世界大战期间，至今已经历了以下几个发展阶段。

1. 实践探索期

第二次世界大战期间，盟军为了获取有关德国社会、经济、政治等方面的动态情报，曾动用了庞大的间谍网。著名传播学家保罗·拉扎斯菲尔德和哈罗德·拉斯韦尔组织了一项名为"战时通信研究"的工作，以德国公开出版的报纸为分析对象，获取了许多军政机密情报。很快，这一新的方法又运用于太平洋战场，在对日情报战中立下了汗马功劳。内容分析法在实践中表现出明显的实际效果，而且在方法上取得一套模式。

2. 理论研究期

第二次世界大战后，美国政府组织传播学、政治学、图书馆学、社会学等领域的专家学者与军事情报机构共同对内容分析法进行多学科的研究。到 1955 年，有关这一方法的内容与步骤，如分析单元、定性与定量的比较、频度的测定与用法、相关性和强度的衡量及信息量的测度等问题都得到了不同程度的研究，并提出了初步的应用模式和理论。

3. 基本成形期

20 世纪 60 年代初，内容分析法开始在美国情报部门推广，美国在我国香港就派驻了近 300 名观察员搜集我国的各种报刊，进行内容分析。此后不久，内容分析法进入美国大学的传播学、政治学和社会学课堂。20 世纪 60 年代末期，西方图书馆学、情报

学将内容分析法引入自己的方法论体系。20世纪70年代,这一方法在北美、西欧的社会科学各学科中开始应用,而且在社会学和比较政治学中成效显著。1971年,哈佛大学的卡尔·多伊奇等人将"内容分析"列为从1900年至1965年62项"社会科学的重大进展"之一。

4. 发展完善期

20世纪80年代以来,内容分析法不断吸收当代科学发展的养料,并用系统论、信息论、符号学、语义学、统计学等新兴学科的成果充实自己,在社会发展和国际政治等领域中业绩显赫。美国未来学家约翰·奈斯比特依据这一方法创办了著名的《趋势报告》季刊,推出了被誉为"能够准确地把握时代发展脉搏"的论著《大趋势》,全球畅销1400万册,从而使这一方法受到世人瞩目。

5.1.2 内容分析法的概念和研究对象

1. 内容分析法的概念

> 内容分析法,是一种对研究内容作客观、系统的量化并加以描述的一种研究方法。内容分析的过程是层层推理的过程。

在内容分析法的形成发展过程中,众多研究者从各自不同的角度进入内容分析研究领域,做出了杰出的贡献。20世纪50年代以来,随着理论研究的开展,出现了许多关于内容分析法的定义。

1952年,美国传播学家伯纳德·贝雷尔森(Bernard Berelson)将内容分析法定义为:"一种对具有明确特性的传播内容进行的客观、系统和定量的描述的研究技术。"

霍尔斯蒂(Holsti)在对包括书面和口头的所有交流方式进行深入研究后,对内容分析法做出一个广泛的定义:"内容分析法是系统地、客观地指出信息的特征。"同时为内容分析法确定了三个主要目标:描述传播特征、推导传播者意图以及推断传播效果。

克里本道夫(Krippendorf)将内容分析法定义为:"系统、客观和定量地研究、传播信息并对信息及其环境之间的关系做出推断的方法。"

此外,华里泽和韦尼(Wallger and Wienir)把内容分析法定义为:"用来检查资料内容的系统程序。"

柯林杰(Kerliger)的定义也很具有代表性:"内容分析是以测量变量为目的的,对传播进行系统、客观和定量分析研究的一种方法。"

2. 内容分析法的研究对象

内容分析法的目的是弄清楚被分析对象中本质性的事实和趋势,揭示其中所含有的隐性内容,对事物发展作情报预测。教育和教学活动是一种信息的传播过程,研究者可利用内容分析法对教育文献、课本、课堂讲授、视听教材、直观教具、学生反应、学生练习甚至特殊教育等问题进行分析,以便探索其中的规律。

在教育研究中,作为内容分析的资料来源常有如下几种。

网络教育教学资源;各种教育期刊、报纸、论文、研究报告;本科生、研究生和博士生的学位论文;多媒体教学软件和其他CD-ROM电子出版物;教学电影或电视录像节目(电视教材);教师课堂教学的实况录像资料;各类学术、专题报告的录音、录像资料;各类教育法令、会议文献资料;教师的教学计划、教案;学生的练习、考试卷及其他有关学生响应反馈的信息资料。

5.1.3 内容分析法的特征和优缺点

1. 内容分析法的特征

内容分析法,就是对于明显的传播内容,作客观而有系统的量化并加以描述的一种研究方法。内容分析法的特征表现在客观化、系统化、数量化、明显化等四个方面。

(1) 客观化(Objective)。

在内容分析的过程中,按照预先制定的分析类目表格进行判断和记录内容出现的客观事实,并根据客观事实再做出分析描述,确保在不同时间、由不同人员做出的结果是一致的。

(2) 系统化(Systematic)。

与客观化是一体两面的。这是指内容的判断、记录、分析过程是以特定的表格形式、按一定的程序进行的,只有这样才能确保研究的信度。

(3) 数量化(Quantitative)。

内容分析法的特色就是可将质化资料转变为量化的形式。这是指内容分析的结果可以用数字表达,并能用某种数学关系来表示,如用次数分配、各种百分率或比例、相关系数等方式来描述。

(4) 明显化(Manifest)。

被分析的对象是以任何形态被记录和保存下来,并具有传播价值的内容。任何形态、包括有文字记录形态(如报纸、杂志、书籍、文件)、非文字记录形态(如广播、唱片、演讲录音、音乐)、影像记录形态(如电影、电视、幻灯、图片)等。同时,明显的传播内容是指它所表现的直接意义,而不是指其包含的潜在动机。内容分析就是通过对直接显示的内容的量化处理来判别其间接的、潜在的动机和效果。

2. 内容分析法的优点

(1) 客观的研究方法。

内容分析法是一种规范的研究方法,对类目定义和操作规则十分明确与全面,它要求研究者根据预先设定的计划按步骤进行,研究者主观态度不太容易影响研究的结果;不同的研究者或同一研究者在不同时间里重复这个过程都应得到相同的结论,如果出现不同,就要考虑研究过程有什么问题。

(2) 结构化研究。

内容分析法的目标明确,对分析过程高度控制,所有的参与者按照事先安排的方法和程序操作执行,结构化的最大优点是结果便于量化与统计分析,便于用计算机模拟与处理相关数据。

(3) 非接触研究。

内容分析法不以人为对象而是以事物为对象,研究者与被研究事物之间没有任何互动,被研究的事物也不会对研究者做出反应,研究者的主观态度不易干扰研究对象,这种非接触性研究比接触性研究的效度要高。

(4) 定量与定性结合。

这是内容分析法最根本的优点,它以定性研究为前提,找出能反映文献内容的一定本质的量的特征,并将它转化为定量的数据。但定量数据只不过把定性分析已经确定的关系性质转化成数学语言,不管数据多么完美无缺,也只是对事物现象方面的认识,不能取代定性研究。因此这种优点能够达到对文献内容所反映"质"的更深刻、更精确、更全面的认识,得出科学、完整、符合事实的结论,获得一般从定性分析中难以找到的联系和规律。

(5) 揭示文献的隐性内容。

首先,内容分析法可以揭示文献内容的本质,查明几年来某专题的客观事实和变化趋势,追溯学术发展的轨迹,描述学术发展的历程,依据标准鉴别文献内容的优劣。其次,内容分析法可以揭示宣传的技巧、策略,衡量文献内容的可读性,发现作者的个人风格,分辨不同时期的文献体裁类型特征,反映个人与团体的态度、兴趣,获取政治、军事和经济情报。最后,内容分析法可以揭示大众关注的焦点等。

3. 内容分析法的缺点

(1) 局限性。

内容分析法的研究对象局限在考察已记录好的传播内容。

(2) 受材料的限制较大。

内容分析法中研究材料的真实性、倾向性及是否易于收集等都影响着研究结果。

(3) 结果以描述为主。

内容分析法的结果一般是描述性的,它虽然能揭示材料的内容与结构,甚至了解有关被试的心理特征,但却难以说明什么,解释能力较差。

(4) 内容分析费时费力。

内容分析法的类目设计和评判记录的工作费时费力,而且枯燥乏味,要求研究者特别耐心、认真,并进行长时间的阅读、评判、记录与计算。

(5) 分析维度固定。

由于内容分析法的分析维度比较固定,因此对许多新事物、新情况、突发性事件等难以灵活处理。

知识卡片

内容分析法实际上是以预先设计的类目表格为依据,以系统、客观和量化的方式,对信息内容加以归类统计,并根据类别项目的统计数字,做出叙述性的说明,它不仅是资料的搜集方法,还是一种独立、完整的专门研究方法。

5.1.4 内容分析法的步骤

内容分析法的一般步骤包括确定研究课题、限定总体和选择样本、选择分析单元、设计类目表格、评判记录、信度分析、分析数据、得出结论这八部分,如图 5.1.1 所示。

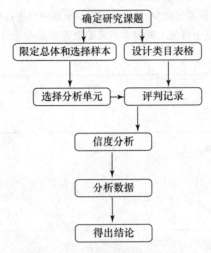

图 5.1.1 内容分析法的一般步骤

1. 确定研究课题

准确限定研究的课题,有助于获取有价值的统计数据。内容分析要避免"为统计而统计"的弊病,避免毫无目的地搜集对研究没有太大效用的数据。为解决这个问题,就要严格地确定需要研究的课题和假设。内容分析可以根据现存的理论、先前的研究结果、实际的问题等,来确定准备研究的课题。比如,远程教育是否是现代教育技术学研究的热点?内容分析法是否是论文撰写的主要应用方法?

 小案例解析

> 《从技术视角看高等教育信息化——历年地平线报告内容分析》[张屹,朱莎,杨家凯.现代教育技术.2012(04).]中研究问题的提出如下:2004 年至 2012 年的地平线报告中共包含 54 项新兴技术,这些技术在高等教育领域的应用、发展状况与趋势如何?其发展对我国高等教育信息化的推进有何启示呢?

2. 限定总体和选择样本

在确定总体时,必须注意总体的完整性和特殊性。完整性是指要包含所有有关的资料,特殊性就是指要选择与研究假设有关的特定资料。在这一步骤中,要具体地限定所要分析的内容的各个方面。首先,要为相关总体制定一个适宜的、可操作的定义。如果分析的内容是通俗歌曲,就要给"通俗"下定义。其次,要限定分析的时间段。限定总体的工作完成后,还要做个简要的说明,交代调查的参数。

选择样本就是选取进行内容分析的样本。

您知道吗?

选择样本在这一步骤中,可能会遇到两种情况。

第一,有些研究涉及的数据量比较少,这样就可以对全部内容进行分析。

第二,数据量比较大,以至于研究人员根本不可能全部登录和统计,这时就必须用随机抽样的方法选取样本。

 知识卡片

选择样本通常要涉及三种方式。
1. 来源抽样。
2. 日期抽样。
3. 单元抽样。

 小案例解析

《我国教育技术期刊主要栏目的内容分析》中对分析的总体描述为:"本研究选取《电化教育研究》《中国电化教育》《现代教育技术》《中国教育信息化》《中国远程教育》《现代远距离教育》《开放教育研究》和《外语电化教学》这八种核心期刊 2003—2008 年 4 月 10 号期间出版的 337 期的 269 个主要栏目进行分析。"

《从技术视角看高等教育信息化——历年地平线报告内容分析》文章中对分析的总体描述是:"选择国际新媒体联盟组织 2004 年至 2012 年发布的 9 份地平线报告中的 54 项新兴技术作为研究的样本。"

3. 选择分析单元

分析单元是实际需要统计的东西。它是内容分析的最小元素,同时也是最重要的元素之一。分析单元越小,所搜集的信息就越具体,统计结果也就越精确。

选择分析单元与具体的研究目标、研究总体密切相关,并以它们作为确定和选择的基础。对于报纸和杂志的内容来说,分析单元可能是一个单词、一个符号、一个专题、一篇完整的文章或报道。对电视和电影的分析来说,分析单元可能是人物、场景或整个节目。

 小案例解析

《从技术视角看高等教育信息化——历年地平线报告内容分析》一文中的分析单元为其中介绍的各项新兴技术。

4. 设计类目表格

类目,即根据研究假设的需要,把资料内容进行分类的项目。类目表格的设计是内容分析法中比较关键的步骤。

类目的形成通常有两种方法:一是依据传统的理论或以往的经验,由某个问题已有的研究成果发展而成;二是由研究者根据假设自行设计而成。第一种方法:先让两人根据同一标准,独立编录同样用途的维度、类别,然后计算两者之间的信度,并据此共同讨论标准,再进行编录,直到对分析维度的系统有基本一致的理解为止。最后,还需要让两者用该系统编录几个新的材料,并计算评分者的信度,如果结果满意,则可用此编录其余的材料。第二种方法:首先熟悉、分析有关材料,并在此基础上制定初步的分析维度,然后对其进行试用,了解其可行性、适用性与合理性,之后再进行修订、试用,直至发展出客观性较强的分析维度为止。分析维度必须有明确的操作定义。

5. 评判记录

把分析单元归入内容类目就叫作评判记录。评判记录是内容分析过程中既费时而又枯燥乏味的阶段。做评判记录工作的人叫编码员。一项内容分析通常只需要很少的编码员,2~6名足矣。

内容分析的评判记录工作,就是按照预先制定的类目表格,按分析单元顺序,系统地判断并记录各类目出现的客观事实和频数。在评判时的一般做法是:首先,按照分析维度(类目)用量化方式记录研究对象在各个分析维度(类目)的量化数据(例如,有、无、数字形式、百分比)。其次,采用事先设计好的评判记录表记录。先把每一分析维度的情况逐一登记下来,然后再做出总计,评判记录的结果一般为数字形式。再次,对于同一个内容类目的评判,必须要有两个以上的评判员进行评判记录,以便进行信度检验,当信度较低应考虑类目设计是否合理。最后,对于具有评论成分的内容分析,通常对含赞扬性、肯定性的内容用"+"符号记录,对含批评性或否定性的内容则用"-"符号记录。

小案例解析

《从技术视角看高等教育信息化——历年地平线报告内容分析》一文中的评判记录如表5.1.1所示。

表5.1.1 历年地平线报告内容分析评判记录

类目	技术	年份
数字化内容开发/出版(7项)	Personal Broadcasting(个人广播)	2006
	User-Created Content(用户创建内容)	2007
	The New Scholarship and Emerging Forms of Publication(新型出版形式)	2007
	Grassroots Video(草根视频)	2008
	Open Content(开放内容)	2010
	Electronic Books(电子书)	2010
	Electronic Books(电子书)	2011

续表

类目	技术	年份
互联网技术（8项）	Ubiquitous Wireless（泛在的无线网络）	2005
	Social Networks & Knowledge Webs（社会性网络 & 知识网络）	2005
	Social Computing（社会性计算）	2006
	Social Networking（社会性网络）	2007
	Collaboration Webs（合作网络）	2008
	Social Operating Systems（社会性操作系统）	2008
	Cloud Computing（云计算）	2009
	The Personal Web（个人网络）	2009
智能技术（16项）	Scalable Vector Graphics（可缩放矢量图形）	2004
	Multimodal Interfaces（多模式接口）	2004
	Rapid Prototyping（快速原型）	2004
	Context-Aware Computing（情境感知运算）	2004
	Context-Aware Computing/Augmented Reality（情境感知运算/增强现实）	2005
	Augmented Reality and Enhanced Visualization（增强现实和视觉加强）	2006
	Context-Aware Environments and Devices（情境感知环境和设备）	2006
	Virtual Worlds（虚拟世界）	2007
	Smart Objects（智能物体）	2009
	Semantic-Aware Applications（语义感知应用程序）	2009
	Simple Augmented Reality（简易增强现实）	2010
	Gesture-Based Computing（基于手势的计算）	2010
	Augmented Reality（增强现实）	2011
	Gesture-Based Computing（基于手势的计算）	2011
	Gesture-Based Computing（基于手势的计算）	2012
	Internet of Things（物联网）	2012
娱教技术（5项）	Educational Gaming（教育游戏）	2005
	Educational Gaming（教育游戏）	2006
	Massive Multiplayer Educational Gaming（大规模多玩家教育游戏）	2007
	Game-Based Learning（游戏式学习）	2011
	Game-Based Learning（游戏式学习）	2012
移动技术（9项）	The Phones in Their Pockets（手机）	2006
	Mobile Phones（手机）	2007
	Mobile Broadband（移动宽带）	2008
	Mobiles（移动设备）	2009
	Geo-Everything（地理位置定位）	2009
	Mobile Computing（移动计算）	2010
	Mobiles（移动设备）	2011
	Mobile Apps（移动应用程序）	2012
	Tablet Computing（平板电脑）	2012
知识管理/共享（3项）	Learning Objects（学习对象）	2004
	Knowledge Webs（知识网络）	2004
	Collective Intelligence（集体智慧）	2008

类目	技术	年份
数据分析/挖掘技术(5项)	Intelligent Searching（智能搜索）	2005
	Data Mashups（数据集合）	2008
	Visual Data Analysis(可视化数据分析)	2010
	Learning Analytics(学习分析)	2011
	Learning Analytics(学习分析)	2012

6. 信度分析

要使内容分析具有客观性，它的度量和程序必须具有一定的可信度。信度是使用相同研究技术重复测量同一个对象时得到相同研究结果的可能性。内容分析的信度分析是指两个或两个以上参与内容分析的研究者对相同类目判断的一致性程度，它是保证内容分析结果可靠、客观的重要指标。一致性愈高，内容分析的可信度也愈高；一致性愈低，则内容分析的可信度愈低。因此，信度直接影响内容分析的结果。内容分析必须经过信度分析，较高的信度才能使内容分析的结果可靠，可信度得到提高。

内容分析的信度公式为：

$$R = \frac{n \times K}{1 + (n-1) \times K}$$

显然，内容分析的信度与参与内容分析的人数多少有关。

其中 R 为信度；n 为评判员人数；K 为平均相互同意度，是指两个评判员之间相互同意的程度，相互同意度 K 为：

$$K = \frac{2M}{N_1 + N_2}$$

其中，M 为两者都完全同意的栏目，N_1 为第一评判员所分析的栏目数，N_2 为第二评判员所分析的栏目数。

知识卡片

通常，进行内容分析都是由研究工作者本人作为内容分析的主要评判员，同时另外安排一个以上的其他人员做助理评判员，平均相互同意度是把每个评判员与主研究员进行比较后确定的。经过信度分析后，根据经验，如果信度大于 0.90，则可以把主要评判员的评判结果作为内容分析的结果。

小案例解析

《从技术视角看高等教育信息化——历年地平线报告内容分析》中评判栏目总数为 54，其中 A 和 B 两人完全同意的栏目数为 46，所以相互同意度 K 为：

$K = 2 \times$ 两人完全同意的栏目数 $\div$ (A 评判员评判的栏目数 + B 评判员评判的栏目数)
$= 2 \times 46 \div (54 + 54)$
≈ 0.852

根据上述计算方法,分别计算其他五组相互同意度,再计算 K 的平均值约为 0.827,所以本研究的信度 R 为:

$R =$ 评判员人数 $\times$ 平均相互同意度$(K) \div [1 + ($评判员人数$-1) \times$ 平均相互同意度$(K)]$
$= 4 \times 0.827 \div [1 + (4-1) \times 0.827]$
≈ 0.950

研究信度为 0.950,高于 0.9,证明本研究有效。

 知识卡片

为了达到一定的信度,信度分析时可以参考下列步骤:
1. 严格限定类目界限。
2. 培训。搜集数据前,要进行掌握编码设备和编目系统的培训。
3. 进行测试。在正式登录前,可以从需要分析的总体中,选择一些样本进行分类。在试测中,既可以查出一些不够确切的定义,又可以鉴别出判断偏异的评判者。
4. 使用信度公式计算结果的信度系数,用评判与计算结果修订分析维度。

7. 分析数据

百分比、平均数、众数、中位数等描述性的统计方法都适用于内容分析。如果打算进行假设检验,一般的推论统计手段(将结果推广到总体)是可以接受的。卡方检验是最常用的方法,因为内容分析数据就形式而言,往往是定性的(Nominal Measures)或定序的(Ordinal Measures)变量。如果数据是定距的(Interval Measures)或定比的(Ratio Measures)变量,则可用 T 检验、方差分析或皮尔逊相关分析。

 您知道吗?

定性测量:只表达特征的名称或特征标签,如出生地、政治党派、专业、头发颜色。
定序测量:根据变量的属性进行逻辑排列,如社会阶层、网络文化安全、疏离感、虔诚度、保守态度。
定距测量:属性间的实际距离测量有意义,如智力测量。
定比测量:建立在真实基础上的测量,具有真实的零点,如年龄、居住时间、收入、频数。

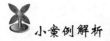
小案例解析

《从技术视角看高等教育信息化——历年地平线报告内容分析》一文中,作者对各种新兴技术及其各领域随时间变化的趋势进行了分析。

根据技术领域在历年的地平线报告中涵盖的技术数量,可以得到如图5.1.2所示的技术领域随时间变化图,该图直观地展示了不同技术领域在教育中应用的过程和趋势。该图中横轴表示年份,纵轴表示技术领域包含的具体技术数量,不同的曲线代表相应的技术领域,右边的图例给出不同技术领域在图中相应的线条。

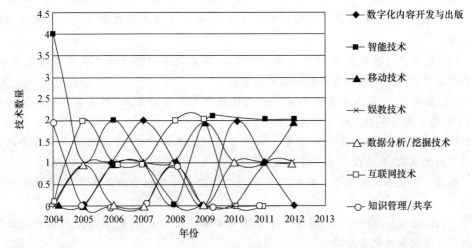

图 5.1.2 技术领域随时间变化

除去人为划分的技术类目,从该报告提出的单项技术来看,有多项技术多次被提及,具体的次数及所占比例如图5.1.3所示。

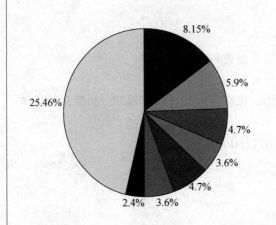

图 5.1.3 多次提及的技术次数及比例

8. 得出结论

如果调查者就变量之间的关系对特殊假设进行检验,对其结果的说明将是清楚明白的。但是,如果研究是描述性的,有关结果就可能会产生含意不清或轻重难辨的问题。

 小案例解析

根据技术领域随时间变化的分析结果,并结合历年地平线报告的具体内容,得出了以下结论:

(1) 智能技术一直都是地平线报告的热点,代表了未来高等教育领域的技术应用发展趋势。

(2) 数字化内容开发/出版兴起相对较晚,但是连续多年都是地平线报告的热点,个性化的数字资源是未来教育领域的发展趋势。

(3) 数据分析/挖掘技术虽不是地平线报告持续关注的热点,但是有愈来愈热的趋势,并会在未来五年内有较长足的发展。

(4) 互联网技术、知识管理/共享是较早兴起的技术领域,虽然连续多年是地平线报告关注的热点,但其热度已呈下降趋势。

根据新兴技术被提及的次数及比例,并结合历年地平线报告的具体内容,得出了以下结论:

(1) 移动设备、移动计算、移动宽带等技术被提及的次数最多,移动学习必将成为高等教育信息化发展的重要趋势。

(2) 教育游戏、社会性网络等多次成为地平线报告关注的热点,在教育领域有长足发展。

(3) 基于手势的计算是地平线报告关注的新热点,有广阔发展的前景。

 实践活动

1. 查阅资料,了解内容分析法在我国的发展历程。
2. 查阅资料,了解内容分析法和文献分析法的区别。
3. 查找三篇使用内容分析法的学术论文,比较它们的研究对象和分析数据的方法。

5.2 内容分析法的应用模式

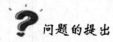 问题的提出

上节内容我们学习了内容分析法的历史发展、概念、特征和优缺点以及它的步骤,那么,内容分析法又有哪些应用模式?本节讲述内容分析法的应用模式。

在教育技术研究中,我们可以按照内容分析的基本步骤,对有关的内容资料做客观、系统的量化处理,获取量化的结果,然后将这些结果运用一定的模式加以分析和比较。研究者可以从不同的研究视角分析内容资料,以发挥这些资料的多种研究用途。其中较常用的可归纳为如下几个方面。

5.2.1 特征分析

核心概念

特征分析也称为意向分析。它是通过对某一对象,在不同问题或不同场合上所显示出的内容资料进行内容分析,把这些不同样本的量化结果加以比较,找出其中稳定的、突出的因素,从而可以判定这一对象的特征。

例如:通过对某个优秀教师的教学实况录像的内容分析,研究他的教学风格特点,总结他的教学经验。

通过对某学者学术报告实况录像的内容分析,研究学者的学术思想、理念和动机等。

特征分析的基本模式如图 5.2.1 所示。

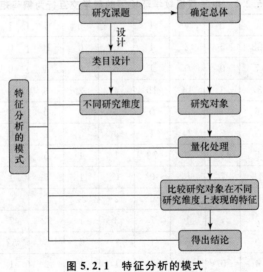

图 5.2.1 特征分析的模式

小案例解析

在《PGP 电子双板与传统教学环境下的教学交互比较研究》(徐刘杰,熊才平,马金莲,《云时代学习——探索与思考》)一文中,作者在弗兰德斯互动分析系统(FIAS)的基础上,针对技术因素,对电子双板环境下的课堂教学交互行为进行编码,编码表如表 5.2.1 所示。

表 5.2.1 电子双板环境下的课堂教学交互行为编码表

分类	行为		编码
师生互动	教师行为	教师的直接讲授或陈述	a
		教师接纳并利用学生的观点	b
		教师发出提问	c
		教师向学生施加命令或者批评	d
	学生行为	学生回应教师(被动回答)	e
		学生积极主动的回答	f
教师和投影、黑板(双板)交互	教师在投影、黑板(双板)上操作		g
学生和投影、黑板(双板、终端)交互	教师点名要求学生在投影、黑板(双板、终端)上操作		h
	学生主动要求在投影、黑板、终端上操作		i
学生和学生交互	学生之间讨论		j
无有效交互	课堂停顿、沉默或混乱		k

利用上述编码表对电子双板环境下的课堂教学活动进行分析,得出基于电子双板教学环境的教学交互行为编码矩阵,如表 5.2.2 所示。

表 5.2.2 电子双板教学环境下的教学交互行为编码矩阵

	a	b	c	d	e	f	g	h	i	j	k	总计	百分比
a	198	9	23	5	2	1	43	0	10	0	1	292	32.44
b	2	14	7	0	0	1	5	0	1	0	1	31	3.44
c	9	4	37	3	14	19	4	2	6	1	9	108	12.00
d	5	0	6	7	3	0	4	2	0	1	0	28	3.11
e	12	1	3	2	24	1	9	3	2	0	2	59	6.56
f	12	1	5	1	0	73	1	1	5	0	1	100	11.11
g	35	1	13	7	6	0	36	1	5	1	2	107	11.89
h	0	0	1	0	3	0	2	27	2	0	2	37	4.11
i	0	0	2	1	1	7	3	1	22	7	0	44	4.89
j	1	0	0	0	0	0	1	1	6	52	2	63	7.00
k	5	0	4	0	2	3	1	0	2	1	12	31	3.44
总计	279	30	101	26	55	106	109	38	61	63	32	900	
百分比	31	3.33	11.22	2.89	6.11	11.78	12.11	4.22	6.78	7	3.56		

通过分析编码矩阵,得出基于电子双板环境的师生课堂交互行为的特征。

5.2.2 发展分析

核心概念

> 发展分析也称为趋势分析。它通过对某一对象,在同一类问题上,在不同时期内所显示的资料进行内容分析,把这些不同样本的量化结果加以比较,找出其中发生变化的因素,从而可以判断这一对象在某一类问题上的发展倾向。

发展分析的基本模式如图 5.2.2 所示。

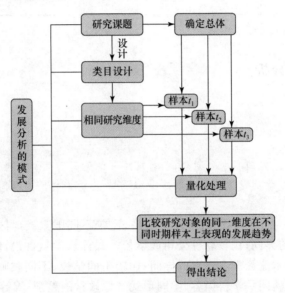

图 5.2.2　发展分析的模式

上图中,样本 t_1、样本 t_2 和样本 t_3 分别代表在时期 t_1、时期 t_2 和时期 t_3 的样本资料,样本 t_1、t_2 和 t_3 是同一研究对象在不同时期的样本,也可能有多个时期的样本资料,如从 t_1 时期、t_2 时期一直到 t_n 时期。

小案例解析

> 根据类目表格显示的数据,如表 5.2.3 所示,经分析可以得出:e-learning 传输问题、e-learning 在线学习技能和信息素养两个研究方向经历了从无到有的过程,这两个研究方向将是以后该会议的研究发展方向,而 e-learning 的发展问题则在 2006 年以后消失了,这说明 e-learning 的发展更加具体。
>
> 该案例中,通过研究维度"e-learning 的发展问题"在 2005—2008 年间的不同频数,可得出上述结论。

表 5.2.3　IADIS e-learning 国际会议主题的评判记录

分析单元 类目	2005 年	2006 年	2007 年	2008 年	小计（比例）
e-learning 的发展问题	4	4	0	0	8(4.44%)
e-learning 组织策略和管理问题	8	8	11	11	38(21.11%)
e-learning 技术问题	9	9	10	10	38(21.11%)
e-learning 课程发展问题	2	2	8	8	20(11.11%)
e-learning 教学设计问题	5	5	4	4	18(10.00%)
e-learning 传输问题	0	0	9	9	18(10.00%)
e-learning 研究的方法	5	5	12	12	34(18.89%)
e-learning 在线学习技能和信息素养	0	0	0	6	6(3.33%)
合计	33	33	54	60	180(100%)

5.2.3　比较分析

核心概念

比较分析，是通过对同一中心问题，但对象或来源不同的样本资料进行内容分析，把这些来自不同对象的样本的量化结果加以对比，从而找出它们之间的异同。

例如：比较同一主题不同的教学设计风格；比较不同国家或地区教育电视节目设计思想和制作技巧上的异同；比较软件公司或学校多媒体教学软件设计思想和制作技巧上的异同；比较两个学术流派学术观点的异同；比较不同学校、不同教师的教学方式和教学效果的差异；比较反映同一学科内容，不同形式音像教材的差别；等等。

比较分析的基本模式如图 5.2.3 所示。

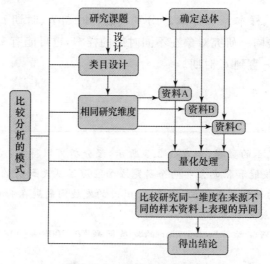

图 5.2.3　比较分析的模式

图中资料 A、资料 B 和资料 C 的来源不同,在实际研究中,同一个研究维度可能有更多的资料来源。在比较分析中,尽管分析对象的来源不同,但是研究维度相同,即在共同的测量标准下做出有效的比较。

小案例解析

在《智慧教室环境下小学数学课堂教学活动行为特征研究》一文中,研究者选取智慧教室和简易多媒体教室中小学数学课堂教学实录为研究对象,然后基于改编的弗兰德斯课堂行为编码,由不同人员对教师和学生的行为进行统计,研究者基于统计的结果展开数据分析和对比,从而比较智慧教师环境与简易多媒体教室中小学数学课堂教学活动行为的特征。具体的研究对象如表5.2.4所示。

表 5.2.4 研究对象

组别	授课地点	录课时长	学生人数	教学方法	学习内容
实验组	智慧教室	42′32″	50人	讲授法、合作探究法	扇形统计图
对照组	简易多媒体教室	38′19″	50人	合作探究法、讲授法	扇形统计图

本研究所使用的研究类目标是在对弗兰德斯互动分析系统改进的基础上产生的,形成了智慧教室课堂教学互动分析编码系统,具体如表5.2.5所示。

表 5.2.5 智慧教室环境下的课堂教学互动分析编码表

分类		编码	内容	分类
言语	教师言语行为	1	讲授	讲解教学内容或解释学生的问题
		2	开放式问题	提出开放式问题
		3	封闭式问题	提出封闭式问题
		4	言语评价	针对学生的回答或反映即时点评
		5	组织指示	组织学习活动流程,如说明任务、个别小组进程指导等
	学生言语行为	6	被动应答	学生被动要求回答教师的问题
		7	积极应答	积极主动回答教师问题
		8	主动提问	学生提出自己的问题
		9	交流讨论	同伴讨论,表达自己作品的观点,分享小组交流观点
		10	言语评价	对同伴的回答或观点进行评价描述
技术	教师—技术	a	操作演示内容	操作演示步骤、展示学习内容或资源
		b	展示学生成果	学生作品、学生作业等
		c	教师评价	利用技术评价学生,如布置交互题、展示量规、评选作品等
		d	技术指导	进行技术指导、参与小组"学生—技术"活动
	学生—技术	e	自主学习	个人操作、观看视频、浏览网页等自主学习活动
		f	合作实践	合作创作、合作探究
		g	分享展示	展示作品、演示步骤等
		h	学生评价	交互式练习、自我评价、同伴评价等

续表

分类	编码	内容	分类
沉寂	i	有助于教学的沉寂	思考(传统学具式的练习、做笔记等)
	j	无助于教学的停顿或混乱	无助于教学进展的停顿或课堂混乱

本研究是对录课视频进行分析,课堂活动往往具有复杂性、重叠性,在编码过程中有些互动行为往往难以判断。本研究约定以下的编码规则:

(1) 在单位时间内出现多种互动行为时,选择不同于上一个单位时间内的互动行为。

(2) 当学生进行探究、讨论活动时,教师巡视并未对小组进行指导或组织,则只记录学生探究、讨论。

(3) 若借助纸笔等学具完成练习,编码归为"i"。若通过技术完成练习,学生可以将练习内容保存、分享、及时反馈等,此种情况归为"学生—技术"。

(4) 当教学中出现因技术使用不当或技术故障而产生的课堂停顿,记录为"j"。

依据表 5.2.5 中的编码表与编码规则,课堂视频编码记录如图 5.2.4 所示。

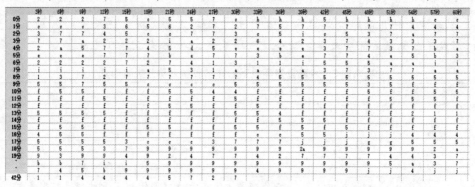

图 5.2.4 评判记录表

通过对智慧教室环境和简易多媒体教室环境下小学数学课堂教学实录的内容分析可以发现,智慧教室环境因其完善的软硬件条件,对教师和学生的教学活动产生了一定的影响,并且存在着显著的变化,主要表现如下:

(1) 智慧教室环境下,学生"主体性"地位的提高。

(2) 相较于简易多媒体环境下的教学,智慧教室中的教学互动呈现"互动形式丰富,互动高效"的特点。

实践活动

查找采用内容分析法的 10 篇文章,并对其进行分类,指出每一篇文章属于内容分析法的哪一种应用模式。

5.3 案例分析

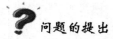
问题的提出

在应用内容分析法时如何设计类目？设计类目应该注意哪些问题？内容分析法在具体研究过程中的步骤是什么？本节我们主要讲述类目设计的案例和内容分析的典型个案。

5.3.1 类目设计的案例

类目的设计是内容分析法中非常重要的环节，如果类目设计不合理，那么得出的结论必定是不正确的。大多数的类目设计只有一级类目，某些情况下也可以设计二级类目。

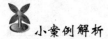
小案例解析

在《农村中小学现代远程教育期刊论文内容分析研究》一文中，作者在参考西北师范大学杨晓宏教授《农村中小学现代远程教育若干理论问题探析》中总结的农村中小学现代远程教育的七个研究内容基础上，根据研究需要制定了本次研究方向的类目。类目如表5.3.1所示。

表 5.3.1 远程教育研究内容的类目

类目	说明
基本理论研究	主要指农村中小学现代远程教育的内涵、特征、构成、功能、目标及与社会、经济发展的关系等
资源的研究	主要是指三种模式硬件资源与相关软件资源的研究，包括对三种硬件模式的探讨和软件资源的开发、传送、共享及应用等方面的研究
教学应用研究	主要指在"三模式"与相应资源环境下的课程教学设计，包括教学应用模式、教学方法等的研究与推广
教师与学生的研究	既包括对"农远"环境下教师教学方式、信息技术能力、角色态度、教师专业化、教师培训等的研究，又包括对"农远"环境下学生学习方式、学习规律、信息素养、感觉与满意度等学习行为的研究
绩效研究	主要指"农远工程"开展所取得的成效和出现的问题，以及相对应的策略等，其中包括对"农远"项目质量保障的研究、成本效益研究、可持续发展研究等
管理研究	主要指管理体制的制定与实施，设备运行维护与维修、管理人员、资源保障等
评价研究	主要指评价指标体系的研究与实施等
其他	

知识卡片

> 为了保证内容分析工作的客观性,在设计确定分析类目时必须注意:
> 1. 类目必须在进行内容分析判断之前制定,不能一边分析,一边不断修改与补充。
> 2. 类目的意义要有明确的限定范围,应当互相排斥而且彼此不能重叠,避免出现对分析单元的判断既可放入这一类目,又可放入另一类目的现象。
> 3. 内容分析的分类还必须包揽无遗。不能出现某些分析单元无处可放置的现象。这就是说,每一个分析单元都不能遗漏,如果某一单元不能合乎逻辑地放入预先确定的类目里,那么,这个类目表是有问题的。要做到包揽无遗通常并不困难,如果发现一两个不寻常的例子,在类目里列上"其他"就行了。但是,如果一项研究中被列入"其他"项的内容超过了10%,这就说明可能忽略了研究内容的某些特点。
> 4. 类目表应该是确实可信的。这就是说,不同的编码员在确定每一分析单元的归属类目时,应该最大限度地取得一致。内容分析中的这种一致,通常用数量来表示,我们称它为编码员之间的信度。严谨地为类目下定义可以使信度提高,草率则会使信度下降。

5.3.2 典型个案分析

内容分析的研究对象具有多样性,文本内容就是其一。出于不同的目的对文本进行内容分析,可有效地发现文本中不易察觉的信息。混合式学习中学生在论坛中开展同伴互评,本节将结合"技术支持的混合式学习中基于量规的评价对同伴反馈内容的影响研究"这一案例,研究对同伴互评反馈文本内容进行分析,从而确定量规对于学生线上评语的不同类型分布比例的影响,同时基于此,也可进一步探究学生评语与学生学习成效或者学习兴趣等方面的关系。

1. 研究背景与问题

作为形成性评价的常用方法,同伴评价已经证明了其对于学习的教育价值,为了提升混合式学习的教学效果并验证提供量规对于此次研究中学生学习效果提升的有效性,笔者特在此次研究中以是否提供量规为自变量,开展混合式学习中的同伴互评,形成大量同伴反馈文本内容,对于同伴反馈进行文本内容分析研究。为此,本研究特提出以下问题:

(1) 混合式学习中,不同类型的学生互评反馈内容如何分布?
(2) 有无量规对混合式学习中学生的评语类型分布是否有影响?

2. 限定总体与选择样本

本研究选择"教育技术学研究方法"课程中调查研究法问卷设计的教学内容开展教学,学生基于教学内容进行小组合作完成任务清单并在学习平台上进行展示,各小组之间进行同伴互评,研究者将搜集实验组和对照组在论坛中产生的同伴反馈内容作为本次研究的文本分析样本。

3. 选择分析单元

本研究根据研究目的,将评价者的完整评价语句作为分析单元,并以研究话题、判断类型作为划分分析单位的基本依据,具体划分即在编码过程中,首先以同伴反馈内容讨论的某个话题作为划分单位，当某话题中存在不同的判断类型时，以评价者的判断做进一步单位划分。

4. 设计类目表格

本研究为了从情感、认知与元认知等三个维度分析同伴反馈内容的类型，笔者在认真研析同伴反馈内容分析的基础上，选择采用蔡今中[①]设计开发并由马志强等人[②]汉化的同伴评价内容分析框架作为语句分析的类目表格。表 5.3.2 展示了具体的同伴反馈内容分析类目及具体解释与示例。

表 5.3.2 同伴反馈内容分析类目表

维度	分类	定义	举例
情感	(A1)支持评论	表示赞同	研究方案非常科学严谨
	(A2)反对评论	表示反对	文献综述部分条理不清晰
认知	(C1)直接修正	直接指出作品的正误	你的研究方案缺少实验对照组
	(C2)个人观点	表达评价者的个人观点	我认为这两者联系不大
	(C3)指导建议	给出作品如何修改的意见或建议	课题可进一步修改为……
元认知	(M1)评估	评语核查作品中体现的知识、技能及策略	选题上考虑得比较周到，缩小研究范围利于小团队实施研究
	(M2)反思	评语中包含批判性反思的信息，要求作者反思自己的作品	请你回顾一下研究方案，是否排除了无关变量的影响
无关	(IR)无关评语	与作品无关的评语	今天网页有些卡

5. 评判记录

本研究基于设计好的类目表格，将两个班完成任务单后在论坛上产生的同伴反馈进行摘录和整理，然后研究者对三名评判者开展本次研究评判工作的理论和实践培训，然后由三名评判者对同伴反馈内容进行评判和记录，其中具体评判记录(部分)如表 5.3.3 所示。

表 5.3.3 评判记录表

同伴反馈内容	评判者1	评判者2	评判者3
问卷设计整体不错，就是在访谈设计时"您自己在课堂上将手机用于学习时，主要用它的哪些功能？您认为这种行为对你的学习投入度有何影响？"这个问题感觉问得太直接了，不符合访谈内容的设计思路	A1 C1 C2	A1 C1 C2	A1 C1 C2
问卷整体不错，分类很细，问题也有相应的代表性，但我觉得有些不必要的冗余。比如说，行为方面第7题"我手机上有很多帮助我学习的软件"与认知方面22题"我手机上有好多有关学习的APP，并经常使用"我觉得可以放在一起	A1 M1 C2	A1 M1 C2	A1 M1 C2

---

① Cheng, K. H., Liang, J. C., Tsai, C. C. Examining the role of feedback messages in undergraduate students' writing performance during an online peer assessment activity[J]. The Internet and Higher Education, 2015 (25): 78-84.

② 马志强,王靖,许晓群,龙琴琴. 网络同伴互评中反馈评语的类型与效果分析[J]. 电化教育研究, 2016(01):66-71.

续表

同伴反馈内容	评判者1	评判者2	评判者3
除此之外,第18题"我可以很好地在课堂上控制自己使用手机的频率"使用手机的频率应该属于行为方面吧。以及第22题"我手机上有好多有关学习的APP,并经常使用"这一问题,我认为放在问卷靠前的位置比较好。从逻辑上来看,首先学生手机上有学习相关的APP,然后才能利用手机APP进行学习	M2 C2	M2 C2	M2 C2
我觉得通篇使用表格进行问卷调查的设计比较少见,一个问卷全部由李克特等级来划定问题,这样是否科学,也有待商榷	C2	C2	C2
本研究的题目为手机媒体的使用对大学生课堂投入度的影响,在设计问问卷的时候从行为、情感和认知三个维度来看可以比较全面的概括,但是在设计更加细致的问题时有一些问题和学生课堂投入度的关系似乎不太大,而是手机媒体对学生平时学习的影响	M1 M1	M1 M1	M1 M1
问卷的设计分为行为、认知和态度维度,这个划分很好,只是有些问题的设计感觉太宽泛了,如第8题"我经常使用手机进行自我学习,自我提高";第9题"我能够通过使用手机发现更多问题"。类似的问题,问卷里面还有。问题表述太宽泛,不知道想问什么	M1 C2	M1 C2	M1 C2
问卷维度划分非常详细,题目与维度的相关度较强,但有些题目不好测量,例如手机媒体使我开阔了视野,增加了知识	M1 M1	M1 M1	M1 M1
各维度问题的测试还需要考虑一下,比如行为维度,我能使用手机发现很多的问题,这个问法较为抽象,问题没有明确的目的指向	C3	C3	C3
问卷中的"10"涉及问卷星,请问这个和本研究手机有什么关系吗?问卷整体维度划分很细致,而且具有代表性,看来小组成员在文献查阅方面下了很大的功夫	M2 M1	M2 M1	M2 M1
整体由三个部分构成,每部分的问题罗列是否能更有逻辑性,这样或许能使问题更加清晰	M2	C3	M2
对学生的投入度从三个方面来分,很清晰明确,但是在设计问题时有的题目明显偏离了对学生投入度的测量	M1 M1	M1 M1	M1 M1
问卷中存在一些题目与维度不对应的问题,比如"我可以很好地在课堂上控制自己使用手机的频率",归类在认知方面,个人觉得不是很合适	C2	C2	C2

6. 信度分析

为了测量内容分析的信度,笔者专门设计了"技术支持的混合式学习中基于量规的评价对同伴反馈内容分析信度调查表",根据三位评判者的评判结果将同伴反馈内容进行分类和统计。表5.3.4记录了三位评判者对同伴反馈内容分类相同项目数,表格中的数字表示两个评判者在各个类目中一致的同伴反馈内容数量。

表 5.3.4　信度检验一致性表

维度	类目	评判结果		
		评判者1&评判者2	评判者1&评判者3	评判者2&评判者3
情感	A1	23	23	23
	A2	11	11	11
认知	C1	56	56	56
	C2	60	61	60
	C3	35	35	36
元认知	M1	40	41	42
	M2	48	51	49
总计		273	278	277

内容分析的信度公式为 $R=n\times K/1+(n-1)\times K$，式中 n 代表评判的总人数，K 代表平均同意度，两个评判者的平均同意度 $K=2M/N1+N2$，式中 M 为两者都完全同意的类目数，$N1$ 为第一评判者分析的类目数，$N2$ 为第二评判者分析的类目数。对表 5.3.4 中 6 对评判结果计算 K 的平均值得到 $K\approx 0.966$，带入信度计算公式得出 R 的值约为 0.988。由于信度系数高于 0.9，因此判定内容分析的信度较高。

7. 数据分析

(1) 混合式学习中不同类型的同伴互评内容分布。

根据评判记录的结果，可以得出混合式学习中不同类型的同伴互评内容分布，如图 5.3.1 所示。该图直观地展示了此次研究中学生在学习论坛中进行同伴互评后产生的不同类型反馈内容的频率和百分比。

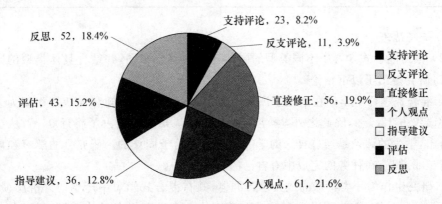

图 5.3.1　混合式学习中不同类型的同伴互评内容分布图

(2) 有无量规支持下混合式学习中学生的评语类型分布对比。

实验组（量规支持）和对照组（无量规支持）情况下，混合式学习中学生同伴互评产生的七种评语类型分布百分比如图 5.3.2 所示。

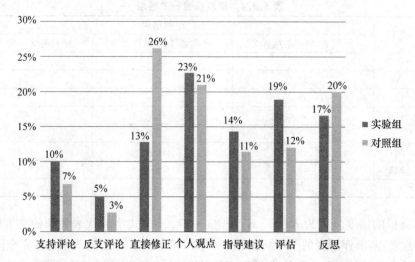

图 5.3.2　有无量规支持下混合式学习中学生的评语类型百分比对比

为了进一步探究量规对混合式学习中学生的学习评语类型是否存在显著影响,研究者进行了独立样本 t 检验,检验结果如表 5.3.5 所示。

表 5.3.5　量规支持对于混合式学习中学生的评语类型影响检验结果

	方差齐性检验结果		t 检验结果		
已假设方差齐性	F	显著性	t	自由度	显著性(双尾)
	0.011	0.916	0.211	280	0.833

注:$p<0.05$

8. 研究结论

(1) 根据混合式学习中不同类型的同伴互评内容分布图,并结合具体类型的同伴互评内容,研究得出了以下结论。

① 混合式学习中学生在论坛上评价反馈的类型主要以认知和元认知类型为主。情感类评语仅占 12.1%,除此之外,学生的认知和元认知类评语占了将近 90%,从这一点可以看出,学生的评论是经过自身的学习和思考后给予同伴的。研究生的学习和评论中自主意识非常强,在任务的完成中有自己的评判标准。

② 研究生作为一类特殊的成人学习群体,其在混合式学习中产生的评价反馈中,个人观点类评语最多,无关评语没有。成人学习的一个显著特点目的性强,所以在此次研究中,学习者在论坛上进行同伴评价产生的评语中,没有无关的评语。可见,学习者给出的评语都是围绕同伴的作品展开的,无关评语对同伴和自己均没有任何的作用。另外,由于是在网络论坛之中进行评价的,学习者可随时随地进行作品的查看和思考,其表达意愿促使自身发表自由言论,但措辞上是较为委婉的个人观点发表,这也有助于同伴接纳自己提出的意见或建议。

(2) 根据图 5.3.2 的对比结果,并结合表 5.3.5 及研究生参与混合式学习的具体情况,研究得出了以下结论。

① 在量规支持的混合式学习和无量规支持的混合式学习中，前者进行同伴互评时产生的情感类评语比后者多。由图5.3.2可以看出，实验组中的支持评论和反对评论均多于对照组。量规支持的混合式学习给学习者提供了标准，让学习者在了解这些标准的基础上可以更快地判断出同伴的作品好坏，从而直接给出同伴支持评论或反对评论。

② 在认知类评语中，无量规支持的混合式学习更倾向于给予同伴直接修正类的评语。由图5.3.2可以看出，无量规支持的混合式学习中，直接修正类评语所占比例高达26％。与此同时，在量规支持的混合式学习中，学习者给出的直接修正类评语比重仅占13％。由此可以看出，在没有量规支持的情况下，学习者给予同伴切实可行的方案类建议还是非常多的，这样，也可以从侧面支撑自己的评语并不是无的放矢。

③ 在元认知类评语中，有量规支持的混合式学习中的学生给予同伴更多评估类的评语。由图5.3.2可以看出，有量规支持的混合式学习中，学习者给予同伴的评估类评语占19％，而无量规支持的混合式学习中，学习者给予同伴的评估类评语仅占12％，两者在这类元认知评语中差别巨大。有量规支持的学习中，学习者可以根据量规对同伴的作品进行标准的比照，从而可以更好地给出评估性的反馈，可见，量规对于学习者评估同伴作品提供了一定的参考价值。

④ 有无量规支持对混合式学习中学生同伴互评的评语类型并无显著性影响。由表5.3.5可以看出，有无量规支持对于混合式学习中学生同伴互评的评语类型并无显著性影响（$p>0.05$）。研究者究其原因，得出以下几点：首先，研究生学业和科研任务繁重，他们缺乏足够的时间去查看量规并对同伴作品进行仔细的评价；其次，量规的使用时间较短，实验组只是在做任务的时候才会呈现量规，同伴互评时并没有使用量规，从而导致了学生对于量规的遗忘，评价时就没有参照量规；最后，研究者在教学过程中没有强调量规的作用，许多学生只是知道有这样的一份材料甚至未曾关注过量规的使用，也就导致了实验组的学生在开展评价活动时与对照组并没有太大差异。

实践活动

搜集一个关于教育技术学国际会议的信息，对会议议题进行类目表格设计。

参考信息如下：你可以从网上搜集关于历届教育技术国际论坛（International Forum of Educational Technology，简称ETIF）国际会议的信息。

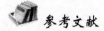

参考文献

[1] 李克东. 教育技术学研究方法[M]. 北京：北京师范大学出版社，2003.
[2] Klaus Krippendorf. Content analysis: an introduction to its methodology[M]. London: SAGE Publications, 1980.
[3] Linda Haggarty. What Is Content Analysis?[J]. Medical Teacher, 1996, 18(02): 99-101.
[4] 李本乾. 描述传播内容特征 检验传播研究假设：内容分析法简介（下）[J]. 当代传播，2000(01)：47-49,51.
[5] 吴世忠. 内容分析方法论纲[J]. 情报资料工作，1991(02)：37-39,47.
[6] 卜卫. 试论内容分析方法[J]. 国际新闻界，1997(04)：55-59,68.
[7] Weare Christopher, Lin Wan-Ying. Content Analysis of the World Wide Web: Opportunities and

Challenges[J]. Social Science Computer Review,2000(08).
- [8] 邱均平,绉菲. 关于内容分析法的研究[J]. 中国图书馆学报,2004(02):12-17.
- [9] 陶芳,刘梅,张屹. 我国教育技术期刊主要栏目的内容分析[J]. 现代教育技术,2008(11):56-61.
- [10] 田健,杨改学,崔玲. 农村中小学现代远程教育期刊论文内容分析研究[J]. 现代教育技术,2008(09):76-79.
- [11] 范郭昌骅,李建珍,欧秀芳,徐英萍. 移动学习硕博学位论文的内容分析研究[J]. 现代教育技术,2009(08):67-70.
- [12] 李世改,孙卫华,李红梅. 近五年教育技术学优秀硕士学位论文内容分析[J]. 电化教育研究,2008(01):30-35.
- [13] 谢幼如,宋乃庆. 网络环境下课堂合作学习的现状分析与深化研究[J]. 中国电化教育,2007(10):44-47.
- [14] 张屹,朱莎,杨宗凯. 从技术视角看高等教育信息化——历年地平线报告内容分析[J]. 现代教育技术,2012(04):16-20,39.

扫一扫,获得本章拓展案例资源

第6章 行动研究法

学习目标

1. 叙述行动研究法的主要特征。
2. 甄别行动研究法与正规研究法的异同。
3. 以勒温的螺旋循环模式为例,阐明行动研究法的一般步骤。
4. 辨识行动研究法的不同应用模式。
5. 运用凯米斯行动研究模式,设计并实施遵循该模式的行动研发方案。
6. 运用麦柯南行动研究模式,设计并实施遵循该模式的行动研发方案。

关键术语

行动研究　勒温的螺旋循环模式　凯米斯行动研究　麦柯南行动研究

知识导图

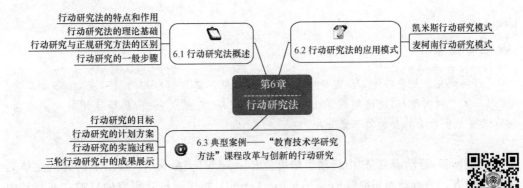

情境导入

"教育技术学研究方法"课程是华中师范大学教育技术学专业本科生和研究生的必修课及其他专业学生的公选课,是未来一线教师开展教育研究所必备的一项专业技能。本课程的教学内容丰富,主要包括教育研究基础知识、数据统计分析方法、开展教学研究实践等知识内容。仅靠有限的课堂教学活动,学生无法将所学习的理论知识应用到实践中去,对于数据统计分析的方法也无法全面掌握。

为了解决这些问题,教学团队积极开展了"教育技术学研究方法"课程改革与创新的系列工作,经过循序渐进的研究,不断改进本课程的教学模式并完善课程教学系列资源。在课程教学改革过程中,学生的学习成效如何?课程教学效果是否真正得到提高?"教育技术学研究方法"课程是怎样不断完善的?

为了解决以上问题,需要通过行动研究法对这些状况进行详尽的研究。究竟什么是行动研究法?如何采用行动研究法来解答这些问题呢?基于以上问题的思考,进行这一章节的学习。

6.1 行动研究法概述

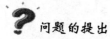

什么是行动研究法?行动研究法有哪些特点、作用以及具体方法?行动研究法与一般研究法有什么区别?

行动研究是社会情境中(包括教育情境)的实践者为了提高他们实践的合理性和正当性,提升他们对实践的理解,改善他们所处的社会情境而进行的自我反思的探究形式。

在教育领域中,行动研究就是教育实践者与研究人员共同参与,系统而公开地探讨教育情境中的现状,为解决教育实践问题和改进教育情境所做的研究。行动研究法主要强调:"参与""改进""系统"和"公开",是实践者在所处社会情境中为改进实践、增进对实践的理解、改善社会情境而参与的系统和公开的研究。

6.1.1 行动研究法的特点和作用

> 行动研究法是在实际工作需要中寻找课题,在实际工作过程中进行研究,由实际工作者与研究者共同参与,使研究成果为实际工作者理解、掌握和应用,从而达到解决实际问题,改变社会行为的目的的研究方法。

一般而言,行动研究是"由行动者研究"(Research by Actors),指出了研究的主体是实践工作者;"为行动而研究"(Research for Action),指出了行动研究的目的;"在行动中研究"(Research in Action),指出了研究的情境和方式。

其具体特征有以下几点。

1. 研究的主体重在实践者的参与

行动研究在教育领域的研究主体是教育实践工作者,也即"一线教师"。在传统的科学研究中,实践者主要是研究的客体,被动尝试与应用研究结果,而在行动研究中,实践者参与研究并成为研究的主体,这是行动研究与传统研究的最大区别。实践者在行动研究中成为研究者的角色,在自己的教学中发现问题,亲自参与研究的过程,并在自己的实践中观察研究进程,分析并反思有关的研究动态,在行动中不断提升自己研究和实践的能力。因此行动研究是"由行动者研究"。

2. 研究的目的重在改进实践

行动研究是为了改进实践的研究,是实践者在教学实践中进行的研究,是"为行动而研究"或"行动本身的研究"。也就是说行动研究是为了"改进"的研究,这种改进主要包括改善教学实践和增进实践者对实践的理解。实践者要理解和改进实践就要在实践中不断地进行反思,通过"反思性实践"在实践中将行动与研究结合,不断地调整研究策略,从而解决实际的问题,达到实践的"改进"。因此行动研究是"为行动而研究"。

3. 研究的过程重在系统而持续

行动研究的过程是解决问题的过程,这个过程也是一系列的"计划——行动——观察——反思"的反复和持续。其系统性还表现在系统地搜集资料和观察整个实践进程。实践者在这个过程中系统地搜集资料、分析资料,并不断进行反思,为下一次行动做计划,每一次行动的结论或出现的问题都将是下一次行动的前提和依据。因此,行动研究也是一个动态而持续的过程,在一次次的计划、行动、观察与反思中解决实际问题,达到改进实践的最终目的。

4. 研究的形式重在协同合作

行动研究为理论与实践的结合提供了一个特有的空间,这个空间融合了实践者与研究者的智慧。实践者参与研究为研究者提供真实的"素材",研究者深入实践为实践者"出谋划策",因此,行动研究更加强调实践者与研究者之间的合作价值。

实践者与研究者之间的合作是平等意义上的协同合作。实践者依然是研究的主体,有行动的责任和行动的权力,而研究者在整个过程中更多的是充当辅助者和咨询顾问的角色。行动研究中的这种合作关系使实践者的研究不再受研究者的"牵制",相反还可以得到研究者的协助,因此研究的过程更真实,结论也更可靠。

5. 研究的场所重在自然的工作情境

行动研究是实践者对自己工作中所遇到的具体问题进行研究,研究的场所不在实验室,而是在自然的工作情境中。在问题出现的地方来研究问题与解决问题,更容易把握问题的本质,从而"对症下药"。研究在自然的工作情境中进行,研究的过程也会以实际的工作情境为依据,遵守自然情境的动态性与可变性,研究行动将随时被调整,研究的效果和结论也将随时受到实践的检验,以便对研究计划做进一步修改,从而使研究更具针对性与客观性。

行动研究在自然的工作情境中进行,无须预先提出假设,也不必控制研究变量,研究结论也即问题的解决方法。在研究中,实践者为研究者,也为研究的应用者,研究即为实践所用,因此行动研究在自然的情境中更强调研究的实用价值,强调研究结果的即时应用。

6. 研究的推广重在情境的特定性

在整个研究过程中,诊断性评价、形成性评价与总结性评价贯穿始终,研究者即为研究的应用者,研究成果立即或在较短时间内会被应用到实践中,并在实践中得到反馈,因此研究结论的应用具有特定的情境,即实践者的自然工作情境,研究的推广也在具体的工作情境中。

您知道吗?

> 行动研究法的主要特征可归纳为:
> 研究的目的——以解决实践中遇到的问题为主。
> 研究的情境——当事人实践工作情境。
> 研究的主体——实践工作者。
> 研究的应用者——行动研究者。
> 研究的过程——重视协同合作。
> 问题的解决——立即应用性。
> 结果的推论——情境特定性。
> 研究的效益——解决问题与促进个人专业成长。
> 研究的理论基础——人的发展,自我反思、自我教育。

6.1.2 行动研究法的理论基础

1. 实验主义

由杜威(J. Dewey)创立的实验主义主张,知识起源于实用,知识绝不是思索的、静止的东西,而是实际的、活动的东西。行动研究旨在解决当前问题,以实用为导向。所以,行动研究与杜威的实验主义相符,都是着重行动,强调过程的发展性,研究计划可以不断地检讨与修正,这些都与实验主义的主张一脉相承。

2. 批判理论

法兰克福学派第二代主要代表人物哈贝马斯(Jurgen Habermas)的批判理论对行动研究的发展也有影响。批判是对事物或现象的揭露或否定,以使事物呈现真实的面貌,从而掌握其本质或真相。

研究者不仅尊重被研究者的意见,而且应该让被研究者参与到研究之中,为双方自身的解放乃至社会的全面进步而努力。可以说,行动研究是以批判理论的方法为依托,强调研究是一种方法,也是一种行动,介入现象中发现、解决问题,并在批判和反省中促使研究结果能解决问题。

3. 范式论

范式论是库恩(T. S. Kuhn)提出的,依据库恩的看法,科学研究的范式是一个科学社群在某一段时间内共同接受与认定的一套假设,这一套假设是这个社群的人们认定问题、解决问题、沟通讨论、验证共同关心的课题的准则。他还认为,科学范式(科学家们共同认可的架构,用以了解及探讨科学世界)和科学社群(一群具有共同特点的科学家)是相互依赖的,二者无法单独存在。此观念应用在教育科学的研究上,即指教育研究范式与教育群体相结合,可以促进教育理论与实践的进步。如果所有从事教育的人,能持有共同的价值、信念、规范和语言来进行教育科学研究,则这种合作的过程,一方面可以将教育理论与实际结合起来;另一方面,也可以比较有效地解决教育问题,促使教育的品质提升。行动研究的基本观念,就是研究者与教育工作者相结合,针对教育情境中的问题,在某个教育范式的架构上,共同进行系统的研究,以有效地解决实际问题,进而提升学校教育的效率与品质。由此可见,库恩的范式论也是行动研究法的重要理论基础。

6.1.3 行动研究与正规研究方法的区别

行动研究法不同于正规的研究方法,它将解决实际问题放在第一位,研究过程不会受到严格的控制,根据自然情境的变动而变化。行动研究法与正规的研究法在问题的产生、问题的研究和问题的解决上都各不相同,其具体区别如表6.1.1所示。

表6.1.1 行动研究与正规研究的区别

项目	正规的研究	行动研究
研究的目的	发展和检验理论,健全学科体系,使知识具有更广泛的适应性	改进实践,解决自然情境中的特定问题,也提高实践者的研究能力
问题的来源	通过已有的研究提出问题,这些问题或出于研究者的个人兴趣,或因工作需要,而与自己的工作实践不一定相关	在实际工作中遇到的,影响实践者工作效率的问题,和研究者有直接的关系
研究的人员	研究者或研究专家领导的研究小组,实际工作者不参与研究,他们只负责研究结论的尝试与应用	以实践者为研究的主体,研究者为辅导者组成的研究团体。实践者既是研究者也是应用者
文献的研究	研究者需要查阅和综述大量的原始资料来全面了解研究背景和当前的研究现状,并以这些资料作为研究的基础,提出新的假设	只需对研究背景做一般性了解,不需要对原始文献做深入探讨,有关的文献评论所提供的间接资料也可以作为理解的材料
样本的选取	从研究总体中选取随机样本,消除影响结果的某些偏见,以增加研究结论的普遍意义	具有相关问题的对象都可作为研究样本
研究的设计	在研究之前做好周密的设计,注意实验组与控制组在条件上的相似,以控制无关变量,减少误差	研究的程序没有严格的设计,研究的计划在研究过程中根据实际情况可随时做调整,对变量的控制和误差的消除没有特别高的要求
测量技术	研究者需要经过专门的训练以熟练掌握测量技术和数理统计方法	不要求实践者掌握高级测量和统计技巧,往往需要研究人员的协助
资料的收集与分析	使用有效的和可靠的收集方法获得资料,在研究前有必要进行预测以确定其有效性。资料的分析经常要求使用复杂的分析程序,包括量化分析等	资料搜集不需要复杂的方法,采取观察、访谈、记录等方式即可。强调资料的实际意义,只需简单的分析,而不是统计意义的显著性
结论的应用	往往强调结论的理论意义,一般可以普遍应用,研究者与实践者之间有经验的差异,研究被实践接受需要一定的时间	更加注重研究的实践意义,在短期内即可得到反馈及应用于实践,只适用于相关的自然情境

6.1.4 行动研究的一般步骤

我们以勒温(K.Lewin)的螺旋循环模式为例,介绍行动研究的一般步骤,如图6.1.1所示。

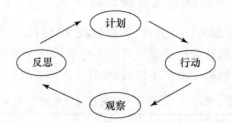

图 6.1.1 行动研究的螺旋循环模式

1. 计划

"计划"是行动研究的第一个环节,是行动研究系统持续进行的依据。"计划"包括了对前期资料的搜集与整理,也包括了对后期行动的设计与展望,因此,"计划"环节主要有以下几个方面的具体内容。

(1) 前期资料的搜集与整理。

行动研究是行动者在行动中做研究,首先要求实践者必须具备研究者的基本素质,也就是在发现问题后应该具备搜集与整理相关资料的意识与能力。在发现问题后,实践者首先应该调查此问题涉及哪些概念与理论,前人有没有做过相关的研究,具体又是怎样解决的,效果如何等详细信息。

(2) 现状的分析与反思。

对相关问题进行调查整理后,实践者需要分析当前问题的现状,具体应分析:第一,问题现状如何,有哪些特征与影响;第二,问题是何时出现的,受哪些因素制约;第三,哪些因素是可以改变的,哪些是不可以改变的;第四,可以采用哪些策略来改变。

(3) 行动的安排。

实践者对问题的现状与成因做具体的分析后,应当反思相关的解决策略,形成总的研究思路,包括总的方案和每一步具体的实施计划。在制订研究计划时还应充分考虑研究情境的可变因素,以保证研究方案可根据实际情况随时做调整。

2. 行动

"行动"就是指计划的实施,它是行动者有目的、负责任、按计划的行动过程,在行动研究中表现为实践者具体的教育实践工作。行动是为了在实践中进行研究,从而解决实际问题,改进实践,包括认识的改进和情境的改进。"行动"环节包括实践者的具体计划的实施,以及与研究者的合作研究过程。

(1) 计划的实施。

在实践者的工作情境中按计划开展实践工作,实践者作为实践的主体,也是研究的主体,应有意识、有目的地控制与把握整个计划的实施,并有意识地使用前期所设计的策略。随着实践的深入与对行动相关背景更透彻地了解,以及根据各方面参与者的评价与反馈意见,实践者需要不断地调整行动。

(2) 与研究者合作研究。

如果实践者只是按照自己的经验与意愿来开展研究工作,其效果不一定很理想,如果加上研究者或校外专家的协助,许多问题都可以迎刃而解。另外,参与行动研究的人员也可以包括其他教育工作者、校行政人员、学生家长等,在行动研究中加入社会各方面的力量与支持,研究工作也会因此事半功倍。

3. 观察

在行动研究中,观察是实践者反思、调整行动、确定下一步行动的依据。由于教育实践受诸多因素的制约与影响,有确定或不确定的,这些因素都会产生不同的现象与特征,而有的现象瞬间即逝,因此"观察"重在对过程的记录与对资料的收集。为了使观察详细而真实,观察者应采用一定的手段与技术。

(1) 观察的方法。

"三角形观察法":教育实践中除了教师要观察自己的教学行动以外,还应该包括来自其他教师和研究者方面的观察。不同观察者从不同角度和层面对行动的过程进行观察,可以保证观察的全面性与内容的多样性,这样从不同角度的观察就组成了"三角形观察"。"三角形观察"的一般程序为:第一,观察者(一般是其他教师和研究者)做好课堂实况记录并录制整个过程。第二,观察者对行动教师以及部分学生做调查与访谈。第三,行动教师观看整个教学视频资料,并结合自己实践中的感受反思整个实践过程。第四,行动教师、研究者与其他参与教师根据所观察的现象与搜集的资料展开讨论。

提高行动研究的质量,要求保证观察的科学性与客观性,因此,实际行动者与观察者应使用一些现代技术手段从不同的方面进行多视角的观察,全面而深刻地把握行动的全过程。

(2) 观察的内容。

"观察"包括对行动的背景、行动的过程、行动的结果以及与行动研究有关的参与者特点的观察。具体内容有:第一,行动背景因素及其制约方式;第二,行动过程,包括什么样的人以什么方式参与了计划的实施,使用了哪些材料,安排了哪些主要活动,参与者的反应如何等;第三,行动的结果,包括预期的和非预期的,积极的和消极的。背景资料是分析计划、设想有效性的基础材料,用于判断效果是不是由方案带来的,以及怎样带来的,结果资料用于分析方案带来了什么样的效果。这些材料对于效果分析来讲缺一不可。

4. 反思

"反思"是"螺旋循环"中当前圆环的终结,又是另一个圆环的开始,在前后两轮行动中起着承上启下的作用。

(1) 行动的总结。

每一轮行动都有其既定的目标与计划,行动者根据计划开展行动后,应根据观察的资料评价与反思行动结果和目标之间的差距,若实现了预期目标,思考其成功的方法与策略,以及还有哪些地方需要提高;若目标没有实现,分析其不足的地方以及存在的问题,并进一步思考如何改进。反思的内容呈现形式多样,例如:教师的个人日志、研究报告等。

（2）制订新的行动方案。

新一轮的行动计划是以前一轮行动的结论作为基础。针对前一轮行动中发现的问题与得出的结论形成新的假设，完善总体计划和制订下一步行动方案。

知识卡片

> "行动研究"是第二次世界大战时期由德裔美籍心理学家勒温提出并应用于社会科学领域的一种研究方法，于20世纪50年代被引入教育领域。

实践活动

当前，许多学校开展了校本研究，这是一种行动研究法的应用。请结合自己的学习和生活，通过查阅文献等方法，了解行动研究法在教育中的应用，尝试写一份关于"行动研究法"的文献综述。

6.2 行动研究法的应用模式

问题的提出

行动研究法具有哪些典型的应用模式？每一种应用模式中包含哪些核心要素？如何根据研究课题设计与实施这些模式？让我们带着这些疑问，进行本节的学习。

在行动研究法形成与发展的历程中，许多研究者从不同角度出发提出了不同的行动研究模式，其中影响较大的主要有以下几种。

6.2.1 凯米斯行动研究模式

20世纪80年代，行动研究倡导者凯米斯（S. Kemmis）在勒温的"螺旋循环"基础上提出了"计划——行动——观察——反思——再计划……"的研究程序，被称为"凯米斯程序"或"迪金（Deakin）程序"。后来，迪金将行动研究的四个环节内容与教育实际相结合，并用实际例子说明，使模式内容更形象化与具体化。此模式也是目前行动研究广泛采用的操作模式，如图6.2.1所示。

此模式以"螺旋循环"的结构形象地说明了行动研究是一个系统而持续的探究过程，使教育实践在研究中不断向前推进，主要包括以下几个步骤。

1. 问题的提出

行动研究总是始于教育实践中的实际问题。问题的发现与提出离不开实践者在教育情境中的观察与资料搜集。问题的形成阶段主要包括问题的提出、问题原因的分析以及问题的初步诊断。

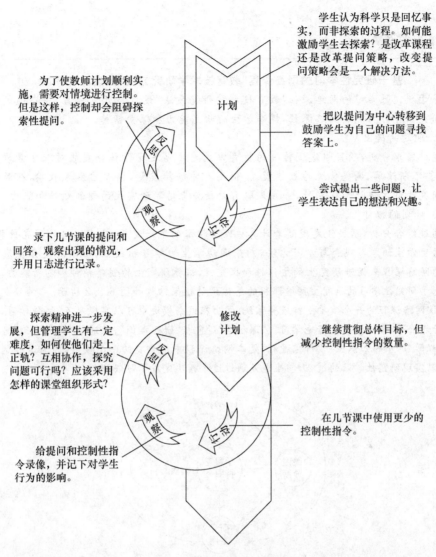

图 6.2.1　凯米斯行动研究模式

2. 计划的拟订

在明确了教育实践中存在的问题以及对问题的成因做简单的分析后,便可拟订可行的计划方案。此方案是根据教育实践者的经验以及在实践中所观察和搜集的资料确定的,在短期内该方案是研究进行的指南,随着行动的持续将不断被调整。

3. 行动的开展

将行动方案付诸实施,在教育实践中开展研究,研究与实践同时进行。

4. 实践中的观察

观察研究中的动态,搜集资料,如录像、访谈等,做好记录。

5. 实践中的反思

整理原始资料与研究中所搜集的资料,进一步思考问题的原因与研究中新的发现,为新一轮的行动做好计划。

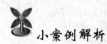
小案例解析

基于研究性学习的网络课程"教育技术学研究方法"的设计与开发

基于研究性学习的网络课程"教育技术学研究方法"设计与开发项目,旨在通过开发具有研究性学习特点的网络课程,提高学生的研究能力和探索精神。

1. 问题的提出

通过需求分析,项目组发现传统的教育方式无法满足现代社会发展对人才素质的要求,需要不断改革、调整传统的教学模式,提高人才培养质量,倡导启发式教学,在教学中体现研究生的主体性与探究性,并且采取有效措施来培养研究生的创新精神和能力。

2. 计划的拟订

通过综合分析,项目组发现随着计算机网络技术的不断发展,基于网络的研究性学习,可以转变学生的学习观念与学习方法,充分调动学生的学习积极性,所以决定开发基于研究性的网络课程来促进研究生的主体性和探究性,培养研究生的创新精神和创新能力。

基于研究性学习的研究生网络课程的总体设计框架结构如图6.2.2所示。"学习支持服务"是该网络课程的一个重要支持服务系统,学生在这个模块中可以实现交互、协作学习,还可以进行评价等,帮助学生更好地学习。"课程学习"包括"研究案例",且通过"研究案例"可以学到"课程学习"中的知识点。"研究过程"是本网络课程中很重要的一个模块,因为通过这个模块,可以实现研究性学习的过程,学生也是通过这个模块完成学习任务。

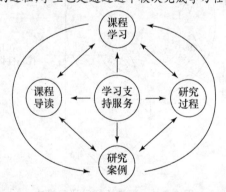

图6.2.2 基于研究性学习的研究生网络课程的总体设计框架

3. 行动的开展

在"研究过程"模块的开发中,我们遵循科学研究的一般环节和步骤,设计了如表6.2.1所示的若干子过程。

表6.2.1 研究过程

功能设计	栏目设计	备注信息
研究过程	选题并撰写开题报告	
	制订研究方案	
	撰写文献综述	
	选择合适的研究方法	
	撰写研究论文	

这个模块是开展研究性学习的过程,即每一步完成了之后,才能继续进行下一步的操作,而且学生在这一个模块的研究过程中,需要借助"学习支持服务",开展协作学习,并要及时和教师、小组其他成员进行交流和沟通,以便完善他的研究选题与研究方案,所以其具体的实施流程如图6.2.3所示。

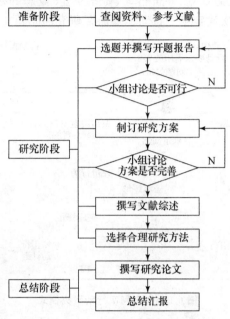

图 6.2.3　研究过程的实施流程

4. 实践中的观察

这一步,将研发好的网络课程应用于研究生的实际教学中。首先,教师选择合适的教学方法——混合式教学法,把传统学习方式的优势和 e-Learning(即数字化或网络化学习)的优势结合起来,也就是说,既要发挥教师引导、启发、监控教学过程的主导作用,又要充分体现学生作为学习过程主体的主动性、积极性与创造性。

其次,要选择并设计相应的教学活动,这对于提高教学质量有着非常重要的作用。因为教学活动是联系教师与学生、学生与学生的有效方式,其可以促进教学的深入展开,同时也是教学系统设计的核心内容。因此在结合本课程学习目标、课程内容的基础上,并按照这门课程的学习计划,以及基于研究性学习的网络课程形式,项目组主要设计了两种教学活动,分别是小组协作学习活动以及基于项目的学习活动。

5. 实践中的反思

通过实践,项目组发现研究性网络课程"教育技术研究方法"为学生提供了自主学习、协作学习和研究性学习的平台,在学习过程中,学生的主体性得到了充分的尊重,该网络课程能在一定程度上促进学生的创新精神和创新能力的培养。但是,由于时间及技术开发等方面的原因,学生在使用该网络课程的过程中发现一些不足,例如,设计上还不够人性化,对学习过程的记录比较简单,课程还存在一些技术上的问题,还不够成熟,对协作学习的支持不够等。这些反思又促使下一轮行动研究的计划修改。

6.2.2 麦柯南行动研究模式

麦柯南(McKernan)行动研究模式是一个时间进程模式。此模式指出行动研究按时间的发展(用 T 表示),包含多个行动循环,每一个循环又包括:确定问题、需求评价、提出设想、制订行动计划、实施计划、评价行动、做出决定(反思和对行为的反思)等七个基本环节,根据行动结果再次确定第二行动循环需要研究的问题。如图 6.2.4 所示。

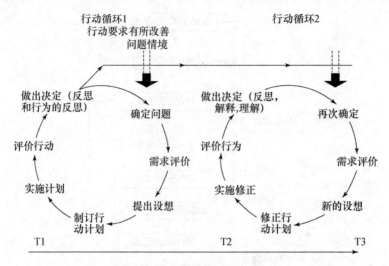

图 6.2.4 麦柯南行动研究模式

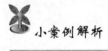 小案例解析

中职学校机电专业教学法的探索

1. 确定问题

当前相当一部分中职学校机电专业的教学还偏向于学科体系,侧重知识的传授。中职学校学生的学习过程还是被动的"接纳"过程、简单的认知过程,他们的社会因素和情感因素常被忽视,这些导致了学生在学习过程中处于被动状态,求知的兴趣被压抑,所以,改革教学法以促进学生的成长为当务之急。

2. 需求评价

通过统计分析,我们发现90%的机电类企业更看重毕业生的"软实力",即职业道德、职业态度、综合素质、学习能力等以往容易被传统教育忽视的"培养目标"。而事实证明,这些也正是毕业生走上工作岗位后对自身成长、发展帮助最大的"实力"。具体包括:心理特征、价值观、情境与行为等因素。

3. 提出设想

行动导向理论在德国职业教育界扮演了助推的重要角色。所谓"行动导向",实质上是指在整个教学过程中,创造一种学与教、学生与教师互动的交往情境,把教与学的过程视为一种社会的交往情境,从而产生的一种行为理论。行动导向教学理论最核心的意图,就是提出对个体行为能力的培养。行动导向理论指导下的教学一般采用跨学科的综合课程模式,不强调知识的学科系统性,重视"案例""解决实际问题"和学生的自我管理式学习。它的意义在于:能充分发挥学生的主体作用,让学生在做中学,在实践中学习和应用理论知识,在反思中内化理论知识,在团队的协作交流中锻炼协作意识和表达能力,学会共同生活。因此,我们将行动导向理论引入机电专业的教学实际中,具体实施计划如下。

4. 制订行动计划

以项目教学法为例,我们设计了专业教学法的典型案例:红外线报警器的制作。

(1) 学生分析。

中等职业学校机电技术专业的学生普遍存在着理解能力偏低,但动手能力较强这一特点,因此在进行教学设计时,应该结合具体的项目,创设情境,激发学生动手实践的兴趣,真正实现手动、脑动的教学目标,获得技能与理论知识的双丰收,培养学生多方面的能力。

(2) 项目分析。

要制作一个红外线报警器,学生首先要明确该报警器的功能以及使用环境,然后利用Protel软件绘制出相应的电路原理图,做成PCB板后,最后完成各电路元器件的连接、调试以及功能测试。除此之外,学生可以根据实际的情境自己动手设计不同功能的红外线报警器,比如,有的是声音报警,有的可以发光等。在整个红外线报警器的制作过程中,学生都是自主探究式学习的。同时因为制作完成这个报警器是一个实用而完整的项目,因此还需要学生的小组合作。

(3) 教学构想。

在进行教学设计时,应该根据项目实施的几个步骤,计划整个教学过程,包括:准备阶段、实施阶段、总结与评价阶段。除此之外,还要不断激发学生自主学习的兴趣,以小组为单位,发挥他们的创新精神和实践能力,设计并制作出不同的红外线报警器,让他们综合运用所学知识,使他们发现问题、分析问题、解决问题的能力得到锻炼,并使他们的自信心得到培养。

(4) 教学目标。

① 知识与技能。

了解红外线报警器的工作原理以及报警器所用到的各种电子元器件的用途。

了解Protel软件的基本知识。

知道电子元件焊接的注意事项。

② 过程与方法。

学会利用Protel软件绘制电路图。

掌握电路板上各种电子元器件的焊接方法,调试制作出红外线报警器。

③ 情感与价值观。

通过小组合作的方式,培养学生的协作、沟通能力和团队意识。

通过学生的自主设计与制作,锻炼他们发现问题、分析问题、解决问题的能力。

(5) 教学过程。

教师演示、解说、引导、指导并协调学生分组、评价各小组的设计思路、指导各小组制订计划、指导各小组绘制电路原理图、指导各小组制作出真实的红外线报警器、指导作品演示、过程评价。

5. 实施计划

在某中职学校的0902班内进行了实施,通过测试,具体的实施流程如图6.2.5所示。

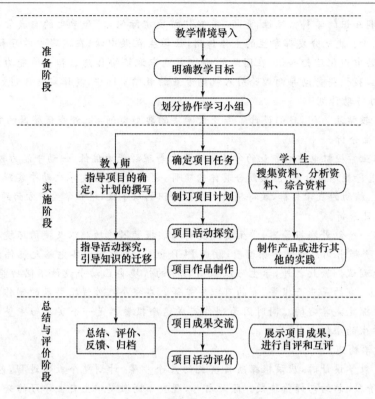

图 6.2.5 项目教学的实施流程

为了比较效果,在 0901 班实施普通的教学法。

6. 评价行动

教学完成后,从两班各随机抽样了 20 人填写设计好的"教学效果调查表",结果统计如表 6.2.2 所示。

表 6.2.2 效果比较表

班级	得分的人数分布					平均分
	48～60	36～48	24～36	12～24	0～12	
0901	0	4	6	4	6	22.93
0902	2	5	8	2	3	28.75

从表中我们可以看出,0902 班学生分数在 48～60、36～48、24～36 这三档里的人数都比 0901 班多,而在后两档的人数要比 0901 班少,由此可见,项目教学比较明显地优化了教学效果,学生在知识技能方面的掌握情况要比在传统教学法下的情况好。而 12～24、0～12 这两档的人数 0901 班为 10 人,0902 班为 5 人,说明项目教学法可以在一定程度上激发学生的学习兴趣、帮助学生学习。但项目教学也不是万能的,不能解决所有的问题,还需要从其他方面综合改进。

7. 决定(反思)

为了进一步改善教学,可以将项目教学与其他教学法配合实施。

温馨告知

行动研究是一项实践性很强的课程,参与是非常重要的。在行动研究设计与调查时,我们要进行统筹安排,这样有利于发现和解决一些意想不到的问题。

实践活动

请你选择"凯米斯行动研究模式"或"麦柯南行动研究模式",按照该模式的具体实施步骤,设计一个基于该模式的教育技术研究课题的操作过程。

6.3 典型案例——"教育技术学研究方法"课程改革与创新的行动研究

问题的提出

在"教育技术学研究方法"课程改革与创新的研究课题中,行动研究的目标、计划方案、实施过程应该如何设计和确定呢?如何才能有效地开展该课程的行动研究呢?让我们带着疑问,认真学习下面这个行动研究的典型案例。

6.3.1 行动研究的目标

"教育技术学研究方法"课程是华中师范大学教育技术学专业本科生及研究生的必修课及其他专业学生的公选课,是教育工作者从事教学研究所必须掌握的专业知识。本门课程教学内容广泛,重在培养学生的教学研究基础知识和实践能力。为了提升本课程的教学质量,满足不同学习者的需求,教学团队开展了三轮教学改革研究:研究型网络学习平台环境下的课堂教学改革、"SPSS 在教育科学研究中的应用"实验课程教学改革和电子双板环境下的课程教学改革。通过迭代循环的教学研究,本课程的建设已趋于完善,受到学生和学校教师的好评。

我们研究的目的就是从实践中不断反思与改进与此有关的研究,实现该课程的改革与创新。

6.3.2 行动研究的计划方案

为了提升"教育技术学研究方法"课程的教学质量,满足不同学习者的需求,实现"教育技术学研究方法"课程改革与创新的目标,教学团队对华中师范大学本科生的"教育技术学研究方法"课程开展了三轮教学改革研究,具体内容如图 6.3.1 所示。

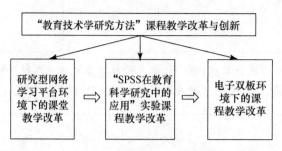

图 6.3.1 行动研究计划总表

如图 6.3.1 所示,"教育技术学研究方法"课程改革与创新的三轮行动研究包括:第一轮,研发"教育技术学研究方法"研究型网络学习平台,并开展基于网络学习环境的混合式课堂教学改革研究;第二轮,增设"SPSS 在教育科学研究中的应用"实验课程,并开发交互式微视频教学资源等展开本课程实验课程教学的改革研究;第三轮,深度融合电子双板教学环境与课堂教学,展开基于电子双板环境下的课程教学改革与创新。具体的设计如表 6.3.1 所示。

表 6.3.1 行动研究计划总表

行动研究阶段	时间起止	研究样本	研究目标	主要任务
总体计划的制订	2009.9—2009.10		制订"教育技术学研究方法"课程改革与创新行动研究计划方案与框架	1. 制订课程改革与创新计划方案 2. 制订增设实验教学 18 个学时计划表 3. 制订开展教学研究计划框架
第一轮	2009.11—2011.1	2009 级本科生	实现在线网络学习与课堂教学的混合式教学	1. 研发"教育技术学研究方法"专题学习网站 2. 开展基于在线网络学习平台的混合式课程教学活动 3. 分析网络学习平台的应用效果
第二轮	2011.2—2011.11	2010 级本科生	"教育技术学研究方法"实验教学改革	1. 研发"SPSS 在教育科学研究中的应用"交互式微视频、课堂学习方案、教材等系列教学资源 2. 将交互式微视频等系列教学资源应用于实验课程教学中 3. 验证交互式微视频教学资源的有效性
第三轮	2011.12—2013.1	2011 级本科生	开展基于电子双板系统的混合式教学	1. 研发一系列适用于电子双板环境下的教学资源 2. 开展电子双板环境下的课程教学活动 3. 研讨电子双板环境下的课程教学特性与效果

6.3.3 行动研究的实施过程

1. 第一轮行动研究(表 6.3.2)

表 6.3.2 第一轮行动研究

步骤	具体内容
计划	2009年9月—2011年1月,研发并应用"教育技术学研究方法"专题学习网站,开展基于网络学习平台的混合式教学改革研究
行动	1. 研发本课程的专题学习网站 2. 实施基于网络学习平台的混合式教学活动 3. 分析研究型网络学习平台的应用效果
观察	1. 利用"学生教学研究能力现状和课程学习需求调查问卷"对学生进行前测,调查学生学习需求及能力现状 2. 观察学生使用网络学习平台的情况并收集反馈信息 3. 利用"课程学习效果调查问卷"对学生进行后测,调查学生学习效果 4. 将学生的考试成绩与往届学生成绩进行对比分析
反思	1. 学生的自主性不够强 2. 学生对于 SPSS 软件的操作能力不足 3. 增加 SPSS 软件学习的时间,改进对软件学习的方法

2. 第二轮行动研究(表 6.3.3)

表 6.3.3 第二轮行动研究

步骤	具体内容
计划	2011年2月—2011年11月,增设实验课程,研发并应用"SPSS在教育科学研究中的应用"交互式微视频等系列教学资源
行动	1. 研发"SPSS在教育科学研究中的应用"交互式微视频、课堂学习方案、教材等教学资源 2. 增设18个学时的"教育技术学研究方法"实验课程 3. 以"参数检验"为例验证交互式微视频教学资源的有效性
观察	1. 调查分析学生学习需求 2. 观察学生对实验教学资源的使用情况 3. 采用实验研究法对学生的学习成效进行测试,调查学生学习成效
反思	1. 教学视频资源的内容不够丰富 2. 学生对于理论和实践的内容无法深入融合 3. 开展电子双板环境下的教学活动,将新技术与传统课堂教学深度融合

3. 第三轮行动研究(表 6.3.4)

表 6.3.4 第三轮行动研究

步骤	具体内容
计划	2011年12月—2013年1月,开展电子双板环境下的混合式教学创新与改革,研发并应用一系列适用于电子双板环境下的教学资源
行动	1. 研发一系列适用于电子双板环境下的教学资源:电子双板环境下的课堂教学方案、基于电子双板教学系统的课件、课堂活动方案、clicker应答系统环境下的试题库 2. 实施电子双板环境下的混合式教学活动 3. 调查电子双板环境和传统多媒体环境下的教学效果,分析电子双板环境下教学的交互性行为

续表

步骤	具体内容
观察	1. 通过分析学生考卷和对学生进行访谈，了解到学生融合理论与实践的能力有待加强 2. 利用 clicker 应答器系统对学生进行课堂的实时前、后测 3. 对学生前、后测答题效果进行对比分析
反思	1. 电子双板环境系统软件平台灵活性和稳定性不足 2. 对电子双板环境下的教学录像进行分析

6.3.4 三轮行动研究中的成果展示

1. 第一轮成果展示

第一轮行动研究中的专题学习网站以及学生应用情况，如图 6.3.2、图 6.3.3、图 6.3.4 和图 6.3.5 所示。

图 6.3.2　专题学习网站首页

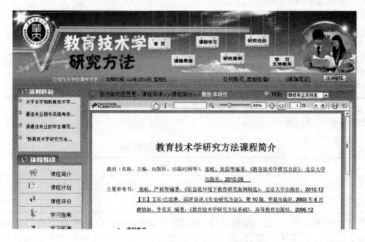

图 6.3.3　专题学习网站主界面

第 6 章 行动研究法

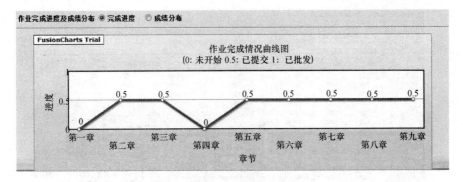

图 6.3.4 学生个人作业完成进度条

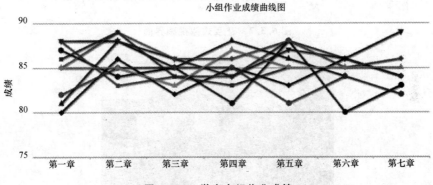

图 6.3.5 学生小组作业成绩

2. 第二轮成果展示

第二轮行动研究中的交互式微视频以及学生应用情况，如图 6.3.6、图 6.3.7 和图 6.3.8 所示。

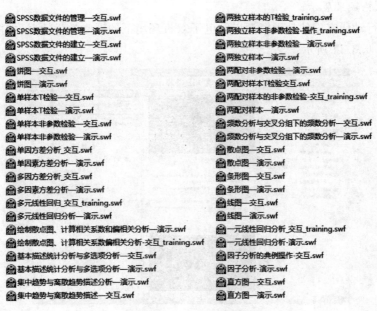

图 6.3.6 交互式微视频

图 6.3.7　交互式微视频界面

图 6.3.8　课程实验教学

3. 第三轮成果展示

第三轮行动研究中的教学资源以及电子双板环境下的课堂教学情况，如图 6.3.9、图 6.3.10 和图 6.3.11 所示。

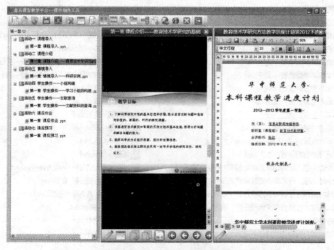

图 6.3.9　基于电子双板教学系统的课件界面

图 6.3.10　电子双板环境下的教学活动

图 6.3.11　学生利用 clicker 发送答案

参考文献

[1] 李克东. 教育技术学研究方法[M]. 北京：北京师范大学出版社, 2003.
[2] 陈向明. 在行动中学作质的研究[M]. 北京：教育科学出版社, 2003.
[3] 刘良华. 校本行动研究[M]. 成都：四川教育出版社, 2002.
[4] 叶澜. 教育研究方法论初探[M]. 上海：上海教育出版社, 1999.
[5] 刘良华. 行动研究的史与思[D]. 上海：华东师范大学教育学部, 2001.
[6] 刘向. 行动研究——校本教研的有效途径[D]. 长春：东北师范大学物理学院, 2007.
[7] 张屹, 陈慧, 林钦. 基于 6R 模型的研究型性网络课程的设计与开发——以"教育技术学研究方法"网络课程为例[J]. 电化教育研究, 2011(05)：75-79.

第 7 章 教育设计研究(EDR)

学习目标

1. 列举 EDR 的特征并尝试为 EDR 下一个通俗的定义。
2. 能用自己的语言阐述 EDR 与实验研究、行动研究的区别。
3. 阐述 EDR 的研究模式,结合具体案例说明 EDR 的研究过程。
4. 分析 EDR 在教育技术研究中的应用价值和面临的挑战。

关键术语

EDR　干预　教育干预　设计原则

知识导图

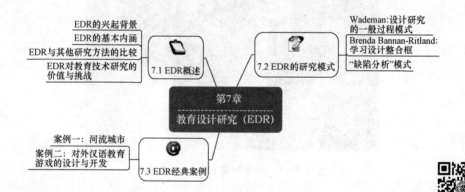

情境导入

情境一：2009 年 3 月 12 日,孔子学院总部总干事许琳谈到,世界各国学习汉语的人数已经超过了 4000 万,很多国家都是以 50% 甚至是翻番的速度增长。现有的对外汉语教学资源在数量和质量上都已无法满足日益增长的全球汉语学习热潮。除此之外,目前已有的资源种类比较少,功能单一,大多是 PPT 课件和 Flash 课件,缺乏趣味性。

情境二：游戏化学习、快乐学习教育理念不断深入人心,游戏化教学初露端倪。教育游戏综合了其他电子类游戏的优势,它可以为学习者创造一个有趣、虚拟、协作与探索的学习环境,有利于激发和维持学习者的动机,培养学习者独立发现问题、解决问题的能力与合作精神等。

情境三：教育游戏的设计与开发是一个系统的、复杂的、需要反复修正的过程,它的需求分析、教学设计与原型开发等都需要研究者、设计者、开发者和使用者的多方协作，并在实践中多次试用，以获得反馈从而反复修正原型。

基于以上背景，我们使用 EDR 来开展对外汉语教育游戏的设计与开发。

那么，究竟什么是 EDR？如何利用 EDR 进行研究呢？通过这一章的学习，我们将为大家解除这些困惑。

7.1 EDR 概述

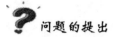
问题的提出

什么是 EDR？它是如何兴起的？EDR 有哪些特征？它与其他研究方法有哪些区别？它的研究模式是怎样的？

教育设计研究(Education Design Research，简称 EDR)，又称基于设计的研究(Design-Based Research)或设计研究(Design Research)等，是教育研究中一种新的研究取向，这种研究已经在国外教育研究领域里得到了广泛的应用，国内目前对此尚无系统的研究和实践。国外对 EDR 的实践研究表明，EDR 具有广阔的发展前景，因此也必将引起国内教育研究者的关注。

7.1.1 EDR 的兴起背景

从计算机科学、人工智能、语言学以及传统心理学领域发展起来的传统认知科学对人类学习的研究，基本上沿用了经典心理学基于实验室的研究方法。实验心理方法的基本观点是，我们能在脱离具体情境的情况下去单独分析认知过程。基于这一观点，认知科学家们把学习的某一要素从复杂的现实情境中抽取出来孤立地进行研究。这种研究只关注对学习活动基本机制的理解，而忽视了对如何改进学习实践的研究。尽管在阐释学习的基本机制上成果丰硕，对理解人类认知贡献很多，但是这些研究成果却很难迁移到现实的教育实践中，难以对现实教育中的学习活动产生实质性的影响。认知科学家与教育工作者的距离太远，二者之间存在着一条无法跨越与克服的鸿沟。

早在 20 世纪下半叶，人们已经开始意识到传统的基于实验室的心理测量方法研究认知与学习的局限，认为实验研究的控制条件剔除了现实世界的芜杂而变得非常"纯净"，不能完全解释自然发生的学习结果的本质，其研究成果也很难迁移到现实的学习情境中。在这种背景下，人们对学习的研究焦点逐渐从实验室转向对自然情境下的关注。

20 世纪 90 年代，脱胎于认知科学、作为一个折中各学派和方法的跨学科领域——学习科学开始兴起。与传统的认知科学家们只研究实验室情境中的学习不同，新一代的学习科学家们从实验室走出来，将自然情境和社会交互等因素纳入他们的研究中，提出了在丰富的现实世界中、在活生生的课堂上研究富有生命与活力的学习。他们试图在对人类学习的基本机制进行理解的基础上，对现实的学习实践有所改进。因此，他们的研究不仅要考察自然发生于现实世界中的学习和认知，同时还要考虑到教育是一个应用的领域,需要将研究置于实践中,通过设计/开发技术工具和课程,来系统地理解和预测学习是如何发生的,从而达到改进学习实践的目的。这些研究超越了简单观察,包含对情境的系统设计。以往量化研究和质的研究方法虽然对学习科学研究起着重要作用,但这两种方法基本是以揭示和描述客观教育现象和规律为目的,而非直接着眼于如何理解和改进人的学习和教育,并未能在"设计"问题上做深入有效的研究。因此,学习科学研究很有必要开发一种新方法论工具以从这些情境中得出基于证实的研究主张。在实践应用中,这样一种新的学习研究方法论——基于设计的研究便酝酿其中并得以迅速发展。

7.1.2 EDR 的基本内涵

> EDR 是研究者、设计者和实践者在一定的理论指导下,在真实情境中共同分析和鉴定具有普遍性的教育问题,综合运用多种研究方法,通过分析、设计和实施的迭代循环来完善实际问题的解决方案和发展理论。

1. EDR 相关称谓

到目前为止,EDR 还没有一个统一的称谓,其称谓有设计实验[1],设计研究[2][3][4],发展研究[5],发展性研究[6],基于设计的研究[7]等。王峰和汉纳芬(Wang & Hannafin)部分对比了以上各种称谓的代表人物的主要观点,认为他们所提及的设计研究的不同称谓各自有不同的、细微差异的焦点,但基本的目标和途径是相似的,如表 7.1.1 所示。在本书中统一使用 EDR 或基于设计的研究。

---

[1] Brown, A.. Design experiments: theoretical and methodological challenges in creating complex interventions in classroom settings[J]. Journal of the Learning Sciences, 1992, 2(02):141-178.

[2] Cobb, P., Stephan, M., McClain, K., et al. Participating in classroom mathematical practices[J]. Journal of the Learning Sciences, 2001, 10(01&02):113-163.

[3] Collins, A., Joseph, D., Bielaczyc, K.. Design research: theoretical and methodological issues[J]. Journal of the Learning Sciences, 2004, 13(01):15-42.

[4] Edelson, Daniel, C.. Design research: What we learn when we engage in design[J]. Journal of the Learning Sciences, 2002, 11(01):105-121.

[5] Akker, J. D.. Principles and methods of development research[C]//Akker, J. D., Nieveen, N. Branch, R. M., Gustafson K. L. & Plomp T.. Design Approaches and Tools in Education and Training. The Netherlands: Kluwer Academic Publishers, 1999:1-14.

[6] Richey, R. C., Klein, J. & Nelson, W.. Developmental research: Studies of instructional design and development[J]//Handbook of Research for Educational Communications and Technology (2nd Ed.). Bloomington, IN: Association for Educational Communication & Technology, 2004: 1099-1130.

[7] Design-Based Research Collective(DBRC). Design-Based Research: An Emerging Paradigm for Educational Inquiry[J]. Educational Researcher, 2003, 32(01):5-8.

表 7.1.1 EDR 的不同称谓与方法

不同称谓	方法
基于设计的研究[1]	• 通常在某个单一场景中实施较长时间 • 设计、实施、分析和再设计的迭代循环 • 情境依赖的干预 • 记录结果并将结果与发展过程和真实场景连接起来 • 实践者和研究者之间的合作 • 促进知识的发展，这些知识能应用于实践，并能为实践者和其他设计者提供有益参考
设计实验[2]	• 多种革新之间进行比较 • 描述杂乱场景的特征 • 在设计中吸纳多种专长知识 • 在设计实施过程中进行社会交互 • 弹性的设计修订和客观评价 • 发展一个框架作为研究的发现
设计研究[3]	• 设计直接推进实践发展，同时提升研究者的理解 • 四个特征：研究驱动、系统记录（Documentation）、形成性评价、一般化 • 设计产生三种理论：领域理论、设计框架、设计方法；这些理论超越了特定的设计情境
发展研究[4]	• 首先进行文献回顾、咨询专家、分析范例和开展当前实践的案例研究 • 与研究参与者互动、合作实施干预 • 系统记录、分析和反思研究过程和结果 • 应用多种研究方法，形成性评价作为关键活动 • 经验地检验干预 • 产生原则——作为生成的知识，通常是启发式的陈述方式
发展性研究[5]	• 类型 1（强调特定的产品和项目）；类型 2（集中于研究过程） • 首先界定研究问题和回顾相关文献 • 在类型 1 和类型 2 的不同阶段有不同的参与人员 • 依据不同的研究焦点有多种不同的数据搜集方式 • 采用多种研究方法，如评价、实地观察、文件分析、深度访谈、专家回顾、案例研究、调查等 • 数据分析和综合包括描述性数据表述、量的和质的数据分析 • 发展性研究的报告较长，能在各种形式的信息源中发表，网站有助于发布和报道庞大的数据信息

---

[1] Design-Based Research Collective(DBRC). Design-Based Research：An Emerging Paradigm for Educational Inquiry[J]. Educational Researcher，2003，32(01)：5-8.

[2] Collins，A.. Toward a Design Science of Education [M]. New Directions in Educational Technology. Springer Berlin Heidelberg，1992.

[3] Edelson，Daniel，C.. Design Research：What We Learn When We Engage in Design[J]. Journal of the Learning Sciences，2002，11(01)：105-121.

[4] Akker，J.D.. Principles and methods of development research[C]//Akker，J.D.，Nieveen，N. Branch，R.M.，Gustafson K.L. & Plomp T.. Design Approaches and Tools in Education and Training. The Netherlands：Kluwer Academic Publishers，1999：1-14.

[5] Richey，R.C.，Klein，J. & Nelson，W.. Developmental research：Studies of instructional design and development[J]//Handbook of Research for Educational Communications and Technology (2nd Ed.). Bloomington，IN：Association for Educational Communication & Technology，2004：1099-1130.

续表

不同称谓	方法
形成性研究[1]	● 来自于案例研究和形成性评价 ● 用来提升教学系统以及发展和检测教育中的设计理论 ● 对可取性（Preferability，如效力、效率和吸引力）关注超过有效性 ● 两种类型：a. 设计的案例研究；b. 自然的案例研究

2. 定义

对于教育设计研究的定义界定，如同其称谓一样，学术界还没有达成一致的观点。

安·布朗（Ann Brown）1992年在其文章《设计实验：在课堂情境中创建复杂性干预的理论与方法论挑战》中对设计实验研究方法阐释为："设计研究方法在现实世界中研究学习，在课堂中研究学习，利用各种信息手段和新的研究方法与测量工具创设各种有效的学习环境，在促进课堂教学与学习者有效学习的同时，发展有关学习的理论，并实现它向其他实践情境的迁移。"[2]

基于设计的研究联盟从目标上来描述其定义："教育场景中的研究有史以来受两大目标驱使：理解人是如何学习的，特别是在学校场景中人是如何学习的；设计各种方式以更好地确保这种学习能在这些场景中发生。设计实验是一个跨学科方法，这种方法承认教育研究的基本应用特性。研究者利用该方法与教育者合作，通过设计、研究和完善真实课堂环境中丰富的、基于理论的革新来探寻对学习理论的精炼。"[3]

王峰和汉纳芬（Feng Wang & Hannafin）认为基于设计的研究是"一种系统而灵活的方法论，以研究者和实践者在真实情境中的合作为基础，旨在通过迭代分析、设计、开发和实施改进教育实践，形成敏感情境的设计原则和理论"。[4]

萨莎·巴拉布（Sasha Barab）指出："基于设计的研究是学习科学家的方法论工具集，它的研究对象是特定环境中的学习过程，研究目的是通过对一个简单学习环境进行细致深入的研究，以发展新理论、产品和可以在其他学校或者班级实施的实践纲领。这种深入的研究通常经过多次的迭代，并发生在真实情境中。"[5]

目前，国内的一些研究者在分析和借鉴国外学者研究成果的基础上，也尝试着给基于设计的研究下定义，如：

基于设计的研究是一种为了解决现实教育问题，管理者、研究者、实践者和设计者等

---

[1] Reigrluth, C. M., & FRICK, T. W.. Formative research: A methodology for creating and improving design theories[J]//C. M. Reigeluth (Eds.). Instructional-design theories and models-A new paradigm of instructional theory. New Jersey: Lawrence Erlbaum, 1999:633-652.

[2] Ann L. Brown. Design experiment: Theoretical and methodological challenges in creating complex interventions in classroom settings[J]. The Journal of the Learning Science,1992,2(02):141-178.

[3] Design-Based Research Collective(DBRC). Design-Based Research: An Emerging Paradigm for Educational Inquiry[J]. Educational Researcher, 2003, 32(01):5-8.

[4] Wang & Hannafin. Design-based research and technology-enhanced learning environments[J]. Educational Technology Research & Development,2005,53(04):5-23.

[5] Sasha Barab. Design-Based Research: A Methodological Tool kit for the Learning Scientist[J]//R. Keith Sawyer (Ed.). The Cambridge Handbook of the Learning Science. Cambridge:Cambridge University Press,2006:153-169.

共同努力,在真实自然的情境下,通过形成性研究过程和综合运用多种研究方法,根据来自实践的反馈不断改进直至排除所有的缺陷,形成可靠而有效的设计,进而实现理论和实践双重发展的新兴研究范式。[①]

基于设计的研究是一种探究学习的方法论,旨在设计一些人工制品(如软件、工具、学习环境)作为一种教学干预或革新(Innovation)应用于实践,以潜在影响自然情境之中的学与教并对其做出阐释,在此基础上产生新的理论支持持续的教育革新,即促进教育实践和学习理论的同等发展[②]。

基于设计的研究是在真实情境中,以研究者与实践者的协作为基础,将科学的方法与技术的方法有机结合,通过反复循环的分析、设计、开发和实施,开发技术产品,在改进教育实践的同时,修正和发展新的教育理论的一种研究方法论。[③]

分析上述基于设计的研究的定义,虽然表述形式不尽相同,但其中内涵大多是相同的。如基于设计的研究发生在真实自然情境中,基于设计的研究整合了多种研究方法,基于设计的研究促进理论和实践的双重发展等。

3. 特征

EDR 与传统学术研究具有不同的特点,虽然关于其定义的讨论还在继续,但从不断涌现的关于基于设计的研究的论述中可以概括出它的一些基本特征,表现在研究目的、研究情境、研究人员、研究方法、研究过程和研究结论六个方面。

(1) 研究目的的双重性。

EDR 不仅要在实践中检验理论,还要发展基础理论和解决现实问题。理论既是 EDR 的基础,也是基于设计的研究结果,理论在 EDR 中得到了持续的发展。因此,EDR 具有发展理论和改进实践的双重目的。

(2) 研究情境的自然性。

人类认知的复杂性和教育对象的特殊性使传统的实验室研究暴露出越来越多的局限和问题,走出实验室禁锢的教育研究者逐渐转向自然情境下的探索和实践。EDR 不去人为控制过多的变量,而是把教室当作实验室,通过为特定的场合设计学习环境来促进教学和学习,具有很强的情境性和针对性。

(3) 研究人员的多元性。

EDR 是教育研究者、政策制定者和教学实践者共同参与的研究范式,是在理论指导下基于现实问题的研究过程,既保证了研究的理论性,又保证了研究的实效性。教育研究者基于基本理论对教学系统进行初始干预;教学实践者不仅在具体情境下检验教育干预,更重要的是他们主动参与、发现问题并改进实践;而政策制定者的参与则使研究能够得到政策与资金上的支持。

(4) 研究方法的整合性。

从严格意义上讲,EDR 不是一种研究方法,而是一种研究范式,具有一种方法上的多

---

① 张文兰,刘俊生.基于设计的研究——教育技术学研究的一种新范式[J].电化教育研究,2007(10):13-17.
② 杨南昌,刘晓艳.学习者中心的技术设计:理念、方法与案例[J].远程教育杂志,2008(06):14-19.
③ 焦建利.基于设计的研究:教育技术学研究的新取向[J].现代教育技术,2008(05):5-11.

样整合性。它将各类型广泛使用的方法,如调查、专家分析、评估、案例研究、访谈、探究方法、比较分析以及回溯分析(Retrospective Analysis)等整合在一起,为质的研究和量的研究的融合统一提供了方法论桥梁。通过多样方法的联合使用,不仅全面详细地收集整理了数据信息,还客观准确地反映了现实情境,并且混合评价方法为研究结果的评价提供了信度和效度支持。

(5) 研究过程的形成性。

EDR是一个重复的试验与修改过程,所做的初始设计必须是灵活、易于改变的教育干预,旨在为研究者和实践者提供一个框架和指导,从而激励他们不断地探索和完善。在基于设计的研究过程中,研究者、实践者、管理者通过师生之间、师师之间、生生之间的反馈来寻找设计失败的理论根源和现实依据,从而优化最初设计。

(6) 研究结论的推广性。

EDR不只是为了解决某一情境的问题,而是为了解决具有普遍性意义的教育问题。它通过解决教育现实问题提升我们对学习和认知的理解,形成设计原则,并使这种设计原则在不同的教育情境下使用。

7.1.3 EDR与其他研究方法的比较

基于设计的研究既包括质的研究,又包括量的研究,由于综合运用了多种研究方法,因而具有多种研究方法的特征,这使得人们容易将其与其他教育技术研究相混淆,分不清它们之间的联系与区别。下面我们对设计研究与实验研究、行动研究做一些比较。

1. EDR与实验研究

EDR的最初称谓"设计实验"与实验研究虽都有实验二字,但二者在很多方面都是不同的。传统实验研究的目标着重于理解教与学的现象和机制,实验方法上采用假设验证的思路,并强调实验条件的严格控制,通常在一个可控的研究场景中进行,一般不对最初的假设作进一步的再反思与再设计,研究发现缺乏对教学实践的直接引导价值。基于设计的研究有着两个并重的目标,即解决现实问题和优化发展理论。在研究方法上,强调在真实的情境中,通常控制多个系统变量,通过重复的交互反馈来验证和改进理论假设。其研究结果对教学实践有直接的指导价值,如表7.1.2所示。

表7.1.2 EDR与实验研究的区别

方法种类	实验研究	EDR
研究场景	在可控的情境下进行	在真实情境中
研究目标	理解教与学的现象和机制	解决现实问题和发展理论
研究思路	采用假设验证的思路,经常采取对比实验的形式	依据实践中的反馈迭代修正最初的设计
变量的复杂性	经常设计单变量或几个依存变量	涉及多种变量,包括环境变量(如学习中的协作、可变的资源等),结果变量(如学习内容、迁移)以及系统变量(如扩散和可持续性)。
研究关注的焦点	关注变量的验证以及对变量的控制	关注复杂情境和发展一个概念框架或理论来描述实践中的设计
社会交互的程度	隔离学习者以便控制交互	经常涉及不同参与者复杂的社会交互

2. EDR 与行动研究

基于设计的研究与行动研究在目标和方法上具有某些相似的地方,如注重实际情境的影响,教育干预的设计和问题解决的特性等,但二者也有着显著的区别。二者的异同可如表 7.1.3 所示。

表 7.1.3　EDR 与行动研究的区别

异同 / 研究方法		教育设计研究(EDR)	行动研究
相同点		以解决实践问题为目标 重视协作 研究过程注重重复、循环和反复 研究途径都依赖于对理论概念和其他情境的反思与概括 研究结果都可立即应用于教育实践活动,并可导致持久性的改良	
不同点	目的	解决实践问题并促进理论发展	解决实践问题
	情境	教育实践中(可以是当事人的,也可以不是)	当事人实践工作情境
	研究主体	研究者、管理者和实践者多方参与	实践工作者
	研究的应用者	一线教师……(研究者、一些假设的用户等)	行动研究者
	结果的推论	情境是特定的,但同时强调情境的迁移性	情境特定性
	理论的作用	理论观点并不是开始一个研究过程的前提条件,理论观点通常出现在设计过程中	是否预先需要一个理论还是一个争议
	研究方法	兼用质与量的方法	兼用质与量的方法,偏向质性研究
	研究的效益	解决问题,提升研究人员的研究素养,提高教师的创新能力和研究积极性	解决问题与促进个人专业成长

7.1.4　EDR 对教育技术研究的价值与挑战

1. EDR 对教育技术研究的价值

通过以上对 EDR 的阐述,我们认为对教育技术学的研究可以借鉴对 EDR 研究的几个方面。

(1) EDR 强调研究不同的情境或背景,形成情境化的应用理论,为教育技术理论的发展提供参考和借鉴。

以往对于教育领域的研究,大多是"去背景化"的一般规律的研究,而且也多属"教"的研究。随着信息技术的发展,移动学习、网络学习及基于丰富资源的学习等概念走进我们的生活。计算机与网络技术在学习过程中始终被作为一个十分活跃的变量,而我们对于它的认识也由最初的教学辅助工具发展到现在的资源提供与环境创设工具等,学习环境因为有了信息技术因素的参与开始变得多种多样。不同的学习环境为我们的研究提供了丰富的研究空间与数据点,而基于设计的研究正是切合了这样的一种思想,在多样的学习环境进行设计并进行研究。这种研究连通了理论与实践,在理论与实践中真正搭起了一座桥,包括将教学理论、学习理论和心理学理论通过需求分析具体化为环境中的学习工具或者学习资料的设计与改变,从而展开研究,研究成果构成新的背景化的理论,而这些理论又可以为其他具体的实践应用提供借鉴与参考,这样的反复迭代过程实现了理论与实践的紧密结合。

(2) 基于设计的研究注重对现有学习环境的改善,提高参与者的设计能力,积累相关知识,对于教育技术研究人员的研究素养有很好的锻炼价值。

基于设计的研究对研究人员的设计能力而言是个很大的考验,它提供了让不同领域的人,如教师、管理员、研究者及政策制定者等通过这样的研究过程进行交互的机会。通过交互,可以把握在复杂的情境中到底是什么因素起了作用,这就使得每个参与者都能清晰地把握创新或者改变给系统带来的变化流程。这样的基于设计的研究给参与者带来了设计、实施、分析和再设计的流程体验,每个参与者的创新、设计的经验和能力也会得到相应的积累和提高。目前,教育技术领域研究人员的设计能力主要体现在各课程以及软件开发的过程中对于内容的设计等,很少体现在研究本身的设计上,所以,可以借助这样的实验的开展来增强我们这方面的能力,也可以积累我们设计和研究的经验和能力。

(3) 理论、研究与 IT 产品的开发三者之间关系在基于设计的研究中的体现值得借鉴。

该研究体现了开发过程,即研究过程理论与研究以及 IT 项目之间的关系是紧密结合在一起的,如图 7.1.1 所示。

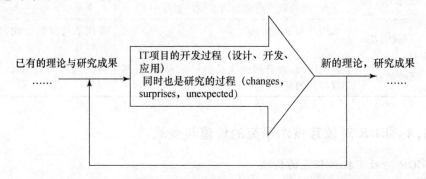

图 7.1.1 理论、研究与 IT 产品开发三者之间关系的体现

可以看出,在开发的过程中,可能会出现我们预想不到的状况,以及我们预想得到但在开发过程中未能实现与满足的一些环节,这些都为我们的研究提供了对象与支持,使得我们可以针对开发过程本身存在以及产生的问题进行研究。

在以往的开发过程中,我们忽略了开发过程亦即研究过程,这使得我们丢失了很多宝贵的数据点。目前教育技术领域涉及的研究,通常是由高等院校负责主持的,而 IT 产品的开发主要由一些教育软件公司来负责。早期两者的关系相对泾渭分明,偶尔会有教学设计人员参与 IT 产品的设计和开发过程,担当设计者的角色,而不是从事研究者的角色。实际上,我们的教育学和心理学的知识不仅可以用来对 IT 产品进行设计,还应该针对这个开发流程进行研究,这是以往常被我们所忽略的,而这个过程中的研究成果对于 IT 产品的开发而言意义更加重大。

现有的理论为研究与开发提供了基础,在开发过程中又蕴含了我们所无法想象的很值得挖掘的数据点,就是我们教育技术领域一直忽略的潜在的研究领域,这确实是我们教育技术研究领域尚未开发的处女地。作为研究者或者开发者，甚至是我们这个领域中的每个团队与个体，都要有这样的敏感性，善于把握过程，充分重视过程，挖掘其中的所有可能的数据点进行研究，从而为我们今后的理论与实践研究构成支持。

(4) 基于设计的研究注重对研究过程的记录，使得整个研究过程清晰而完整，对教育技术研究的科学化发展有借鉴意义

科学的研究范式的基本原则就是可重复性。在基于设计的研究中主要是通过尽可能详细地记录研究过程来实现这一点。然而，因为教育中本身充斥着各种不可控的因素，研究者再次遇到相同的情境的可能性并不大，所以，只能保证研究结果在某些相类似的情境中具有可操作性。这种记录通常被称为设计叙事，它不但要描述所开发的工具的诸多功能的设计缘由，还要描述这个工具在不同环境中使用的情况，以及为使用者所设计的活动与活动实践所发挥的作用等，最重要的是记录伴随环境的发展工具的相关特性的改进，主要关注过程中的一些关键性的事件、原因与结果。我们的多数研究很欠缺对过程的记录，这也和研究者更关注研究结果的态度有关，但往往研究过程包含了很多在研究最初无法预测的因素，这些因素对于我们开展进一步的研究与更改研究假设都是很重要的。

2. EDR面临的困境与挑战

基于设计的研究同其他任何研究方法一样，有其自身的局限性和特定的适用范围，也受到了传统研究方法未曾面临的挑战。

(1) 研究术语的统一。

如前所述，基于设计的研究的术语五花八门，而且未对定义形成统一的意见。尽管不可能用单个术语描述这一现象，但是有必要对这些研究术语进行分类。

(2) 研究者与设计者的合作。

基于设计的研究是一个长期的循环过程，需要耗费大量的时间、人力与物力等。在这个过程中，研究者和设计者能否保持成功的合作是研究成败的关键。实践者在真实情境中的任务不是研究而是教学，并且学校也不太可能拿出太多的时间和场所来供一个还不能确定的理论或设计进行研究，毕竟研究的失败带来的后果是无法预料的。

(3) 研究过程的重复性。

基于设计的研究的重复性也面临着很大的挑战，因为研究背景的客观复杂性与多变性使得研究者无法再次重复相关研究，所以全面记录研究过程中的信息成了克服这种局限的主要手段，但是这也仅能使研究在相类似的情境下起作用。

(4) 过量的数据搜集和处理。

基于设计的研究不仅包括质的研究，还包括量的研究，它的研究过程要求搜集并记录大量的数据资料，利用多种方法搜集的过量数据使后期的评价处理显得非常复杂。在基于设计的研究过程中，需要用到SPSS等统计软件和其他统计测量学的方法和技术，对大量信息搜集工具和评价工具的掌握也是对研究者的一个挑战。

(5) 研究成果的传播。

由于基于设计的研究是一种新的教育研究方法，许多期刊的编辑和评论家对它并不熟悉，甚至一些编辑似乎将基于设计的研究和简单的软件评估混淆起来。同时，由于研究注重对研究过程的描述，大量的质的和量的研究数据的记录使研究成果往往需要几万

字来表述,然而在教育技术学期刊杂志上发表的论文一般不超过一万字。因而,研究者必须更具独创性地努力传播他们的研究成果、结论和发现。里维斯(Reeves)于2005年提出了发表基于设计的研究成果的四个步骤:第一,设计研究者应定期在国际会议和特定学科会议上汇报设计研究的进展;第二,应在项目的网站上保持一系列中期研究结果报告;第三,定期向印刷或网络期刊提交会议论文的综合报告以及中期报告;第四,结题时,设计研究者应该出版一本书,总结整个项目的研究方法、结果、设计原则和相应的网站资源。发表成果的过程非常重要,它可以压缩重复过程的研究结果,并形成一个整体,而且以框架或指导原则的形式供他人应用,对教育团体也做出实质性贡献。

实践活动

根据自己的理解,尝试给 EDR 下一个通俗的定义。

7.2 EDR 的研究模式

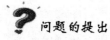

了解了什么是 EDR,那么如何利用 EDR 来进行研究呢?

许多学者曾对 EDR 下过不同的定义,并从不同的角度出发做了阐述,同时还提出了许多 EDR 的研究模式,下面介绍其中有影响的几种操作模式。

7.2.1 Wademan:设计研究的一般过程模式

这个模式如图 7.2.1 所示,它将设计研究分为四个阶段。

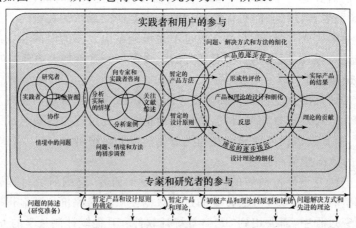

图 7.2.1 设计研究的一般过程模式

1. 问题陈述阶段

这是研究的准备阶段,由研究者与实践者共同分析真实情境中的问题并对问题做出陈述。

2. 初步调查阶段

对第一阶段中的问题、情境及采用的方法进行初步调查,典型活动包括:分析实际的情境、向专家和实践者咨询、文献综述及相关目的有情境的实例分析。通过这一阶段对所要研究的问题形成一个暂时的解决方案(原型或产品)。

 小案例解析

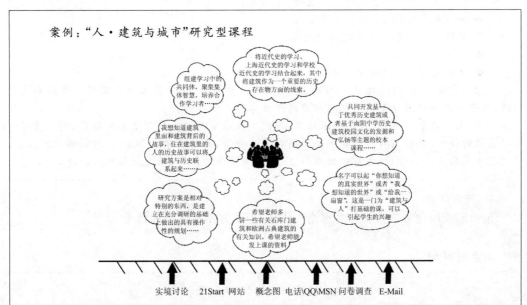

在这一阶段,该项目通过 21Start 网站、概念图、即时通信技术(电话/QQ/MSN)、E-Mail、问卷调查以及实境讨论等形式,组织讨论,促进课程参与者的充分协商,将研究者、教师、学生(共有来自高一年级八个班级的 19 名同学选修了该课程)、家长等多方观点集中起来。在这一过程中,该项目力图遵循实用性、一贯性、情境性、交互性、生成性设计原则。

基于多次多元协商,设计者达成了基本共识,形成了初步的课程实施模式,即从 2005 年 9 月起,在南洋中学研究型课程实施的大框架下(教师根据自身能力和兴趣确定课程主题,经学校批准公布后,同一年级的学生可跨班自选;课程开展时间集中在每周一下午第三节课后,每次 1 小时),以"人·建筑与城市"为课程主题,分别从"公共研究主题""小组研究主题""个人研究主题"三个层面展开研究。"公共研究主题"主要考虑到南洋中学作为一所百年老校所拥有的丰富历史文化建筑资源,试图让学生在教师的指导下对校园建筑进行考察研究;"小组研究主题""个人研究主题"则重在让学生根据自己的研究兴趣,运用在公共主题研究过程中掌握的研究方法自主探究。三个主题内容之间可以互相补充和交叉。

3. 细化阶段

通过形成评价和反思对所采用的设计理论和暂时的问题解决方案进行修正。

小案例解析

> **"人·建筑与城市"研究型课程**
>
> 在这一阶段,对研究主题和学习环境系统进行了详细的设计。
> (1)研究主题的细化:在将公共研究主题定位于南洋中学校园建筑研究的基础上,进一步将这一公共主题细分为四个子主题,分别为:
> ◆ 南洋中学的昨天、今天与明天。
> ◆ 南洋中学和徐汇中学建筑的比较。
> ◆ 南洋人。
> ◆ 今天的我们书写明天的历史。
> (2)学习环境系统:主要从活动、资源、工具、共同体、评价等五个方面提供帮助和支持,从而创建一个鼓励支持研究型学习的开放学习环境系统。
> 在"人·建筑与城市"研究型课程中,我们不仅注重对学生学习结果的评价,还注重学习过程的评价;既强调对研究和解决问题能力的评价,也强调学习态度、合作精神的评价;既有个人的反思性评价,也有小组内部、小组之间展开的评价,以及教师做出的评价。

4. 产出阶段

包括形成问题解决方案和对理论的优化,但这并不是最终的结果。

小案例解析

> **"人·建筑与城市"研究型课程**
>
> 高中研究型课程"人·建筑与城市"初步运用了基于设计的研究方法,在先前理论研究和项目开发基础上形成了实用性、一贯性、情境性、交互性和生成性五条特定的设计原则,并开发出以主题为导引,以活动、资源、工具、共同体和评价为系统要素的开放学习环境。

7.2.2　Brenda Bannan-Ritland:学习设计整合框

这种模式强调了设计研究的阶段循环性,将设计研究过程分为四个阶段,如图7.2.2所示。

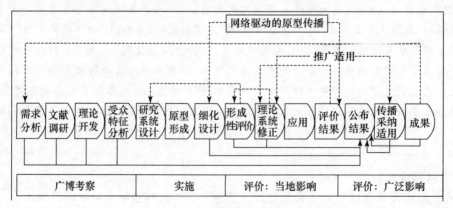

图 7.2.2　学习设计整合框架的步骤

1. 广博考察阶段

在研究开始时,结合理论的调研,通过进行需求分析和用户特征调研,明确研究问题。

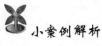 小案例解析

> **Literacy Access Online 项目(简称 LAO)**
>
> 在广博考察阶段,LAO 项目完成的工作有以下几项。
>
> (1) 需求分析:确定广泛领域的需求,通过访谈、小组讨论和调查识别和逐渐明确问题。在 LAO 项目中,主要为身心障碍者和正常的孩子提供技术增强的读写支持存在的机会。
>
> (2) 文献调研:调研身心有障碍的学生在阅读过程中需要的额外支持。理论方面有指导的阅读可能构建一种可行的方法。
>
> (3) 理论开发:读写能力促进者(父母、家庭教师等)的帮助和孩子的合作阅读可以改善学生的成绩。
>
> (4) 受众特征分析:访谈父母、孩子、教师、阅读专家、特殊教育者和识字家教,建立受众的档案资料。

2. 实施阶段

本阶段也称为原型阶段,针对上一阶段的问题,通过设计干预形成一种问题解决的方案(原型/产品),并对原型进行详细的设计。实施阶段与评估阶段交织在一起,产品在评估搜集的数据指导下不断进行调整。

 小案例解析

> 在实施阶段,LAO 项目做的工作有以下几项。
>
> (1) 研究设计:提供一个一致的和有生产力的环境和阅读支持策略,可以使促进者和孩子共同参与到高水平读写过程中。
>
> (2) 系统设计:设计网站实施基于研究的读写策略来支持促进者和孩子,并实现阅读、生成故事、获取信息、活动和在合作阅读过程中的辅助技术支持。

3. 评价:当地影响阶段

通过循环迭代的过程,包括形成性评价、对理论或系统的修正、产品的应用、结果的评价来探寻设计出的产品在当地(具体情境中)所带来的各种影响,包括研究者所预期的结果以及研究者所未能预期的结果。

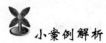小案例解析

> 在这一阶段,LAO项目做的工作有以下几项。
> (1) 多次可用性测试循环。
> (2) 四轮环境中的循环测试,搜集定性数据,分析视频资料,对写作作品、人工制品进行个案研究,对父母和老师进行问卷、调查分析等。

4. 评价：广泛影响阶段

本阶段的目的是通过公布结果,对产品推广传播并将产品应用到更广阔的情境中。

小案例解析

> LAO项目进行了定性研究的多轮循环,取得的结果是孩子的阅读和写作能力有所好转。父母认为对他们的孩子来说LAO是可行的阅读支持系统。

7.2.3 "缺陷分析"模式

基于设计的研究是"设计"与"研究"的综合体,它将设计的思想贯穿于整个研究过程之中,又将研究得到的结论反馈于设计,检验设计的合理性与有效性。这是一种缺陷分析与完善的过程。根据教育干预的缺陷分析完善过程将基于设计的研究分为四个阶段,如图 7.2.3 所示。

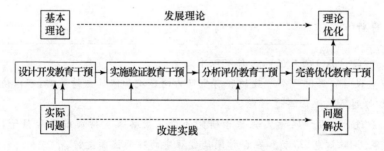

图 7.2.3 基于设计的研究的一般过程

1. 设计开发教育干预

教育干预的设计和开发是在研究者、管理者、实践者和开发者共同合作的基础上进行的,这样既能保证研究的实践针对性,又能保证研究的理论基础性。研究人员、教学人员和技术人员共同努力,通过多方调研和前期准备,设计出灵活多变的教育干预。教育干预既可以是全新的工具、模式,也可以将现有的工具、模式稍加调整改变。

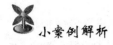 小案例解析

数字化学习港项目

该项目实践探索的流程图如图7.2.4所示。

在设计开发教育干预阶段，本项目遵循终身教育、远程教育、现代服务业和信息化的基本理论和项目组相关的文献调研，结合项目组对社区、乡镇和企业、行业等各类人群学习相关情况的调研，以及对数字化学习相关技术平台和技术支撑的调研，设计数字化学习港的基本框架（社会层面和技术层面）、设计7个典型应用示范学习中心和5个研究课题，拟订示范点建设与应用示范和5个研究课题的实施方案，设计教育干预。

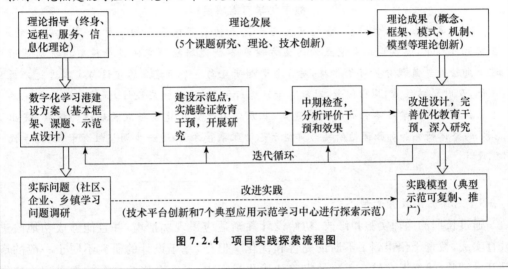

图7.2.4 项目实践探索流程图

2. 实施验证教育干预

由于教育系统的复杂性，初始设计的教育干预不可能完全适合或满足教育需求，教育干预也需要在单个情境或多个情境中进行实践检验。由于教育系统的运行效果受制于多个系统变量的相互作用，因此研究者和实践者在实验过程中不去控制或恒定太多的系统变量，而是通过自然情境下的试验来修改初始设计。教育干预的实施过程是一个设计、修改、再设计的循环过程，需要不断地对初始设计做出调整，甚至可能因为理论基础的错误而完全改变初始设计。

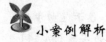 小案例解析

数字化学习港项目

在实施验证教育干预阶段，数字化学习港项目建设了7个具有代表性的示范点，按照项目设计的实践探索内容，开展相应的应用示范和实践探索，重点探索数字化学习港各类学习中心的学习模式、服务模式、管理模式和运行机制，实施和验证教育干预。同时，结合7个示范点的实践探索开展5个课题研究，重点研究数字化学习港的基本框架、资源共享、质量监控、公共服务、学习模式、服务模式、管理模式、管理和运行机制、学习平台和网格存播等。

3. 分析评价教育干预

任何一种创新都需要评价，教育干预的评价分为两种：一种是在试验阶段的形成性评价，旨在发现问题、解决问题和完善设计；另一种是在完成阶段的总结性评价，旨在对教育干预的实施效果和理论假设进行检验。为了保证评价的有效性和精确性，基于设计的研究采用多种搜集方法和混合评价手段，通过全面分析量的数据和质的数据来分析教育干预带来的系统变化。

 小案例解析

> **数字化学习港项目**
>
> 随着示范点的工作进展，课题研究与示范点的实践探索是相互整合、彼此嵌入的。在实施过程中，逐步修正示范点的实施方案和各研究课题研究的设计框架。特别是通过中期检查等阶段分析评价措施，对 5 个课题研究与 7 个示范点的建设与实践进行分析评价，及时总结经验，提出问题，对教育干预进行调整，修改相应设计，如将实践和研究的重点放在数字化学习港长效机制的建立、基层学习型组织建设与成长规律的探索、突出"港"的整体研究和加强课题研究与典型示范的联系等方面，进一步调整教育干预，完善优化设计。

4. 完善优化教育干预

通过长期的循环实验和修改，初始设计逐渐适应了现实情境，并且能够成功地改进教育实践，教育干预得到了不断的完善和优化。但是，基于设计的研究不同于一般的产品开发试验，研究者在教育干预的完善和优化过程中，可能会修改先前的教育理论或发现新的教育原理，形成基于设计的研究的教育原理和理论，从而为其他相关研究者提供有意义的指导和帮助。从某种意义上讲，基于设计的研究的设计开发过程即是通过实验验证、改进和完善理论的过程。

 小案例解析

> **数字化学习港项目**
>
> 经过如此循环迭代的修改、完善方案和深入的实践探索与总结，最后，各示范初步形成了模式、机制等方面的实践经验和典型案例，初步建立了可复制、可推广的实践模型；同时，初步取得了在数字化学习港的概念、框架、技术、模式、体制和机制等方面的理论提升与创新。在项目实践与研究的时间安排上，可以概括为制订工作设计方案、示范点建设和课题开题、全面启动应用示范和课题研究、中期检查和分析评价、深入开展应用示范和研究报告的整理、理论概括及结题验收等六个主要阶段，如图 7.2.5 所示。

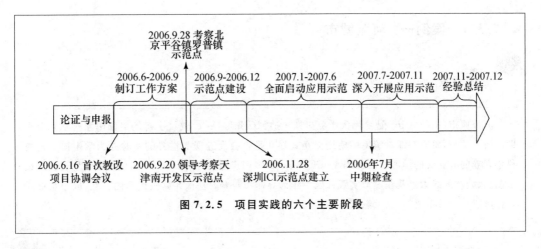

图 7.2.5　项目实践的六个主要阶段

数字化学习港项目是由中央广播电视大学牵头组织，由浙江大学、清华大学、中国石油大学（华东）、华中师范大学、华南师范大学、福建师范大学等高校参与项目实施与研究，同时依托中央广播电视大学公共服务体系奥鹏远程教育中心（简称"奥鹏中心"）和7个示范点的主管部门、当地电大以及一线实践者共同开展相关理论和实践研究。

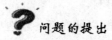

查阅国内外的文献，思考除了以上提到的 EDR 研究模式，是否还有其他的研究模式，并找出相应的案例。

7.3　EDR 经典案例

问题的提出

了解了 EDR 的研究模式，那么如何利用 EDR 指导自己的研究？有没有可供借鉴的完整案例呢？

7.3.1 案例一：河流城市

案例背景

> 河流城市(River City)是哈佛大学克里斯·迪德(Chris Dede)教授主持的美国国家科学基金资助的研究项目，研究在课堂情境中使用交互式媒介是否会促进现实世界的实验并为学生提供提高科学素养的有意义的学习经历。River City 是一种多用户虚拟环境(MUVE)，要求中学生通过与数字制品、缄默的线索以及在虚拟实践社区中作为导师和同事的基于计算机代理的交互，以小组形式合作解决一个数字化的 19 世纪城市的疾病问题。

1. 研究的设计

"河流城市"的目标是促进全体学生的学习，特别是动机低、成绩差的学生。"河流城市"的虚拟世界有不同的居民、工厂和公共机构，有河流经过城市，不同的地形影响着河流的流向。学习者三人一组进行学习，他们像科学家一样通过观察和推理合作确定问题，对河流城市三种疾病（水产生的、空气产生的和害虫产生的）中的一种提出假设并检验假设，推断出基于证据的关于根本原因的结论。

2. 设计的理论基础

"河流城市"起初设计为引导的社会建构主义环境，允许学生探索和关注引起他们兴趣的内容。开放性作为自我激发因素，实验手册、团队成员及教师提供指导和支持，对实施的观察提供设计是否有效的证据，并特意为女孩创设一个引导女性角色的模式。

3. 实施、研究结果和修正的循环

（1）第一轮循环。

实施：第一轮循环在马萨诸塞州的两所公立学校开展为期三周的试点研究，检验 MUVE 的可用性、学生的动机、学生的学习以及班级的实施问题。在非母语英语课程的学生占很大比例的一个六年级和一个七年级班实施基于 MUVE 的河流城市课程。两个配对的控制班级所用的课程在内容和教学法上类似，但提供的是纸质材料。

通过从学生和教师搜集的定性和定量数据，理解 MUVE 如何起作用，以便在新一轮迭代中修正设计，反思设计的理论基础。主要包括学生的适应性学习调查和内容测试、全体教师对教学方法和技术的舒适感的前测和后测问卷、实验教师对 MUVE 的认识和看法等。

研究结果：MUVE 激发了全体学生的动机。学生在真实情境中开展探究的能力增强。在前测中 11 位成绩最差学生中的 6 位女生的自我效能感增长了 7%，动机也有增长。

修正：帮助教师影响那些动机低和缺少内容知识的学生，并注意加强内容学习和教学法。研究者修正了 MUVE 环境，以便学生向市民提问题，搜集城市事件的线索。学生们也获得了在虚拟城市快速移动的能力。还赋予学生选择他们化身的能力。从理论角度看，增加新的行动类型、社会情境以及学习环境，促进了学生在 MUVE 的心理沉浸。

(2) 第二轮循环。

实施：2003年12月实施修正的MUVE课程。评价学生对交互的居民、信息传输图以及选择和改变他们的化身等新变化的反应。观察学生的交互，在他们退出时与之交谈。恳求有代表性小组提出学生希望看到的变化的建议。

研究结果：研究者对有代表性小组参加者的观察和访谈了解到：

① 学生在正式课程开始之前需要时间体验世界。这种体验帮助他们沉浸到环境中。

② 学生对世界里的数字化史密森人工制品的联系感到迷惑。

③ 有些学生容易在世界中迷失。

④ 学生迷惑时，寻找在河流城市虚拟图书馆的书籍。

⑤ 学生奇怪为什么他们的化身也不易生病。

修正：

① 重新组织实验手册，让学生有时间学习如何操作，并探索世界。

② 实验手册增加新部分，指导学生理解嵌入世界的数字图像和人工制品。

③ 与交互式地图界面建立永久链接。

④ 图书馆的可点击卷册允许学生查找疾病和科学方法的背景信息以增强他们的学习结果。

⑤ 健康仪表会随着学生走近受污染的水而升降。理论上讲，当学生体验社会建构主义学习时，这些变化给他们增加了指导。

(3) 第三轮循环。

实施：研究者改变设计后，在2004年1—2月进行了两个试点研究。1月份的是一个非正式的项目，2月份的是在一所西海岸大学的实验室学校。两者所代表的人群与前一轮循环中公立学校不同。因此，研究者关注变化是否随参与者变化而起作用。

研究结果：研究者决定对课程作重要的改进，改善学生投入和学习结果。

① 研究者发现提供初步探索的时间使学生很快投入，熟悉MUVE界面，并开始理解河流城市存在的问题。当研究者第二天分发实验手册时，学生们用它来指导开展能更好地进行研究。

② 创作人工制品新实验手册，学生增进了与数字图片的交互，对课程参与的程度提高。

③ 学生们发现信息传输图促进了他们想得到的研究结果，但很难确定他们在地图上的方位。

④ 学生们一旦发现他们能在图书馆用新词典、百科全书、微生物与科学方法和代数概念的初级读本，图书馆就成了他们获取信息常去的地方。

⑤ 学生用健康仪表作为实验数据的补充来源。

⑥ 教师认为如果学生能在现实中开展实验就好了。

修正：在初步实施中，研究者不断评价建构主义教学理论的适当性。随着设计越来越强大，研究者将注意力转向评价教学。在河流城市中，学生沉浸在真实任务的开展中，这更类似于情境学习而不是建构主义。情境学习要求现实世界境脉、活动，以及伴随着基于专家模型、情境辅导逐渐增加参与的评价。MUVE是创设和研究情境学习的有前景的媒介,因为它能支持类似现实世界的问题和境脉的沉浸经验(整合模型和指导)。基于以往的实施,重新设计河流城市来比较情境学习理论与建构主义学习理论,增进学习者将知识从学术情境迁移到现实情境的能力。因此,研究者把 MUVE 课程扩展到将其他学习理论与有指导的社会建构主义的比较。

(4) 第四轮循环。

实施:根据第一次试点研究所得,研究者开发了河流城市课程的两个变量。变量 GSC 关注学习的有指导社会建构主义模式,其中在 MUVE 中,指导的探究替换为了课内的解释环节。在变量 EMC 中关注了专家模型和辅导,专家代理嵌入 MUVE 中,而且专家与教师合作促进课内的解释环节。第三个控制条件是,所用的课程、所教的内容和技能以及时间与比较组的学生相同,采用有指导作用的基于建构主义教学法。教师既提供实验课程,又提供控制课程,为控制对效度的影响,两个变量随机分配给同一课堂的学生,教师教学将交叉影响减小到最低程度。研究者还为教师创设了大约 8 小时的专业发展、关注内容评论、依据不同教学理论选择教学方法、学生使用 MUVE 的促进策略,以及引导班级讨论的解释策略。2004 年春增加了河流城市课程的实施人数,教师有 11 人,学生超过 1000 人,跨美国两个州和三个学区。

研究结果:学生和教师非常投入,所有教师在实施后的调查中说他们愿意再使用河流城市;学生代表说他们"第一次感到像科学家一样",并问何时可以购买河流城市。在中西部的一些城市课堂,在三周中学生的出勤率提高,破坏性行为降低。在两种实验处理中,GSC 中学生的生物知识增长 32%,EMC 中学生的生物知识增长 35%;控制组学生也有改善,但仅仅增长 17%;知识和科学过程的应用也有改善。绝大多数学生肯定工具和化身的选择,列出了他们最喜欢的化身。但他们再次提到希望在河流城市图上看到他们自己。

修正:根据对 GSC 和 EMC 研究结果的比较,研究者在下一轮实施中增加一个新的理论处理。变量 LPP 将学习模式转到关心合法的外围参与,其中,MUVE 的整个实践共同体继续以问题解决,学生从对高级参与者(化身、基于计算机代理)的观察中比从专家的直接指导中学到更多。在第四轮循环中,研究者扩展了取样水站的性能,让学生随机取水样。他们可以点击 14 个水站,调出在现代显微镜中看到的图像,可以取多个样本,像科学家在现实世界一样检测细菌。研究者正在开发捕蚊器、血液检验和咽喉药签三种工具来帮助学生开展对其他相关疾病的测试。信息传输图会追踪个别学生在世界上的运动,这将允许学生"看到"他们自己以及研究者跟踪学生的探究。这会帮助研究者理解学生在世界里的参与是怎样影响他们的学习的。由于发现极少数教师与网络材料交互,研究者正重新设计教师专业发展,将面对面的会议与网络资源整合起来。

4. 该研究对我们的借鉴意义

河流城市多用户虚拟环境项目体现了设计研究的过程、特征,将复杂的交互作为自然境脉的一部分。研究工作持续很多年,经历数次的设计迭代,与教师沟通交流,研究者改进了课程、多用户虚拟环境以及设计的理论基础。开展设计研究有多种途径,若不顾设计、理论、境脉而详细描述对所有设计研究者都有用的每一个步骤是不可能的,但该案例有些步骤可供我们借鉴。

第一,建立假设和理论基础,明晰工作。在设计之前就定出假设和初步的理论,最好将理论主张写在纸上并进行讨论。

第二,搜集大量的与理论相关的不同类型数据。包括实地观察、日志文件、访谈、问卷和文献分析。这些数据有助于理论的形成。

第三,分析与理论相关的数据。设计团队成员定期召开会议,确定支持或反对理论假设的数据,并决定设计者怎样通过理论提供有益信息的方式来系统改变设计。

第四,多渠道获取反馈。设计者可以从教师、学生、当地政府人员等方面听取他人对理论和设计的批评与建议,获得所需的反馈。

第五,辩证地看待理论、设计与现有的文献。设计者要积极参加会议和相关的讨论,与同行交谈,不断从学术文献中了解发展的前沿。

7.3.2 案例二:对外汉语教育游戏的设计与开发

案例背景

该项目是教育部人文社会科学研究基金支持项目,我们在 EDR 的指导下,将游戏与对外汉语相结合,开发一款符合留学生学习特点和需要的教育游戏,让他们在虚拟仿真的游戏情境中体验中国悠久的历史文化,增强学习汉语的兴趣和动机,为解决对外汉语教育问题提供一种新思路。

该项目的研究流程如图 7.3.1 所示,分为四个阶段。

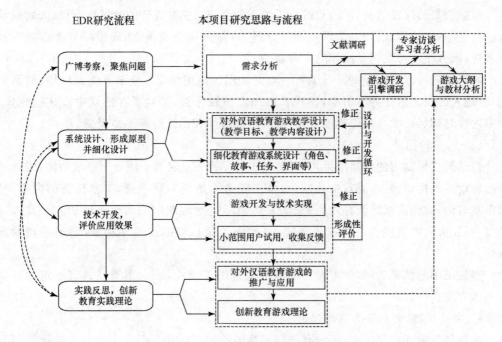

图 7.3.1 对外汉语教育游戏的研究流程

1. 广博考察，聚焦问题

这一阶段主要是进行需求分析，所做的工作有：对国内外的教育游戏与对外汉语教育的文献进行内容分析，了解这两方面的现状；访谈专家和对学习者进行问卷调查，明确学习者的需求；对游戏开发引擎进行调研；对教学大纲和教材进行分析，确定教学内容。在这一阶段，将游戏的使用对象定位为具有一定汉语基础的外国留学生，确定了要开发的游戏类型为单机版角色扮演型游戏，使用开发工具为 RPG Maker，游戏主题初步定为北京胡同。

2. 系统设计、形成原型并细化设计

这一阶段明确教学目标，对教学内容进行设计，形成对外汉语教育游戏的原型，并细化教育游戏系统的角色、故事、任务、界面等要素。

3. 技术开发，评价应用效果

开发出前期设计的游戏原型，并将开发出来的产品进行试用。在本项目中实现了三轮循环。

（1）第一轮循环。

选取国际文化交流学院的两名老师和五名学生，对开发出来的游戏进行试用。通过观察和对试用者的访谈，得出了如下反馈：游戏的任务太少，学生进去之后很快就可以完成任务，任务的难度太小；故事情节不完整；没有操作的引导，没有玩过游戏的同学不知道怎么玩，而且游戏中的操作主要靠键盘，对于习惯了使用鼠标的同学来说不方便；游戏场景的分辨率有点低，老师和同学都希望游戏的场景能够更仿真一些。

（2）第二轮循环。

根据收集的反馈情况，对游戏进行了如下的修正：在游戏开始时试用 NPC 人物对玩家进行引导；添加游戏任务；提供画面的分辨率，使画面更精美；实现鼠标与键盘的双操作系统，以方便不习惯键盘操作的学习者。

对修正过的教育游戏又进行了新一轮的试用。试用结果：登录界面太麻烦；对话太冗长；进入游戏之后任务不明确，游戏者不知道该做什么；游戏者在游戏中有迷航现象；学习内容对初级留学生来说难度太大；游戏的教育性和游戏性都不是很强。

（3）第三轮循环。

根据第二轮试用的反馈结果，又对游戏进行了修正：取消了注册与登录功能；增加了对敏感地点的标识，防止游戏中迷航；加强了任务系统与对话系统，丰富任务的内容，精简游戏对话，增强游戏的教育效果；添加音乐、音效，给游戏中的角色对话加入了真人汉语发音，让游戏者沉浸在一种汉语环境中；实现了交易功能和战斗功能，增加游戏的趣味性。

本轮试用的结果表明，学习者对游戏的兴趣明显提高，表示本游戏具有一定的可玩性和教育性。

4. 实践反思，创新教育实践理论

本项目目前还在完善中，还没有进行大范围的推广应用。但在上面的三轮设计与开发的循环中，提炼出了七条教育游戏的设计原则。

第一,教育性与可玩性的融合。
第二,设计与开发的迭代。
第三,明确的任务目标。
第四,循序渐进的挑战。
第五,及时的引导与帮助。
第六,强感染性。
第七,即时的反馈。

实践活动

参考给出的案例,结合自己的研究实践,设计一个使用 EDR 指导的研究方案。

[1] 张屹,林艳华,张帆. EDR 视域下教育游戏的研究与开发[M]. 北京:科学出版社,2013.
[2] Kolodner,J. L.. The "Neat" and the "Scruffy" in Promoting Learning from Analogy: We Need to Pay Attention to Both[J]. Journal of the Learning Sciences,2002,11(01):139-152.
[3] Wang & Hannafin. Design-based research and technology-enhanced learning environments[J]. Educational Technology Research & Development,2005,53(04):5-23.
[4] Ann L. Brown. Design experiment: Theoretical and methodological challenges in creating complex interventions in classroom settings[J]. Journal of the Learning Sciences,1992,2(02):141-178.
[5] Sasha Barab. Design-Based Research: A Methodological Toolkit for the Learning Scientist. R. Keith Sawyer(Ed.). The Cambridge Handbook of the Learning Science[M]. Cambridge:Cambridge University Press,2006:153-169.
[6] Thomas. C. Reeves. Design-Based Research in Educational Technology: Progress Made,Challenges Remain[J]. Educational Technology,2005(1-2):48-52.
[7] Shiang-Kwei Wang,Thomas C. Reeves. The effects of a web-based learning environment on student motivation in a high school earth science course[J]. Education Technology Research & Development,2007(55):169-192.
[8] 杨南昌. 基于设计的研究:正在兴起的学习研究新范式[J]. 中国电化教育,2007(05):6-10.
[9] 张文兰,刘俊生. 基于设计的研究——教育技术学研究的一种新范式[J]. 电化教育研究,2007(10):13-17.
[10] 梁文鑫,余胜泉. 基于设计的研究的过程与特征[J]. 电化教育研究,2006(07):19-21.
[11] 焦建利. 基于设计的研究:教育技术学研究的新取向[J]. 现代教育技术,2008(05):5-11.
[12] 杨南昌."设计研究"纷杂概念的界定及与相关方法的比较——学习研究的原初视角[J]. 远程教育杂志,2009(01):13-17.
[13] 王美. 基于设计的研究——以高中研究型课程"人·建筑与城市"为例[J]. 开放教育研究,2007(02):82-88.
[14] 张倩苇,张笑欢. 促进教育理论与实践结合的教育设计研究——以河流城市为案例的分析[J]. 中国电化教育,2008(09):12-16.

[15] 林艳华. EDR 视野下对外汉语教育游戏的设计与开发[D]. 武汉：华中师范大学教育信息技术学院, 2011.

[16] 寇洪丽. EDR 指导下的免费师范生职后远程学习平台的研发[D]. 武汉：华中师范大学教育信息技术学院, 2009.

[17] Brenda Bannan-Ritland, B. (2003). The Role of Design in Research: The Integrative Learning Design Framework. Retrieved on Jan. 4, 2007 at http://www.aera.net/uploadedFiles/Journalsand-Publicationals/Journals/Educationa_Researcher/3201/201_Ritland.pdf

第三篇 研究数据的分析

第8章 研究数据的初步分析

学习目标

1. 描述 SPSS 数据文件的建立和管理的基本步骤和方法。
2. 区分 SPSS 数据的四种预处理的不同：数据的拆分、数据的排序、数据的分组、数据的变量计算。
3. 理解 SPSS 的图表描述、量数描述的概念，掌握图表描述和量数描述的基本方法。
4. 结合自己正在做的调查研究，建立 SPSS 数据文件，并录入问卷数据。
5. 应用 SPSS 的基本统计分析方法，针对调查问卷中的单选题、多选题等各种题型，分析被试的作答情况。
6. 归纳总结自己在 SPSS 数据文件的建立和进行基本统计分析中遇到的难点和采取的解决措施。

关键术语

SPSS 数据文件　图表描述　量数描述　频数分析　交叉分组下的频数分析　多选项分析

知识导图

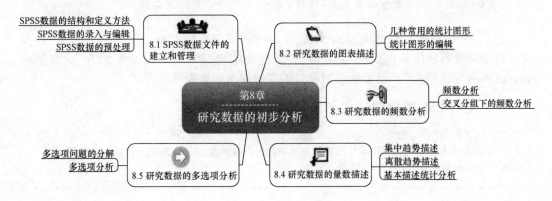

情境导入

扫一扫，获得本章课件

扫一扫，获得本章案例所需数据

情境一：我们发放了中国高校信息化应用质量与效果评价调查问卷（华师学生），对华中师范大学的学生进行了分层抽样调查，旨在通过调查分析了解我国高校信息化建设与应用在学生学习和生活中的实施情况及应用效果。那么怎么将收集的问卷数据转变为 SPSS 数据，如何建立和管理 SPSS 数据文件？统计数据经过整理后，形成次数分布的各种图表，这些图表能够形象直观地反映统计数据的变化趋势、数量情况、分布状态和相互关系等，在一定程度上反映了一组数据的分布规律和特征。那么如何对 SPSS 研究数据进行图表描述和量数描述呢？

情境二：我们发放了免费师范生远程可视化学习平台需求的调查问卷，对华中师范大学的首届免费师范生进行了远程学习资源需求的调查，旨在通过调查为平台网络教育资源建设提供重要的实证依据。那么如何对 SPSS 研究数据进行频数分析和多选项分析，得出相关的结论呢？

通过问卷调查，我们已经收集了第一手实证数据，那么如何将这些调查问卷所收集的数据转化为 SPSS 数据、建立和管理 SPSS 数据文件、对 SPSS 研究数据进行图表描述和量数描述、进行研究数据的基本统计分析？带着这些问题，我们将进入本章的学习。

8.1 SPSS 数据文件的建立和管理

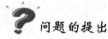
问题的提出

通过调查问卷的发放和回收，我们已经收集到了第一手数据，那么如何将其转化为 SPSS 数据，以便进行研究数据的分析呢？本节我们主要介绍 SPSS 数据文件的建立和管理。

核心概念

> SPSS 数据文件是一种有别于其他文件的特殊格式的文件。从应用角度理解，这种特殊性表现在两方面：第一，SPSS 数据文件的扩展名是 .sav。第二，SPSS 数据文件是一种有结构的数据文件，它由数据的结构和内容两部分组成，其中，数据的结构记录了数据类型、取值说明、数据缺失情况等必要信息，数据的内容才是待分析的具体数据。

建立 SPSS 数据文件是利用 SPSS 软件进行数据分析的首要工作。建立 SPSS 数据文件时应完成两项任务：第一，描述 SPSS 数据的结构；第二，录入编辑 SPSS 的数据内容。这两部分分别在 SPSS 数据编辑窗口的变量视图和数据视图完成。

8.1.1 SPSS 数据的结构和定义方法

> SPSS 数据的结构是对 SPSS 每列变量及其相关的属性的描述。它的定义是通过数据编辑窗口中的变量视图实现的。

1. 变量名

> 变量名(Name)是变量访问和分析的唯一标识。

变量名一般不能多于 8 个字符,首字母应以英文字母开头,不能使用"?""!""*"等特殊字符;变量名不区分大小写字母,下划线、圆点不能为变量名的最后一个字母;变量名不能使用 SPSS 内部特有的具有特殊含义的保留字;允许汉字作为变量名,汉字总数不超过 4 个。

 教您一招!

> 为方便记忆,变量名最好与其代表的数据含义相对应。为了方便统计,一般使变量和问卷上面的题序一致,建议使用以一定序列的数字或字母加汉字形式作为变量名。

当新建好一个数据文件后,点击【File】→【New】→【Data】在"Variable Views"标签下点击【Name】列的某一行,输入要定义的变量名即可。

 小案例解析

选择"中国高校信息化应用质量与效果评价调查问卷(华师学生)"的"一、信息化学习观念和态度"部分的第 1 题:
1. 您对使用信息技术学习的态度是_____。
A. 非常乐意使用 B. 乐意使用 C. 一般 D. 反感 E. 非常反感
操作步骤:在【Name】中输入"B01 对信息技术学习的态度",如图 8.1.1 所示。

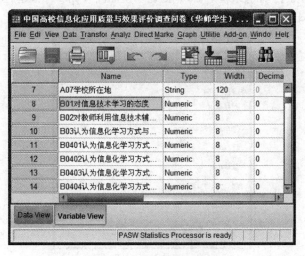

图 8.1.1 变量名的定义

扫一扫,观看"SPSS 数据文件的建立"操作视频

扫一扫,观看"SPSS 数据文件的管理"操作视频

2. 数据类型、列宽、小数位宽

> 数据类型（Type）是指每个变量取值的类型。SPSS 提供的变量类型有四类，共 8 种，相应的类型有默认的列宽（Width）或小数位宽（Decimals）。

SPSS 提供的各种变量类型及其说明见表 8.1.1 所示。

表 8.1.1 SPSS 提供的变量类型

变量类型	说明
Numeric	默认类型，标准数值型，同时需定义值宽度和小数位数，默认分别为 8 和 2
Comma	加逗点的数值型，整数部分从右至左每三位加一逗点，如 100,000,000
Dot	3 位加点数值型，数值均以整数显示，每三位加一小点，小数位置都显示 0，小数点用","。如 12345.00 用圆点型数据可表示为 12.345,00
Scientific notation	科学计数型
Date	日期型，可以选择相应的格式，如 mm/dd/yy、dd.mm.yy 等
Dollar	货币型，可以选择相应的格式，如 $##，$##，###等。"$"符号自动显示
Custom currency	自定义类型
String	字符串类型，需要设置字符串的长度，默认为 8

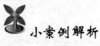
小案例解析

> 选择"中国高校信息化应用质量与效果评价调查问卷（华师学生）"的"一、信息化学习观念和态度"部分的第 1 题：
> 1. 您对使用信息技术学习的态度是_____。
>   A. 非常乐意使用   B. 乐意使用   C. 一般   D. 反感   E. 非常反感
> 操作步骤：点击【Type】方框右侧，会出现"Variable Type"对话框，选择"Numeric"，进行"Width"和"Decimal Places"定义，如图 8.1.2 所示。

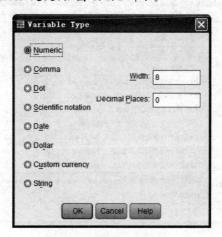

图 8.1.2 定义数据类型

第 8 章 研究数据的初步分析

3. 变量名标签

> 变量名标签(Label)是对变量名含义的进一步解释说明,它可以增强变量名的可视性和统计分析结果的可读性。

变量名标签可用中文,总长度可达 120 个字符。变量名标签这个属性是可以省略的,但建议最好给出变量名标签。

在变量视图"Variable View"标签下点击【Label】列下相应行的位置输入变量名标签即可。

小案例解析

> 选择"中国高校信息化应用质量与效果评价调查问卷(华师学生)"的"一、信息化学习观念和态度"部分的第 1 题:
> 1. 您对使用信息技术学习的态度是_____。
>   A. 非常乐意使用　B. 乐意使用　C. 一般　D. 反感　E. 非常反感
> 操作步骤:点击【Label】,在相应行下输入"对信息技术学习的态度",如图 8.1.3 所示。
>
>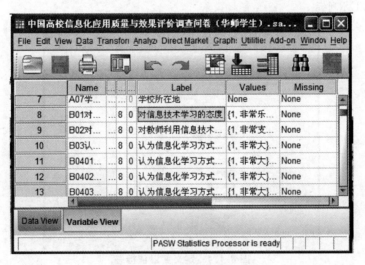
>
> 图 8.1.3　定义变量名标签

温馨告知

> 通常,如果变量名已经是中文汉字,变量名标签可以省略。

4. 变量值标签

> 变量值标签(Values)是对变量取值含义的解释说明信息,对于定类型数据和定序型数据尤为重要。

变量值标签是对变量取值的进一步说明。定义变量值标签可以更方便地对数据进行处理。

在变量视图"Variable View"标签下点击【Values】列下相应行位置单击鼠标,并根据实际数据在弹出窗口中指定变量标签。

 小案例解析

选择"中国高校信息化应用质量与效果评价调查问卷(华师学生)"的"一、信息化学习观念和态度"部分的第1题:

1. 您对使用信息技术学习的态度是_____。
A. 非常乐意使用　B. 乐意使用　C. 一般　D. 反感　E. 非常反感

操作步骤:单击【Values】列下相应行,会出现"Value Labels"对话框,进行各选项的设置。如图8.1.4所示。

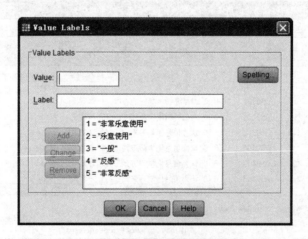

图 8.1.4　定义变量值标签

5. 缺失数据

在调查中,往往会存在数据缺失的情况,如答卷者可能会回避某些不愿回答的问题或者没有符合答卷情况的答案,这样的数据就称为缺失值。缺失数据(Missing)的处理是数据分析准备过程中一个非常重要的环节。

> 数据中明显错误或者明显不合理的数据以及漏填的数据都可以看作是缺失数据。

对于数值型变量,默认的缺失值为 0;对于字符型变量,默认的缺失值为空。用户还可以自定义缺失值的标记。具体做法为:点击要定义缺失值变量"Missing"列所对应单元格的 ⋯ 按钮,弹出"Missing Values"对话框,如图 8.1.5 所示。

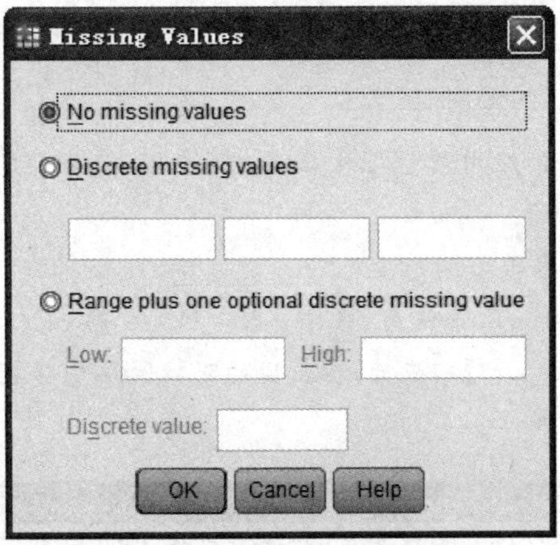

图 8.1.5 "Missing Values"对话框

No missing values:没有缺失值,默认为此项。

Discrete missing values:离散缺失值。可以在下面的三个矩形框中输入三个确切的值来代替缺失值。

Range plus one optional discrete missing value:一个范围和一个离散值。输入一个可能出现的取值范围和一个确切的值。

6. 计量尺度

> 统计学依据数据的计量尺度(Measure)将数据划分为三大类:定距型数据(Scale)、定序型数据(Ordinal)和定类型数据(Nominal)。

(1)定距型数据。

定距型数据通常是指诸如身高、体重等连续数值型数据,也包括诸如人数、频数等离散数值型数据。

(2)定序型数据。

定序型数据具有固有大小或者高低顺序,但它又不同于定距型数据,一般可以用数值或者字符表示。例如:职称变量可以有低级、中级和高级三个取值,可分别用 1,2,3 表示。年龄段变量可以有青、中、老三个取值,可以用 A,B,C 表示等。需要注意的是,无论是数值型数据还是字符型数据,都是有固有大小或者高低顺序的,但是数据之间却是不等距的。

(3)定类型数据。

定类型数据是指没有内在固有大小或者高低顺序,一般以数值或者字符表示的分类数据。如性别变量中的男女取值,可以分别用 1,2 表示。这里的数值型数据或者字符型数据都只是一种名义上的指代，都不存在内在的固有属性或者高低顺序。

在 SPSS 数据编辑窗口的变量视图"Variable View"中，在【Measure】列下相应行的位置单击鼠标，根据实际数据指定变量的计量尺度。

 小案例解析

选择"中国高校信息化应用质量与效果评价调查问卷（华师学生）"的"一、信息化学习观念和态度"部分的第1题：

1. 您对使用信息技术学习的态度是_____。

　　A. 非常乐意使用　　B. 乐意使用　　C. 一般　　D. 反感　　E. 非常反感

操作步骤：单击【Measure】相应行，在出现的下拉菜单中根据实际数据指定变量的计量尺度即可，如图 8.1.6 所示。

图 8.1.6　定义变量的计量尺度

 知识卡片

调查问卷的题目类型大致可以分为单选、多选、排序、开放题目等类型，它们的变量定义和处理的方法各有不同。其中开放题目答案内容较为丰富、不容易归类，对这类问题最好直接做定性分析。

单选题即答案只能有一个选项的题。编码：只定义一个变量，Value 值 1，2，3，4…分别代表 A，B，C，D…选项。录入：录入选项对应值，如选 C 则录入 3。

多选题是答案可以有多个选项的题，其中又有项数不定多选和项数确定多选。

项数不定多选，即选择的个数没有规定。编码：把每一个选项定义为一个变量，每个变量 Value 值均如下定义："0"未选，"1"选。录入：被调查者勾选的选项录入 1，未录入 0，如被调查者选 A，C，则四个变量分别录入为 1，0，1，0。

项数确定多选,即选择的选项个数是规定好的。例如,规定选项数为3,编码:定义三个变量分别代表题目中的1,2,3,三个括号,三个变量Value值均同样地以对应的选项定义,即:"1"A,"2"B,"3"C…;录入:录入的数值1,2,3…分别代表选项A,B,C…相应录入到每个括号对应的变量下。如被调查者三个括号分别选A,C,F,则在三个变量下分别录入1,3,6。

注:能用"项目确定多选"方法编码的多选题也能用"项数不确定多选"方法编码。

了解了SPSS数据的结构之后,就需要掌握描述和定义结构的操作方法。定义SPSS数据结构的操作是在数据编辑窗口的变量视图中进行的。定义结构的具体操作方法完全遵从于Windows下的其他常用软件的操作方法,如使用下拉框、单选框等。

8.1.2 SPSS数据的录入与编辑

1. SPSS数据的录入

SPSS数据的结构定义好后,就可将具体的问卷数据输入到SPSS以最终形成SPSS数据文件。

在SPSS数据编辑窗口中的数据视图"Data View"中实现SPSS数据的录入。"Data View"视图可以看到一个数据文件的二维表格,实际上就是一个定义完成了的空数据文件,此时就可以在其中输入问卷中的数据了。数据编辑窗口二维表格的第一行是定义的变量名,第一列为观察量的序号,即问卷的序号。一个观察量序号和一个变量名的交叉点就确定了一个单元格(即一份问卷的一道题目或题目的一部分)。

有三种数据输入的方式:按观察量输入数据、按变量输入数据和按单元格输入数据。通常,我们采取按观察量输入数据的方法,即按行输入数据。具体操作是:将一个观察量的所有变量值输入结束后再开始下一个观察量的所有变量值的输入。先确定要输入的观察量,将其最左边的单元格激活输入该变量值,然后激活其右方一个单元格并输入数据。这一过程可以通过点击鼠标或按方向键来完成。

录入的带有变量值标签的数据可以通过下拉框完成。但是在此之前,应该先打开变量值标签的显示开关,具体操作是:【View】→【Value Labels】。【Value Labels】是一个重复开关选项。如果它前面显示一个对勾,则表示变量值标签的显示开关已打开,变量值标签将显示在数据编辑窗口中。需要说明的是:在变量值标签显示开关打开的状态下,虽然屏幕显示的是值标签,但实际存储的数据仍然是变量值。

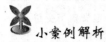
小案例解析

选择"中国高校信息化应用质量与效果评价调查问卷(华师学生)"的"一、信息化学习观念和态度"部分的第1题：

1. 您对使用信息技术学习的态度是_____。
A. 非常乐意使用　B. 乐意使用　C. 一般　D. 反感　E. 非常反感

在SPSS数据编辑窗口的数据视图"Data View"窗口中进行数据的录入。调查问卷中的一份问卷就是SPSS数据中的一个个案，根据之前的SPSS数据编码，我们录入"1,2,3,4,5"。如果没有选择任何选项，我们则不作任何操作。

操作步骤：点击【View】→【Value Labels】，打开变量值标签的显示开关，则显示变量值标签，如图8.1.7所示。

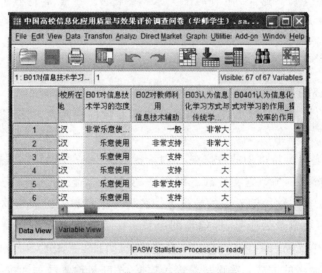

图8.1.7　带变量值标签的数据录入

2. 数据的编辑

SPSS数据的编辑主要包括对数据的定位、增加、删除、修改、复制等操作。编辑操作也是在数据编辑窗口的数据视图中进行的。

(1) SPSS的定位。

数据定位的目的是将当前数据单元定位到某个特定的单元中。SPSS提供两种定位方式：人工定位和自动定位。

人工定位，将当前单元定位在任何单元中，选择【Edit】→【Go to Case】，输入要定位的个案序号即可。自动定位，将当前单元定位在某变量列的任何一条个案上，选择【Edit】→【Find】，输入定位变量值即可。

(2) 插入和删除一条个案。

插入一个个案的操作方法是将当前数据单元确定在一条个案上,选择菜单【Edit】→【Insert Cases】。删除一条个案的操作方法是在要删除的个案序号上单击鼠标左键选中后,然后单击鼠标右键选择【Cut】即可。

(3) 插入和删除一个变量。

插入一个变量,即在数据编辑窗口的某个变量前插入一个新变量。将当前数据单元确定在某个变量上,选择菜单【Edit】→【Insert Variable】即可。

删除一个变量,即删除数据编辑窗口中的某列变量。在要删除列的变量名上单击鼠标左键选中后,然后单击鼠标右键选择【Cut】即可。

3. SPSS 数据文件的保存与调用

(1) 文件的保存。

选择【File】→【Save as】,弹出"Save Data As"对话框,选择保存路径,在"文件名"里输入文件的名称,并在保存类型里选择"PASW Statistics(*.sav)",即完成文件的存储,如图 8.1.8 所示。

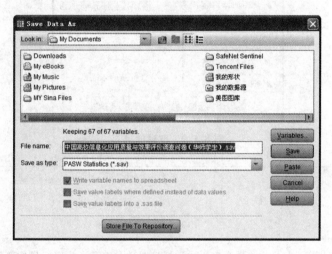

图 8.1.8　SPSS 数据文件的保存

(2) 文件的调用。

选择【File】→【Open】→【Data…】命令,弹出"Open Data File"对话框,选定文件类型和文件名后点击"OK"按钮,即可调入数据文件。

8.1.3　SPSS 数据的预处理

在 SPSS 数据文件建好后,通常还要对要分析的数据进行必要的加工处理,这是数据分析过程必不可少的一个关键环节。

1. 数据的排序

通常数据编辑窗口中个案的先后次序是由数据录入的先后顺序决定的。在进行数据处理时,有时需要按某个变量值重新排列各观察量在数据中的顺序,可选择【Data】→【Sort Cases】命令。

小案例解析

选择"中国高校信息化应用质量与效果评价调查问卷(华师学生)"的"一、信息化学习观念和态度"部分的第3题：

3. 您认为信息化学习方式与传统学习方式的区别_____。
   A. 非常大   B. 大   C. 一般   D. 小   E. 非常小

按照学习方式的区别升序排列，操作步骤如下。

(1) 选择菜单【Data】→【Sort Cases】。

(2) 指定主排序到【Sort by】框中，并选择【Sort Order】框中的升序【Ascending】，单击"OK"即可，如图8.1.9所示。

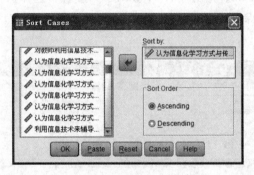

图 8.1.9　数据的排列

 知识卡片

SPSS的数据排序是将数据编辑窗口中的数据按照某个或多个指定变量的变量值升序或降序重新排列的。这里的变量也称为排序变量。当排序变量只有一个时，排序称为单值排序。排序变量为多个时，排序称为多重排序。

2. 数据的拆分

SPSS数据的拆分与数据的排序很相似，但一个重要的不同点，即数据拆分不仅按指定变量对数据进行简单排序，还要根据指定变量对数据进行分组，为以后进行的分组统计分析提供便利。可选择【Data】→【Split File】命令。

 小案例解析

对于"中国高校信息化应用质量与效果评价调查问卷(华师学生)"，如果我们要按性别分析男女生对于使用信息技术学习的态度，就需要对性别进行拆分。

选择"中国高校信息化应用质量与效果评价调查问卷(华师学生)"的"您的基本信息"部分的第1题：

1. 您的性别：
   □男　　□女

操作步骤：

(1) 选择【Data】→【Split File】命令，弹出"Split File"对话框。

(2) 选择"Compare groups"选项，表示将分组统计结果输出在同一张表格中，然后将左侧变量列表中的"性别"变量调入右侧的"Groups Based on"选项框中，如图8.1.10所示。

(3) 下面的选项"Sort the file by grouping variables"（对所选择的变量进行排序）和"File is already sorted"（分组变量已经排序），可视情况选择其一。

图 8.1.10　数据的拆分

数据拆分将对后面的分析一直起作用，即无论进行哪种统计分析，都将是按拆分变量的不同组分别进行分析计算。

3. 数据的分组

数据分组就是根据数据统计分析的需要，将数据按照某种标准重新划分为不同的组别。

在进行数据处理时，有时需要将连续变量变为离散变量，将定比变量转化为定序变量或类别变量。数据分组是对定距型数据进行整理和粗略把握数据分布的重要工具，在数据分组的基础上进行的频数分析，更能够概括和体现数据的分布特征。另外，数据分组还可以实现数据的离散化处理。

对数据进行分组,我们要完成两个任务:第一,需要事先计算出组距,计算方法为:组距=(最大值-最小值)/组数;第二,在【Transform】→【Recode into Different Variables】命令下完成数据分组。

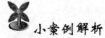 小案例解析

选择"免费师范生远程可视化学习平台需求调查问卷"A部分"个人信息"中的第6题 A.6 您家庭的人均年收入是:_____元。

本例中,由于家庭人均年收入是连续数值型的数据,要了解其分布特征应该首先对其进行分组。在分组之前我们需要利用数据的排序功能对"家庭人均年收入"进行排序,得到其最大值和最小值。

操作步骤:

(1) 因为有缺失值,最低的人均年收入为1000元,最高的人均年收入为100000元。由于收入差异较大,因此将其分为三组,即低收入、中等收入和高收入。先计算出组距,组距=(最大值-最小值)/组数=(100000-1000)/3=33000(元),即低收入为1000~34000元;中等收入为34001~67000元;高收入为67001~100000元。

(2) 选择菜单【Transform】→【Recode into Different Variables】。

(3) 将"A.6家庭人均年收入"拖入【Output Variable】框中,在"Name"中输入相应的变量名,并在"Label"中输入变量名标签,单击"Change"按钮,如图8.1.11所示。

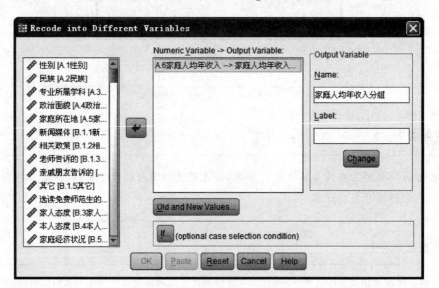

图 8.1.11 数据分组

(4) 单击"Old and New Values"按钮进行分组区间的定义,这里根据分析要求逐个定义分组区间,如图8.1.12和图8.1.13所示。

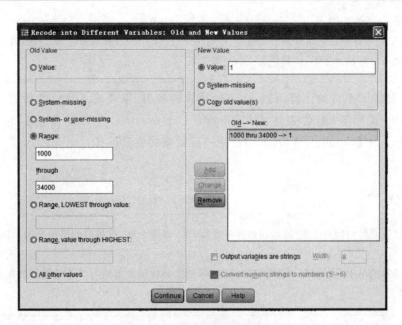

图 8.1.12 数据分组区间的定义 1

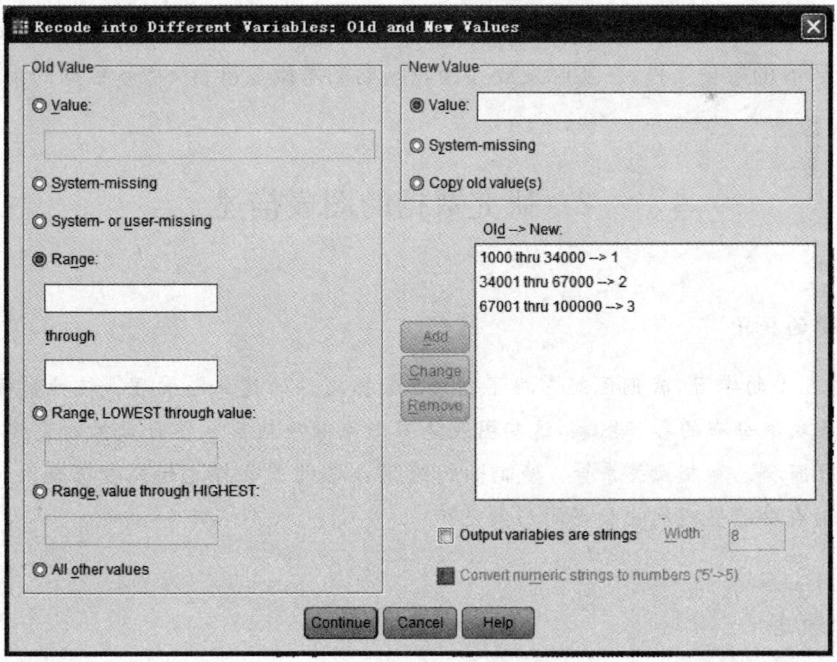

图 8.1.13 数据分组区间的定义 2

4. 数据的变量计算

> SPSS变量计算是在原始数据的基础上,根据用户给出的SPSS算术表达式以及函数,对所有个案或者满足条件的部分个案,计算产生一系列新变量。

SPSS提供了丰富的计算函数,在进行计算转换时,需要输入目标变量的名称(Target Variable)或标签、函数表达式(Numeric Expression),进行复杂的运算。可选择【Transform】→【Compute Variable】命令进行数据的变量计算。

您知道吗?

> 变量计算是针对所有个案(或指定的部分个案)的,每条个案(或指定的部分个案)都有自己的计算结果。
>
> 变量计算的结果应保存到一个指定的变量中,变量的数据类型应与计算结果的数据类型保持一致。

实践活动

根据小组正在进行的调查研究,进行SPSS的数据文件的建立和管理。将调查问卷编码成SPSS的数据文件,在实际发放并回收问卷的基础上进行SPSS数据的录入、编辑和预处理。

8.2 研究数据的图表描述

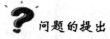
问题的提出

通过8.1的学习,我们已经掌握了SPSS数据文件的建立与管理。统计数据经过整理后,形成次数分布的各种图表,这些图表能够形象直观地反映统计数据的变化趋势、数量情况、分布状态和相互关系等。我们如何选用合适的图表描述研究数据呢?如何使用SPSS的图表功能直观反映数据的形态呢?

核心概念

> 统计图是用点的位置、线段的升降、直条的长短或面积的大小等方法来表达统计资料内容的。它可以把统计资料所反映的变化趋势、数量多少、分布状态和相互关系等情况形象直观地表现出来,以便于比较和分析。

8.2.1 几种常用的统计图形

SPSS 制图功能很强,能绘制许多统计图形,这些图形既可以在统计分析过程中产生,也可以直接由 Graphs(图表)菜单中所包含的一系列选项来实现,包括条形图、直方图、线图、面积图、饼图、高低图、散点图、时间序列图、误差条图、正态概率分布图。

1. 条形图

> 条形图(Bar Charts)是用相同宽度直条的长短来表示相互独立的各指标数值的大小。直条数代表变量或分组的个数,条的高度反映各组分析指标值的大小或者变量特征值的大小。适用于定序和定类变量的分析。

条形图分单式条形图、复式条形图和堆积图三种,其中前两种较为常用。
单式条形图(Simple):是以若干平等且等宽的矩形表示数量对比关系的一种图形。
复式条形图(Clustered):是由两条或多条组成一组的条形图,组内各条有间隙,组间无间隙。
堆积图(Stacked):是以条形的全长代表某个变量的整体,条形内部的各分段长短代表各组成部分在整体中所占的比例,每一段之间没有间隙并用不同线条或颜色表示。

您知道吗?

> 系统提供了 3 种数据特征,即条形图数据表达方式为:
> 1. 组特征值(Summaries for groups of cases):以组为单位描述数据。
> 2. 平行变量特征值(Summaries of separate variables):以变量为单位描述数据。
> 3. 个案值(Values of individual cases):以观察样本为单位描述数据。
> 统计图通常是以组为单位表征数据,故使用默认选项。

小案例解析

> 选择"中国高校信息化应用质量与效果评价调查问卷(华师学生)"中的第二部分"信息素养水平"中的第 6 题:
> 6. 您使用各种信息工具,特别是网络检索工具和传播工具的熟练程度_____。
>   A. 非常熟练   B. 熟练   C. 一般   D. 生疏   E. 非常生疏
> 操作步骤:
> (1) 打开数据文件"中国高校信息化应用质量与效果评价调查问卷(华师学生).sav"。
> (2) 在数据文件的管理窗口中,选择【Graphs】→【Legacy Dialogs】→【Bar】,弹出"Bar Charts"对话框,如图 8.2.1 所示。

这里有三种样式图可供选择,我们根据实际需要可选择不同的样式图。本例中选择的是"Simple"单式条形图。

(3) 单击"Define"按钮,弹出"Define Simple Bar:Summaries for Groups of Cases"对话框,选中"C06 使用各种信息工具,特别是网络检索工具和传播工具的熟练程度"并将其调入"Category Axis"框,如图 8.2.2 所示。

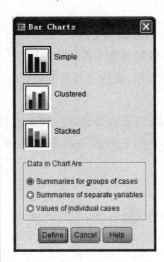 

图 8.2.1　"Bar Charts"对话框　　图 8.2.2　"Define Simple Bar: Summaries for Groups of Cases"对话框

(4) 单击"Titles"按钮,弹出"Titles"对话框,在"Title"栏内输入标题"使用各种信息工具,特别是网络检索工具和传播工具的熟练程度",如图 8.2.3 所示。

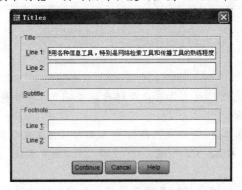

图 8.2.3　"Titles"对话框

(5) 点击"Continue"按钮返回上一级对话框,再点击"OK"即可,输出结果图,双击图形,弹出"Chart Editor"对话框,选择【Edit】→【Properties】对所选图表或元素进行各项属性的设置。当双击图形或新添加一个元素时,"Properties"窗口自动打开,提示用户进行设置。编辑后的图形如图 8.2.4 所示。

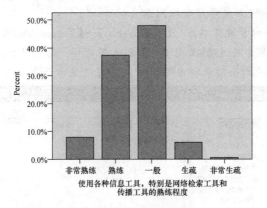

扫一扫,观看"条形图"操作视频

图 8.2.4　输出结果条形图

复式条形图和堆积图的操作方法与此类似,在此不再赘述。

2. 直方图

直方图(Histogram)以一组连续的矩形表现数值变量资料的频数分布,用矩形的面积来表示频数的分布变化。直方图的横轴表示变量,高度代表相应的频率。直方图适用于定距型变量的分析。

我们可以在直方图上附加正态分布的曲线,便于与正态分布进行比较。

直方图与条形图区别。

1. 条形图是用条形的长度表示各类别频数的多少,其宽度(表示类别)是固定的。直方图是用面积表示各组频数的多少,矩形的高度表示每一组的频数或频率,宽度则表示各组的组距,因此其高度与宽度均有意义。

2. 由于分组数据具有连续性,直方图的各矩形通常是连续排列的,而条形图则是分开排列。

3. 条形图主要用于展示分类数据,直方图则主要用于展示连续型变量。

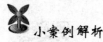

选择"大学生网络学习现状的调查与研究"调查问卷中的第 5 题,用直方图描述被调查者每天上网的情况。

5. 您平均每天上网的时长大概是_____小时。

操作步骤：

（1）打开数据文件"网络学习现状问卷分析.sav"。

（2）在数据文件的管理窗口中，选择【Graphs】→【Legacy Dialogs】→【Histogram】，弹出"Histogram"对话框。将左侧源变量"每天上网时间"调入"Variable"选项框中；选中"Display normal curve"选项则表示在输出结果中同时显示正态曲线，如图8.2.5所示。

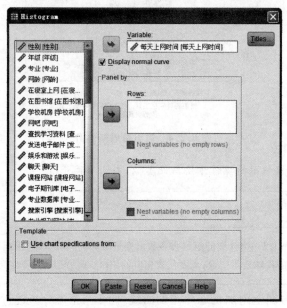

图 8.2.5　"Histogram"对话框

（3）单击"Titles"按钮，弹出"Titles"对话框，在"Title"栏内输入标题"每天上网时间"。点击"Continue"按钮返回上一级对话框，再点击"OK"即可，编辑后的图形如图8.2.6所示。

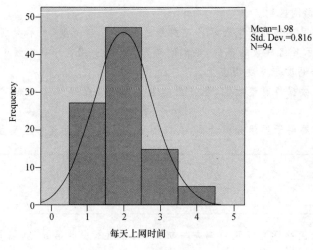

图 8.2.6　输出结果直方图

扫一扫，观看"直方图"操作视频

3. 线图

线图(Line Charts)，又称曲线图，是用线条的上下波动来表明数据情况的一种统计图。它主要用于表示数据在时间上的变化趋势、数据的分配情况和两变量间的依存关系，反映连续性的相对资料的变化趋势。

线图分为单线图(Simple)、复线图(Multiple)和垂直图(点线图)(Drop-line)，其中后两者较为常用。

 您知道吗？

线图下的数据使用模式有三种。
1. 用分类值作图(Summaries for groups of cases)：即线图中每一条线代表观察量的一个分类。
2. 用变量值作图(Summaries of separate variables)：即线图中每一条线代表一个变量。
3. 用单元值作图(Values of individual cases)：即线图中每一点代表一个观察值。

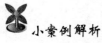 小案例解析

某研究调查研究两种不同教育方式与学生成绩之间的关系，选择"两种不同的教学方式下学生的成绩数据"中的教学方式与成绩数据，用线图预测它们之间的影响。

1. 您接受的教学方式？
□传统的讲授型教学方式
□研究型教学方式
2. 您的成绩_____。

操作步骤：

(1) 打开数据文件"两种不同的教学方式下学生的成绩数据.sav"。

(2) 在数据文件的管理窗口中，选择【Graphs】→【Legacy Dialogs】→【Line】，弹出"Line Charts"对话框。单击"Multiple"图标，选中"Summaries for groups of cases"选项，如图8.2.7所示。

(3) 再单击"Define"按钮，弹出"Define Multiple Line：Summaries for Groups of Cases"对话框，选中"学生成绩"，并将其调入"Category Axis"框；选中"教学方式"将其调入"Define Lines by"选项框中，如图8.2.8所示。

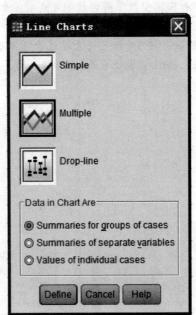

图 8.2.7 "Line Charts"对话框

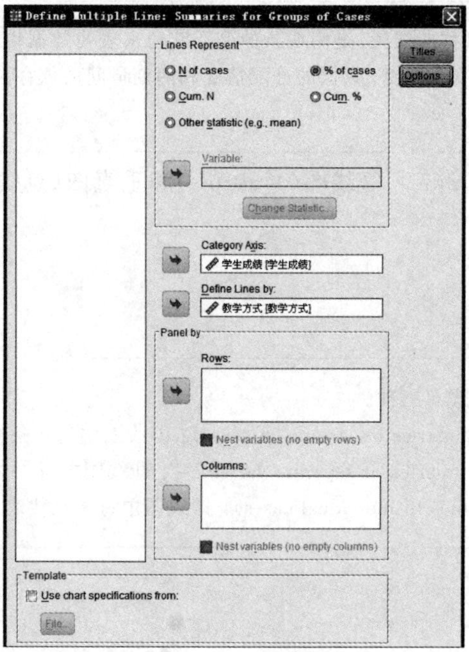

图 8.2.8 "Define Multiple Line：Summaries for Groups of Cases"对话框

（4）单击"Titles"按钮，弹出"Titles"对话框，在"Title"栏内输入标题"传统的讲授型教学和研究型教学两种教学方式对学生成绩的影响"，点击"Continue"按钮返回上一级对话框，再点击"OK"即可，输出结果图。双击图形，弹出"Chart Editor"对话框，选择【Edit】→【Properties】对所选图表或元素进行各项属性的设置。当双击图形或新添加一个元素时，"Properties"窗口自动打开，提示用户进行设置。编辑后的图形如图 8.2.9 所示。

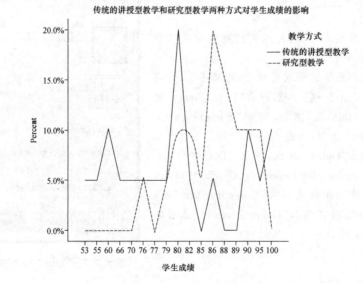

图 8.2.9 输出结果线图

扫一扫，观看"线图"操作视频

4. 饼图

饼图(Pie Charts)是统计图中最简单的一种,用圆的整体面积来代表被研究对象的总体,按各组成部分的比重把整个圆划分为若干个扇形,用以表示各部分相对于总体的比例关系,有利于研究事物内在结构组成等问题。

小案例解析

饼图可以很直观地表示出各部分相对于总体的比例。

选择"中国高校信息化应用质量与效果评价调查问卷(华师学生)"中"您的基本信息"中的"科类",用饼图来表示被调查者中文史、理工、艺体类的学生相对于被调查总体的比例关系。

科类:□文史　□理工　□艺体

操作步骤:

(1) 打开数据文件"中国高校信息化应用质量与效果评价调查问卷(华师学生).sav"。

(2) 在数据文件的管理窗口中,选择【Graphs】→【Legacy Dialogs】→【Pie】,进入"Pie Charts"对话框。对于这三种数据类型的描述在条形图中已有所描述,在本例中我们使用默认的"Summaries for groups of cases",如图 8.2.10 所示。

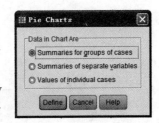

图 8.2.10　"Pie Charts"对话框

(3) 单击"Define"按钮,弹出"Define Pie: Summaries for Groups of Cases"对话框。在"Slices Represent"栏中选择"N of cases",将左侧源变量"科类"调入"Define Slices by"选项框中,如图 8.2.11 所示。

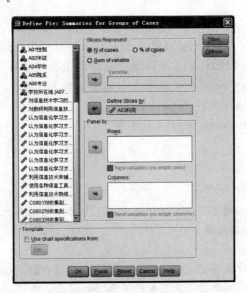

图 8.2.11　"Define Pie: Summaries for Groups of Cases"对话框

（4）单击"Titles"按钮，弹出"Titles"对话框，在"Title"栏内输入标题"科类"。点击"Continue"按钮返回上一级对话框，再点击"OK"即可，输出结果图。双击图形，弹出"Chart Editor"对话框，选择【Edit】→【Properties】对所选图表或元素进行各项属性的设置。当双击图形或新添加一个元素时，"Properties"窗口自动打开，提示用户进行设置。编辑后的图形如图8.2.12所示。

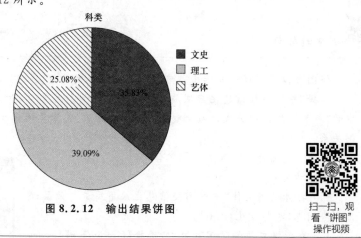

图8.2.12　输出结果饼图

5. 散点图

散点图（Scatterplots）又称散布图或相关图，它是以点的分布反映变量之间相关情况的统计图形，根据图中的各点分布走向和密集程度，大致可以判断变量之间协变关系的类型。

通过观察散点图能够直观地发现变量间的统计关系以及它们的强弱程度和数据的可能走向。

散点图有以下五种。

简单散点图（Simple Scatter）：只能在图上显示一对相关变量。

矩阵散点图（Matrix Scatter）：在矩阵中显示多个相关变量。

叠加散点图（Overlay Scatter）：在图上显示多对相关变量。

三维散点图（3-D Scatter）：显示三个相关变量。

简单圆点图（Simple Dot）：显示一个变量。

 小案例解析

某教育投资调查中，调查了一些地区教育投资与学生增长率之间的关系，用散点图能够直观地预测它们之间的关系。

操作步骤：

（1）打开数据文件"教育投资.sav"。选择【Graphs】→【Legacy Dialogs】→【Scatter/Dot】，进入"Scatter/Dot"对话框。这里我们选择"Simple Scatter"，然后单击"Define"按钮，如图8.2.13所示。

图 8.2.13 "Scatter/Dot"对话框

(2) 在"Simple Scatterplot"对话框中,将左侧源变量"学生增长%"调入"Y Axis"选项框中,将"教育投资万元"调入"X Axis"选项框中,如图 8.2.14 所示。

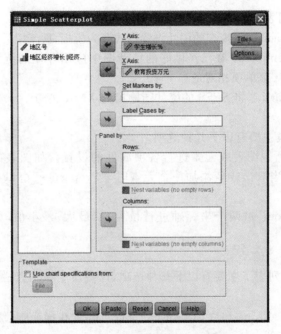

图 8.2.14 "Simple Scatterplot"对话框

(3) 单击"Titles"按钮,弹出"Titles"对话框,在"Title"栏内输入标题"教育投资与学生增长率的关系",点击"Continue"按钮返回上一级对话框,再点击"OK"即可,输出结果如图 8.2.15 所示。从整体来看,教育投资越多,学生增长率越大。

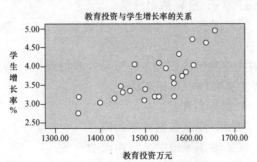

图 8.2.15 输出结果散点图

扫一扫,观看"散点图"操作视频

8.2.2 统计图形的编辑

在 SPSS 中做出的统计图不是简单的图片格式,而是可以继续编辑的增强图片格式。为了进一步探查数据的增强视觉效果,常常需要对 SPSS 生成的图形进行编辑,双击统计图就可以打开图片编辑窗口"Chart Editor"。

对图表的编辑操作主要通过各菜单项以及各元素的样式对话框"Properties"设置来完成。当双击或新添加一个元素时,就会出现相应的样式对话框。工具栏上的按钮可以和某些菜单的内容对应,这样使用起来更加方便。"Chart Editor"编辑窗口的命令菜单主要有以下几类。

1. File 菜单

File 菜单项的列表下主要有以下几种选项。

Save Chart Template:将现在的图片设置格式存为模板,便于以后再作图时直接套用。

Apply Chart Template:在已经做好的统计图中应用存储的统计图模板,和前面的 Save Chart Template 菜单项相对应。

Export Chart XML:将 SPSS 的统计图输出为 XML 文档。

2. Edit 菜单

Edit 菜单项列表主要有以下几种选项。

Properties:对所选图表或元素进行各项属性的设置。如图表的长宽比例、边框线条、坐标轴变量等。当双击或新添加一个元素时,"Properties"窗口自动打开,提示用户进行设置。

Select X/Y Axis:对两个坐标轴进行设置,如最大、最小值,刻度间距、坐标轴标题等。

3. Options 菜单

Options 菜单项列表下主要有以下几种选项,这些命令和工具栏中的按钮相对应,更方便使用。

X Axis Reference Line 和 Y Axis Reference Line:在横坐标、纵坐标方向上按所给数值的位置加上参考线。

Reference Line From Equation:在图表中存在等式的情况下该选项可用。

Title,Annotation,Text Box 和 Footnote:分别在图表中添加标题、注释、文本框和脚注。

Show Gird Lines 和 Show Derived Axis:在图表中显示网格线和派生刻度轴。

Show/Hide Legend:显示/隐藏图例标题。

Transpose Chart:旋转图表,将图表进行水平或竖直方向的调整。

4. Elements 菜单

Elements 菜单是对相应类型的图表进行显示外观的设置。适用的选项为黑色,否则为灰色。菜单项列表下主要有以下几种选项。

Data Label Mode:数据标签样式。

Show Data Labels:显示/隐藏数据标签的值。

Show Error Bars:在条形图等图中显示错误的直条。

Show/Hide Line Makers:在线图等图中显示/隐藏线条标识。

Interpolation Line:在散点图中确定用某种连线将各点相连。

Explode/Return Slice：在饼图等图中对图表切割/合并切片。

小案例解析

在前面的条形图的小案例中，我们已经绘制出"使用各种信息工具，特别是网络检索工具和传播工具的熟练程度"的条形图，我们也对图形进行了简单的处理，下面我们来具体讲解图形的编辑。

操作步骤：

（1）双击输出的图形，弹出"Chart Editor"对话框。然后再双击图形黄色填充区域，弹出填充样式对话框（Properties），选择"Chart Size"，在"Size in inches"中调节 Height 和 Width 的大小，并将"Maintain aspect ratio"勾选中，如图 8.2.16 所示。

（2）双击条形图的黄色实心区域，选择"Fill & Border"选项卡，分别在"Fill""Border"和"Pattern"选项中进行颜色和样式的设置，单击"Apply"按钮，再单击"Close"按钮即可，如图 8.2.17 所示。

（3）双击图形的标题，弹出"Properties"对话框，选择"Text Style"，对字体的大小等进行设置，如图 8.2.18 所示。

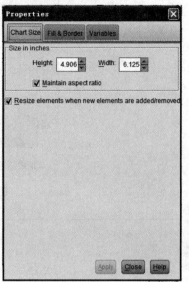

图 8.2.16　修改图形大小

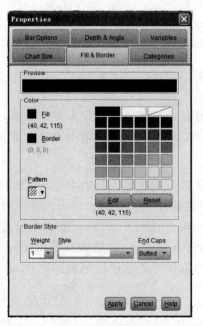

图 8.2.17　改变条形图的填充颜色和样式

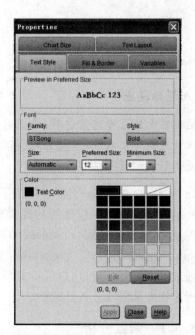

图 8.2.18　修改字体大小、样式等

（4）双击图形中的脚注，删除即可。最终的输出图形如图 8.2.19 所示。

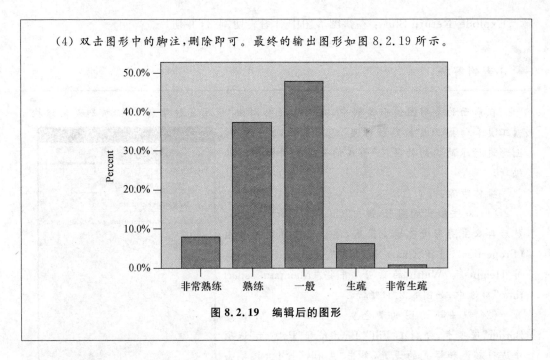

图 8.2.19　编辑后的图形

实践活动

小组成员根据自己正在进行的调查研究，对研究数据进行图表描述，结合题目特点选择合适的统计图形来描述数据并对图形进行编辑，使图形更加生动美观。

8.3　研究数据的频数分析

问题的提出

通过前面图表描述的讲解，我们对于研究数据的总体特征有了大概的了解，但选择何种统计分析方法以准确地把握数据的总体特征，这就需要 SPSS 软件的频数分析功能。这将是本节我们所要学习的内容。

在 SPSS 的 Analyze 菜单中包括了一系列统计分析过程。其中 Reports 和 Descriptive Statistics 命令项中包括的功能是对单变量的描述统计分析。Descriptive Statistics 包括的统计功能有：① Frequencies：频数分析；② Descriptives：描述统计量分析；③ Explore：探索分析；④ Crosstabs：多维频数分布交叉表（列联表）；⑤ Ratio：比率分析。通过基本统计分析，用户可以对原始数据的总体特征有比较准确的把握，而基本统计分析往往是从频数分析开始的。

8.3.1　频数分析

频数分析对于了解变量的取值分布情况，对整体把握数据的特征是非常有利的。频数分析有两个基本任务：第一个基本任务是编制频数分布表，SPSS 中的频数分布表包括频数、百分比、有效百分比、累计百分比；第二个基本任务是绘制统计图，统计图是一种最为直接的数据刻画方式。

我们可以通过频数分析了解各个变量中数据的基本分布特征，具体操作是：【Analyze】→【Descriptive Statistics】→【Frequencies】。

 您知道吗？

> 频数(Frequency)：变量值落在某个区间(或者某个类别)中的次数。
> 百分比(Percent)：各频数占总样本数的百分比。
> 有效百分比(Valid Percent)：各频数占总有效样本数的百分比，这里有效样本数＝总样本－缺失样本数。
> 累计百分比(Cumulative Percent)：各百分比逐级累加起来的结果，最终取值为百分之百。

 小案例解析

选择"免费师范生远程可视化学习平台需求调查问卷"中的"A 个人情况"部分的题 2。本例中的变量是定类型变量，可以通过频数分析来分析被调查者的民族情况。

2. 您的民族：
　　□汉族　　　□少数民族

操作步骤：

（1）打开 SPSS 数据文件"免费师范生远程可视化学习平台需求调查.sav"，选择【Analyze】→【Descriptive Statistics】→【Frequencies】，将"民族"拖入"Variable(s)"中，如图 8.3.1 所示。

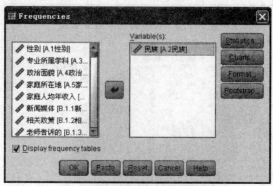

图 8.3.1　案例的频数分析窗口

(2) 选择"Charts"对话框的绘制统计图形选项,点选"Pie charts"(饼图)和"Frequencies"(频数)来显示结果,如图 8.3.2 所示。

图 8.3.2 频数分析中的绘图窗口

(3) 单击"Charts"对话框中的"Continue",然后点击频数分析主对话框中的"OK",即得到输出结果,如图 8.3.3 和图 8.3.4 所示。

Statistics

民族

N	Valid	211
	Missing	0

民族

		Frequency	Percent	Valid Percent	Cumulative Percent
Valid	汉族	181	85.8	85.8	85.8
	少数民族	30	14.2	14.2	14.2
	Total	211	100.0	100.0	100.0

图 8.3.3 民族情况频数分布表

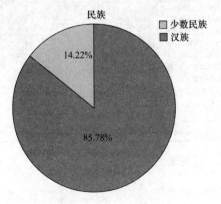

图 8.3.4 民族情况频数分析统计图

扫一扫,观看"频数分析与交叉分组下的频数分析"操作视频

(4)分析结果：由频数分析表得知，被调查的学生中汉族学生占85.78%，少数民族学生占14.22%。由频数分析统计图可以很直观地显示出汉族与少数民族学生在总样本中的比例情况。

频数分布表的第一列显示频数分析变量的变量值，第二列是相应变量值的频数，第三列是百分比，第四列是有效百分比，第五列是累计百分比。

8.3.2　交叉分组下的频数分析

交叉分组下的频数分析又称列联表分析，是分析事物（变量）之间的相互影响和关系的。

通过频数分析能够掌握单个变量的数据分布情况。实际分析中，不仅要了解单个变量的分布特征，还要分析多个变量在不同取值下的分布，掌握多变量的联合分布情况，分析变量之间的相互影响和关系。

交叉分组下的频数分析包括两大基本任务：第一个基本任务是根据收集的样本数据编制交叉列联表；第二个基本任务是在交叉列联表的基础上，对两两变量间是否存在一定的相关性进行分析。

具体操作是：【Analyze】→【Descriptive Statistics】→【Crosstabs】。

对交叉列联表中的行变量和列变量之间的关系进行分析是交叉分组下的频数分析的第二个基本任务。在列联表的基础上做进一步的分析，可以得到行变量和列变量之间是否有联系、联系的紧密程度如何等更深层次的信息。

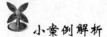

选择"免费师范生远程可视化学习平台需求调查问卷"中的"A 个人情况"部分的第1题和"B 基本信息"部分的第4题，分析不同性别学生在愿意读免费师范生程度上的不同。

1. 您的性别：
□男　　　□女

4. 您本人愿意读免费师范吗？
□很愿意　　□愿意　　□不愿意

操作步骤：

（1）打开 SPSS 数据文件"免费师范生远程可视化学习平台需求调查.sav"，选择【Analyze】→【Descriptive Statistics】→【Crosstabs】，打开"Crosstabs"主对话框，将"性别"拖入"Row(s)"中，将"本人态度"拖入"Column(s)"中。选择"Display clustered bar charts"，如图 8.3.5 所示。

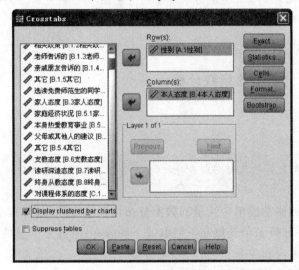

图 8.3.5　案例的交叉分组下的频数分析窗口

（2）选择"Exact"按钮，选用默认值"Asymptotic only"。然后选择"Cells"按钮，选用默认值"Counts"下的"Observed"和"Noninteger Weights"下的"Round cell counts"。

（3）在主对话框中选择"Format"按钮，制定列联表各单元格的输出排列顺序，可以选择升序或者降序。这里我们选择升序"Ascending"。

（4）选择"Statistics"按钮，制定用哪种方法分析行变量和列变量间的关系，其中"Chi-Square"为卡方检验，将会在第九章中作详细介绍。这里我们选择"Chi-Square"。

（5）设置完后，单击频数分析窗口的"OK"按钮，即输出结果。如图 8.3.6 至图 8.3.8 所示。

性别 * 本人态度 Crosstabulation

Count

		本人态度			Total
		很愿意	愿意	不愿意	
性别	男	12	45	14	71
	女	9	71	24	104
Total		21	116	38	175

图 8.3.6　输出结果的交叉分组下的频数分析列联表

Chi-Square Tests

	Value	df	Asymp. Sig. (2-sided)
Pearson Chi-Square	2.763[a]	2	.251
Likelihood Ratio	2.710	2	.258
Linear-by-Linear Association	1.724	1	.189
N of Valid Cases	175		

a. 0 cells (.0%) have expected count less than 5. The minimum expected count is 8.52.

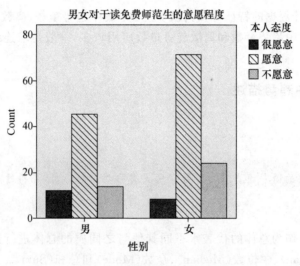

图 8.3.7 男女对于读免费师范生的意愿程度的一致性检验结果

图 8.3.8 输出结果的条形图

(6) 结果分析：由图 8.3.6 可以看出，被试者共有 175 人(无缺失值)，男生 71 人，女生 104 人。其中男生有 12 人选择“很愿意”，45 人选择“愿意”，14 人选择“不愿意”；女生中有 9 人选择“很愿意”，71 人选择“愿意”，24 人选择“不愿意”。另外由图 8.3.7 知，第一行是卡方检验的结果，由于卡方的概率大于 0.05，所以不同性别对于读免费师范生的意愿程度不存在差异。

温馨告知

在图 8.3.7 中，第一列为检验统计量名称，第二列是各检验统计量的观测值，第三列是自由度，第四列是大于等于各检验统计量观测值的概率 P-值。其中，第一行是卡方检验的结果。通常我们假设两个变量间不存在差异，假设显著性水平为 0.05，如果卡方的概率 P-小于显著性水平值，则应拒绝原假设，即两变量间存在差异。反之，则两变量间不存在差异。

8.4 研究数据的量数描述

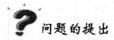
问题的提出

经过前面的讲解,我们已经掌握了数据的总体特征,下一步需要对数据的分布特征有更为精确的认识,这就需要对 SPSS 研究数据进行量数描述。这将是本节我们所要学习的内容。

总的来说,统计数据的特征可归为以下三类:集中趋势量数、离散趋势量数和峰度及偏度量数。其中集中趋势量数和离散趋势量数应用较多,一般是求连续型变量的描述统计量。

8.4.1 集中趋势描述

核心概念

> 集中趋势反映的是一组资料中各数据所具有的共同趋势,即资料的各种数据所集聚的位置。

集中趋势往往作为总体的代表水平同其他与之同质的总体进行比较。常用的集中趋势量有均值(Mean)、中位数(Median)、众数(Mode)和总和(Sum)。

1. 均值

> 均值表示的是某变量所有取值的集中趋势或者平均水平,用 $\bar{x}$ 表示。

对于未分组的变量值的平均水平,可用算术均数表示,其计算公式为:$\bar{x} = \dfrac{\sum x}{N}$

其中 x 为变量值,N 为总的观测例数。

对于已分组的频数表资料,由于分组资料中每个数值出现的次数不同,频数对均值也起着一定的作用,所以在计算时采用加权平均法来计算分组资料的均值。其计算公式为:

$$\bar{x} = \frac{\sum f_x}{\sum f} = \frac{f_1 x_1 + f_2 x_2 + \cdots + f_n x_n}{f_1 + f_2 + \cdots + f_n}$$

其中 x_i 为组中的第 i 个变量,f_i 为该组中第 i 个变量出现的频数。

2. 中位数

> 把一组数据按照递减或者递增的顺序排列,处于中间位置的值就是中位数,通常用 M_e 表示。它是一种位置代表值,所以不会受到极端数值的影响,具有位置上的稳定性。

对于未分组的样本,若样本含量 N 为奇数时,那么把观察量按大小顺序排列后,取中间那个数即为中位数;若样本含量 N 为偶数时,那么把观察量按大小顺序排列后,中间的两个数的平均数为中位数。

对于已分组的数据,首先要确定出中位数的位置,从而找到中位数所在的组别,中位数采用如下近似公式计算:$M_e \approx L + \dfrac{\dfrac{N}{2} - f_{m-1}}{f_m} \times i$

这里假定中位数组内的数据均匀分布,其中 L 代表中位数所在组的组下限;f_m 代表中位数所在组的频数;f_{m-1} 代表中位数所在组之前各组的累积频数;i 代表中位数所在组的组距。

3. 众数

众数用 M_0 表示,在描述数据集中趋势方面有一定的意义。

当数据未分组时,众数指的是一组数据中出现最多的那个变量值。

当数据已分组时,众数的数值则与相邻两组的频数分布有关。组频数最大的组称为众数组,用 f_m 表示众数组的频数,而众数组下一组的组频数记为 f_{m+1},众数组前一组的组频数记为 f_{m-1},则当 $f_{m-1} = f_{m+1}$ 时,众数组的组中值就是众数;当 $f_{m-1} \neq f_{m+1}$ 时,众数采用如下的近似公式计算:$M_0 \approx L + \dfrac{f_m - f_{m-1}}{(f_m - f_{m-1}) + (f_m - f_{m+1})} \times i$

这里假定了众数组内的数据为均匀分布,其中 L 为众数组的组下限,i 为众数组的组距。

4. 总和

总和就是样本中所有变量之和,通常用 s 来表示。它反映了样本的总体水平。

总和的计算公式为:$s = \sum f_i x_i$

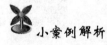
小案例解析

选择"教育投资调查问卷"中的"教育投资万元",求其均值、中位数和众数,并分析结果。

操作步骤:

(1) 打开数据文件"教育投资.sav"。

(2) 选择【Analyze】→【Descriptive Statistics】→【Frequencies】命令,出现频数表"Frequencies"对话框。在对话框的变量列表中选择"教育投资万元",将其添加到"Variable(s):"文本框中,将"Display frequency tables"复选框选中,如图 8.4.1 所示。

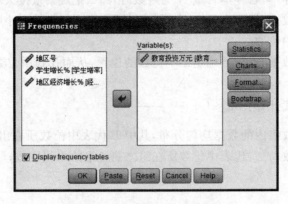

图 8.4.1 "Frequencies"对话框

(3) 单击"Statistics"按钮,弹出"Frequencies: Statistics"对话框,在"Central Tendency"选项区中选择"Mean""Median"和"Mode"选项,如图 8.4.2 所示。

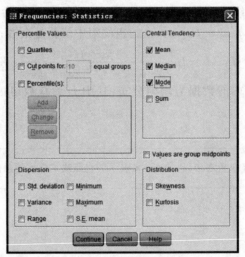

图 8.4.2 "Frequencies: Statistics"对话框

扫一扫,观看"集中趋势与离散趋势描述"操作视频

Statistics

教育投资万元

N	Valid	26
	Missing	0
Mean		1521.9231
Median		1530.0000
Mode		1530.00[a]

a. Multiple modes exist. The smallest value is shown

图 8.4.3 输出结果

(4) 单击"Continue"按钮,返回"Frequencies"对话框,单击"OK"按钮,SPSS 开始执行计算。运行结果如图 8.4.3 所示。

(5) 结果分析:从图 8.4.3 可以看出本例中观察量共 26 个,其中有效值为 26 个,缺失值为 0 个。本题中均值为 1521.9231(万元),中位数为 1530(万元),众数为 1530(万元),说明各地区教育投资趋近与 1530 万元。

您知道吗?

对于偏态分布的资料,中位数不受两端最大值和最小值的影响,只和位置居中的观察值有关,而均数却受最大值和最小值的影响会偏大或偏小。所以对于偏态分布的资料,均数的代表性差,不适合描述数据的集中趋势。

8.4.2 离散趋势描述

 核心概念

离散趋势反映的是一组资料中各观测值之间的差异程度。常用的指标有:方差和标准差、全距(Range)和四分位间距。

1. 方差和标准差

方差是所有变量与均值偏差平方的平均值,通常用 s^2 来表示,它代表了一组数据分布的离散程度的平均值。

标准差是方差的平方根,用 s 来表示。方差和标准差越大,说明变量值之间的离散程度越大。

计算公式为:

$$方差:s^2 = \frac{\sum(x-\bar{x})^2}{N}$$

$$标准差:s = \sqrt{\frac{\sum(x-\bar{x})^2}{N}}$$

2. 全距

全距也称为极差,通常用 R 来表示,是数据的最大值与最小值之间的绝对值。

在相同样本容量的情况下的两组数据,全距大的一组数据要比全距小的一组数据更为分散。计算公式为:$R=$最大值$-$最小值。

 小案例解析

选择"教育投资调查问卷"中的"教育投资万元",求其方差、标准差和全距,并分析结果。

操作步骤：

（1）打开数据文件"教育投资.sav"。

（2）选择【Analyze】→【Descriptive Statistics】→【Frequencies】命令，则出现频数表"Frequencies"对话框。在对话框的变量列表中选择"教育投资万元"，将其添加到"Variable(s):"文本框中，将"Display frequency tables"复选框选中，如图 8.4.4 所示。

图 8.4.4 "Frequencies"对话框

（3）单击"Statistics"按钮，弹出"Frequencies：Statistics"对话框，在"Central Tendency"选项区中选择"Mean"选项，在"Dispersion"选项区中选择"Std. deviation""Variance""Range"和"S.E. mean"选项，如图 8.4.5 所示。

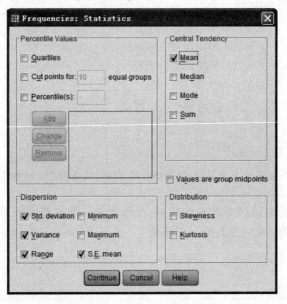

图 8.4.5 "Frequencies：Statistics"对话框

（4）单击"Continue"按钮，返回"Frequencies"对话框，单击"OK"按钮，SPSS 开始计算。运行结果如图 8.4.6 所示。

(5) 结果分析：从图 8.4.6 可以看出，教育投资的均值是 1521.9231(万元)，标准差为 85.09567，方差为 7241.274，全距为 305(万元)。因为方差和标准差较大，说明变量值间的离散程度较大，即均值不能很好地反映变量的趋势。

Statistics 教育投资万元		
N	Valid	26
	Missing	0
Mean		1521.9231
Std. Deviation		85.09567
Variance		7241.274
Range		305.00

图 8.4.6　输出结果图

8.4.3　基本描述统计分析

> 基本描述统计分析是了解数据的基本统计特征和对指定的变量值进行标准化处理(标准化后的新变量的均值为 0，标准差为 1，目的是为了消除各变量间变量值在数量级上的差异，从而增强数据间的可比性)。

基本描述统计分析过程通过平均值(Mean)、算术和(Sum)、标准差(Std Dev)、最大值(Maximum)、最小值(Minimum)、方差(Variance)、范围(Range)、平均数标准误差(S. E. Mean)等统计量对变量进行描述。一般是求定距变量的描述统计量，从中分析差异性(max,min)。

常见的基本描述统计分析大致可以分为三大类：一是刻画集中趋势的描述统计分析；二是刻画离散程度的描述统计分析；三是刻画分布形态的描述统计分析。通常综合这三类描述统计分析可以准确、清晰地把握数据的分布特点。

具体操作是：【Analyze】→【Descriptive Statistics】→【Descriptives】。

小案例解析

选择"教育投资调查问卷"中的"教育投资万元"，进行基本描述统计分析，并分析结果。

操作步骤：

(1) 打开数据文件"教育投资.sav"，选择【Analyze】→【Descriptive Statistics】→【Descriptives】，将"教育投资万元"拖入到"Variables"中，如图 8.4.7 所示。

(2) 选择"Options…"按钮，打开对话框"Descriptives：Options"，选中对话框下的"Mean""Std. deviation""Minimum""Maximum"和"Variable list"，然后点击"Continue"，如图 8.4.8 所示。

图 8.4.7 案例的基本描述统计分析对话框

扫一扫,观看"基本描述统计分析与多选项分析"操作视频

图 8.4.8 选择基本描述统计分析对话框

(3) 点击"Descriptive"主对话框中的"OK",即得到输出结果,如图 8.4.9 所示。

Descriptive Statistics

	N	Minimum	Maximum	Mean	Std. Deviation
教育投资万元	26	1350.00	1655.00	1521.9231	85.09567
Valid N (listwise)	26				

图 8.4.9 输出结果

(4) 分析结果:最小值为 1350(万元),最大值为 1655(万元),平均值为 1521.9231(万元),标准差为 85.09567。由标准差可以说明地区教育投资是存在差异的。

实践活动

根据小组正在进行的调查研究对其中的问题进行研究数据的量表描述和基本统计分析。

8.5 研究数据的多选项分析

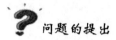 **问题的提出**

通过前面的讲解,我们对于研究数据的图表描述、量数描述和频数分析已经有了一定的了解和掌握,这些对数据的统计分析方法多是针对单选题的,那么针对问卷中的多选项问题,我们怎样进行数据的统计描述呢?

解决多选项问题的通常思路是将问卷中的一道多选项问题分解为若干个问题,对应设置若干个 SPSS 变量,分别存放描述这些问题的几个可能被选择的答案。这样对一个多选项问题的分析就可以转化为对多个问题的分析,也即对多个 SPSS 变量的分析。多选项分析的一般步骤是:第一,将多选项问题分解;第二,进行多选项分析。

8.5.1 多选项问题的分解

多选项问题的分解通常有两种方法:第一,多选项二分法(Multiple Dichotomies Method);第二,多选项分类法(Multiple Categories Method)。

1. 多选项二分法

多选项二分法是将多选项问题的每个答案设为一个 SPSS 变量,每个变量只有 0 和 1 两个取值,分别表示不选择该答案和选择该答案。

2. 多选项分类法

多选项分类法中,首先要估计多选项问题的最多可能出现的答案个数,然后为每个答案设置一个 SPSS 变量,变量取值为多选项问题中的可选答案。

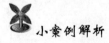 **小案例解析**

下面以"免费师范生远程可视化学习平台需求调查问卷"中的"C 学习方面"下的第 7 题为例,来具体讲解 SPSS 数据文件多选题的分解。

7. 您希望学习资源的媒体呈现方式是?(可多选)
 □文本 □图像 □视频 □动画 □音频

此题是不定项多选题,采用多选项二分法将五个选项都定义为一个变量,然后对每个变量 Value 值作如下定义:"0"未选,"1"选。我们以第一个选项为例来详细讲解,其他的四个选项的设置都与第一个相同,如图 8.5.1 所示。

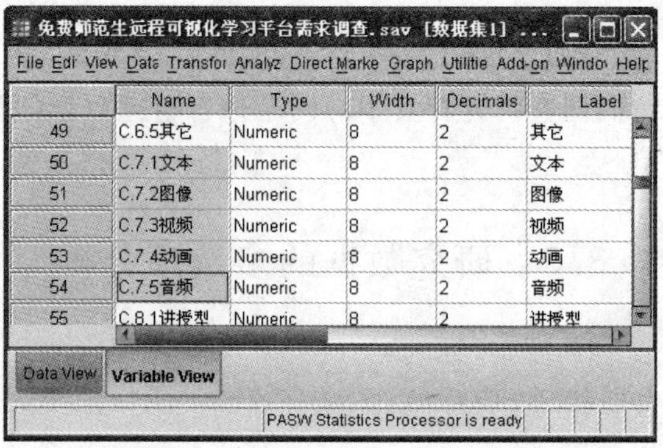

图 8.5.1 多选项的变量名定义

将第一个选项"文本"定义为一个变量,下面进行变量名、变量类型、变量名标签、变量值标签等的定义。

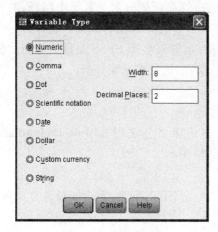

图 8.5.2 定义变量类型

操作步骤:

(1) 定义变量名 Name。在"Name"中输入"C.7.1文本"。

(2) 定义变量类型 Type。点击【Type】列下相应行,会出现"Variable Type"对话框,选择"Numberic",进行"Width"和"Decimal Place"定义,如图 8.5.2 所示。

(3) 定义变量名标签。在【Label】列下相应行下输入"文本"。

(4) 定义变量值标签。

① 单击【Values】列下相应行,会出现"Value Labels"对话框,在"Value"中输入"1","Label"中输入"是",表示选项被测试者选择,然后点击"Add",如图 8.5.3 所示。

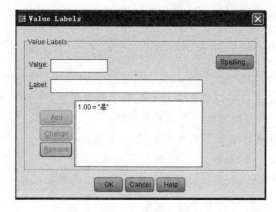

图 8.5.3 定义变量值标签 1

② 在"Value"中输入"0","Label"中输入"否",表示选项没有被选择。点击"Add"后点击"OK",则完成变量标签值的定义,如图 8.5.4 所示。

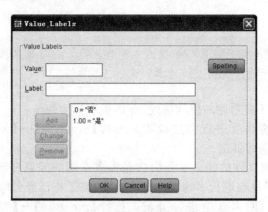

图 8.5.4　定义变量值标签 2

(5) 定义缺失数据。单击【Missing】列下相应行"C.7.1 文本"的按钮,弹出"Missing Values"对话框,选择"No Missing Values",设置与缺失数据的定义方式相同,这里不再赘述。

(6) 定义变量的计量尺度。单击【Measure】列下相应行,在出现的下拉菜单中选择"Scale",如图 8.5.5 所示。

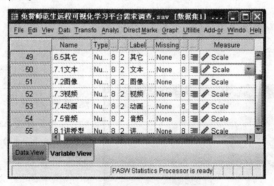

图 8.5.5　定义变量的计量尺度

其他四个选项的定义与此选项相同,这里不再赘述。

教您一招!

　　在选择多选项问题的分解方法时,应考虑到具体问题和具体分析目标。通常,对于所选答案具有一定顺序的多选项问题和项数已定的多选题可采用多选项分类法来分解,而没有顺序的问题和项数不定的问题可采用多选项二分法来分解。

8.5.2 多选项分析

SPSS 中的多选项分析是针对问卷中的多选项问题。它是根据实际调查需要,要求被调查者从问卷给出的若干可选答案中选择一个以上的答案。

多选项分析是对于多选题的统计描述,分析步骤分为两步:

首先,将多选题的选项进行绑定设置。选择【Analyze】→【Multiple Response】→【Define Sets】进行选项的绑定。

由于在 SPSS 数据文件的建立中我们已经将多选题的问题分解成为若干个问题,并设置了若干个变量,因此在进行多选项分析前,我们需要将已经分解的选项绑定。

其次,绑定设置后对多选题进行分析。选择【Analyze】→【Multiple Response】→【Frequencies】进行分析。

在 8.5.1 节,我们已经对 SPSS 数据文件中的多选题进行了分解,下面我们继续完成多选项分析。仍然选择"免费师范生远程可视化学习平台需求调查问卷"中的"C 学习方面"下的第 7 题:

7. 您希望学习资源的媒体呈现方式是?(可多选)
 □文本   □图像   □视频   □动画   □音频

操作步骤:

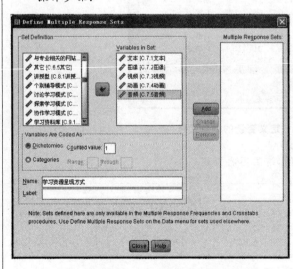

图 8.5.6 多选项的选项绑定

(1)打开数据文件"免费师范生远程可视化学习平台需求调查.sav"。选择【Analyze】→【Multiple Response】→【Define Sets】对多选题的选项进行绑定设置。将"Set Definition"中的"文本""图像""视频""动画""音频"全部选中拖入"Variables in Set"中。接着在"Variables Are Coded As"中选择"Dichotomies Counted Value",并设置值为"1"。在"Name"中输入"学习资源呈现方式"。最后点击"Add",即将"学习资源呈现方式"放入"Multiple Response Sets"中。设置后选择"Close"关闭对话框,如图 8.5.6 所示。

(2)选择【Analyze】→【Multiple Response】→【Frequencies】,将"Mult Response Sets"中的"学习资源呈现方式"拖入"Table(s) for"中,点击"OK"即可,如图 8.5.7 所示。

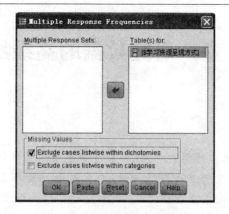

图 8.5.7　多选项频数分析窗口

(3) 输出结果如图 8.5.8 所示。

$学习资源呈现方式 Frequencies

		Responses		Percent of Cases
		N	Percent	
$学习资源呈现方式ᵃ	文本	120	21.6%	57.1%
	图像	97	17.4%	46.2%
	视频	170	30.6%	81.0%
	动画	86	15.5%	41.0%
	音频	83	14.9%	39.5%
Total		556	100.0%	264.8%

a. Dichotomy group tabulated at value 1.

图 8.5.8　输出结果图

扫一扫，观看“多选项分析”操作视频

(4) 结果分析：由图 8.5.8 可知，在被调查者中，选择文本、图像、视频、动画、音频的比例分别为 21.6%、17.4%、30.6%、15.5%、14.9%。因此，免费师范生远程可视化学习平台建设中应该注意学习资源的多媒体性，其中视频资源和文本资源占有很大比重。

实践活动

请自己选择合适的问卷及问题，对 SPSS 研究数据进行基本的统计分析，包括量数描述、图表描述、频数分析、交叉分组下的频数分析和多选项分析，得出相应的结论。

扫一扫，获得本章活动及学生作品范例

参考文献

[1] 王苏斌，郑海涛，邵谦谦. SPSS 统计分析[M]. 北京：机械工业出版社，2003.
[2] 薛薇. 基于 SPSS 的数据分析[M]. 北京：中国人民大学出版社，2006.
[3] 张屹，范福兰，杨宗凯，周平红. 我国中学教育信息化基础设施建设水平的测评与预测[J]. 电化教育研究，2012(07)：5-10.

第 9 章 研究数据的高级统计

学习目标

1. 阐述参数检验的基本思路和条件,并能够将其应用到实际操作中。
2. 阐述单样本、两独立样本和配对样本的 T 检验的分析目的和适用条件,会使用 SPSS 软件进行相应的数据操作,并能够对分析的数据做出合理的解释。
3. 阐述方差分析的基本思路,能够应用 SPSS 软件执行单因素方差分析和多因素方差分析的操作,对分析出来的结果能够进行合理的解释。
4. 阐述非参数检验的概念和基本思路,分析它与参数检验的区别。
5. 熟练应用 SPSS 软件执行三种非参数检验的数据操作,能够对结论做出合理的解释和总结。
6. 阐述相关分析的概念和基本思路,熟练应用 SPSS 软件执行相关分析,归纳偏相关分析的基本知识。
7. 阐述因子分析的目的和基本思路,能够应用 SPSS 软件对问卷进行因子分析。

关键术语

相伴概率 观测变量 控制变量 因子变量 独立样本 配对样本

知识导图

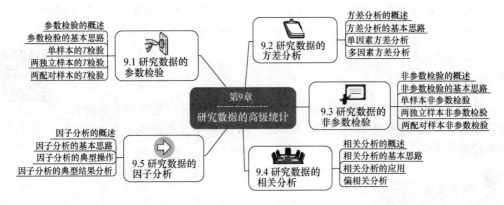

情境导入

情境一:"免费师范生远程可视化学习平台需求调查问卷"是我们对华中师范大学的首届免费师范生进行的远程学习资源需

扫一扫,获得本章课件

扫一扫,获得本章案例所需数据

求的调查,旨在通过对调查结果的分析,为平台网络教育资源建设提供重要的实证依据。在问卷中我们调查了学生的个人情况、基本信息、学习、教学实践等多方面的信息,其目的在于希望通过分析各要素之间的联系了解学生的基本信息、明确学生的实际需求,以便平台的设计与开发尽可能符合学生的实际需求,如学生家庭的经济水平可能是其成为免费师范生的原因,所以有必要分析学生所在家庭的整体经济状况是否与国家的平均水平存在差异;分析性别是否对学生支教态度、终身从教态度等有影响;生源地不同的学生在学习态度和实际需求上存在哪些差异等问题都为今后平台的建设以及实践应用提供了参考。

情境二:2008年,教育部启动了"教育改革和发展战略与政策研究","教育信息化建设与应用研究"课题是其中十三个重大课题之一,该课题由教育部科技司承担,旨在全面了解我国教育信息化发展现状,掌握第一手材料和可靠的统计数据,分析当前我国教育信息化的实际建设状况和应用效果。在"中国高校信息化应用质量与效果评价调查问卷(华师学生)"中,从学生基本信息、信息化学习观念和态度、信息素养水平、对学校信息化学习和生活的硬件设施的评价等维度进行了调研,学生的性别、年级、科类、学校等都可能影响他们对高校教育信息化的认识,那么我们如何从调研数据中全面了解学生的态度和当前所出现的问题呢?这也是我们进行数据分析的目的所在。

情境三:近年来,随着移动技术的深入应用,教育领域也出现了移动技术的创新应用案例,越来越多的政府、学校、研究者开始着眼于移动技术在教育领域带来的新变革。在中小学教育阶段,移动技术的一大创新应用即是智慧教室教学创新实践。智慧教室以其数字化的教学环境逐渐受到了教育工作者的重视。智慧教室实现了教师与学生的一对一指导,改变了教师的教学方式,也丰富了学生的学习方式。以往研究表明,在课堂学习中,学生的学习投入度对其学习成就有非常重要的意义[①]。因此为全面探讨在智慧教室环境下,学生的课堂学习投入度现状以及影响因素,研究者以华中科技大学附属小学5、6年级学生为研究对象,利用"智慧教室环境下的小学生学习投入度调查问卷"和"智慧教室环境下小学生课堂学习投入度影响因素"调查问卷,从学生的积极的课堂投入、消极的课堂投入来了解学习投入度的情况,从学生的基本信息、自我效能感、认知负荷、技术接受度以及亲密感等维度对学习投入度的影响进行了调研,那么我们如何从这些调研的数据中全面了解学生学习投入度的现状以及影响因素呢?这就需要我们进行数据分析。

9.1 研究数据的参数检验

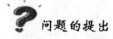
问题的提出

我们已经学习了利用SPSS软件进行数据的初步分析,如何透过这些数据挖掘出其中隐含的关系并做出正确的推断呢?本节我们将带您学习推断统计的方法之一——参数检验。

---

① 黄鑫睿.智慧教室环境下小学生课堂学习投入度及影响因素研究[D].武汉:华中师范大学教育信息技术学院,2016.

核心概念

参数检验是推断统计的重要组成部分,它是一种根据样本数据推断总体特征的方法,即在对样本数据描述的基础上,以概率的形式对统计总体的未知数量特征进行表述。

根据从未知总体中抽取出的随机样本,对未知总体的分布特征进行统计推断是统计学的基本任务之一,这种推断常常表现为对总体所依赖的参数的推断。在所有数字特征中,均值是反映总体一般水平的最重要的特征,样本是否与总体相符取决于样本均值与总体均值之间的差异。参数检验作为均值比较问题中的一部分,是推断统计的重要方法。

9.1.1 参数检验的概述

参数检验是在总体分布形式已知(例如总体为正态分布)的情况下,对总体分布的参数如均值、方差等进行推断。参数检验既能推断总体特征,也能对两个或多个总体的总体参数进行比较。例如:同学们参加某一培训班后成绩是否与之前有差异,两个教师分别教授两个平行班级的同一门课程,比较两个班成绩的差异等。

知识卡片

如何在 SPSS 中进行正态分布检验

一般通过图示法、计算法对正态分布进行检验,此处我们介绍比较直观的图示法。

1. P-P 图

以样本的累计频率作为横坐标,以按照正态分布计算的相应累计概率作为纵坐标,把样本值表现为直角坐标系中的散点。如果数据服从整体分布,则样本点应围绕第一象限的对角线分布。

2. Q-Q 图

以样本的分位数作为横坐标,以按照正态分布计算的相应分位点作为纵坐标,把样本表现为直角坐标系的散点。如果数据服从正态分布,则样本点应该呈一条围绕第一象限对角线的直线。

以上两种方法以 Q-Q 图为佳,效率较高。

3. 直方图

判断方法:是否以钟形分布,同时可以选择输出正态性曲线。在描述统计项中执行,请参考前文集中趋势描述案例,在【Graphs】中选择【Legacy Dialogs】下的"Histograms"即可。

4. 箱式图

判断方法:观测离群值和中位数。

5. 茎叶图

类似于直方图,但实质不同。

还有其他的方法请同学们自己查阅相关书籍!

小案例解析

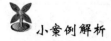

选择“免费师范生远程可视化学习平台需求调查问卷”的“A 关于免费师范生”部分的第 6 题：

6. 您家庭的人均年收入是：＿＿＿＿＿＿元。

在进行参数检验之前，对家庭人均年收入是否服从正态分布这一条件进行检验。以图示法为例对本例数据执行 Q-Q 图检验操作，其操作菜单为：【Analyze】→【Descriptive Statistics】→【Q-Q Plots】。数据如图 9.1.1 所示。

	A 1性别	A 2民族	A 3专业所属学科	A 4政治面貌	A 5家庭所在地	A 6家庭人均年收入
1	1.00	1.00	1.00	2.00	5.00	10000.00
2	1.00	1.00	1.00	2.00	5.00	8000.00
3	1.00	1.00	6.00	4.00	5.00	8000.00
4	1.00	1.00	1.00	2.00	5.00	10000.00
5	1.00	1.00	2.00	2.00	5.00	8000.00
6	1.00	1.00	2.00	2.00	5.00	8000.00
7	1.00	1.00	2.00	4.00	5.00	10000.00
8	1.00	1.00	2.00	2.00	5.00	10000.00
9	1.00	1.00	1.00	2.00	5.00	10000.00
10	1.00	1.00	1.00	2.00	1.00	10000.00

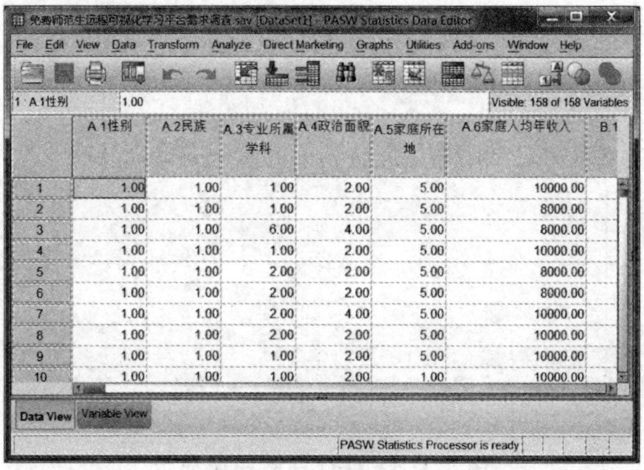

图 9.1.1　数据列表

操作步骤：

(1) 选择菜单：【Analyze】→【Descriptive Statistics】→【Q-Q Plots】，出现如图 9.1.2 所示窗口。

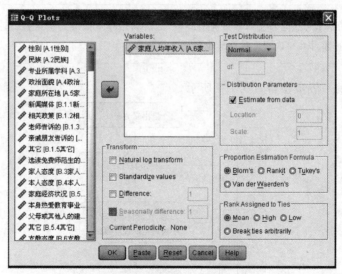

图 9.1.2　Q-Q 检验界面

（2）将待检验的变量"家庭人均年收入"项移入检测变量【Variables】,【Test Distribution】中选择"Normal"代表正态分布检验,其他设置为默认,点击"OK"按钮即可。

（3）执行结果如图9.1.3所示,样本点集中的围绕直线分布,近似认为样本点是一条围绕第一象限对角线的直线,这说明可以认为家庭人均年收入服从正态分布。

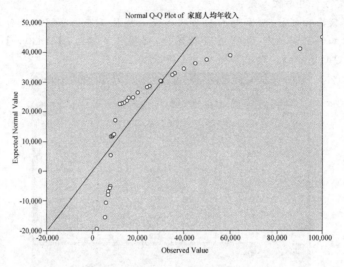

图 9.1.3　Q-Q 检验图像显示

9.1.2　参数检验的基本思路

假设检验的基本思想是对总体参数提出假设,然后利用样本提供的信息去验证提出的假设是否成立,即小概率事件在某次特定的实验中几乎不可能发生。

参数检验的一般步骤如图 9.1.4 所示。

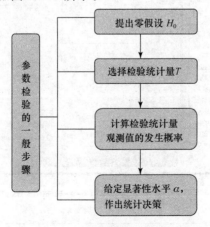

图 9.1.4　参数检验的一般步骤

1. 提出零假设 H_0

提出零假设 H_0，即根据统计推断的目的对总体特征提出的基本假设，这一假设包括两层含义：第一，检验假设（hypothesis to be tested），也称为原假设或无效假设，一般记为零假设 H_0；第二，备择假设（alternative hypothesis），记为 H_1，该假设与 H_0 互斥，当 H_0 被拒绝时则自动接受 H_1 假设，两者非此即彼。

 您知道吗？

> 在参数检验中，我们提出的零假设通常指的就是检验假设 H_0，当 H_0 确立时，作为互斥假设的 H_1 则自动存在了。即，$H_0: \mu=\mu_0$，则 $H_1: \mu \neq \mu_0$，如下所示：
>
> H_0：假设家庭人均年收入的平均值与9600元无显著差异，即 $H_0: \mu=\mu_0(\mu=9600, \mu_0=9600)$。
>
> 当 H_0 不满足时，则 $H_1: \mu \neq \mu_0(\mu \neq 9600, \mu_0=9600)$。

2. 选择检验统计量 T

检验统计量来自于试验的样本数据，并由这些样本数据间接得到，利用收集到的样本数据和基本假设计算某检验统计量，该检验统计量服从或近似服从某种统计分布。不同的假设检验问题和不同的总体条件，检验统计量的选择也有所不同，如表9.1.1所示。

表 9.1.1　确立检验统计量 T

参数检验 ＼ T 检验量的确定	假设检验问题	确立检验统计量
单样本 T 检验	在总体样本为正态分布下，假设总体均值与检验值之间不存在显著差异 即：$H_0: \mu=\mu_0$	通过构造 Z 检验统计量，使用样本方差代替检验方差，通过样本均值、样本方差、样本数等计算检验统计量求出 P 值
两独立样本 T 检验	在总体样本正态分布下，两独立样本来自的两总体均值无显著差异 即：$H_0: \mu_1-\mu_2=0$	T 统计量为两总体均值差检验的检验统计量。根据两方差是否相等决定计算抽样分布方差，需要通过 Levene F 方法进行检验。SPSS 求出 F 统计量、T 统计量的观测值及 P 值
两配对样本 T 检验	两相互关联的总体均值无显著差异 即：$H_0: \mu_1-\mu_2=0$	通过转化为单样本 T 检验来实现，即差值序列总体均值是否显著为 0。SPSS 计算出两组样本的差值并求出 P 值

3. 计算检验统计量观测值的发生概率

概率客观地衡量了样本对假设总体的偏离程度。

统计量应当服从某种已知分布，在认为原假设条件（H_0）成立的条件下，计算出相伴概率 P 值，即样本值在零假设 H_0 成立时发生的概率。

4. 给定显著性水平 α，做出统计决策

α 是拒绝了实际上成立的 H_0 的概率。常用的检验水准为 $\alpha=0.05$，其意义是：在所设 H_0 的总体中随机抽得一个样本，其均数比手头样本均数更偏离总体均数的概率不超过 5%。

若 $P \leq \alpha$，则可认为：
- 基于 H_0 假设的总体情况出现了小概率事件。
- 则拒绝 H_0，可以认为样本与总体的差别不只是抽样误差造成的，还可能存在本质上的差别，属"非偶然的(significant)"，因此，可以认为两者的差别有统计学意义。
- 进一步根据样本信息引申，得出实用性的结论。
- 反之，基于 H_0 出现了很常见的事件。

 教您一招！

> 参数检验中，显著性水平 α 由操作者设置，但是人们通常将该值设置为常用的检验水准，即 $\alpha=0.05$。有时候为了检验结果更加精确，也会设置 $\alpha=0.01$。

9.1.3 单样本的 T 检验

单样本 T 检验(One-Sample T-test)是对总体均值的假设检验，其目的是利用来自某总体的样本数据，推断该总体的均值是否与指定的检验值之间存在显著差异。

顾名思义，单样本 T 检验的对象是一个总体，检验的前提是该总体符合正态分布。例如：假设某重点初中的学生成绩近似服从正态分布，教研人员想了解全体学生的平均成绩与 85 分的差异。

1. 单样本 T 检验的基本思路

原假设 H_0：总体均值与检验均值之间不存在显著差异。

单样本 T 检验作为假设检验的方法之一，其基本思路与假设检验是完全相同的，同样分为四个步骤。

 小案例解析

> 选择"免费师范生远程可视化学习平台需求调查问卷"的"A 关于免费师范生"部分的第 6 题：
>
> 6. 您家庭的人均年收入是：_____ 元。
>
> 该项调查于 2008 年 4 月展开，而 2007 年中国人均收入排在全球第 109 位，为人均 1100 美元/年，当年人民币对美元平均汇率为 1∶7.5215，即人均年收入为 8273.65 元。根据问卷调查数据整体情况和国民收入水平，我们调查免费师范生的家庭人均年收入平均值是否为 8273.65 元。
>
> 操作步骤：
>
> (1) 提出原假设。H_0：假设家庭人均年收入的平均值与 8273.65 元无显著差异，即 $H_0: \mu = \mu_0 = 8273.65$ 元。
>
> (2) 选择检验统计量 T。评价一个总体中小样本平均数与总体平均数之间的差异程度，其统计量 t 值的计算公式为：

$$t = \frac{\bar{x} - \mu_0}{s_{\bar{x}}}$$

当认为原假设成立时,将 μ 用 $\mu_0=8273.65$ 带入。$\bar{x}$ 指样本均值,$S_{\bar{x}}$ 指标准差。

(3)计算检验统计量观测值和概率 P 值。SPSS 自动将样本均值、样本标准差带入上述公式,计算出 t 统计量的观测值。

(4)设定显著性水平 $\alpha=0.05$,做出决策。将显著性概率 α 和检验统计量概率 P 进行比较,如果 P>0.05,接受原假设,即认为家庭人均年收入与 8273.65 元之间没有显著差异,否则拒绝原假设,两者存在显著差异。

2. 单样本 T 检验的操作步骤

在 SPSS 中进行单样本 T 检验的操作为:【Analyze】→【Compare Means】→【One-Sample T Test】,我们结合具体案例对数据进行检验。

 小案例解析

选择"免费师范生远程可视化学习平台需求调查问卷"的"A 关于免费师范生"部分的第 6 题:

6. 您家庭的人均年收入是:_____元。

针对该项指标,推断家庭人均年收入的平均值是否为 8273.65 元。该问题涉及单个总体,需要进行总体均值检验,家庭人均年收入可近似认为服从正态分布,采用单样本 T 检验可进行分析。数据列表参考图 9.1.1。

操作步骤:

(1)选择菜单:【Analyze】→【Compare Means】→【One-Sample T Test】,出现如图 9.1.5 所示窗口。

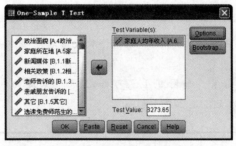

图 9.1.5 单样本 T 检验窗口

(2)将待检验的变量"家庭人均年收入"项移入检测变量【Test Variable(s)】,并在检验值【Test Value】中输入检验值 8273.65。

(3)选择"Options"按钮定义其他选项,出现如图 9.1.6 所示窗口。Options 选项用来指定置信概率"Confidence Interval Percentage"(通常设置为 95%)和缺失值"Missing Values"的处理方法。其中,【Exclude cases analysis by analysis】表示当涉及的变量上有缺失值,则剔除在该变量上为缺失值的个案;【Exclude cases listwise】表示剔除所有在任意变量上含有缺失值的个案后再进行分析。

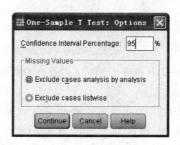

扫一扫，观看"单样本T检验"操作视频

图 9.1.6　单样本 T 检验 Option 选项

（4）点击"Continue"按钮，回到图 9.1.5 所示的界面，点击"OK"按钮即执行了 SPSS 操作。

缺失值的默认处理方法为【Exclude cases analysis by analysis】，该种方法更充分利用了样本数据。在分析中我们通常采用此方式，本书后续章节均采用缺失值默认处理方法。

3. 单样本 T 检验的结果分析

SPSS 作为一项工具为我们提供了数据智能处理和输出分析结果的功能，对结果进行分析从而推断出正确的结论是研究的最终目的。

在上一小节的案例中实现了使用 SPSS 软件对数据进行操作，本小节我们将对其输出数据进行分析。

（1）基本描述统计结果。如图 9.1.7 可知，197 个家庭的人均年收入的平均值为 12830.9645 元，标准差为 11818.20653 元。

One-Sample Statistics

	N	Mean	Std. Deviation	Std. Error Mean
家庭人均年收入	197	12830.9645	11818.20653	842.01235

图 9.1.7　人均年收入的基本描述统计结果

（2）单样本 T 检验结果。如图 9.1.8 可知，t 统计量的观测值为 5.412，自由度为 196（即 $N-1$），t 统计量观测值的 Sig.(2-tailed)=0.000，小于显著性水平 0.05，故 $P<\alpha$，拒绝原假设，认为家庭人均年收入的平均值与 8273.65 元有显著差异，且该案例中家庭人均年收入高于 8273.65 元。

One-Sample Test

	Test Value = 8273.65				
	t	df	Sig. (2-tailed)	Mean Difference	95% Confidence Interval of the Difference
					Lower / Upper
家庭人均年收入	5.412	196	.000	4557.31447	2896.7472 / 6217.8817

图 9.1.8　人均年收入的 T 检验结果

9.1.4　两独立样本的 T 检验

两独立样本的 T 检验(Independent Samples T Test)用于检验来自正态总体的两个彼此独立样本,推断两个总体的均值是否存在显著差异。

1. 两独立样本 T 检验的基本思路

原假设 H_0：两样本来自的总体均值无显著差异。

两独立样本 T 检验的基本思路与假设检验是完全相同的,同样分为四个步骤。

温馨告知

两独立样本 T 检验的前提是：第一,样本来自的总体服从或近似服从正态分布;第二,两样本相互独立,即从一个总体中抽取一组样本对从另一总体中抽取一组样本没有任何影响,两组样本的个案数目可以不等。

小案例解析

选择"免费师范生远程可视化学习平台需求调查问卷"的"B 关于免费师范生"部分的第 8 题：

8. 您愿意终身从教吗？
□愿意　　□不确定　　□不愿意

针对此项指标,推断不同性别的学生是否有显著差异,以便我们了解不同性别同学对终身从教的态度。

(1) 提出原假设 H_0：假设不同性别的学生的终身从教态度无显著差异,即 $H_0: \mu_1 - \mu_2 = 0$。其中 μ_1、μ_2 分别为男性总体、女性总体的均值。

(2) 选择检验统计量 T。SPSS 中的 Levene F 方法可以判断男女同学两组样本的方差是否相等,从而推断其总体方差是否有显著差异。其中男生、女生总体分布为 $N(\mu_1, \sigma_1^2)$、$N(\mu_2, \sigma_2^2)$,两样本均值差的抽样分布也为正态分布$(\mu_1 - \mu_2, \sigma_{12}^2)$,$t$ 统计量(用 t 表示)的公式如下：

$$t = \frac{\overline{X}_1 - \overline{X}_2 - (\mu_1 - \mu_2)}{\sqrt{\sigma_{12}^2}} \quad (\text{原假设 } \mu_1 - \mu_2 = 0), \text{即} \quad t = \frac{\overline{X}_1 - \overline{X}_2}{\sqrt{\sigma_{12}^2}}$$

在本例中两总体方差相等,则:$\sigma_{12}^2 = \frac{S_p^2}{n_1} + \frac{S_p^2}{n_2}$,t 统计服从 $n_1 + n_2 - 2$ 个自由度的 t 分布。该过程在 SPSS 中自动计算,具体推导过程略去,有兴趣的同学请参考相关书籍。

(3) 计算检验统计量观测值和概率 P 值。计算 F 统计量和 t 统计量的观测值以及相应的概率 P 值。SPSS 自动将男女两组样本的均值、标准数、抽样分布方差等进行处理,计算出 t 统计量的观测值和概率 P 值。

(4) 设定显著性水平 $\alpha = 0.05$,做出决策。该检验需要对两样本总体的方差和均值进行判断。

首先,判断男生总体和女生总体的方差是否存在显著差异。将显著性概率 α 和 F 检验统计量概率 P 进行比较,如果 $P > 0.05$,接受原假设,认为两总体方差无显著差异,反之拒绝假设。

其次,判断男生总体和女生总体的均值是否存在显著差异。将显著性概率 α 和 t 检验统计量概率 P 进行比较,如果 $P > 0.05$,接受原假设,认为两总体均值无显著差异,反之拒绝假设。

您知道吗?

本例是当总体方差未知且相等时如何选择检验统计量,如果当两总体方差未知且不相等时,即 $\sigma_1 \neq \sigma_2$ 时,则此时 $\sigma_{12}^2 = \frac{S_1^2}{n_1} + \frac{S_2^2}{n_2}$,服从修正自由度的 t 分布,其修正自由度为:

$$f = \frac{\left(\frac{S_1^2}{n_1} + \frac{S_2^2}{n_2}\right)}{\frac{\left(\frac{S_1^2}{n_1}\right)^2}{n_1} + \frac{\left(\frac{S_2^2}{n_2}\right)^2}{n_2}}$$

知识卡片

Levene F 方法是通过判断两组样本方差是否相等进而间接推断两总体方差是否有显著差异,它主要借助单因素方差分析方法来实现,基本思路为:首先,对来自两个不同总体的两组样本分别计算样本均值;其次,计算各个样本与本组样本均值差的绝对值,得到两组样本绝对差值数据;再次,利用单因素方差分析方法判断这两组样本绝对差值的均值是否存在显著差异;最后,假设两总体方差无显著差异,可通过 SPSS 中【Analyze】→【Compare Means】→【One-Way ANOVA】执行单因素方差分析来进行判别,此处不展开讨论。

2. 两独立样本 T 检验的操作步骤

SPSS 中两组样本数据存放在一个 SPSS 变量中,为了区别样本所属的总体,应该定义一个对总体进行区分的标识变量。

在 SPSS 中进行两独立样本 T 检验的操作为：【Analyze】→【Compare Means】→【Independent-Samples T Test】,我们结合具体案例对数据进行检验。

小案例解析

选择"免费师范生远程可视化学习平台需求调查问卷"的"B 关于免费师范生"部分的第 8 题：

8. 您愿意终身从教吗？
□愿意　　□不确定　　□不愿意

在前面案例的基础上进行数据操作。

操作步骤：

(1) 选择【Analyze】→【Compare Means】→【Independent-Samples T Test】,出现图 9.1.9 所示窗口。将"终身从教态度"移入检验变量框"Test Variable(s)："，将总体标识变量"性别"移入"Grouping Variable"框中。

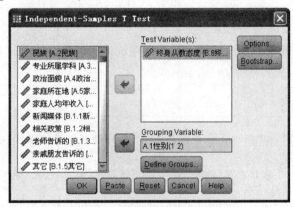

图 9.1.9　两独立样本 T 检验

(2) 点击"Define Groups"按钮定义两总体的标识值,显示图 9.1.10 所示窗口,在 Group 1 和 Group 2 框中以 1(男生)、2(女生)为标识变量进行区别。

图 9.1.10　定义标识变量

（3）点击"Continue"按钮，回到图9.1.11所示页面。点击"Options"按钮设置，设置"Missing Values"和"Confidence Interval"。

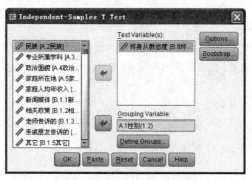

图 9.1.11　两独立样本 T 检验设置完毕

扫一扫，观看"两独立样本T检验"操作视频

（4）点击"OK"按钮提交分析命令即可。

3. 两独立样本 T 检验的结果分析

SPSS 执行该项检验的输出结果为基本描述统计和两独立样本 T 检验结果。

小案例解析

在上一小节的案例中实现了如何使用 SPSS 软件对数据进行操作，本小节我们将对其输出的数据进行分析。

在问卷中的"终身从教意愿"调查中，"1"代表"愿意"；"2"代表"不确定"；"3"代表"不愿意"，数值越小意愿越强烈。

（1）基本描述统计结果。如图 9.1.12 可知，描述了样本容量 N、样本的均值 Mean、标准差 Std. Deviation 以及均值标准差 Std. Error Mean 的信息。从描述信息可以看出，在终身从教的态度上，男生、女生均值分别为 2.11 和 1.95，表明男生、女生均不太愿意终身从事教育，其中男生的不愿意程度更强。

Group Statistics

	性别	N	Mean	Std. Deviation	Std. Error Mean
终身从教态度	男	87	2.1149	0.81305	0.08717
	女	122	1.9508	0.88001	0.07967

图 9.1.12　不同性别学生的基本描述统计

（2）两独立样本 T 的检验结果。根据图 9.1.13 分析结论应通过两步完成，Levene's Test for Equality of Variances 为方差齐性检验，该检验的 F 统计量的观测值为 2.32，对应的概率 P 值（Sig.＝0.130）大于显著性水平 0.05，因此两总体的方差无显著差异，应看第一行（Equal variances assumed）的 t 检验结果；在 Equal variances assumed（等方差假设）下 Sig.（2-tailed）为 0.172，大于显著性水平 0.05，因此两总体的均值无显著差异，即认为不同性别的学生对终身从教的态度是一致的。

		Levene's Test for Equality of Variances		t-test for Equality of Means						
									95% Confidence Interval of the Difference	
		F	Sig.	t	df	Sig. (2-tailed)	Mean Difference	Std. Error Difference	Lower	Upper
终身从教态度	Equal variances assumed	2.316	0.130	1.37	207	0.172	0.1641	0.11967	-0.07181	0.40006
	Equal variances not assumed			1.39	193.6	0.166	0.1641	0.11809	-0.06879	0.39704

图 9.1.13 两独立样本 T 的检验结果

9.1.5 两配对样本的 T 检验

两配对样本的 T 检验（Paired-Samples T Test）用于检验来自正态总体的两个彼此相关的样本均值之间的差异。即利用来自两个总体的配对样本，推断两个总体的均值是否存在显著差异。

配对样本可以是同一受试对象处理前后的比较，也可以是对某实物两个不同侧面的描述。例如，检验学生培训前后测验成绩是否存在差异、不同的教学方式对学生成绩是否存在显著影响等。它与独立样本 T 检验的差别之一就是要求样本是配对的。

温馨告知

配对样本通常具有两个特征：第一，两组样本的样本数相同；第二，两组样本观测值的先后顺序一一对应。

1. 两配对样本 T 检验的基本思路

原假设 H_0：两总体的均值无显著差异。

两配对样本 T 检验基本思路与假设检验是完全相同的，同样分为四个步骤。

小案例解析

SPSS 两配对样本的 T 检验分析要求定义一组配对变量，我们以一个简单的例子来描述基本操作步骤，学生在进行培训前后的成绩差异，假设参加培训前后学生成绩没有差异，数据如图 9.1.14 所示。

图 9.1.14 两配对样本 T 检验数据

(1) 提出原假设。H_0：假设学生培训前后的成绩无显著差异，即 $H_0: \mu_1 - \mu_2 = 0$。其中 μ_1、μ_2 分别为培训前总体、培训后总体的均值。

(2) 选择检验统计量 T。两配对样本 T 检验所采用的检验统计量与单样本 T 检验类似，它是通过转化成单样本 T 检验来实现的。

(3) 计算 t 统计量的观测值以及相应的概率 P 值。SPSS 自动统计培训前后两组样本的差值，并计算出 t 统计量的观测值和概率 P 值。

(4) 设定显著性水平 $\alpha = 0.05$，做出决策。将显著性概率 α 和检验统计量概率 P 进行比较，如果 $P > 0.05$，接受原假设，否则认为培训前后学生成绩有显著差异。

对单样本 T 检验、两独立样本 T 检验和两配对样本 T 检验可以看出三种分析方法的主要思路是相似的，均分为四个步骤。

2. 两配对样本 T 检验的操作步骤

在 SPSS 中进行两配对样本 T 检验的主菜单：【Analyze】→【Compare Means】→【Paired-Samples T Test】，我们结合具体案例对数据进行检验。

在 9.1.5.1 案例的基础上进行数据分析操作，分析培训前后学生的成绩是否存在差异，采用两配对样本 T 检验可进行分析。

操作步骤:

(1) 选择菜单:【Analyze】→【Compare Means】→【Paired-Samples T Test】,出现如图 9.1.15 所示的窗口,选择需要配对的参数,至少必须选择两项配对,将配对好的参数"培训前成绩—培训后成绩"放入配对变量框"Paired Variables"中。

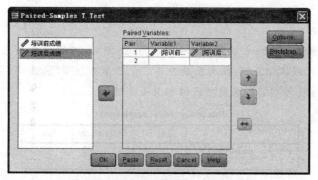

图 9.1.15　两配对样本 T 检验窗口

(2) 选择"Options"按钮定义其他选项,出现如图 9.1.16 所示窗口,指定置信概率"Confidence Interval Percentage"和缺失值"Missing Values"的处理方法。

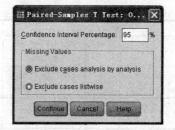

图 9.1.16　两配对样本检验 Option 选项

扫一扫,观看"两配对样本 T 检验"操作视频

(3) 单击"Continue"按钮后再单击"OK"按钮即执行了 SPSS 操作。

3. 两配对样本 T 检验的结果分析

 小案例解析

在上一小节的案例中实现了如何使用 SPSS 软件对数据进行操作,本小节我们将对其输出数据进行分析。

(1) 基本描述统计结果。如图 9.1.17 可知,配对样本统计量列出了两配对样本的均值、样本容量、标准差以及平均标准差信息,而且培训前成绩均值(72.5)远小于培训后成绩(87.5667),可见培训后学生的平均成绩得到提升。

Paired Samples Statistics					
		Mean	N	Std. Deviation	Std. Error Mean
Pair 1	培训前成绩	72.5000	30	7.22901	1.31983
	培训后成绩	87.5667	30	7.58712	1.38521

图 9.1.17　基本描述统计量

（2）两配对样本相关性检验结果。如图 9.1.18 所示，其中的相关系数（Correlation）显示了配对样本的线性相关性，相关系数为 0.206，显著性概率（Sig. = 0.275）>显著性水平 0.05，这说明学生培训前后的成绩线性相关关系较弱。

Paired Samples Correlations				
		N	Correlation	Sig.
Pair 1	培训前成绩 & 培训后成绩	30	.206	.275

图 9.1.18　配对样本相关性检验表

（3）两配对样本 T 检验结果。如图 9.1.19 可知，t 统计量观测值的 Sig. (2-tailed) = 0.000，小于显著性水平 0.05，故 $P<\alpha$，拒绝原假设，认为培训前后学生的成绩有显著差异。

Paired Samples Test									
		Paired Differences							
					95% Confidence Interval of the Difference				
		Mean	Std. Deviation	Std. Error Mean	Lower	Upper	t	df	Sig. (2-tailed)
Pair 1	培训前成绩 - 培训后成绩	-15.066	9.340	1.705	-18.554	-11.579	-8.835	29	.000

图 9.1.19　两配对样本 T 检验结果

实践活动

在上一章的实践活动中大家已经在 SPSS 中建立了调查研究的数据文件，请大家根据本节所学的分析方法对已建的数据进行参数检验，并对分析的结果进行解释以得出结论。

9.2　研究数据的方差分析

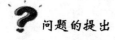

问题的提出

通过反复的试验我们会收集到诸多数据，但是如何发现其中的内在规律呢？方差分析为我们找出数据间的矛盾提供了有效的统计方法，比如哪些因素对某事物有显著影响，这些因素是如何产生影响的。那么,到底什么是方差分析,如何进行方差分析以及方差分析的结果有什么意义呢?本节将带您学习这种非常重要的数据分析方法——方差分析。

核心概念

> 方差分析(ANOVA)又称变异数分析或 F 检验,主要从数据间的差异入手,分析哪些因素是影响数据差异的众多因素中的主要因素。

方差分析是一种定性的统计方法,用于两个及两个以上样本均数差别的显著性检验。其主要内容包括:单因素方差分析、双因素方差分析、多因素方差分析、协方差分析、多元方差分析、重复设计方差分析等,本书仅对单因素方差分析和多因素方差两种分析方式进行讲解,这两种分析方式在我们教育技术研究中应用非常普遍。

9.2.1 方差分析的概述

通常,如果对某事物进行研究,有必要对影响其发展的各因素进行分析,找出事物的内在规律性。例如:在教学活动中,我们总是希望在有限的时间内达到最优的教学效果。这就需要首先分析教学效果究竟受到哪些因素的影响。如:教学内容、教学方法、教学手段、教学艺术、学生原有的智力水平等,都可能会对教学效果带来或多或少的影响,那么如何掌握具体的影响因素以优化教学呢?方差分析就可以帮助我们实现对影响因素的分析。表 9.2.1 为我们列出了几种变量。

表 9.2.1 几种不同的变量

变量名称	变量释义	示例
控制因素(控制变量)	能够人为控制的影响因素	如教学手段、教学内容等
随机因素(随机变量)	难以人为控制的变量	如学生原有的智力水平
观察变量	受控制因素和随机因素影响的事物	如我们要研究的教学效果

方差分析就是要分析控制变量的不同水平是否对观察变量产生了显著影响。根据控制变量的个数,我们将方差分析分成单因素方差分析和多因素方差分析。

9.2.2 方差分析的基本思路

1. 方差分析的基本假定

假如分析采用四种不同教学手段对教学效果的影响,其基本假设有以下几点。

(1) 每个总体服从或者近似服从正态分布。对于因素的每一个水平,其观测值是来自于服从正态分布总体的简单随机样,比如学生的学习成绩(以此来表明教学效果)必须服从正态分布。

(2) 各个总体的方差必须相同。对于各组观察数据,是从具有相同方差的总体中抽取的,比如不同教学手段的教学成绩的方差都相同。

(3) 观测值是独立的。比如每个班级的成绩与其他班级的成绩独立,之间不存在相互影响。

在上述假定条件下,判断教学手段对教学效果是否有显著影响,实际上也就是检验具有相同方差的四个班级的均值是否相等的问题。如果四个总体的均值相等，可以期望四个样本的均值也会很接近。四个样本的均值越接近，我们推断四个总体均值相等的证据也就越充分；样本均值越不同，我们推断总体均值不同的证据就越充分。

如果原假设成立，即 $H_0: m_1=m_2=m_3=m_4$。

四种教学手段的教学成绩均值都相等，没有系统误差。这意味着每个样本都来自均值为 μ、方差为 σ^2 的同一正态总体。

如果备择假设成立，即 $H_1: m_i(i=1,2,3,4)$ 不全相等。

即至少有一个总体的均值是不同的，有系统误差，这意味着四个样本分别来自均值不同的四个正态总体。

2. 方差分析的意义

方差分析的用途有：(1) 两个或多个样本均数间的比较；(2) 分析两个或多个因素间的交互作用；(3) 回归方程的线性假设检验；(4) 多元线性回归分析中偏回归系数的假设检验；(5) 两样本的方差齐性检验等。

9.2.3 单因素方差分析

单因素方差分析也称作一维方差分析，即测试某一个控制变量的不同水平是否给观察变量造成了显著的差异和变动。顾名思义，单因素方差分析即研究单个因素对观测变量的影响。

单因素方差分析在教育研究中非常普遍，例如：测试教学手段的不同是否给学生成绩造成显著差异；考察专业的不同是否给毕业生的就业率带来显著差异；分析学历的不同是否对工资收入产生显著影响等。

1. 单因素方差分析的基本思路

原假设 H_0：控制变量不同水平下观测变量各总体的均值无显著差异。

方差分析也属于推断统计中的假设检验问题，其基本思路与上一节的参数检验完全一致。

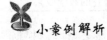
小案例解析

选择"免费师范生远程可视化学习平台需求调查问卷"的"B 关于免费师范生"部分的第 8 题：

8. 您愿意终身从教吗？

□愿意　　□不确定　　□不愿意

针对此项指标，推断地区对学生终身从教态度是否有显著影响，以便我们了解不同地区的同学对终身从教的态度差异。可见，学生终身从教的态度是观测变量，学生所属地区是控制变量。

(1) 提出原假设。

H_0：假设不同的地区没有对终身从教态度产生显著影响，控制变量地区在直辖市或省会城市、地级市、县级市或县城、乡镇、农村这五种水平下的效应同时为 0，记为 $a_1=a_2=a_3=a_4=a_5=0$。其中 a_1、a_2、a_3、a_4、a_5 分别为直辖市或省会城市、地级市、县级市或县城等五个地区对从教态度的效应。

(2) 选择检验统计量 F。

我们知道参数检验采用的是 T 检验量,而本节中的方差分析则采用的是 F 统计量,它服从 $(k-1, n-k)$ 个自由度的 F 分布,其公式如下:

$$F = \frac{SSA/(k-1)}{SSE/(n-k)} = \frac{MSA}{MSE}$$

其中,n 为总样本数,$k-1$ 和 $n-k$ 分别为 SSA 和 SSE 的自由度,MSA 是平均组间平方和,MSE 是平均组内平方和,其目的是消除水平数和样本数对分析带来的影响。具体的公式推导请参考统计类相关书籍。

(3) 计算检验统计量观测值和概率 P 值。

计算 F 统计量的观测值以及相应的概率 P 值,SPSS 会自动将相关数据代入上述公式执行计算。如果地区对学生态度造成了显著影响,F 值将显著大于 1;反之,如果地区没有对学生态度造成显著影响,F 值接近 1,学生态度的变差可归结为由随机变量造成。

(4) 设定显著性水平 α,做出决策。

设定显著性概率 $α=0.05$,将 α 和 F 检验统计量概率 P 进行比较,如果 $P>0.05$,接受原假设,认为控制变量不同水平下观测变量各总体的均值无显著差异,即地区的不同对终身从教态度没有产生显著影响;反之拒绝原假设,认为控制变量不同水平下观测变量各总体的均值存在显著差异,即地区的不同对终身从教态度产生了显著影响。

2. 单因素方差分析的操作步骤

在使用 SPSS 软件进行单因素方差分析时,要先明确控制变量和观测变量,并分别定义两个变量存放观测变量值和控制变量值的水平值。在 SPSS 中进行单因素方差分析的操作为:【Analyze】→【Compare Means】→【One-Way ANOVA】,我们结合具体案例对数据进行检验。

 小案例解析

选择"免费师范生远程可视化学习平台需求调查问卷"的"A 个人情况"部分的第 5 题和"B 基本信息"部分的第 7 题:

5. 您家居住在:
□直辖市或省会城市　　□地级市　　□县级市或县城　　□乡镇　　□农村

8. 您愿意终身从教吗?
□愿意　　□不确定　　□不愿意

分析不同地区的同学对终身从教的态度差异,地区为控制变量。

操作步骤:

(1) 选择菜单:【Analyze】→【Compare Means】→【One-Way ANOVA】,将"终身从教态度"移入观测变量框【Dependent List】,将"地区"移入控制变量框【Factor】中,如图 9.2.1 所示。

【Dependent List】是需要分析的变量,可选入多个观察变量(因变量),【Factor】为控制变量,该控制变量有几个不同的取值表示有几个不同的水平,本例中控制变量"地区"有"直辖市或省会城市""地级市""县级市或县城""乡镇""农村"五个不同水平。

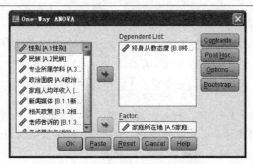

扫一扫,观看"单因素方差分析"操作视频

图 9.2.1 单因素方差分析窗口

(2) 系统默认的显著性水平为 0.05,点击【Post Hoc】进入图 9.2.2 所示的窗口,可以根据实际情况对"Significance level"进行修改,本例使用默认值。

(3) 单击"OK"按钮提交给 SPSS 自动分析即可。在实际研究中我们如果需要获取更多信息,有必要对数据进行进一步检验,选择"Options"按钮,一般勾选的选项为统计描述(Descriptive)、方差齐性检验(Homogeneity of variance test)和均值折线图示(Means plot),并设置了缺失值的处理方法,如图 9.2.3 所示。

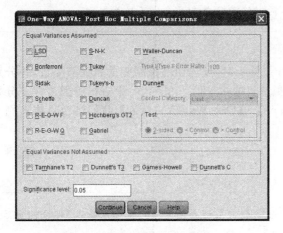
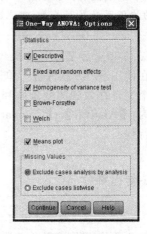

图 9.2.2 单因素方差分析子窗口　　　图 9.2.3 单因素方差分析子窗口

知识卡片

对"Options"中选项的说明

Statistics:选择一些附加的统计分析项目,有统计描述(Descriptive)和方差齐性检验(Homogeneity of variance test)。本例中为保证数据符合正态分布的前提,可勾选该项首先进行验证。

Means plot:用各组均数作图,以直观地了解它们的差异。

Missing values:定义数据分析中对缺失值的处理方法,方法之一是当具体分析用到的变量有缺失值才去除该记录(Excludes cases analysis by analysis),之二是只要相关变量有缺失值,则在所有分析中均将该记录去除(Excludes cases listwise)。默认为前者,以充分利用数据。

3. 单因素方差分析的结果分析

根据上一小节的操作,SPSS 软件输出相应的分析结果,本小节我们对输出结果进行分析。

小案例解析

在上一小节中,在单因素方差分析中勾选了统计描述、方差齐性检验和均值折线图示,本小节我们将对输出结果进行分析。

在问卷中的"终身从教意愿"调查中,"1"代表"愿意";"2"代表"不确定";"3"代表"不愿意",数值越小意愿越强烈。

(1) 基本描述统计结果。如图 9.2.4 所示,统计了各样本总体的样本容量 N、均值 Mean、标准差 Std. Deviation、均值标准差 Std. Error Mean 等信息。

Descriptives

终身从教态度

	N	Mean	Std. Deviation	Std. Error	95% Confidence Interval for Mean		Minimum	Maximum
					Lower Bound	Upper Bound		
直辖市或省会城市	21	2.0952	.94365	.20592	1.6657	2.5248	1.00	3.00
地级市	21	1.9048	.70034	.15283	1.5860	2.2236	1.00	3.00
县级市或县城	33	1.9697	.88335	.15377	1.6565	2.2829	1.00	3.00
县城	38	2.0263	.91495	.14842	1.7256	2.3271	1.00	3.00
乡镇	85	2.0706	.85619	.09287	1.8859	2.2553	1.00	3.00
农村	10	1.8000	.78881	.24944	1.2357	2.3643	1.00	3.00
Total	208	2.0192	.85670	.05940	1.9021	2.1363	1.00	3.00

图 9.2.4 基本描述统计结果

(2) 数据方差齐性检验结果。如图 9.2.5 所示,该结果为单因素方差分析的方差是否相等的检验结果,即检查是否满足方差分析的前提。不同地区学生的终身从教态度的方差齐次检验值为 2.058,F 统计量的两个自由度分别为 5 和 202,检验结果的相伴概率 $P(\text{Sig.} = 0.072) >$ 显著性水平 0.05,基本满足了单因素方差中方差相等的要求。

Test of Homogeneity of Variances

终身从教态度

Levene Statistic	df1	df2	Sig.
2.058	5	202	.072

图 9.2.5 方差齐次性检验结果

(3) 均值折线图示结果。图 9.2.6 直观印证了基本描述图中不同地区各总体的态度,可见直辖市或省会城市的学生更加不愿意终身从教,相比而言,农村的学生终身从教的意愿最高。

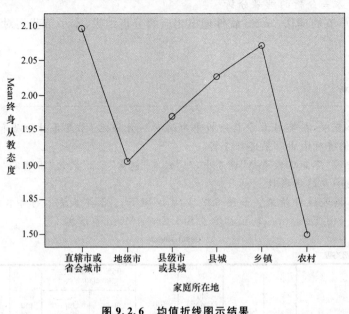

图 9.2.6 均值折线图示结果

(4) 差异分析结果。假设不同地区的学生在终身从教态度上没有差异,如图 9.2.7 所示,观测变量终身从教态度的离差平方总和为 151.923;如果仅考虑地区这一因素的影响,则终身从教态度总变差中,不同地区可解释的变差为 1.184,抽样误差引起的变差为 150.739,它们的方差分别为 0.237 和 0.746,相除所得的 F 统计量的观测值为 0.317,对应的概率 P 值(Sig.=0.902)>显著性水平 0.05,即 $P > \alpha$,则应该接受原假设,认为不同的地区对终身从教态度没有产生显著影响,不同地区对从教态度的影响效应都近似于 0。

ANOVA

终身从教态度

	Sum of Squares	df	Mean Square	F	Sig.
Between Groups	1.184	5	.237	.317	.902
Within Groups	150.739	202	.746		
Total	151.923	207			

图 9.2.7 差异分析结果(地区)

 温馨告知

如果不勾选【Options】中的相关选择,那么输出仅表现为上例结果展示中(4)差异分析结果。而其他几部分基本选项对我们全面获取数据信息和合理解释数据提供了依据。当然并不是说信息输出越多越好,具体的选择需要看实际的研究需求,否则冗余的输出信息只会造成信息负担。请记住不要以"性别"为控制变量执行方差分析,只有多于两个水平的变量才考虑使用方差分析!

9.2.4 多因素方差分析

与单因素方差分析不同,多因素方差分析的控制变量为两个或两个以上,其研究目的是要分析多个控制变量的作用及相互作用,以及其他随机因素作用是否对观察变量的分布产生显著影响。

从其定义可知,多因素方差分析有两方面的功能:第一,分析多个因素对观测变量的单独影响;第二,分析多个控制因素的交互作用对观测变量的影响。例如,分析不同教学手段、不同教学内容对教学效果的影响时,可将学生成绩作为观测变量,教学手段和教学内容作为控制变量,利用多因素方差分析研究不同教学手段、不同教学内容对教学效果有什么影响,并可进一步研究哪种教学手段与哪种教学内容的组合能够促进教学效果的最优化。

1. 多因素方差分析的基本思路

原假设 H_0:各控制变量不同水平下观测变量各总体的均值无显著差异,控制变量各效应和交互作用效应应该同时为 0。

方差分析也属于推断统计中的假设检验问题,其基本思路与上一节的参数检验完全一致。

小案例解析

> 选择"免费师范生远程可视化学习平台需求调查问卷"的"A 个人情况"部分的第 3 题、第 5 题和"B 基本信息"部分的第 7 题:
> 3. 您的专业所属学科门类:
> □文科　　□理科　　□工科　　□艺术类　　□体育　　□其他
> 5. 您家居住在:
> □直辖市或省会城市　　□地级市　　□县级市或县城　　□乡镇　　□农村
> 7. 您愿意终身从教吗?
> □愿意　　□不确定　　□不愿意
>
> 针对此项指标,推断专业类别、地区分别对学生终身从教态度是否有显著影响,同时推断两者共同作用是否对学生从教态度有显著影响。可见学生终身从教的态度是观测变量,学生专业类别、学生地区是控制变量。
>
> (1) 提出原假设。
>
> H_0:假设不同的专业类别、不同地区以及不同专业类别和不同地区的相互作用均没有对终身从教态度产生显著影响,即控制变量各效应和交互作用效应同时为 0,此例记为:
>
> $H_{0a}: a_1 = a_2 = a_3 = a_4 = a_5 = a_6 = 0$(六个不同专业类别对态度无显著影响,效应为 0)。
>
> $H_{0b}: b_1 = b_2 = b_3 = b_4 = b_5 = 0$(五个不同级别的地区对态度无显著影响,效应为 0)。
>
> $H_{0a \times b}: (ab)_{11} = (ab)_{12} = \cdots = (ab)_{65} = 0$(专业类别、地区的相互作用对态度无显著影响,效应为 0)。
>
> (2) 选择检验统计量 F。
>
> 多因素方差分析采用的检验统计量为 F 统计量,本例中有专业类别、地区两个控制变量,则通常对应三个 F 检验统计量,各 F 检验统计量为:

$$F_a = \frac{SSA/(k-1)}{SSE/k(l-1)} = \frac{MSA}{MSE}$$

$$F_b = \frac{SSA/(r-1)}{SSE/kr(l-1)} = \frac{MSA}{MSE}$$

$$F_{ab} = \frac{SSA/(k-1)(r-1)}{SSE/kr(l-1)} = \frac{MSAB}{MSE}$$

其中,控制变量 a 有 k 个水平, b 有 r 个水平,每个交叉水平下均有 l 个样本。具体的公式推导请参考统计类相关书籍。

(3) 计算检验统计量观测值和概率 P 值。

计算 F 统计量的观测值以及相应的概率 P 值,SPSS 会自动将相关数据代入上述公式执行计算。如果控制变量对学生态度造成了显著影响,F 值将显著大于 1;反之,如果没有对学生态度造成显著影响,F 值接近 1,学生态度的变差可归结为由随机变量造成。

(4) 设定显著性水平 α,做出决策。

设定显著性概率 $\alpha = 0.05$,将 α 依次与各个检验统计量 F 的概率 P 比较,如果 $P > 0.05$,接受原假设,认为控制变量 A 不同水平下观测变量各总体的均值无显著差异,即专业类别的不同对终身从教态度没有产生显著影响;反之拒绝原假设,认为控制变量不同水平下观测变量各总体的均值存在显著差异,即专业类别的不同对终身从教态度产生了显著影响。对控制变量地区、专业类别、地区相互作用的推断同理。

2. 多因素方差分析的操作步骤

在使用 SPSS 软件进行多因素方差分析时,同样需要先明确各个控制变量和观测变量。在 SPSS 中进行多因素方差分析的主菜单:【Analyze】→【General Lineal Model】→【Univariate】,我们结合具体案例对数据进行检验。

小案例解析

在前面案例的基础上进行数据操作,其原假设有三个:(1) 不同专业对学生终身从教的态度没有产生显著影响;(2) 不同地区的学生对终身从教态度没有产生显著影响;(3) 专业类别和地区对学生终身从教的态度没有产生显著影响。

操作步骤:

(1) 选择【Analyze】→【General Lineal Model】→【Univariate】,出现图 9.2.8 所示窗口。将"终身从教态度"移入观测变量框"Dependent Variable","将"专业所属学科""家庭所在地"移入控制变量框"Fixed Factor(s):"中。其中,"Dependent Variable"是需要分析的变量,"Factor"为控制变量。

(2) 系统默认的显著性水平为 0.05,点击"Options"进入图 9.2.9 所示的窗口,可以根据实际情况对"Significance level"进行修改,本例使用默认值。

扫一扫,观看"多因素方差分析"操作视频

| 图 9.2.8 多因素分析窗口 | 图 9.2.9 多因素分析窗口 |

(3) 单击"OK"按钮提交给 SPSS 自动分析即可。

3. 多因素方差分析的结果分析

根据上一小节的操作 SPSS 软件输出相应的分析结果,本小节我们对输出结果进行分析。

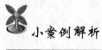小案例解析

在问卷中的"终身从教意愿"调查中,"1"代表"愿意";"2"代表"不确定";"3"代表"不愿意",数值越小从教意愿越强烈。

从图 9.2.10 中可以看出,专业类别的 F 统计量为 1.163,相伴概率 P 值(Sig. = 0.329)

Tests of Between-Subjects Effects

Dependent Variable:终身从教态度

Source	Type III Sum of Squares	df	Mean Square	F	Sig.
Corrected Model	13.958a	26	.537	.704	.854
Intercept	184.564	1	184.564	242.136	.000
A.3专业所属学科	4.433	5	.887	1.163	.329
A.5家庭所在地	2.538	5	.508	.666	.650
A.3专业所属学科 * A.5家庭所在地	9.073	16	.567	.744	.746
Error	137.965	181	.762		
Total	1000.000	208			
Corrected Total	151.923	207			

a. R Squared = .092 (Adjusted R Squared = -.039)

图 9.2.10 检验结果

>显著性水平 0.05,接受零假设,认为不同的专业类别对学生的终身从教态度没有显著性影响;地区的 F 统计量为 0.666,相伴概率 P 值(Sig.=0.650)>显著性水平 0.05,接受零假设,认为不同的地区对学生的终身从教态度没有显著性影响;专业类别、地区交互作用下得出的 F 统计量为 0.744,相伴概率 P 值(Sig.=0.746)>显著性水平 0.05,接受零假设,认为不同的专业类别、不同的地区交互作用下,对学生的终身从教态度没有显著性影响。最终结论为:专业类别对学生的终身从教态度没有影响,地区对学生的终身从教态度没有影响,两者交互对学生的终身从教态度没有影响。

实践活动

针对"免费师范生远程可视化学习平台需求调查问卷"数据,请在本章案例的基础上分析:(1)不同专业类别的同学支教态度是否存在显著差异;(2)不同专业类别且不同地区的学生支教态度是否存在显著影响;(3)请对分析出来的数据进行解释。

9.3 研究数据的非参数检验

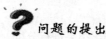

问题的提出

非参数检验与参数检验共同构成了统计推断的基本内容。在本章第一节我们学习了参数检验,并且提及了非参数检验的概念,那么到底什么是非参数检验、它与参数检验的区别和联系是什么?如何在研究中使用非参数检验呢?本节我们带领大家学习非参数检验这一统计方法。

核心概念

非参数检验(Nonparametric Tests)也称作无分布检验,指总体分布不要求服从正态分布或总体分布情况不明时,用来检验数据资料是否来自同一个总体的统计检验方法。

非参数统计方法开始于 20 世纪中期,早期的符号检验可以追溯到 18 世纪。非参数检验是统计推断的重要组成部分,它与参数检验共同构成统计推断的基本内容。

9.3.1 非参数检验的概述

非参数检验在推断过程中不涉及有关总体分布的参数,因而叫作"非参数"检验。

数理统计中,对所研究对象——总体统计规律的认识总是从两条途径进行的。当对总体有所了解时,例如已知总体服从的分布,但却未知总体分布的参数,需要利用样本资料携带的总体信息,对未知的参数做出估计或者假设检验。SPSS 所提供的均值比较过程以及许多分析过程中涉及的参数假设检验都是处理这类问题的。然而,在实际问题中,往往并不知道总体所服从的分布,这是需要根据观测资料来推断总体是否服从某种已知形式的分布。非参数检验(Nonparametric Tests)就是来解决此类问题的。

非参数检验是在总体分布形式未知或知之甚少的情况下,利用样本数据对总体分布形态进行推断的方法。这类方法的假定前提比参数性假设检验方法少得多,也容易满足,适用于计量信息较弱的资料,所以在实际中有广泛的应用。

一般而言,非参数检验适用于以下三种情况:第一,顺序类型的数据资料,这类数据的分布形态一般是未知的;第二,虽然是连续数据,但总体分布形态未知或者非正态,这和卡方检验一样,称为自由分布检验;第三,总体分布虽然是正态分布,数据也是连续类型,但样本容量极小,如 10 以下。

虽然 T 检验被称为小样本统计方法,但样本容量太小时,代表性毕竟很差,最好不要用要求较严格的参数检验法。

9.3.2 非参数检验的基本思路

非参数检验法从实质上讲,只是检验总体分布的位置(中位数)是否相同,所以对于总体分布已知的样本也可以采用非参数检验法,但是由于它不能充分利用样本内所有的数量信息,检验的效率一般要低于参数检验方法,而且满足参数检验的数据也能够进行非参数检验。非参数检验的一般方法如表 9.3.1 所示。

表 9.3.1 非参数检验的方法

检验法 \ 条件	零假设 H_0	适用样本
符号检验	配对观察结果的差进行平均等于零	配对样本
配对符号秩检验	其零假设基本上和符号检验以及用于配对样本的 t 检验的零假设相同	配对样本
秩和检验	样本来自的两个总体具有完全相同的形式	独立样本
游程检验	根据混合样本中两样本交错的次数来检定秩交错次数是随机的	独立样本
累积频数检验	独立随机样本取自两个形式完全相同的总体	双样本

既然有些数据能够应用于参数检验又能应用于非参数检验,那么我们如何来选定适当的检验方法呢?

在满足下面两条件之一时,我们期望用非参数检验代替均值差检验:第一,没有根据采用定距尺度,但可以安排数据的顺序(即秩);第二,样本小且不能假定具有正态分布。由于非参数检验不能充分利用全部现有的资料信息。因此,如果有根据采用定距的尺度,并且如果对于小样本能够假定其具有正态性,或对大样本能够放松对正态性假定的要求,一般宁愿使用参数检验,而不用非参数检验。

9.3.3 单样本非参数检验

单样本非参数检验是对单个总体的分布形态进行推断,即了解样本来自的总体分布是否与某个已知的理论分布吻合。

单样本非参数检验主要包括卡方检验、二项分布检验、K-S 检验等方法,本节主要对卡方检验进行介绍。

1. 卡方检验的基本思路

卡方检验(Chi-Square Test)对定序变量的总体分布进行检验,适合对有多项分类值的总体分布的分析。

卡方检验的零假设 H_0:样本来自的总体其分布形态与期望分布或某一理论分布无显著差异。

总体分布的卡方检验原理:如果从一个随机变量 X 中随机抽取若干个观察样本,这些观察样本落在 X 的 k 个互不相交子集中的观察频数服从一个多项分布,这个多项分布的那个 k 趋于无穷时,就近似服从 X 的总体分布。

总体分布的卡方检验就是根据样本数据推断总体的分布与期望分布的某一理论是否有显著差异,它适合对有多项分类值的总体分布的分析,如学生期末成绩的及格和不及格比例是否满足 6∶1,学生成绩优秀、中等、较差是否满足 2∶3∶1 的比例等。

 小案例解析

> 选择"中国高校信息化应用质量与效果评价调查问卷(华师学生)"中"个人信息"部分的科类调查:
> 您的基本信息:
> 科类 □文史 □理工 □艺体
> 为了了解问卷调查的科类覆盖范围是否合理,推断文史、艺体、理工学生的比例是否满足 2∶2∶1 这一比例,该问题涉及分析某一个变量的各个水平是否有同样比例,可以使用卡方检验。在对学生科类进行界定中,"1"代表"文史";"2"代表"理工";"3"代表"艺体"。
>
> (1) 提出原假设。
> H_0:在文件发放范围中文史、艺体、理工学生的比例满足 2∶2∶1 这一比例,则备选假设 H_1:文史、艺体、理工学生的比例不满足 2∶2∶1 这一比例。
>
> (2) 卡方检验统计量。
>
> $$x^2 = \sum_{i=1}^{k} \frac{(O_i - E_i)^2}{E_i}$$
>
> 该公式中,k 为子集个数,O_i 为观察频数,E_i 为期望频数或理论频数。可见,x^2 越大,观察频数与理论频数差距越大;x^2 越小,观察频数与理论频数越接近。
>
> (3) 计算检验统计量和概率 P 值。
> SPSS 自动计算 x^2 统计量,根据 x^2 分布表计算出卡方统计量对应的相伴概率 P。

(4) 设定显著性水平 α＝0.05，做出决策。

将显著性概率 α 和检验统计量概率 P 进行比较，如果 P＞0.05，接受原假设，认为样本来自的总体分布形态与期望分布没有显著差异，否则认为文史、艺体、理工学生的比例不满足 2∶2∶1 这一比例。

2. 卡方检验的操作步骤

在 SPSS 中进行卡方检验的主菜单：【Analyze】→【Nonparametric Tests】→【Legacy Dialogs】→【Chi-Square】，我们结合具体案例对数据进行检验。

 小案例解析

在前面案例的基础上进行卡方检验的实际操作，分析文史、艺体、理工学生的比例是否满足 2∶2∶1 这一比例。

操作步骤：

(1) 选择菜单：【Analyze】→【Nonparametric Tests】→【Legacy Dialogs】→【Chi-Square】，出现如图 9.3.1 所示窗口，将要检验的变量"科类"置入"Test Variable List"检验变量框，在"Expected Range"中选择"Use specified range"以确定待检验样本的取值范围，本例中设置 Lower 为"1"，Upper 为"3"，将学生科类的范围值确立。

(2) 在"Expected Values"框中设置期望分布的频数，本例选择"Values"，通过"Add"按钮添加相应的值来代表设置分组的期望频数，本例"文史""理工""艺体"期望分布为 2∶2∶1。

(3) 单击"OK"按钮提交分析命令即可。同时也可以单击"Options"进行统计数据基本信息，方式与前续章节类似，不再赘述。

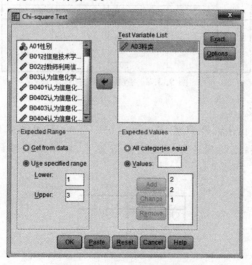

图 9.3.1　卡方检验窗口

扫一扫，观看"单样本非参数检验"操作视频

 知识卡片

对卡方检验界面框中设置项的说明

Test Variable List:检验变量框中可放置一个或多个检验变量,如果选择了多个检验变量,检验针对每一个变量进行。

Expected Range:期望检验范围,包括两个选项:Get from data 是系统默认选项,是将数据中遇到的每个不同的数值定义为一个分类,即检验范围为原始数据最小值到最大值所界定的范围;Use specified range 指定一个特殊的检验范围,Lower 和 Upper 分别为检验范围的下限和上限。

Expected Values:期望值子栏目,包括两个单选项:All categories equal 是系统默认选项,是所有各分类有相等的期望值,意味着检验的总体服从均匀分布;Values 允许用户指定期望比例,输入期望概率值,单击 Add 添加,通过"Change"和"Remove"按钮进行修改。

Exact:表示做精确检验。

3. 卡方检验的结果分析

 小案例解析

在上一小节的案例中实现了如何使用 SPSS 软件对数据进行卡方检验,接下来我们将对其输出数据进行分析。

(1)分析数据信息。

如图 9.3.2 所示,在 307 个观察数据中,文史、理工、艺体类学生实际人数分别为 110 人、120 人、77 人,按照理论分布,307 人在三类学科中的期望频数应为 122.8、122.8、61.4,实际观察频数与期望频数的差分布为 -12.8、-2.8、15.6。

Frequencies

1	文史	110	122.8	-12.8
2	理工	120	122.8	-2.8
3	艺体	77	61.4	15.6
Total		307		

图 9.3.2　数据统计信息

(2)卡方检验结果。

如图 9.3.3 所示,相伴概率 P 值(Sig. =0.069)>0.05,因此不能拒绝原假设,可以认为样本来自的总体与指定的理论分布没有显著差异,即参与调研的学生人数与文史、理工、艺体类的关系满足 2∶2∶1。

Test Statistics

Chi-Square[a]	5.362
df	2
Asymp. Sig.	.069

a. 0 cells (.0%) have expected frequencies less than

图 9.3.3　卡方检验结果

温馨告知

> 卡方检验是一种吻合性检验,一般要求待检验样本有较大的样本容量,比较适合于一个因素的多项分类的数据分析。卡方检验的数据是实际收集到的样本数据,而非频数数据。

9.3.4 两独立样本非参数检验

独立样本是指在一个总体中随机抽样对另一个总体中的随机抽样没有影响的情况下所获得的样本。

在均值比较的两个独立样本的 T 检验过程中,假定了两个样本都是来自于正态总体。然而,在实际中我们往往并不知道所抽取的样本的总体分布形式,这时就可以通过两独立样本的非参数检验对数据进行推断,通过对两组独立样本的分析来推断样本来自的两个总体的分布是否存在显著差异。

1. 两独立样本非参数检验的基本思路

两独立样本的 Mann-Whitney U(曼-惠特尼 U)检验的原假设是:两独立样本来自的两总体的分布无显著差异。

SPSS 两独立样本的非参数检验提供了多种检验方法。我们以 Mann-Whitney U 检验法为例来说明两独立样本的基本分析思路和操作步骤。

 小案例解析

> 某小学尝试在科学这一课程上进行教学方式的改革,改革前先实施小范围的试验研究,旨在了解不同的教学方式是否对学生成绩产生显著影响以避免在牺牲升学率的情况下盲目改革。选择两个水平基本一致的班级作为控制样本和实验样本,其中 X 班级作为控制样本,使用传统教学方式——以教师为主体的讲授式教学;Y 班级作为实验样本,使用改革教学方式——以学生为主体的研究型学习。一个学期后学生期末考试成绩如图 9.3.4 所示。 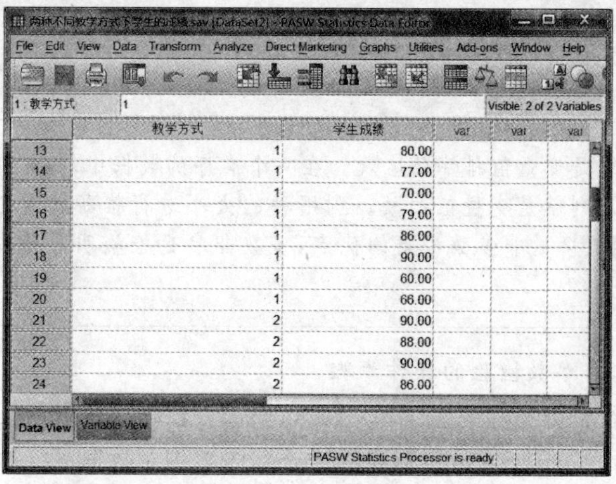
>
> 图 9.3.4 数据信息

(1) 提出原假设。

H_0：分别使用传统教学方式和研究型教学方式进行教学，两个班级的学生成绩没有显著差异，则备选假设 H_1：分别使用传统教学方式和研究性教学方式进行教学，两个班级的学生成绩存在显著差异。

(2) 选择检验统计量。

① 编秩。将传统教学方式和研究性教学方式两个班级的数据 $(X_1, X_2, \cdots, X_m)$ 和 $(Y_1, Y_2, \cdots, Y_m)$ 混合后进行升序排列，求出每个数据的秩 R_i。

② 求平均秩。求出 $(X_1, X_2, \cdots, X_m)$ 样本的平均秩 $W_{X/m}$ 和 $(Y_1, Y_2, \cdots, Y_m)$ 样本的平均秩 $W_{Y/n}$，比较其差距。

③ 比较两组样本秩。两个班级的样本数据 $(X_1, X_2, \cdots, X_m)$ 和 $(Y_1, Y_2, \cdots, Y_m)$ 中，前者每个秩优于后者每个秩的个数为 U_1，后者每个秩优于前者每个秩的个数为 U_2，比较 U_1、U_2。

④ 计算 Wilcoxon w 统计量 W 和 Mann-Whitney U 统计量。

$$U = W - \frac{1}{2}k(k+1)$$

W 取值为数据较多的那一组样本的 W 值，若两组样本容量一样，取第一个变量所在样本组的 W 值，k 为样本 W 对应样本组的容量。若样本容量较大，则计算近似正态分布的 Z 统计量：

$$Z = \frac{U - \frac{1}{2}mn}{\sqrt{\frac{1}{12}mn(m+n+1)}}$$

(3) 计算检验统计量和概率 P 值。

SPSS 自动计算 Z 统计量和相伴概率 P 值。

(4) 设定显著性水平 $\alpha = 0.05$，做出决策。

将显著性概率 α 和检验统计量概率 P 比较，如果 $P > 0.05$，接受原假设，否则认为两种教学方式下的学生成绩存在有显著差异。

温馨告知

简而言之，秩就是变量值排序的名次。在一个有序的数据中，每一变量值都处于某一位置，而这个位置序列就是变量值的秩。利用秩的大小进行推断就避免了不知道背景分布的困难。这也是大多数非参数检验的优点，多数非参数检验明显地或隐含地利用了秩的性质。

2. 两独立样本非参数检验的操作步骤

在 SPSS 中进行卡方检验的主菜单：【Analyze】→【Nonparametric Tests】→【Legacy Dialogs】→【2 Independent Samples】，我们结合具体案例对数据进行检验。

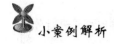小案例解析

我们在前面案例的基础上描述 SPSS 中两独立样本的非参数检验基本操作步骤。

(1) 选择菜单：【Analyze】→【Nonparametric Tests】→【Legacy Dialogs】→【2 Independent Samples】，出现图 9.3.5 所示窗口，将待检验变量"学生成绩"置入检验变量框"Test Variable List："，将指定存放样本标志值的变量"教学方式"的分组变量置入"Grouping Variable"中。

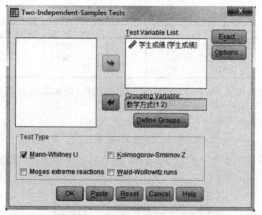

扫一扫，观看"两独立样本非参数检验"操作视频

图 9.3.5　两独立样本非参数检验窗口

(2) 单击"Define Groups"按钮定义两总体的标志值，在 Group 1 和 Group 2 框中以 1（传统的讲授式教学）、2（研究型教学）为标识变量进行区别。定义方式与两独立样本 T 检验类似。

(3) 单击"OK"按钮提交分析命令即可。

知识卡片

对两独立样本检验界面框中设置项的说明

Test Variable List：为检测变量。

Grouping Variable：为分组变量，即以某一变量来区分样本为两个独立样。

Define Group：可对组进行数值的设置，这两个值确定的分组将所选检验变量的观测值分为两组，并将检验变量的其他数值排除在检验分析外。

Test Type：检验方法类型子栏目提供了四种检验方法，分别是：Mann-Whitney U 检验法，用于检验两个独立样本是否来自于同一总体；摩西极端反映（Moses extreme reactions）检验法；柯尔莫哥洛夫-斯米尔诺夫 Z(Kolmogorov-Smirnov Z)检验法，用于检验两个独立样本是否来自于同一个分布的总体；瓦尔德-沃尔夫维兹游程（Wald-Wolfwitz runs）检验法，也是一种检验两个独立样本是否来自于同一总体的方法。具体各方法的介绍请查阅相关书籍。

3. 两独立样本非参数检验的结果分析

根据上一小节的操作，SPSS 软件输出相应的分析结果，本小节我们对输出结果进行分析。

小案例解析

使用默认的检验设置，其输出结果的分析如下。

(1) Mann-Whitney U 检验的秩(Ranks)统计量表。

图 9.3.6 中列出了两个样本的值秩和(Sum of Ranks)以及平均秩(Mean Rank)。

Ranks

	教学方式	N	Mean Rank	Sum of Ranks
学生成绩	传统的讲授型教学	20	16.60	332.00
	研究型教学方式	20	24.40	488.00
	Total	40		

图 9.3.6　Mann Whitney U 检验的秩(Ranks)统计量表

(2) Mann-Whitney U 检验结果。

如图 9.3.7 所示，Mann-Whitney U 检验的概率值 P 值(.Sig=0.035)<显著性水平 0.05，小概率事件发生了，应该拒绝原假设，可见不同教学方式对学生成绩有显著影响。

Test Statistics[b]

Mann-Whitney U	122.000
Wilcoxon W	332.000
Z	-2.118
Asymp. Sig. (2-tailed)	0.034
Exact Sig. [2*(1-tailed Sig.)]	0.035[a]

a. Not corrected for ties.
b. Grouping Variable: 教学方式

图 9.3.7　Mann-Whitney U 检验结果

9.3.5　两配对样本非参数检验

两配对样本非参数检验，是指在对总体分布不甚了解的情况下，通过对两组配对样本的分析，推断样本来自的两个总体的分布是否存在显著差异的方法。

配对样本的抽样是互相关联的，不是相互独立的。通过对两组配对样本的分析，推断样本来自的两个总体的分布是否存在显著差异。例如，新的教学手段是否对学习成绩的提高有影响等。配对样本的说明请参考前文参数检验。

温馨告知

配对样本通常具有两个特征：第一，两组样本的样本数相同；第二，两组样本观测值的先后顺序一一对应。

1. 两配对样本非参数检验的基本思路

两配对样本的 Wilcoxon 符号秩检验的原假设是：两配对样本来自的两总体的分布无显著差异。

SPSS 两配对样本的非参数检验方法包括 McNemar 检验、符号检验、Wilcoxon 符号秩检验等。我们以 Wilcoxon 符号秩检验为例来说明两配对样本的基本分析思路和操作步骤。

小案例解析

我们以一个简单的例子来描述 Wilcoxon 符号秩检验的基本思路。初一体育课上，老师在开学之初对学生的立定跳远初始成绩进行测试，期末考试时再次记录学生跳远成绩，假设经过一学期体育课学习，学生跳远成绩没有差异，数据如图 9.3.8 所示。

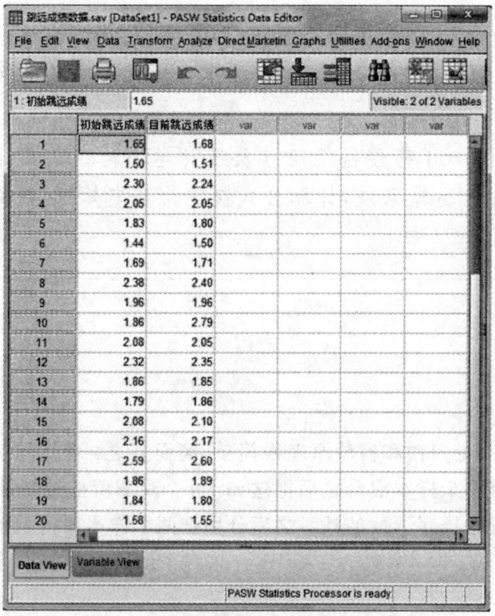

	初始跳远成绩	目前跳远成绩	var	var	var	var
1	1.65	1.68				
2	1.50	1.51				
3	2.30	2.24				
4	2.05	2.05				
5	1.83	1.80				
6	1.44	1.50				
7	1.69	1.71				
8	2.38	2.40				
9	1.96	1.96				
10	1.86	2.79				
11	2.08	2.05				
12	2.32	2.35				
13	1.86	1.85				
14	1.79	1.86				
15	2.08	2.10				
16	2.16	2.17				
17	2.59	2.60				
18	1.86	1.89				
19	1.84	1.80				
20	1.58	1.55				

图 9.3.8　两配对样本非参数检验数据

(1) 提出原假设。

H_0：本学期教学前后学生的跳远成绩相同，即差值的总体中位数 $M_d=0$，则备选假设 H_1：教学前后学生的跳远成绩不相同，即差值的总体中位数 $M_d\neq 0$。

(2) 选择检验统计量。

① 求差值。利用第二组样本的各个观测值减去第一组对应样本的观察值，差值为正记为正号，否则记为负号，保存差值记录，即本例中用“目前跳远成绩”－“初始跳远成绩”，差值数据为 0.03，0.01，－0.06，…，(数据计算略去)，本例中样本数 $n=20$，计算出 20 个差值。

② 编秩。将差值变量按照升序排序，并求出差值变量的秩。

③ 求秩和。分别计算正号秩总和 W_+ 和负号秩总和 W_-。

④ 确定检验统计量。在 H_0 成立的条件下，小样本下的检验统计量 $W=\min(W_+,W_-)$ 服从 Wilcoxon 符号秩分布。在大样本下则利用 W 构造 Z 统计量，它近似服从正态分布：

$$Z = \frac{W - n(n+1)/4}{\sqrt{n(n+1)(2n+1)/24}}$$

(3) 计算检验统计量和概率 P 值。

SPSS 自动计算 Z 统计量和相伴概率 P 值。

(4) 设定显著性水平 $\alpha = 0.05$，做出决策。

将显著性概率 α 和检验统计量概率 P 比较，如果 $P > 0.05$，接受原假设，否则认为本学期教学前后学生的跳远成绩不同，存在显著差异。

温馨告知

Wilcoxon 秩和检验法假设检验的要点：第一，混合编秩、数据相等时取平均秩；第二，分别求两组的秩和 W_+、W_-；第三，以样本量较小组的秩和为检验统计量；第四，查 T 界值表、确定 P 值。

两配对样本的 Wilcoxon 符号秩检验涉及统计学中诸多的概念和定义，SPSS 软件已经为我们提供了智能化的运算系统，计算公式仅作为补充知识，有兴趣的同学请参考统计学相关书籍。

知识卡片

Wilcoxon (Mann-Whitney) 秩和检验原理很简单，简而言之：假定第一个样本有 m 个观测值，第二个有 n 个观测值。将两个样本混合之后把这 $m+n$ 个观测值按升幂排序。

记下每个观测值在混合排序下面的秩。之后分别把两个样本所得到的秩相加。记第一个样本观测值的秩的和为 W_X，第二个样本秩的和为 W_Y。这两个值可以互相推算，称为 Wilcoxon 统计量。

2. 两配对样本非参数检验的操作步骤

在 SPSS 中进行两配对样本 T 检验的主菜单：【Analyze】→【Compare Means】→【Legacy Dialogs】→【2 Related Samples】，我们结合具体案例对数据进行检验。

小案例解析

两配对样本非参数检验要求定义一组配对变量，针对"经过一学期体育课学习学生的跳远成绩是否有显著差异"这一问题，我们在前面例子的基础上对 SPSS 的数据操作进行详细的讲解。

(1) 选择菜单：【Analyze】→【Nonparametric Tests】→【Legacy Dialogs】→【2 Related Samples】，出现如图 9.3.9 所示窗口，选择需要配对的参数，至少必须选择两项配对，将配对好的参数"初始跳远成绩—目前跳远成绩"放入配对变量框"Test Pairs"中。

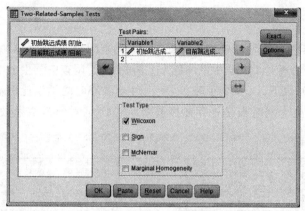

扫一扫，观看"两配对样本非参数检验"操作视频

图 9.3.9　两配对样本非参数检验分析窗口

（2）单击"OK"按钮提交分析命令。本例采用系统默认的检验方法 Wilcoxon 检验法，当变量是连续型时选择此类方法。"Options"选项设置请参照前续知识。

3. 两配对样本非参数检验的结果分析

小案例解析

在上一小节的案例中实现了如何使用 SPSS 软件对数据进行操作，本小节我们将对其输出数据进行分析。

（1）Wilcoxon 秩统计量表。

图 9.3.10 中列出了两个样本的值秩和（Sum of Ranks）以及平均秩（Mean Rank）。

		N	Mean Rank	Sum of Ranks
目前跳远成绩 - 初始跳远成绩	Negative Ranks	6[a]	10.58	63.50
	Positive Ranks	12[b]	8.96	107.50
	Ties	2[c]		
	Total	20		

a. 目前跳远成绩 < 初始跳远成绩
b. 目前跳远成绩 > 初始跳远成绩
c. 目前跳远成绩 = 初始跳远成绩

图 9.3.10　Wilcoxon Ranks 秩统计量表

（2）Wilcoxon 检验结果。

如图 9.3.11 所示，Sig.(2-tailed)=0.335，大于显著性水平 0.05，接受原假设，即认为经过一学期体育课学习，学生跳远成绩没有显著差异。

Test Statistics[b]

	目前跳远成绩 - 初始跳远成绩
Z	-0.964[a]
Asymp. Sig. (2-tailed)	0.335

a. Based on negative ranks.
b. Wilcoxon Signed Ranks Test

图 9.3.11　Wilcoxon 检验结果

实践活动

我们选取"大学生网络学习现状的调查与研究调查问卷"中 30 名学生的相关数据,数据如下图,请进行如下分析:(1)"学生平均每天上网的时长"调查中学生上网时长分布均匀,即上网时长在 1 个小时以下、1—3 个小时、3—5 小时、5 个小时的学生比例满足 1∶1∶1∶1;(2)不同性别的学生上网时长是否存在显著差异;(3)请对分析结果做出合理的解释。

	性别	年级	专业	网龄	每天上网时间	在寝室上网	在图书馆	学校机房	网吧
1	女	大二	理科类	三到五年	1个小时以	选中	未选中	未选中	未选中
2	女	大二	理科类	一到三年	1-3小时	选中	未选中	选中	未选中
3	女	大二	理科类	一到三年	1-3小时	选中	未选中	选中	未选中
4	女	大二	理科类	一到三年	1-3小时	选中	未选中	未选中	未选中
5	女	大二	理科类	一年以下	1个小时以	选中	未选中	未选中	未选中
6	女	大二	理科类	三到五年	1-3小时	选中	未选中	未选中	未选中
7	男	大二	文科类	一到三年	1-3小时	选中	未选中	未选中	未选中
8	女	大二	文科类	三到五年	1个小时以	选中	未选中	未选中	未选中
9	女	大二	文科类	五年以上	1个小时以	选中	未选中	未选中	未选中
10	女	大二	文科类	一到三年	1个小时以	未选中	选中	未选中	未选中
11	女	大二	文科类	五年以上	1个小时以	选中	未选中	未选中	未选中
12	女	大二	文科类	一到三年	1-3小时	选中	未选中	未选中	未选中
13	男	大二	文科类	一到三年	3-5个小时	选中	未选中	未选中	未选中
14	男	大二	文科类	五年以上	3-5个小时	选中	未选中	未选中	未选中
15	男	大二	文科类	三到五年	1-3小时	选中	未选中	未选中	未选中
16	男	大二	文科类	三到五年	1个小时以	选中	未选中	未选中	未选中
17	女	大二	文科类	三到五年	1个小时以	选中	未选中	未选中	未选中
18	女	大二	文科类	三到五年	1个小时以	未选中	未选中	选中	未选中
19	女	大二	文科类	一年以下	1个小时以	选中	未选中	未选中	未选中
20	女	大二	文科类	一年以下	1-3小时	选中	未选中	未选中	未选中
21	男	大一	文科类	五年以上	1个小时以	选中	未选中	未选中	未选中
22	男	大二	文科类	三到五年	1-3小时	选中	未选中	未选中	未选中
23	女	大二	文科类	三到五年	3-5个小时	未选中	未选中	未选中	未选中
24	女	大二	理科类	一到三年	1-3小时	选中	未选中	未选中	未选中
25	男	大二	文科类	一年以下	5个小时以	未选中	未选中	未选中	未选中
26	男	大二	理科类	一到三年	1-3小时	选中	未选中	未选中	未选中
27	女	大二	理科类	一到三年	1-3小时	选中	未选中	未选中	未选中
28	女	大二	理科类	三到五年	1-3小时	选中	未选中	未选中	未选中
29	女	大二	理科类	一到三年	1-3小时	选中	未选中	未选中	未选中
30	女	大一	理科类	一到三年	1个小时以	选中	未选中	未选中	未选中

9.4 研究数据的相关分析

问题的提出

客观事物之间往往存在着相互联系、相互制约的关系,但是如何判断这些因素之间存在密切的关系?这种密切程度又是如何的呢?相关分析则是研究不同变量间的密切程度的一种方法,那么到底什么是相关分析?相关分析的适用条件是什么?如何进行相关分析呢?本节将带您一探相关分析之究竟。

 核心概念

相关分析是用于测量事物间线性相关程度强弱的一种分析方法,它可以用适当的统计指标表示出来。

9.4.1 相关分析的概述

研究数据间大致存在两种关系,第一种关系是函数关系,即:某一变量 x 取一定值时,另一变量 y 依照一定的函数公式只能取一个确定的值,如 $y=ax+b$ 等;第二种关系是统计关系,即:某些变量间无法用函数关系来描述,如学校投资与学生成绩的关系,学生身高与体重的关系等。事物间的函数关系容易分析和测度,但事物间的统计关系则不容易分析,如何测度事物间统计关系的强弱程度成为人们关注的问题。

常用的相关分析包括线性相关分析和偏相关分析。线性相关分析主要用于研究变量间线性关系的程度,一般用相关系数 r 来描述。偏相关分析描述的是当控制了一个或几个其他变量的影响条件下两个变量间的相关性,如控制年龄和工作经验的影响,估计工资收入与受教育水平之间的相关关系。

9.4.2 相关分析的基本思路

利用统计软件进行相关分析的常用方法一般有两种:绘制散点图和计算相关系数。

1. 绘制散点图

绘制散点图是相关分析过程中经常使用的一种直观的图形化分析方式,它将数据的分布规律以点的形式呈现在坐标中。

通过散点图可以直观地观察变量之间的关系、相关性程度以及预测数据可能的发展方向。在 SPSS 中可绘制如表 9.4.1 所示的四种散点图。

表 9.4.1 散点图类型

散点图类型	适用条件
简单散点图(Simple)	一般用来显示一对变量之间的散点
重叠散点图(Overlay)	一般用来显示多对变量间的散点
矩阵散点图(Matrix)	以矩阵形式显示多对变量散点
三维散点图(S-D)	以立体形式显示多对变量散点

小案例解析

某教育投资调查中,调查了一些地区教育投资与学生增长率之间的关系,用散点图能够直观地预测它们之间的关系。问卷的结构如图 9.4.1 所示。

(1) 选择菜单:【Graphs】→【Legacy Dialogs】→【Scatter/Dot】,进入"Scatter/Dot"对话框。这里我们选择"Simple Scatter",然后单击"Define"按钮,如图 9.4.2 所示。

(2) 在"Simple Scatterplot"对话框中,将左侧源变量"学生增长率"调入"Y Axis"选项框中,将"教育投资"调入"X Axis"选项框中,如图 9.4.3 所示。

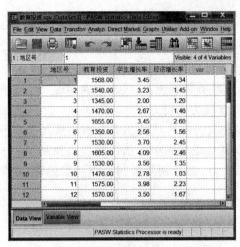

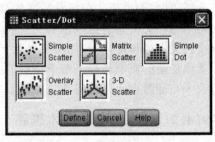

图 9.4.1 数据表　　　　　图 9.4.2 "Simple Scatter"对话框

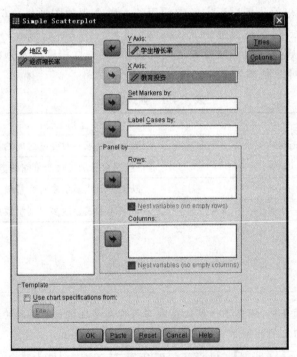

图 9.4.3 "Simple Scatterplot"对话框

(3) 单击"Titles"按钮,在"Title"栏内设置相关文本显示信息,单击"Continue"按钮返回上一级对话框,再单击"OK"即可,输出结果如图 9.4.4 所示。从整体来看,教育投资越多,学生增长率越大。

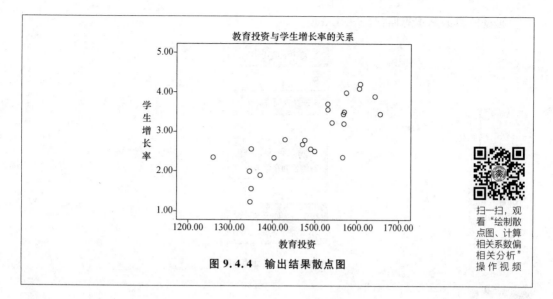

图 9.4.4 输出结果散点图

散点图的基础知识在上一章我们已经讲解过了,这种分析方式一般用于数据的初级分析,在实际的应用中往往需要在此基础上采取计算相关系数的方式。

2. 计算相关系数

散点图作为一种直观的分析方式,并没有从量化的角度给出具体的数据,对数据关系的呈现较为粗糙,而相关系数分析则以数字的方式准确描述了变量间的线性相关程度。其分析步骤一般分为如下两个方面。

步骤一:计算样本相关系数 r,用样本相关系数 r 来推断总体相关系数。

相关系数 r 的不同取值水平反映了不同相关关系,用符号来表示是正相关还是负相关,r 值的大小表示了相关的程度。$|r|>0.8$ 表示两变量存在较强的线性关系,$|r|<0.3$ 表示两变量存在较弱的线性关系。其相关系数和相关程度如表 9.4.2 所示。

表 9.4.2 相关系数与两变量关系表

样本相关系数(r 值)		两变量关系	
$r>0$	$0<r<1$	正线性相关	一定程度的正相关
	$r=1$		完全正相关
$r=0$		无线性相关关系	
$r<0$	$-1<r<0$	负线性相关	一定程度的负相关
	$r=-1$		完全负相关

步骤二:通过假设检验推断样本来自的两总体之间的线性关系。

假设检验的基本思路如图 9.4.5 所示。

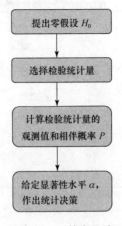

图 9.4.5 基本思路

> 在线性关系推断中的原假设为:样本所在的两总体无显著的线性关系,通过 SPSS 软件的数据处理功能,对相伴概率与显著性水平进行比较,选择是否拒绝原假设。假设检验的方式在参数检验、方差检验等章节中已经为大家讲解了,方法类似,此处不再赘述。

9.4.3 相关分析的应用

如何通过 SPSS 软件综合散点图分析和相关系数分析对数据进行初步分析和精确的系数判断呢?接下来将通过实例展现其具体操作步骤。

1. 计算相关系数

绘制散点图的操作为:【Graphs】→【Scatter/Dot】。

相关系数分析的操作为:【Analyze】→【Correlate】→【Bivariate】。在上一节散点图绘制的基础上对案例进行分析,计算相关系数。

 小案例解析

> 在上一小节"教育投资"案例的散点图 9.4.4 中,我们已经能够直观地看出随着教育投资金额的增加,学生的增长率也随之增加,但是这种关系如何通过具体的数据来表现呢?下面我们对两者的相关系数进行计算。
> (1) 选择菜单:【Analyze】→【Correlate】→【Bivariate】,出现如图 9.4.6 所示的窗口,将参与计算相关系数的变量"教育投资"和"学生增长率"移入"Variables"框中。
> (2) 单击"OK"按钮执行默认选项即可。也可根据实际需要选择"Options"按钮定义其他选项,此处不再赘述。

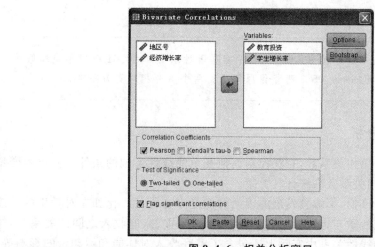

图 9.4.6　相关分析窗口

 知识卡片

对相关分析界面框中设置项的说明

Correlation Coefficients 栏中共列出三个相关系数选项：Pearson（皮尔逊）复选框，系统默认的相关分析方法。其适用条件为对两个变量之间或两个以上变量两两间的相关分析，且两相关变量均为正态变量。Kendall's tau-b（肯德尔）复选框，用来计算 Kendall's 等级相关系数。Spearman（斯皮尔曼）复选框，用来计算 Spearman 相关系数，即最常用的非参数相关分析。

Test of Significance 单选框组：用于确定是进行相关系数的单侧（One-tailed）或双侧（Two-tailed）检验。由于采用的抽样方法中存在抽样误差，因此需要对相关系数进行进一步检验。当无法明确两变量关系是正相关或负相关时采用双尾检验，反之采用单尾检验。

Flag Significant Correlations：用于确定是否在结果中用星号标记有统计学意义的相关系数。选中后，$P<0.05$ 的系数值旁会标记一个星号，$P<0.01$ 的系数值旁则标记两个星号。

2. 相关分析的结果分析

 小案例解析

在上一小节的案例中实现了如何使用 SPSS 软件对数据进行相关分析操作，本小节我们将对其输出数据进行分析。

由图 9.4.7 可知，教育投资与学生增长率的简单相关系数为 0.820，说明两者之间存在较强的正相关性。其相关系数检验的 Sig.(2-tailed) 近似于 0。因此，当显著性水平为 0.05 或者 0.01 时都应该拒绝原假设，认为两总体不是零相关的。

图 9.4.7　相关分析结果

图中相关系数旁边有两个星号(＊＊),表示当显著性水平 $a=0.01$ 时仍拒绝原假设;如果有一个星号表示(＊)$a=0.05$ 时可拒绝原假设。两个星号相对更为精确。

9.4.4 偏相关分析

偏相关分析也称为净相关系数,它在控制其他变量的线性影响的条件下分析两变量间的线性相关,通过偏相关系数来统计其关系。

对一个较为复杂的事物,影响其发展的因素可能是多方面的。比如在对学生的体能调查中研究学生的体能素质与运动量、自身身高、父母体重、家庭收入之间的关系时,体能素质与运动量之间的线性关系中实际上还包含了家庭收入对体能和运动量的影响等。此时单纯利用相关系数来评价变量间的相关性就有失偏颇,有必要在剔除其他相关因素影响的条件下计算变量间的相关。这就是偏相关分析的目的所在。

偏相关分析同样需要两个步骤:(1)计算样本偏相关系数;(2)通过假设检验对两样本来自的两总体是否存在显著的偏相关进行推断。

1. 偏相关分析的操作步骤

偏相关分析的操作为:【Analyze】→【Correlate】→【Partial】。我们结合具体的案例对数据进行偏相关分析。

小案例解析

在前两节的"教育投资"案例中我们可以看到教育投资与学生增长率之间存在着较强的相关性,但在控制经济增长率的影响下,教育投资与学生增长率之间是否还存在相关性呢?我们用偏相关分析来进行推断。

(1)选择菜单:【Analyze】→【Correlate】→【Partial】。将"教育投资、学生增长率"添加到"Variables","经济增长率"添加到"Controlling for"中,设置完毕如图 9.4.8 所示。

(2)在"Options"的"statistics"选项中,选中"Zeo-order Correlations",表示输出零阶偏相关系数。

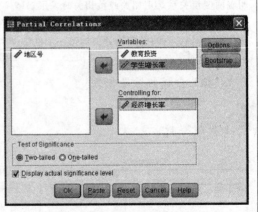

图 9.4.8 偏相关分析窗口

温馨告知

"Controlling for"放置需要控制的变量,可以是一个或者多个。对于偏相关分析仅作简略讲解,有兴趣的同学请参考相关书籍。

2. 偏相关分析的结果分析

根据上一小节 SPSS 软件输出的相应结果,本小节我们对输出结果进行分析。

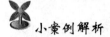小案例解析

输出结果如图 9.4.9 所示。

Control Variables			教育投资	学生增长率	经济增长率
-none-ᵃ	教育投资	Correlation	1.000	.820	.565
		Significance (2-tailed)		.000	.004
		df	0	22	22
	学生增长率	Correlation	.820	1.000	.556
		Significance (2-tailed)	.000		.005
		df	22	0	22
	经济增长率	Correlation	.565	.556	1.000
		Significance (2-tailed)	.004	.005	
		df	22	22	0
经济增长率	教育投资	Correlation	1.000	.737	
		Significance (2-tailed)		.000	
		df	0	21	
	学生增长率	Correlation	.737	1.000	
		Significance (2-tailed)	.000		
		df	21	0	

a. Cells contain zero-order (Pearson) correlations

图 9.4.9 偏相关分析结果

如图 9.4.9 所示,在没有控制经济增长率时,教育投资与学生增长率两因素之间的相关系数为 0.820,两者呈现较强的正相关;在控制了经济增长率这一因素的影响之后,教育投资与学生增长率两因素之间的偏相关系数为 0.737,仍然呈较强的相关性。

实践活动

在案例"教育投资"数据基础上对"教育投资"与"经济增长"进行相关分析,要求做出散点图,求出相关系数并解释分析结果。

9.5 研究数据的因子分析

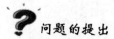问题的提出

研究中我们往往会设置若干指标来收集我们想要的信息,但是并非是指标越多信息越全面,在很多情况下冗余的指标会加重数据分析的负担,同时让我们无法透彻了解事

物的本质,因子分析作为一种化繁为简、去冗存精的分析方法,为更精确的分析事物提供了实用的方法。那么什么是因子分析?如何进行因子分析以实现"精简"这一过程呢?本节将以实例带您学习因子分析的核心知识。

> 因子分析是将多个实测变量转化为少数几个不相关的综合指标的多元统计分析方法。

"因子分析"于1931年由塞斯顿(Thurstone)首次提出,但它的概念却起源于20世纪初卡尔·皮尔逊(Karl Pearson)和查尔斯·斯皮尔曼(Charles Spearmen)等人关于智力测验的统计。目前,因子分析广泛应用于各个领域,其在教育研究中的作用也不容小觑。

9.5.1 因子分析的概述

在进行科学研究中,为了对研究对象有更全面、更完整的把握和认识,人们往往需要对反映事物的多个变量进行大量的观测,因此,某个分析对象的描述会有许多指标,但多变量大样本为科研提供丰富信息之余,还增加了问题分析的复杂度。在大多数情况下,这些指标之间并非相互独立的,它们存在一定的相关关系。例如,某地区高校数、在校生数、在校教师数、教育投入经费等是明显相关的,这些相关的指标完全有简化的可能。我们需要在众多指标中,找出少数几个综合性指标,来反映原来指标所反映的主要信息。而因子分析正是解决这个问题的有效方法,它确保在丢失最少信息的前提下将原始的众多指标压缩成少数几个综合指标,这些综合指标便称为因子变量。

9.5.2 因子分析的基本思路

因子分析的基本思路是通过对变量的相关系数矩阵内部结构的分析,从中找出少数几个能控制原始变量的随机变量$F_i(i=1,\cdots,m)$,选取公共因子的原则是使其尽可能多地包含原始变量中的信息,建立模型$X=A\cdot F+e$,忽略e,以F代替X,用它再现原始变量X的众多分量之间的相关关系,达到简化变量降低维数的目的。

因子分析有四个基本步骤,如图9.5.1所示。

1. 因子分析的前提条件

分析前提条件的目的:确定待分析的原有若干变量是否适合进行因子分析。

由于因子分析是从众多原始变量中构造出少数具有代表意义的因子变量,因此原有变量间应具有较强的相关性,否则无法找出公共因子变量。这就要求在进行因子分析前对原有变量做相关分析。

在 SPSS 中提供了几种检验方法,常用的有以下两种。

(1)巴特利特球形检验。

巴特利特球形检验主要观察统计量的相伴概率P值,若小于用户给定的显著性水平,则拒绝零假设,认为适合做因子分析;反之,则认为不宜于做因子分析。

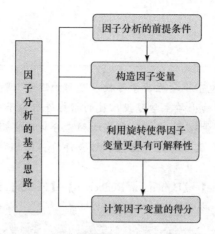

图 9.5.1 因子分析的基本思路

（2）KMO 检验。

KMO 的取值范围在 0 和 1 之间，KMO 值越接近 1，越适合做因子分析。恺撒（Kaiser）给出的度量标准是：0.9 以上非常适合，0.8 适合，0.7 一般，0.6 不太适合，0.5 以下不适合。

2．构造因子变量

因子分析中有多种确定因子变量的方法，其中使用最多的是主成分分析法。

主成分分析法计算原理为：计算出原有指标间的相关矩阵，计算该矩阵的特征根和特征向量，最后将特征根由大到小排列，从而计算出其对应的主成分。为了减少指标量，我们认为当前 p 个主成分的累计贡献率达到 85% 以上时，则这 p 个主成分已能反映原有变量的大部分信息。

3．利用旋转使得因子变量更具有可解释性

在实际分析中，为了对因子变量的含义有更为清楚的认识，可以通过因子矩阵的旋转来达到这个目的，SPSS 中提供的旋转方法有正交旋转、斜交旋转、方差极大法等，其中最常用的是方差极大法。

4．计算因子变量的得分

因子变量确定后，可得出每一样本数据在不同因子上的具体数据值，即因子得分。

在之后的分析中可以用因子变量来替换原有变量进行数据建模，实现降维和简化问题的目的。

9.5.3 因子分析的典例操作

因子分析的操作为：【Analyze】→【Data Reduction】→【Factor】。

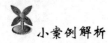

小案例解析

本章以"智慧教室环境下小学生的学习投入度影响因素"调查问卷为例,利用 SPSS 中因子分析命令对问卷中影响小学生学习投入度的指标进行因子分析。

由于案例中涉及的变量较多,直接进行影响因素分析比较烦琐,因此首先考虑采用因子分析方法减少变量个数,之后再进行比较和综合评价。在 SPSS 中进行因子分析的具体操作如下:

(1)选择菜单:【Analyze】→【Dimension Reduction】→【Factor】,出现如图 9.5.2 所示窗口。

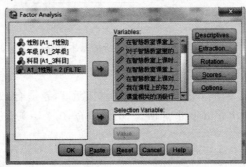

图 9.5.2 因子分析窗口

(2)"Variables"框用于选入需要进行因子分析的变量,至少需要选入两个。本例中将问卷中有关影响学习投入度的指标选项逐个选入该框中;"Selection Variable"框用于存放选择变量的矩形框,用于限制有特殊值的样本子集的分析。本例不选。

(3)单击打开因子分析"Descriptives"选项,出现如图 9.5.3 所示的对话框,勾选"Statistics"栏中的"Initial solution"选项和"Correlation Matrix"栏中的"KMO and Bartlett's test of sphericity"选项,单击"Continue"按钮返回检验界面。

(4)单击打开"Extraction"选项,指定提取因子的方法。Method 用于选择因子提取方法,默认为主成分法,Analyze 用于指定分析矩阵的选项,Display 用于指定输出项,Extract 用于控制提取过程和提取结果。本例采用的设置如图 9.5.4 所示。

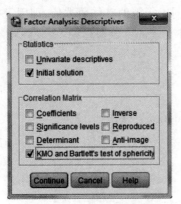

图 9.5.3 因子分析描述选项

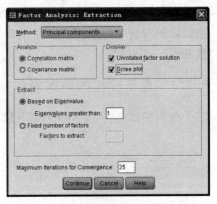

图 9.5.4 "Simple Scatter"对话框

(5) 单击打开"Rotation"选项选择因子旋转方法，Method 用于选择因子荷载矩阵的旋转方法，本例采用的设置如图 9.5.5 所示。

(6) 单击打开"Scores"选项钮后，出现如图 9.5.6 所示的窗口，可用于选择对因子得分进行设置。

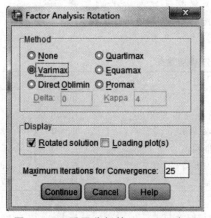

图 9.5.5　因子分析的 Rotation 窗口

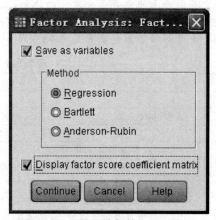

图 9.5.6　因子分析的 Scores 窗口

(7) 单击打开"Options"选项钮后可指定其他因子分析的结果，并可选择缺失数据的处理方法，本例采用默认设置。

9.5.4　因子分析的案例结果分析

扫一扫，观看"因子分析"操作视频

小案例解析

在上一小节的案例中实现了如何使用 SPSS 软件对数据进行操作，本小节我们将对其输出数据结果进行分析。

(1) 考察原有变量是否适合进行因子分析。

图 9.5.7 中给出了 KMO 检验和巴特利特球形检验的结果。其中 KMO 值为 0.814（>0.8），根据 Kaiser 给出的 KMO 度量标准可知原有变量适合做因子分析。同时巴特例特球形检验统计量的观测值为 2120.793，相伴概率为 0.000，小于显著性水平 0.05，因此拒绝零假设，认为适合于因子分析。

KMO and Bartlett's Test		
Kaiser-Meyer-Olkin Measure of Sampling Adequacy		.814
Bartlett's Test of Sphericity	Approx. Chi-Square	2120.793
	df	491
	Sig.	.000

图 9.5.7　KMO 检验和巴特利特球形检验结果

(2) 提取因子。

表 9.5.1 是因子分析的初始解,显示所有变量的共同度数据。第一列为原始变量名,第二列为根据因子分析初始解计算出的变量共同度,第三列为根据因子分析计算出的最终变量共同度。共同度是保证在某特定公共因子上载荷值较大的前提下,观测变量在所有公共因子上的载荷量平方值的总和,它反映了观测变量对公共因子的贡献。以第一行"在智慧教室课堂上对于自己应该做好的事情我会非常努力"变量为例,0.727 表示 m 个因子变量解释了该变量方差的 72.7%。

表 9.5.1　因子分解初始解

Communalities		
	Initial	Extraction
在智慧教室课堂上对于自己应该做好的事情我会非常努力	1.000	.727
对于智慧教室里的课堂讨论我会积极参加	1.000	.739
在智慧教室上课时,我的注意力总是非常集中	1.000	.595
在智慧教室课堂上时,我会在课堂上认真听讲	1.000	.697
在智慧教室上课对我来说像是在完成任务	1.000	.772
我在课堂上的努力只要过得去就可以了	1.000	.741
在智慧教室上课时,我尽力不想课堂以外的事情	1.000	.647
在智慧教室上课时,我会在课堂上不做与学习无关的事情	1.000	.724
在智慧教室上课让我觉得舒服	1.000	.618
我对智慧教室中学习的知识感兴趣	1.000	.716
在智慧教室学习新的知识的过程让我感到享受	1.000	.709
学到的知识对生活是有帮助的	1.000	.690
在智慧教室学习很无聊	1.000	.662
在智慧教室的课堂上我会感到焦虑或紧张	1.000	.699
在智慧教室学习让我感到灰心	1.000	.692
我会为考试成绩而焦虑	1.000	.755
当我与同伴一起在智慧教室学习时,我感到自己对同伴而言是不重要的	1.000	.681
当我与同伴一起在智慧教室学习时,我感到自己是被同伴认可的	1.000	.692
当我与同伴一起在智慧教室学习时,我感到自己对同伴来说是特别的	1.000	.739
当我与同伴一起在智慧教室学习时,我感到自己是被同伴忽视的	1.000	.575
当我与老师一起在智慧教室学习时,我感到自己对老师而言是不重要的	1.000	.534
当我与老师一起在智慧教室学习时,我感到自己对老师来说是特别的	1.000	.532
当我与老师一起在智慧教室学习时,我感到自己是被老师忽视的	1.000	.746
当我与老师一起在智慧教室学习时,我感到自己是被老师认可的	1.000	.655
使用 iPad 上课提高我的课堂专心程度	1.000	.667
使用 iPad 上课对学习是有帮助的	1.000	.735
我能够熟练操作 iPad 完成老师规定的课堂任务	1.000	.739
对我而言,操作 iPad 是容易的	1.000	.643
在智慧教室学习时,我相信自己有能力取得好成绩	1.000	.700
在智慧教室学习时,我相信自己有能力解决学习中遇到的问题	1.000	.590
我认为我能够在智慧教室课堂上及时掌握老师做教授的内容	1.000	.778
在智慧教室上课时,我能够理解所学内容	1.000	.721

Extraction Method: Principal Component Analysis.

(3) 因子解释原有变量总方差的情况。

表9.5.2中，第一列是因子编号，以后三列组成一组，分别描述了初始因子解、因子解和最终因子解的情况，另外每组中数据项的含义依次是特征根值、方差贡献率和累计方差贡献率。例如第一行的数据中，第二列至第四列描述了初始因子解的情况，从中可以看出第一个因子的特征根为8.800，解释原有32个变量总方差的27.499%，累积方差贡献率为27.499%。第五列至第七列描述了因子解的情况，从中可以看到，提取的10个公共因子描述了原变量方差的71.546%(71.546＝27.499＋9.504＋6.132＋5.408＋4.981＋4.283＋4.033＋3.421＋3.198＋3.087，即10个公共因子的方差贡献率之和)，小于80%，可以认为该公共因子可以反映原变量信息。第八列至第十列描述了最终因子解的情况。

表9.5.2　总方差的解释

Component	Initial Eigenvalues			Extraction Sums of Squared Loadings			Rotation Sums of Squared Loadings		
	Total	% of Variance	Cumulative %	Total	% of Variance	Cumulative %	Total	% of Variance	Cumulative %
1	8.800	27.499	27.499	8.800	27.499	27.499	3.911	12.221	12.221
2	3.041	9.504	37.003	3.041	9.504	37.003	3.447	10.772	22.993
3	1.962	6.132	43.135	1.962	6.132	43.135	2.919	9.121	32.114
4	1.731	5.408	48.543	1.731	5.408	48.543	2.508	7.836	39.950
5	1.594	4.981	53.524	1.594	4.981	53.524	2.268	7.088	47.038
6	1.371	4.283	57.807	1.371	4.283	57.807	2.227	6.958	53.996
7	1.291	4.033	61.840	1.291	4.033	61.840	1.702	5.318	59.313
8	1.095	3.421	65.261	1.095	3.421	65.261	1.579	4.936	64.249
9	1.023	3.198	68.460	1.023	3.198	68.460	1.347	4.211	68.460
10	.988	3.087	71.546						
11	.863	2.698	74.244						
12	.844	2.637	76.881						
13	.677	2.117	78.998						
14	.645	2.016	81.014						
15	.578	1.807	82.820						
16	.561	1.752	84.572						
17	.522	1.632	86.204						
18	.471	1.471	87.675						
19	.457	1.430	89.105						
20	.427	1.335	90.440						
21	.404	1.263	91.703						
22	.382	1.194	92.897						
23	.335	1.047	93.943						
24	.307	.959	94.903						
25	.281	.878	95.781						
26	.258	.808	96.588						
27	.229	.717	97.305						
28	.210	.656	97.961						
29	.205	.641	98.602						
30	.162	.507	99.109						
31	.155	.484	99.593						
32	.130	.407	100.000						

Extraction Method: Principal Component Analysis.

(4) 碎石图。

图 9.5.8 输出的是公共因子的碎石图,横坐标为公共因子的序号,纵坐标为各因子对应的特征值。从图中可以看出,前 9 个因子的特征根值均大于 1,其余因子的特征值都较小,对解释原有变量的贡献率不大,因此我们提取 9 个因子是合适的。

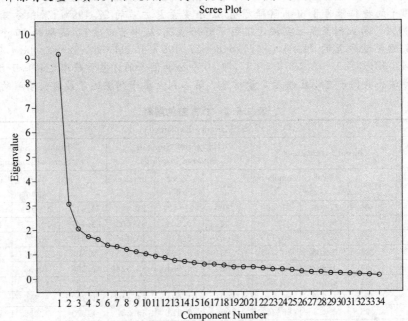

图 9.5.8　因子的碎石图

(5) 因子载荷矩阵。

如表 9.5.3 所示,输出的结果是最终的因子载荷矩阵,为了更加便于分析,我们做了矩阵旋转,输出结果见表 9.5.4。

表 9.5.3　因子载荷矩阵

Component Matrix[a]									
	Component								
	1	2	3	4	5	6	7	8	9
在智慧教室课堂上对于自己应该做好的事情我会非常努力	.638	.086	.160	.046	.144	−.064	−.392	.287	−.156
对于智慧教室里的课堂讨论我会积极参加	.607	.081	.415	−.062	−.050	−.104	−.337	.234	.072
在智慧教室上课时,我的注意力总是非常集中	.591	.143	.129	−.035	.175	−.121	−.364	−.062	.160
在智慧教室课堂上时,我会在课堂上认真听讲	.676	.079	.326	−.193	.251	−.006	−.119	−.086	.068
在智慧教室上课对我来说像是在完成任务	−.085	.401	.371	.063	−.214	.601	−.070	.107	.195
我在课程上的努力只要过得去就可以了	−.266	.435	.283	.074	−.175	.468	.180	−.004	.338

续表

Component Matrix^a									
	Component								
	1	2	3	4	5	6	7	8	9
在智慧教室上课时,我尽力不想课堂以外的事情	.455	−.499	.140	−.310	.154	−.045	.128	.148	.107
在智慧教室上课时,我会在课堂上不做与学习无关的事情	.316	−.519	.153	−.229	.273	.215	.034	.394	−.048
在智慧教室上课让我觉得舒服	.412	.130	.136	−.148	−.350	−.404	.236	−.209	−.080
我对智慧教室中学习的知识感兴趣	.652	.198	.252	−.218	−.185	.058	.290	.080	−.116
在智慧教室学习新的知识的过程让我感到享受	.629	.355	.101	−.177	−.137	.014	.236	.237	−.125
学到的知识对生活是有帮助的	.449	−.056	.315	−.092	.382	.327	.068	−.207	−.278
在智慧教室学习很无聊	−.616	.138	.029	.352	.285	−.130	−.073	−.009	.189
在智慧教室的课堂上我会感到焦虑或紧张	−.408	.381	.210	.164	.386	−.171	.313	−.149	.133
在智慧教室学习让我感到灰心	−.472	.462	−.094	.136	.355	−.216	.092	−.122	.181
我会为考试成绩而焦虑	−.290	.182	.207	.079	.611	.062	.166	.242	−.353
当我与同伴一起在智慧教室学习时,我感到自己对同伴而言是不重要的	.466	−.474	−.005	.459	−.063	.080	−.119	−.064	−.012
当我与同伴一起在智慧教室学习时,我感到自己是被同伴认可的	.559	−.125	.072	.487	.100	−.136	.292	.091	.023
当我与同伴一起在智慧教室学习时,我感到自己对同伴来说是特别的	.356	.011	.341	.594	−.117	.030	−.206	−.288	−.057
当我与同伴一起在智慧教室学习时,我感到自己是被同伴忽视的	.439	−.300	−.211	.412	−.110	.152	.159	−.017	.130
当我与老师一起在智慧教室学习时,我感到自己对老师而言是不重要的	.489	−.446	−.109	.037	.027	.109	.142	−.119	.191
当我与老师一起在智慧教室学习时,我感到自己对老师来说是特别的	.338	.086	.508	.144	−.153	−.277	.044	−.169	.022
当我与老师一起在智慧教室学习时,我感到自己是被老师忽视的	.515	−.473	−.132	.157	.091	.154	.265	.336	.014
当我与老师一起在智慧教室学习时,我感到自己是被老师认可的	.510	−.093	.219	.174	−.010	−.261	.309	.364	.108
使用 iPad 上课提高我的课堂专心程度	.585	.413	−.125	−.097	−.140	−.058	.198	−.235	−.103

Component Matrix^a									
	Component								
	1	2	3	4	5	6	7	8	9
使用 iPad 上课对学习是有帮助的	.547	.494	−.315	.062	−.010	.135	.162	−.204	−.048
我能够熟练操作 iPad 完成老师规定的课堂任务	.576	.364	−.318	.230	.088	.120	−.072	−.006	−.305
对我而言,操作 iPad 是容易的	.506	.324	−.388	.188	−.054	.112	−.146	−.061	−.235
在智慧教室学习时,我相信自己有能力取得好成绩	.704	.239	−.144	.048	−.019	−.230	−.172	−.076	.188
在智慧教室学习时,我相信自己有能力解决学习中遇到的问题	.681	.182	−.167	.042	.194	.062	.045	−.049	.129
我认为我能够在智慧教室课堂上及时掌握老师做教授的内容	.715	.126	−.164	−.131	.276	.085	−.026	.043	.346
在智慧教室上课时,我能够理解所学内容	.602	.100	−.387	−.272	.183	−.004	−.049	.133	.268

(6) 旋转因子载荷矩阵。

如表 9.5.4 所示,为旋转之后的因子载荷矩阵。从表的纵向数据来看,可以比较清晰地看出每个公共因子的基本含义,如第一个因子变量,其中指标"使用 iPad 上课对学习是有帮助的""我能够熟练操作 iPad 完成老师规定的课堂任务""对我而言,操作 iPad 是容易的""使用 iPad 上课提高我的课堂专心程度""在智慧教室学习时,我相信自己有能力解决学习中遇到的问题"五个指标较高,分别为 0.808、0.787、0.747、0.634 和 0.547。这说明第一个因子变量基本反映了"学生自我效能感对学习投入度的影响"这一指标。

表 9.5.4 旋转后的因子载荷矩阵

Rotated Component Matrix^a									
	Component								
	1	2	3	4	5	6	7	8	9
在智慧教室课堂上对于自己应该做好的事情我会非常努力	.243	.697	.128	.072	−.012	−.280	−.101	.135	.232
对于智慧教室里的课堂讨论我会积极参加	.014	.747	.085	.280	.019	−.253	.084	.151	.035
在智慧教室上课时,我的注意力总是非常集中	.255	.683	.021	.072	.164	−.008	−.059	.119	−.116
在智慧教室课堂上时,我会在课堂上认真听讲	.198	.622	.063	.273	.429	−.031	.035	.046	.057

续表

Rotated Component Matrix^a									
	\multicolumn{9}{c}{Component}								
	1	2	3	4	5	6	7	8	9
在智慧教室上课对我来说像是在完成任务	.015	.077	−.127	−.031	−.085	−.064	.850	.099	.066
我在课程上的努力只要过得去就可以了	−.036	−.131	−.099	.028	−.103	.221	.807	−.005	−.044
在智慧教室上课时,我尽力不想课堂以外的事情	−.134	.202	.255	.198	.614	−.170	−.216	−.126	−.127
在智慧教室上课时,我会在课堂上不做与学习无关的事情	−.062	.043	.108	−.038	.811	−.159	−.131	.067	−.026
在智慧教室上课让我觉得舒服	.153	.063	−.018	.705	.027	−.048	−.174	.105	−.220
我对智慧教室中学习的知识感兴趣	.288	.237	.151	.643	.183	−.236	.189	−.072	.103
在智慧教室学习新的知识的过程让我感到享受	.405	.292	.141	.565	−.023	−.193	.160	−.172	.164
学到的知识对生活是有帮助的	.220	.198	.057	.099	.635	−.077	.099	.152	.384
在智慧教室学习很无聊	−.263	−.127	−.094	−.385	−.282	.562	.031	.130	.077
在智慧教室的课堂上我会感到焦虑或紧张	−.098	−.137	−.122	.055	−.053	.768	.124	.023	.210
在智慧教室学习让我感到灰心	.038	−.103	−.244	−.157	−.233	.729	.013	−.078	.060
我会为考试成绩而焦虑	−.074	−.037	−.065	−.134	.017	.346	.002	−.069	.775
当我与同伴一起在智慧教室学习时,我感到自己对同伴而言是不重要的	.079	.128	.555	−.125	.181	−.288	−.145	.428	−.122
当我与同伴一起在智慧教室学习时,我感到自己是被同伴认可的	.205	.167	.690	.237	.046	.087	−.107	.246	.087
当我与同伴一起在智慧教室学习时,我感到自己对同伴来说是特别的	.154	.212	.217	.061	.058	−.002	.113	.775	−.055
当我与同伴一起在智慧教室学习时,我感到自己是被同伴忽视的	.239	−.045	.639	−.052	.096	−.164	−.010	.167	−.203
当我与老师一起在智慧教室学习时,我感到自己对老师而言是不重要的	.091	.074	.492	.018	.414	−.185	−.101	−.021	−.248
当我与老师一起在智慧教室学习时,我感到自己对老师来说是特别的	−.070	.281	.071	.502	.071	.090	.036	.416	−.057

续表

Rotated Component Matrix^a									
	Component								
	1	2	3	4	5	6	7	8	9
当我与老师一起在智慧教室学习时,我感到自己是被老师忽视的	.071	.077	.746	.009	.193	−.310	−.102	−.150	.112
当我与老师一起在智慧教室学习时,我感到自己是被老师认可的	−.038	.309	.584	.443	−.075	−.005	−.060	−.025	.104
使用 iPad 上课提高我的课堂专心程度	.634	.112	−.011	.480	.096	−.009	.012	−.002	−.115
使用 iPad 上课对学习是有帮助的	.808	.072	.072	.214	.050	.065	.111	−.032	−.080
我能够熟练操作 iPad 完成老师规定的课堂任务	.787	.188	.134	.025	−.058	−.118	−.062	.120	.173
对我而言,操作 iPad 是容易的	.747	.136	.065	−.015	−.103	−.184	−.064	.117	.001
在智慧教室学习时,我相信自己有能力取得好成绩	.489	.529	.161	.221	−.006	.000	−.135	.050	−.292
在智慧教室学习时,我相信自己有能力解决学习中遇到的问题	.547	.371	.291	.113	.205	.035	.005	−.077	−.072
我认为我能够在智慧教室课堂上及时掌握老师做教授的内容	.447	.546	.302	.046	.277	.034	.050	−.281	−.164
在智慧教室上课时,我能够理解所学内容	.450	.434	.201	.012	.136	−.078	−.108	−.459	−.206

为了方便查看因子主要解释了哪几个变量,我们可以将每行中最大或者最小的数值保留,其余的题目删除,最后重新整理的旋转因子载荷矩阵如表 9.5.5 所示。

表 9.5.5 整理后的旋转因子载荷矩阵

Rotated Component Matrix^a									
	Component								
	1	2	3	4	5	6	7	8	9
使用 iPad 上课对学习是有帮助的	0.808								
我能够熟练操作 iPad 完成老师规定的课堂任务	0.787								
对我而言,操作 iPad 是容易的	0.747								
使用 iPad 上课提高我的课堂专心程度	0.634								
在智慧教室学习时,我相信自己有能力解决学习中遇到的问题	0.547								
在智慧教室上课时,我能够理解所学内容	0.45								

续表

Rotated Component Matrix[a]									
	Component								
	1	2	3	4	5	6	7	8	9
对于智慧教室里的课堂讨论我会积极参加		0.747							
在智慧教室课堂上对于自己应该做好的事情我会非常努力		0.697							
在智慧教室上课时,我的注意力总是非常集中		0.683							
在智慧教室课堂上时,我会在课堂上认真听讲		0.622							
我认为我能够在智慧教室课堂上及时掌握老师做教授的内容		0.546							
在智慧教室学习时,我相信自己有能力取得好成绩		0.529							
当我与老师一起在智慧教室学习时,我感到自己是被老师忽视的			0.746						
当我与同伴一起在智慧教室学习时,我感到自己是被同伴认可的			0.690						
当我与同伴一起在智慧教室学习时,我感到自己是被同伴忽视的			0.639						
当我与老师一起在智慧教室学习时,我感到自己是被老师认可的			0.584						
当我与同伴一起在智慧教室学习时,我感到自己对同伴而言是不重要的			0.555						
当我与老师一起在智慧教室学习时,我感到自己对老师而言是不重要的			0.492						
在智慧教室上课让我觉得舒服				0.705					
我对智慧教室中学习的知识感兴趣				0.643					
在智慧教室学习新的知识的过程让我感到享受				0.565					
当我与老师一起在智慧教室学习时,我感到自己对老师来说是特别的				0.502					
学到的知识对生活是有帮助的					0.635				
在智慧教室上课时,我会在课堂上不做与学习无关的事情					0.811				

续表

Rotated Component Matrix^a									
	Component								
	1	2	3	4	5	6	7	8	9
在智慧教室上课时,我尽力不想课堂以外的事情					0.614				
在智慧教室的课堂上我会感到焦虑或紧张						0.768			
在智慧教室学习让我感到灰心						0.729			
在智慧教室学习很无聊						0.562			
我在课程上的努力只要过得去就可以了							0.807		
在智慧教室上课对我来说像是在完成任务							0.85		
当我与同伴一起在智慧教室学习时,我感到自己对同伴来说是特别的								0.775	
我会为考试成绩而焦虑									0.775

Extraction Method: Principal Component Analysis.
Rotation Method: Varimax with Kaiser Normalization.
a. Rotation converged in 14 iterations.

(7) 计算因子得分。

表 9.5.6 为因子得分系数矩阵,根据表 9.5.6 可以写出因子得分函数。

例如:F1=－0.028＊在智慧教室课堂上对于自己应该做好的事情我会非常努力－0.161＊对于智慧教室里的课堂讨论我会积极参加－0.022＊在智慧教室上课时,我的注意力总是非常集中……0.056＊在智慧教室上课时,我能够理解所学内容。至此因子分析完成,最后可以根据因子分析结果,对调查问卷中的"影响因素"指标进行重新分类归纳。

表 9.5.6　因子得分系数矩阵

Component Score Coefficient Matrix									
	Component								
	1	2	3	4	5	6	7	8	9
在智慧教室课堂上对于自己应该做好的事情我会非常努力	－.028	.296	－.053	－.107	－.151	－.154	－.078	.055	.223
对于智慧教室里的课堂讨论我会积极参加	－.161	.342	－.049	.012	－.128	－.103	.051	.040	.032
在智慧教室上课时,我的注意力总是非常集中	－.022	.302	－.104	－.108	.026	.077	－.033	.064	－.112

续表

	Component Score Coefficient Matrix								
	Component								
	1	2	3	4	5	6	7	8	9
在智慧教室课堂上时,我会在课堂上认真听讲	−.043	.202	−.092	.014	.178	.079	.029	.010	.021
在智慧教室上课对我来说像是在完成任务	−.018	.060	.018	−.088	.000	−.109	.538	.019	−.014
我在课程上的努力只要过得去就可以了	−.019	−.032	.093	.003	.041	.083	.513	−.046	−.131
在智慧教室上课时,我尽力不想课堂以外的事情	−.113	.012	.016	.073	.275	.053	−.059	−.093	−.086
在智慧教室上课时,我会在课堂上不做与学习无关的事情	.006	.082	−.094	−.056	.463	.026	−.018	.076	−.020
在智慧教室上课让我觉得舒服	−.010	−.119	−.090	.391	−.010	.045	−.155	.080	−.138
我对智慧教室中学习的知识感兴趣	.003	−.077	.008	.282	.027	−.087	.108	−.078	.120
在智慧教室学习新的知识的过程让我感到享受	.037	−.022	.034	.230	−.103	−.095	.077	−.148	.176
学到的知识对生活是有帮助的	.093	−.063	−.098	−.024	.361	−.007	.057	.116	.297
在智慧教室学习很无聊	−.043	.107	.088	−.145	−.069	.270	−.010	.076	−.033
在智慧教室的课堂上我会感到焦虑或紧张	−.005	−.022	.071	.102	.094	.424	.014	.010	.048
在智慧教室学习让我感到灰心	.058	.049	.007	−.029	−.003	.380	−.054	−.033	−.055
我会为考试成绩而焦虑	.028	.006	.044	−.028	.039	.090	−.069	−.049	.575
当我与同伴一起在智慧教室学习时,我感到自己对同伴而言是不重要的	.005	−.017	.166	−.136	.007	−.068	−.020	.246	−.047
当我与同伴一起在智慧教室学习时,我感到自己是被同伴认可的	−.006	−.051	.317	.084	−.075	.157	−.036	.091	.089
当我与同伴一起在智慧教室学习时,我感到自己对同伴来说是特别的	.042	.015	.006	−.047	.029	.043	.051	.490	−.059
当我与同伴一起在智慧教室学习时,我感到自己是被同伴忽视的	.060	−.126	.280	−.077	−.017	.013	.082	.066	−.118
当我与老师一起在智慧教室学习时,我感到自己对老师而言是不重要的	−.013	−.062	.165	−.043	.164	.044	.041	−.040	−.168
当我与老师一起在智慧教室学习时,我感到自己对老师来说是特别的	−.111	.055	−.026	.241	.013	.117	−.019	.242	−.071

续表

Component Score Coefficient Matrix									
	Component								
	1	2	3	4	5	6	7	8	9
当我与老师一起在智慧教室学习时,我感到自己是被老师忽视的	−.044	−.058	.347	−.038	−.048	−.083	.041	−.171	.159
当我与老师一起在智慧教室学习时,我感到自己是被老师认可的	−.167	.074	.309	.208	−.196	.086	−.009	−.116	.104
使用 iPad 上课提高我的课堂专心程度	.195	−.147	−.096	.197	.064	.049	−.031	.028	−.060
使用 iPad 上课对学习是有帮助的	.286	−.151	−.025	.029	.058	.077	.050	.007	−.044
我能够熟练操作 iPad 完成老师规定的课堂任务	.291	−.071	−.032	−.092	−.063	−.080	−.074	.103	.198
对我而言,操作 iPad 是容易的	.284	−.071	−.070	−.107	−.078	−.115	−.065	.111	.067
在智慧教室学习时,我相信自己有能力取得好成绩	.060	.169	−.020	−.010	−.075	.106	−.077	.020	−.219
在智慧教室学习时,我相信自己有能力解决学习中遇到的问题	.120	.052	.071	−.061	.066	.121	.036	−.067	−.052
我认为我能够在智慧教室课堂上及时掌握老师做教授的内容	.035	.189	.093	−.126	.080	.152	.102	−.220	−.146
在智慧教室上课时,我能够理解所学内容	.056	.161	.051	−.112	−.009	.057	−.003	−.316	−.141

Extraction Method: Principal Component Analysis.
Rotation Method: Varimax with Kaiser Normalization.

实践活动

请根据您实践研究中获取的数据,进行因子分析,精简问卷指标。

扫一扫,获得本章活动及学生作品范例

参考文献

[1] 王苏斌,郑海涛,邵谦谦.SPSS 统计分析[M].北京:机械工业出版社,2003.
[2] 薛薇.基于 SPSS 的数据分析[M].北京:中国人民大学出版社,2006.
[3] 杨晓明.SPSS 在教育统计中的应用[M].北京:高等教育出版社,2004.
[4] 谢幼如,李克东.教育技术学研究方法基础[M].北京:高等教育出版社,2006.
[5] 谷志远,张屹,杨文阳.构建我国网络文化安全评价指标体系的实证研究[J].电化教育研究,2008(02):39-46.

第 10 章 研究成果的撰写

学习目标

1. 复述研究报告、学术论文和学位论文的概念。
2. 鉴别研究报告和学位论文的异同。
3. 区别研究报告、学术论文和学位论文在组成结构上的不同。
4. 阐述学术论文和学位论文的撰写步骤。
5. 撰写规范的研究报告、学术论文和学位论文。
6. 对一篇研究报告、学术论文、学位论文做出合理的评价。

关键术语

研究报告　学术论文　学位论文　撰写　组成结构

知识导图

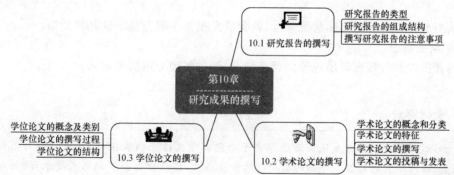

扫一扫，获得本章课件

情境导入

情境一：现在很多研究都是通过问卷调查法或实验研究法开展的，在问卷调查法中编写问卷、发放问卷以及对问卷的数据进行分析和处理，在实验研究法中选取变量进行实验等工作都是为最后撰写一篇高质量的研究成果做准备的。最后阶段，如何总结研究成果，撰写出一篇合格的研究报告呢？

情境二：当今社会，论文的发表是职称评定的"硬性政策"，也是评价研究者是否具备研究能力的标准之一。在自己所从事的领域撰写一份高质量的学术论文，并成功发表在学术核心期刊上，想必是很多研究人员的梦想。如何撰写一篇合格的学术论文呢？一篇合格的学术论文的结构是怎样的？完成一篇学术论文后，如何选择期刊投稿呢？

情境三：在国内外的高等教育阶段，无论是学士、硕士还是博士学位的获得，学生一般需要提交学位论文，学位论文经答辩委员会专家评审通过后，学生参加学位论文答辩，方可获得相应的学位。学位论文凝聚了学生在高校的求学经历，记载了学生在本科或研究生阶段的研究成果。那么如何总结自己求学期间的学习和研究成果，撰写一篇合格的学位论文呢？

10.1 研究报告的撰写

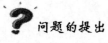

调查研究工作结束后，研究成果即研究报告的撰写尤为重要，那么研究报告的基本组成部分有哪些？如何撰写一份研究报告？在撰写研究报告的过程中应该注意哪些问题？

10.1.1 研究报告的类型

> 教育科学研究报告是教育科学研究成果的重要表现形式，也是揭示教育规律的主要形式。主要包括调查报告、实验报告和科研论文三种类别。

从当前教育科研的实际情况来看，教育研究报告主要包括下述几种类型。

1. 调查报告

调查报告是对教育科研现象的调查情况，经过整理分析后的记录。

> 如《武汉经济技术开发区实验小学电子书包班学生情况调查报告》就是一份典型的调查报告，在对调查问卷做了详细的数据统计和分析后，按照调查报告的格式要求，编制成一份调研报告。

2. 实验报告

实验报告是反映实验过程和结果的书面材料。

> 例如，《媒体呈现方式对认知负荷与学习成效的影响》就是一篇典型的实验报告，该实验报告通过实验研究法，对比分析几种不同的多媒体呈现方式对学生的认知负荷与学习成效所产生的影响。

10.1.2 研究报告的组成结构

由于研究课题不同,研究方法各异,研究时间长短也不一样,因而研究报告格式也不完全相同。但一般来讲,研究报告主要包括:指出研究的目的与意义;交代研究的方法;介绍研究的结果;讨论有关的问题并做出结论;注明研究问题时参看了哪些资料。

从格式上讲,研究报告一般包括四个部分:报告前的基本资料,包括题目、作者署名、摘要、关键词;正文,包括介绍、研究方法与步骤、研究结果、讨论和结论;致谢;参考资料。如表10.1.1 所示。

表 10.1.1 研究报告的组成部分

报告前的基本资料	题目 作者署名 摘要 关键词
正文	介绍 研究方法与步骤 研究结果 问题、讨论和结论
致谢	
参考资料	

1. 题目

报告的题目可以用科研课题的名称,也可以另选标题。选题时,主要有以下四种方式。

(1) 直接陈述调查的对象或调查的问题,直接反映主题的内容。

《中国农业大学研究生思想状况调查》《上海市区高龄老人生活状况调查报告》等,这类标题的优点是读者一看题目,就知道该调查报告所反映的主要问题,有利于读者根据自己的兴趣和需要来选择是否阅读。但其弱点是千篇一律,太一般化,难以引起读者的兴趣。

(2) 以提问的形式作为标题。

如,《教师的年龄影响其信息技术能力吗?》《我市为什么会出现"乘车难"的现象》等,这类标题的突出特点是十分引人注意,有利于激发人们进一步阅读的欲望。对于揭示和分析某一现象产生原因的调查来说,其调查报告往往采用这种形式的标题。

(3) 以结论式的语言或判断句作为标题。

如,《研究性学习在信息技术课程中的应用研究》《网络教育与传统课堂教育关系初探》《影响网络课程效果的一个重要因素》等,这种类型的标题具有较强的针对性,既指明了调查所要研究的现象和问题,又表明了作者的观点和结论。由于其理论性较强,这种标题在专业刊物上出现得比较多,一般刊物上则较少出现。

(4) 采用双标题的形式。

双标题即主标题和副标题,其中主标题以提问式、判断式、警句式表达,副标题则一般以陈述式表达,比如《教室"爆炸"——关于中小学生教室拥挤情况调查》等,这种形式的标题具有上述几种形式的优点,所以刊物上用得比较多。

研究报告的题目要概括全篇内容,反映研究的主题,务必简单明了,突出重点,用词明白易懂,切忌题目假、大、空,避免使用晦涩的、含糊的词语。例如,表10.1.2中的三个论文题目让读者一看就明白论文所要探讨的问题。

表10.1.2 研究报告中"报告题目"之范例

研究报告选题	湖北农村远程教育教师应用现状调查
	远程学习中影响情感交互的因素分析
	江苏电大成人学生学习经历的调查
	对外汉语教育游戏的总体设计之实证研究

2. 作者署名

作者署名格式一般分两行,第一行写上作者的姓名,多个作者时用空格隔开,第二行写上作者的单位、地点和邮编,如:

×××　×××

(华中师范大学　湖北武汉　430079)

3. 摘要和关键词

摘要是研究报告的精简概要,其目的在于通过简短的叙述使读者了解整篇研究报告的内容。中文的研究报告通常要求一篇300字左右的摘要,但在100字至500字之间都是可接受的范围。摘要可分段,但不可以分节,并尽量不引用参考文献。此外,摘要中不可使用图表。

摘要一般包括五个方面的内容:研究的背景信息,研究的目的和范围,研究的方法,最重要的研究结果,结论和建议。

 小案例解析

> **《媒体呈现方式对认知负荷与学习成效的影响》摘要**
>
> 　　认知负荷理论目前已经成为描述新技术学习中认知过程的一个基本理论。发展一种有效的、可信的方法来测量在多媒体学习环境中学习者所经历的认知负荷是非常重要的。本研究以多媒体信息呈现方式为突破口,以认知负荷理论为分析框架,研究了多媒体信息呈现方式对认知负荷与学习成效的影响。本试验采用双任务的方法,第二个任务为简单的视觉监控任务,对文本、文本+图、解说、解说+图以及文本+解说+图五种多媒体呈现方式下80名大学生的认知负荷进行直接测量,同时考察学习者的学习时间。
>
> 　　结果发现:在单一表征方式时,学习材料的图文关系不会影响到研究结果,均是解说条件下视觉监控任务的反应要小于(快于)文本的情况;复合表征方式时,学习材料的性质可能与呈现方式存在交互作用,对于图文重复的学习材料,在单一表征方式下视觉监控任务的反应要小于(快于)复合表征方式,对于图文互补的学习材料,在复合表征方式下视觉监控任务的反应要小于(快于)单一表征方式,学习时间与学习材料的性质之间存在着交互作用。采用视觉监控的双任务方法是多媒体学习环境下测量认知负荷的一种较为直接客观的方法。

关键词可以根据题意及内容列出 3～5 个中心的、关键的词,便于计算机分类录入和读者查阅。

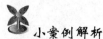 小案例解析

例如,在《媒体呈现方式对认知负荷与学习成效的影响》一文中提取了"多媒体学习""认知负荷理论""双重编码理论""双任务方法"作为此文的关键词。

4. 介绍

介绍部分一般包括以下五方面的内容。

(1) 阐述所要研究的领域,给读者提供一个研究报告的背景;内容包括本课题研究的有关背景、研究的基础、研究的理论依据。

(2) 文献研究。评论性地综述国内外现存的有关研究。

(3) 指出目前所需要的研究课题,也就是所要研究的课题。

(4) 具体说明研究目的。

(5) 研究的意义和价值。

5. 研究方法与步骤

研究方法主要包括以下四个方面。

(1) 采用的研究方法。

指明所采用的研究方法如问卷调查法、访谈法、行动研究法等,着重介绍所采用的研究方法在实际工作中的具体运用情况,尤其对于某些关键术语,需交代清楚。

 小案例解析

例如"三种教学方法的对比实验",应当讲清楚什么是讲授法、自学法和讨论法,毕竟每一种方法都应有特定的含义,而对于普通的读者来说,未必了解这些名词的实质内容。此外,在调查或实验过程中,研究者所使用的指导语也需指明。这样既便于读者理解,又便于其他人重复实验。

(2) 研究对象。

无论是调查报告,还是实验报告,都需要说明被研究对象的基本情况,包括研究对象的总体容量、样本的基本结构、如何抽样、何时何地开展研究等。

(3) 研究的进程与研究工作的实施。

扼要写出研究过程中各阶段研究工作的实施情况;着重写出各项主要研究内容的研究思路和实施情况。

① 对调查的实施,要着重交代以下几方面内容(在研究方法中已作交代的内容不必重复)。

第一，调查目的、任务、时间、地点、对象、范围。

第二，调查方法要详细说明是普遍调查还是非普遍调查（重点调查、典型调查、抽样调查），是随机取样、机械取样，还是分层取样。

第三，调查方式是开调查会、访问，还是问卷或测试。

第四，使用调查问卷要说明问卷的来源、编制的依据、发放方式、有效问卷数及数据处理等问题。

第五，对（心理）测试量表要说明量表的来源、编制的依据、测试对象的确定、测试方法、评分标准、测试信度和效度的保证等。

② 对实验研究的实施，要着重交代以下几方面内容。

第一，实验的目的、内容及实验的基本思路。

第二，实验假设及有关的理论依据。

第三，怎样选择被试与对照，被试的条件、取样方式、数量、实验时间及研究结果的适用范围；实验的组织类型及采取这种组织类型的依据，单组、等组或轮组实验的具体步骤；对实验班进行实验处理的情况，实验因果共变关系的验证，所施加的实验因子与实验的结果是否存在因果关系，是否符合逻辑以及对无关因子的控制情况。

（4）数据或资料处理的技术。

研究报告涉及的数据主要包括：调查所得的数据和实验数据，二者尽量以图表形式列出为宜。

6. 研究结果

研究结果是把研究所获得的大量资料或数据，经过分析整理，综合为几个项目，包括主要的研究结果、最重要的发现、对研究结果的评论等。撰写研究结果需要逐条进行描述，做到材料可靠、重点突出。

研究结果中最重要的是数据及素材。数据可以用图和表形象地表示出来，例如，有些数值随着年龄的增加，用折线图就一目了然。

研究的结果最好是一般与典型相结合，数据与事例相结合。

7. 问题、讨论和结论

研究报告中应该纳入的问题包括以下四种：应研究而由于其他原因未进行研究的问题；已进行研究但由于各种条件限制而未取得结果的问题；与本课题有关但未列入本课题研究重点的问题；值得与同行商榷的有关问题。

讨论和结论一般集中于以下六个方面：最初的研究目的、基本理论、研究假设；综合本研究的发现；研究结果的解释；研究对实践的意义；研究的局限性；所需的进一步研究。

8. 参考资料

任何科学研究活动都是在前人研究的基础上前进和发展的，教育科学研究也不例外。在引用别人的材料或研究成果时，要少而得当，核对无误，还应加注，说明出处。

10.1.3 撰写研究报告的注意事项

在撰写研究报告时，除了遵循一般论文的书写步骤和原则外，还有需要特别注意的几项。

第一,报告或论文的写作应是在取得研究结果后着手写作的,因此,在进行报告或论文写作时要力求做到深入浅出,不要故弄玄虚。

第二,观点和材料要相结合,通俗性和科学性要相结合。研究报告一定要有具体材料,要重事实,要有依据,要从事实、依据中引出观点,这样才有说服力。

第三,重点应放在研究方法和结果方面。研究的价值是以方法的科学性和结果的可靠性为条件的,材料不够确切、没有经过核实的不要拿出来。研究报告重点在于方法和结果部分,因此,方法部分要讲清楚,交代具体,条理分明。结果部分要形象化,能吸引人。

第四,讨论分析要用辩证观点。要实事求是,当时的舆论可供研究,但不要被其左右。力求客观,不带个人色彩。

第五,材料收集后,先要经过筛选、分析、整理,不要急于动笔,要深思熟虑,这样才能理出清楚的头绪来。

第六,有些材料,如放不进正文,可作为附录放于文后,便于读者需要时参考。

总之,撰写教育研究报告是一项科学工作,必须以严谨的科学态度来对待,做到态度严肃、学风严谨、方法严密。写出来的报告或论文必须保证正确性、客观性、公正性、确证性和可读性。

实践活动

请根据前面章节中学习到的研究方法和数据统计分析的知识,再结合本节中研究报告撰写的有关知识,以小组合作的形式撰写一份研究报告。

10.2 学术论文的撰写

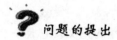
问题的提出

你想在你的专业领域期刊上发表一篇具有一定影响力的论文吗?一篇专业的学术论文的撰写必须遵循怎样的撰写原则?学术论文的标准形式及其撰写步骤又是怎样的呢?阅读本节,将一一为您解答这些问题。

10.2.1 学术论文的概念和分类

核心概念

学术论文也称"论文""研究论文",是在各种科学领域内专门探讨学术问题、反映研究成果的论文。教育技术学术论文是教育技术研究工作过程的反映,是教育技术研究结果的文字记载,是对于教育技术工作者劳动意义的体现,因此,撰写优质的学术论文是每一个教育技术工作者都必须具备的素质。

在科学研究中,我们可以选择很多的学术课题和研究方向,因此学术论文的形式也是多种多样的,大致可以分为科学专著、专论、实验报告、研究札记,以及大学中的学年论文、毕业论文、学位论文(学士论文、硕士论文、博士论文)等,如图10.2.1所示。

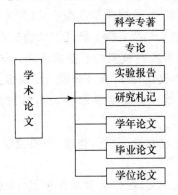

图 10.2.1 学术论文的形式

1. 科学专著

科学专著即科学工作者对自己的研究成果进行系统叙述的著作。

2. 实验报告

如对某种教育技术应用问题进行科学实验后,写成的报告即为实验报告。它主要是通过实验找出规律,提出经验、办法、建议,并得出应有的结论。

3. 研究札记

研究札记是科学工作者在对某种科研课题进行深入研究的过程中,对研究现象、所遇问题、解决方法、研究结果等内容以心得的方式书写记录下来的类似读书笔记的文字集。

4. 学年论文

学年论文是指高等院校的学生在每一学年末所撰写的带有总结性的论文。它是一种学术性不强、难度较小、带有练习性的综合性作业,在内容上往往强调科学性,注重对前人知识的理解和运用,但独创性不强,不如毕业论文、学位论文等其他学术论文,篇幅一般在5000字以下。

5. 毕业论文

毕业论文是指高等院校的学生在毕业时所撰写的带有总结性的论文。也可以说,它是一种具有一定学术性、难度适中、带有选拔性的综合性答卷。这类论文在内容上不但要强调较强的科学性,而且注重独创性,要求能反映出该同学在某一科学领域中的今后潜在研究能力和发展趋向。但毕业论文在科学性和创见性上的要求,不像其他学术论文那样高。它的独创性要强于学年论文,而又弱于硕士、博士论文。

6. 学位论文

学位论文是一种为了获取学位而提出用于答辩的论文,是学位评定、授予的重要依据。学位论文反映出学位申请者在某一领域中的学识水平、学术成果以及独立进行创造性科学研究的能力。对于学位论文,我们将在第三节进行详细介绍。

10.2.2 学术论文的特征

学术论文的特征如图 10.2.2 所示。

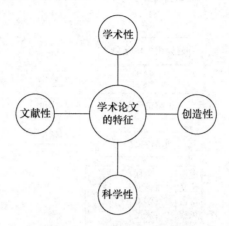

图 10.2.2 学术论文的特征

1. 学术性

学术论文探讨的是某一科学领域中比较专门化的问题,带有较强的研究、论证的性质。学术性侧重于对事物进行抽象的概括的叙述或论证,反映的不是客观事物的外部直观形态和过程,而是事物发展的内在本质和变化演进的规律。学术性是学术论文存在的最基本条件。

2. 创造性

论文要反映出作者对客观事物研究的独到理解和观点,它应该显示出某领域的新理论、新设想、新方法、新定理,甚至填补某个领域的空白。

3. 科学性

学术论文的内容必须是客观存在的事实,是社会公认的真理,它应该是成熟的理论或技术,要经得起实践的检验,并且应具有符合时代要求的先进水平,在技术上行得通,不脱离实际。

在论文的表述上,主要体现为:定性、定量的语言使用,内容充分,清楚明白,不能模棱两可,含糊不清,不能一语双关、意义不确定;要全面表述,既要注意主要倾向,又不掩盖另一倾向,防止以偏概全。

4. 文献性

由于学术论文表达的是一种客观真理和规律,可以长期保存,供检索和查阅,作为后人进行更深入研究、探讨时的借鉴。这种论文往往具有长期使用、参考的价值。

10.2.3 学术论文的撰写

学术论文的撰写可以用图 10.2.3 表示。

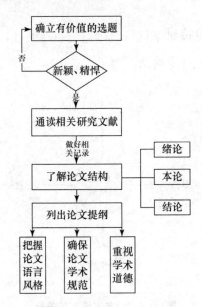

图 10.2.3　学术论文的撰写步骤

1. 确立有价值的选题

学术论文的价值并不在于写作技巧,而在于研究工作本身选择什么样的课题,取得了哪些有价值的研究成果。因此,好的选题对于论文的写作及其价值、成败都至关重要,确立一个好的论题,就等于完成了论文的一半,一个好的论题应该具有两方面的条件。

首先,选题必须具有创新性和现实性。一篇有价值的论文要有满足实践需要之"新",要有揭示客观规律之"新",要有产生实际效果之"新"。好的选题应该是立足于实践的创新,既要关注当前亟待解决的重要、关键问题,又要能够提出新见解、新发现、新创造,能填补研究空白。学术论文的选题应该属于当前同领域的众多科研工作者在头脑中长期思考的一类问题。

其次,从选题的角度和技巧上看,题目要小而精,切忌大而泛。小题目往往能写出有价值的大文章,大题目反倒容易写得很肤浅。选择小一点的论题,抓住其要点,深入本质与核心,从多角度多层次去探究,就能有理有据地阐述自己的新观点、新见解、新主张,这样问题才能谈得精而深,才能写出有独到见解、观点深刻的文章。

2. 通读相关研究文献

论文要有见解,必须大量阅读文献,充分占有资料。只有"弥纶群言",充分地研究前人的材料和观点,进行客观的分析和评价,才能真正"研精一理",写出有见地的好文章。占有的材料越多越好,它往往会使作者萌发新的观点、见解、思想等。确定好自己的研究方向之后,需要做大量的工作为文章的书写做准备,在这其中文献的阅读与记录是非常重要的环节。

3. 了解论文结构

学术论文不同于一般的文章,它有自成一体的结构体系,在下笔之前,有必要对这一体系有相对清晰的了解。

知识卡片

> 论文的结构主要包括绪论、本论、结论三部分。
> 绪论,解释论文题目,说明它在科学研究和实践生活中的现实性及重要意义。绪论重点交代论文主题的研究过程及现状,详细地说明前人所做的研究、著作,有何成果,遗留的问题有哪些。绪论的内容并不是记录式地传达前人原著的内容,而是从相关文献中引出与学位论文的主题有直接或间接关系的内容,同时对前人著作的完备性、正确性及其意义做出客观的、公正的评价。与本论相比,绪论要相对简明扼要,不可冗长,内容选择不必过于分散琐碎,措辞要精练,要吸引读者读下去。
> 本论,该部分要详尽、全面、系统地阐述作者的个人研究,详细地阐明论文的观点,周详地论证论文中的全部思想及新的原理。这是全篇论文的主体和重心所在,一般来说需要分若干层次有条理地来进行论述。
> 结论,结论主要包括两方面内容:一是对本论部分进行综合、概括,得出基本论点,同时展望研究课题;二是对于提供过重要指导和帮助的同志,在结尾处予以书面致谢。

4. 列出论文提纲

了解论文的结构之后,作者在感官上对于论文的走向有了一定程度的把握,在此基础上,我们可以列出论文提纲,把论文的结构框架视觉化,方便架构论文的框架体系,方便以后的论点阐述、资料补充等。

论文提纲以提要或图表的方式将一篇论文的观点、材料的组合及其层次脉络表现出来,是论文写作的蓝图。它可以使现象本质化、思想具体化、认识条理化。编写提纲是论文酝酿构思的重要环节,尤其在写篇幅较长的论文或思路尚不清晰的时候,编写提纲就显得十分必要。

论文常采用标题和序号来呈现结构,因为通过它们可以鲜明地突出论文的主要内容,使结构脉络清晰,且富有一种整洁有序、循序渐进的节奏美感。标题和序号可分为若干个层次,编号系统常采用三级目录。一级标题就是论文的大标题;二级标题就是论文正文大部分的序号,常常使用一、二、三表示;三级标题是论文正文的第二级标题,常常采用 1.2.3. 表示。

5. 把握论文语言风格

学术论文的语言应该严谨、准确、简练、通畅,做到准确而不走样,具体而不空泛,简练而不冗长,明白而不晦涩。要用朴实严肃的叙述和扼要清晰的语言表述思想,同时还要保证论文的完整性和详尽程度。语言应避免单调重复,要注重文辞的修饰,使表达生动有力。

6. 确保论文学术规范

学术论文应该具有一定的格式要求和审美规范,从而使它达到学术界的统一与读者的审美要求。

(1) 标题、署名。即本篇论文的题目和作者名称。

(2) 摘要。要求基本与"研究报告"中的摘要要求类似。

(3) 关键词。关键词是学术论文的文献检索标识,位置在摘要之后,是表达文献主题概念的词汇。关键词一般从论文的题名、层次标题和正文中进行挑选,来反映论文主题概念。

(4) 引文。文本中引用他人著作或文章中的文字,主要有段中引文和提行引文两种格式。段中引文所引的文字夹在行文段落之间;提行引文所引原文独立成段。为了增强引文的说服力,要用注释的形式标明引文的出处。它一般包括:作者、书名或篇名、译者、发表的刊物名、出版社、发表和出版时间、引文所在页码。

(5) 参考文献。参考文献附于学术论文或学术著作的后面,说明与本文或本书有关的参考资料。它一般单独起页,并在页面正上方标明"参考文献"。

(6) 附录。可以附带本论文中用到的完整材料或案例。

7. 重视学术道德

在校大学生由于缺少论文写作的经验,需要在多方面引用或者借鉴他人的一些观点,因此,要特别注意是否触犯了相关的法律法规,确保在借鉴的同时,保持自身学术的鲜明性,保证学术论文的道德水准。

 您知道吗?

> 学术论文有着非常严肃的学术意义,要求作者必须遵守学术界的道德规范,严禁抄袭、剽窃他人的学术成果。学术论文道德素养的核心,就是如何来正确、客观地评价他人和自己的学术劳动。国家在这方面也出台了相应的法律法规,我国第一部《高等学校哲学社会科学研究学术规范(试行)》(以下简称《规范》)于2004年8月由教育部正式发布。《规范》对高校哲学社会科学研究的基本规范、学术引文规范、学术成果规范、学术评价规范和学术批评规范都做了明确的规定。《规范》明确规定,引文应以原始文献和第一手资料为原则。凡引用他人观点、方案、资料、数据等,无论是否发表,无论是纸质或电子版,均应详加注释。凡转引文献资料,应如实说明。伪注、伪造、篡改文献和数据等,均属学术不端行为。

 小案例解析

> 1. 研究选题的确定
> 《智慧教室中的教学对大学生研究能力和元认知的影响》是在项目研究的基础上,在完成问卷调查之后,撰写的一篇学术论文。这样的选题范围狭窄且精深,可以将智慧教室中的教学对大学生研究能力和元认知的影响进行阐述和分析,符合学术论文研究选题的特点,可以在此基础上撰写学术论文。
> 2. 通读相关研究文献
> 研究选题确定以后,就要对与研究选题有关的问题查找大量文献并认真阅读。此案例中,应查找有关智慧教室教学研究情况、大学生研究能力和元认知能力研究及智慧教室教学对大学生影响等方面的文章。同时还需了解目前对智慧教室环境中教学对大学生各方面能力影响的范例与研究。
> 3. 确定论文结构,列出论文提纲
> 在阅读完大量的相关文献后,相信作者对自己要撰写的论文结构在心目中已有大致的方向,这时就应该将想法落实于纸上,列出论文的大致提纲。这里采用的是标题式的提纲形式。

4.确定论文风格,撰写论文初稿

在撰写论文之前,应大致确定论文的风格。此案例中的论文是实证研究,应用大量的数据来表明事实,摆出数据,并分析经过数据处理之后得出的结论,总结出"智慧教室中基于量规的 APT 教学对大学生研究能力、元认知水平的影响"的几个方面。确定完论文风格后,就可以开始论文初稿的撰写了。

5.修订初稿,完成论文定稿

对撰写的论文初稿进行几番修订之后,确定论文的最终稿。

 经典案例

随着我国的科研实力日益增强,科研工作者逐渐与国际接轨,发表英文学术论文可以使更多的人了解我们的科研成果。由于思维习惯的差异,国内科研论文与国外学术论文在撰写结构上也有所区别,这在一定程度上造成了论文理解方面的困扰。因此,了解英文科研论文的撰写方法是非常必要的。

英文论文结构如图 10.2.4 所示。

图 10.2.4 英文学术论文组成结构

下面以实证类英文论文 Interaction between gaming and multistage guiding strategies on students' field trip mobile learning performance and motivation 为例,对其各部分的内容要求和撰写技巧做简单介绍。

1.摘要

摘要是一个压缩版本的论文全文,应该简洁明了地将论文中所有的关键点展示出来,即论文的研究目的(The aim)、参与者(Participants)、采用的工具和方法(Instruments and analysis)和主要的研究结果(Major finding)这四部分。

摘要的写作策略:

(1) 从一个关键点开始段落的写作,在写作时尽量使用简单的英语短句子,并保证句子结构完整。

(2) 写作时尽量多用动词少用动名词,尽量用主动语态代替被动语态,避免论文呆板,毫无生气。

(3) 尽量用标准英语,不使用俚语和外来语,不使用文学性的描述手法。

Example：In this study, an integrated gaming and multistage guiding approach was proposed for conducting in-field mobile learning activities. A mobile learning system was developed based on <u>the proposed approach</u>(研究目的). To investigate the interaction between the gaming and guiding strategies on <u>students'</u>(研究参与者)learning performance and motivation, a <u>2 × 2 experiment was conducted on an elementary school natural science course</u>(工具和方法). Four groups of students were situated in a field trip to learn with different mobile learning approaches（ie, gaming or nongaming) and guiding mechanisms(ie, multistage or single-stage). <u>The experimental results showed that</u>(研究结果显示)both the gaming and multistage guiding mechanisms proposed in this study significantly enhanced the students' learning achievements...

2. 引言

引言要交代问题产生的背景,开宗明义提出本研究要解决的问题。引言部分应该引入研究的主题,回顾前人对此问题做了哪方面的研究,研究中的主要问题和矛盾是什么,提出研究问题。

引言的写作策略：

（1）引言提出的问题要具体。

（2）以提问的形式引出特定的研究问题。

（3）引言的层次结构是从大到小,从一般到特殊。

Example：The rapidly increasing popularity of computer technologies has led researchers to develop technology-based learning strategies and investigate the effects of those strategies on students' learning performance（Ruchter, Klar & Geiger, 2010；Wang & Wu, 2011）. Several studies have reported that technology-enhanced learning, if conducted appropriately, could help students to attain better learning performance as well as positive attitudes（Liu, 2009；Looi et al, 2011；Pedaste & Sarapuu, 2006)（说明技术对学习影响的重要性）. In addition, scholars have emphasized the necessity of situating students in authentic environments where they can experience and meaning fully learn in real-world scenarios(Brown, Collins & Duguid, 1989；Hwang, Yang, Tsai & Yang, 2009)（真实情景的重要性）.

Among various learning support strategies or tools, researchers have stressed the importance of providing learning guidance and feedback as scaffolding to sustain students' learning...（说明此次研究的重要性）

3. 文献综述

文献综述要反映出相关研究的发展历史、新动态、新趋势、新原理、新技术和各家见解等重要信息,为后续研究寻找出发点、立足点和突破口。

文献综述的写作策略：

（1）查阅大量文献并按主题进行分类总结、研究分析。

（2）避免大量的直接引用或转抄。综述一般避免大篇幅的直接引用,应该间接引用,引用时要注明引用的出处。

Example：In recent years, owing to the rapid evolution and prevalence of mobile devices, researchers have taken advantage of them to provide learning materials which can be accessed at any time and from anywhere（Looi et al, 2011）(总结已有研究观点和结论)... An experiment has been conducted on a natural science course of an elementary school to explore the effectiveness of the proposed approach via investigating the following research questions：(提出本文的研究问题).

4. 方法

方法是说明研究是怎样设计的、怎样进行的,如所用的实验设备、实验对象等有关各种因素,使读者可以清楚看出论文的学术思想和技术路线。

方法的写作策略：

（1）要说明研究实施过程,比如描述研究的过程、时间、任务和要求等。

（2）要说明研究参与者的基本情况,比如参与者人数、背景等。

(3) 要说明研究方法,比如调查研究法、观察法等。

(4) 要说明研究数据的分析过程,比如采用定性分析还是定量分析、实验数据的编码方案等。

Example: The participants of this experiment(实验参与者)included four classes of fifth graders (10- and 11-year-olds) who studied natural science for four periods a week in an elementary school in northern Taiwan...

The in-field mobile learning activities were conducted for the "recognizing the plants on the school campus" unit of the natural science course to evaluate the effectiveness of the integrated gaming and multistage guiding approach by examining the learning achievements and motivation of the students who learned with different approaches in the field...(研究过程)

In this study, the measuring tools(测量工具)included the pretest, the posttest and the questionnaire of learning motivation for measuring the students' perceptions of the learning activity.

5. 结论

结论是把研究所获得的大量资料与数据分析整理,得出主要研究结果。必须如实地写出与所提的研究问题有关的所有结果,不能只发表有利于自己论点的内容,要回答引言部分所提出的问题。

结论的写作策略:

(1) 要基于研究问题给出研究结论。

(2) 要按照内容的重要性顺序呈现结论,结论的描述要用过去时态。

(3) 呈现已被分析的数据而不是原始数据,数据的呈现尽量采用图和表的形式,配以必要的文字描述,切忌过多重复。

Example: To explore the learning achievements of the four groups, a two-way ANCOVA was employed using the pretest scores as the covariate, the gaming mechanism (divided into the gaming and nongaming approaches) and the guiding mechanism (divided into the multistage guiding and the single-stage guiding approaches) as independent variables, and the posttests cores as the dependent variable...(学习成绩方面研究成果)

In this study, a two-way ANCOVA was employed to investigate the learning motivation of all four groups. The pretest scores of motivation were used as the covariate, the gaming mechanism and guiding mechanism were the in dependent variables, and the posttest scores of motivation were a dependent variable...(学习动机方法的研究成果)

(从上述两个方面回答了提出的两个研究问题)

6. 讨论

讨论部分要说明研究中的关键问题与研究结论中未阐明的重要问题,解释研究结果产生的原因、阐述研究的不足以及对其他研究或实践的启示,最后进行总结说明。

讨论的写作策略:

(1) 要基于研究问题展开讨论。

(2) 要对重要的发现进行解释。

(3) 要阐明自身的发现与已有研究结论的关系。

(4) 要思考自身研究的影响、局限以及未来研究的方向。

Example: The experimental results showed that the proposed approach significantly improved the students' learning achievements and learning motivation...(研究结果)

For future research, it would be worth exploring the effects of the approach on the learning performance of students with different personal factors, such as cognitive styles, learning styles or knowledge levels...(未来研究方向和建议)

7. 参考文献

参考文献要注明作者所用的资料,可以在一定程度上看出论文的深度与广度。

参考文献的写作策略：
(1) 必须考虑预发表期刊的格式要求。
(2) 英文参考文献一般采用 APA 格式。
(3) 必须列出全部参考文献。

Example 1：Bai, H., Pan, W., Hirumi, A. & Kebritchi, M. (2012). Assessing the effectiveness of a 3-D instructional game on improving mathematics achievement and motivation of middle school students. British Journal of Educational Technology, 43, 6, 993-1003.

Example 2：Barzilai, S. & Blau, I. (2014). Scaffolding game-based learning：Impact on learning achievements, perceived learning, and game experiences. Computers & Education, 70, 1, 65-79.

知识卡片

APA 格式是一个被广泛接受的研究论文撰写格式，特别针对社会科学领域的研究，规范学术文献的引用和参考文献的撰写方法，以及表格、图表、注脚和附录的编排方式。

10.2.4 学术论文的投稿与发表

当论文定稿后，我们可以向有该学术跟踪方向的学术期刊进行投稿，以扩大学术研究的影响面。在这之前，我们需要了解以下几个方面的信息，以提高论文的发表概率。

温馨告知

学术论文的投稿与发表

1. 了解期刊、编者及读者的需求

学术论文的学术价值在于它的实验结果或者作者提出的新见解，这点是毋庸置疑的。然而，每种期刊都有自己独特的关注视角，也是针对具有某一特质的读者群体的，因此编者在进行收稿、审稿时，都会进行非常细致的筛选，以保证所刊登的文章满足各个方面的需求。

首先，筛选出涉足本论文探讨问题的相关期刊；其次，浏览该期刊近期的征稿启事，特别是年初期刊所发表的其年度的关注点通告，如果论文的关注点恰巧与设置的版块吻合当然最好了；最后，研读期刊所发表的学术论文的类型与选题方向，从中总结该期刊的重点关注点。依据以上三个方面便可选出适合自己的投稿期刊。

2. 了解期刊信息

对期刊信息的了解需要日常的积累，平时要对自己专业领域的有关期刊的稿约（或告作者、征稿启事等）随时关心留意，因为这些都是了解期刊办刊方针及录用稿件要求的重要依据，一般刊登在卷首或卷末。

3. 了解期刊的组织结构及稿件处理过程

由于期刊对稿件有不同的处理过程，作者需要弄清楚，以方便对文章进行修改。

实践活动

请下载一些学术论文进行阅读,并写出其优缺点及创新之处。然后以"学生的信息素养"为主题,撰写一篇合格的学术论文。

10.3 学位论文的撰写

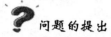 **问题的提出**

每位大学毕业生、硕士毕业生和博士毕业生都需要撰写学位论文。你在为如何撰写优秀的学位论文而发愁吗?你在为自己的学位论文通不过而拿不了学位证书担忧吗?你在对本专业的知识进行了一定的研究后,知道如何才能完成学位论文写作吗?本节将详细为你介绍如何撰写学位论文和其他关于撰写学位论文的一系列知识。

10.3.1 学位论文的概念及类别

 核心概念

> 学位论文是一种为了获取学位而提出用于答辩的论文,是学位评定、授予的重要依据。学位论文反映出学位申请者在某一领域中的学识水平、学术成果以及独立进行创造性科学研究的能力。

我国的学位有三级,即学士、硕士、博士,因此学位论文也分为学士学位论文、硕士学位论文、博士学位论文三种。

 温馨告知

> 学士学位论文,表明申请者确已较好地掌握了本门学科的基础理论、专门知识和基本技能,并具有从事科学研究工作或担负专门技术工作的初步能力,通常由大学高年级学生提出,故也称"毕业论文"。其篇幅一般在1万字以下。
>
> 硕士学位论文,要求申请者对所研究的课题有新的见解,表明作者具有从事科学研究工作或独立担负专门技术工作的能力,通常由攻读硕士学位的研究生提出。它的学术性往往介于学士学位论文和博士学位论文之间。其篇幅一般在2万字至5万字之间。
>
> 博士学位论文,表明申请者具有独立从事科学研究工作的能力,能开拓出新的研究领域,解决一些具有重要意义、有突破性的问题,并在科学或专门技术上做出创造性的成果,它的形式应该是系统、完整、精深的科学著作,通常由攻读博士学位的研究生提出。

10.3.2 学位论文的撰写过程

学位论文的撰写过程,既是学生获得学位的过程,又是教师的教学过程,也是训练和提高学生研究能力的重要方式和手段。一篇优秀的学位论文是学生进入研究领域的"里程碑"式的文章。学位论文的一般写作步骤主要包括:拟订写作计划—确定选题(提出某些见解)—搜集、占有资料—提炼观点、构思全篇(将自己的思想逐一写成段落)—拟定提纲、打好框架—撰写初稿—修改定稿。学位论文的撰写过程可以用图10.3.1表示。

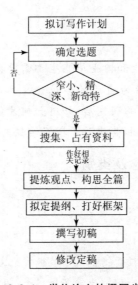

图 10.3.1　学位论文的撰写步骤

1. 拟订写作计划

学位论文写作要进行研究,构思谋篇,首先应制订计划,对预定时期内所要完成的毕业论文写作任务做出科学安排,以使写作进程有所遵循,按部就班,保证质量,避免前松后紧,慌乱着急。

2. 确定选题

学位论文选题的一个大原则是"窄小、精深、新特奇",也就是选题"忌大、忌广、忌空、忌泛",尽可能"小题大做",而不要"大题小做"。学位论文的选题与研究性课题有所不同,获得学位是学位论文的一个重要目的,所选题目要做到"不深不浅",要选择别人没有涉足过的,或别人虽研究过但并未研究通透的领域,利用自己现有的时间条件、学术条件将其进一步深入,做出一定的成果。

3. 搜集、占有资料

学位论文的材料是指作者通过实验、观察、调查等科学研究实践和文献资料检索所获得的用以表现论文主题的一系列事实、数据,以及说明这些事实、数据的理论、定理、技术、方法和科学的构思与假设、经验与教训等。

学位论文的写作,必须在充分占有资料的基础上进行,否则就是无米之炊。资料搜集的过程是科学研究和形成论点的过程。作者可以通过查阅文献资料、实地调查等途径来搜集资料，也可以通过网络查找资料。不论采用什么途径和方法，一定要了解和掌握选题的最新研究成果和动态。

4. 提炼观点、构思全篇

论文的构思是一种思想内化的过程，是一个思考不断成熟、认识不断深化的过程。在占有丰富的文献资料后，作者自己的论文思路也在逐渐形成，并渐渐清晰。

5. 拟定提纲、打好框架

学位论文的提纲就是作者根据其确立的论点，选取相应的材料，把观点和材料组织成思路清晰、顺序得当并能够说明问题的基本逻辑框架，勾画出全文的轮廓。

可以说，提纲就是一篇毕业论文的结构关系图，论文的所有观点和主要材料都应当在其中得到一个最为恰当的位置。拟写提纲是作者动笔行文的必要准备和必经步骤，作者应从全局出发，通盘考虑，用简练的语言列出纲目，把构思谋篇的过程和研究的成果具体表现出来。

知识卡片

> 提纲的内容主要包括立论、选材和谋篇布局。
>
> 立论，即确立论点，概括好全文的中心论点，找准提出问题的角度，确定在中心论点下设哪些分论点，分论点下又拟设哪些新论点。
>
> 选材，材料是形成毕业论文论点的依据，又是构成毕业论文躯体的血肉，要认真选材，特别要注意选择真实可靠、富有新意、比较典型而又容易理解的材料。
>
> 谋篇布局，主要指层次和段落的安排，明确如何开头和结尾，论文的主体部分如何展开，上下文如何衔接，前后如何照应等。

6. 撰写初稿

撰写初稿，就是起草、打草稿，按照拟好的提纲，把自己研究的初步成果和逐步形成的观点完整、准确地表达出来，它是作者在认识不断深化的过程中，使学位论文基本成型。

撰写初稿的执笔顺序和方法有两种：一种是先从绪论起笔，按提纲排列的自然顺序进行，从开头写起，依次写到结尾，这样便于论文的前后风格保持统一，衔接紧凑，自然流畅。另一种是从本论写起，先写好本论、结论再写绪论部分，这样可以先易后难，容易起笔。

7. 修改定稿

初稿完成，只是有了一件半成品，修改是学位论文的完善阶段，是提高毕业论文质量的重要环节，修改不仅是改正文中错误的过程，同时还是认识不断深化、全面和周密的过程。因此，应一丝不苟地进行修改。

修改毕业论文可从思想内容和表现形式两方面考虑。思想内容包括论点和材料，表现形式包括结构和语言，通过修改，使尽可能正确的思想内容和尽可能完美的表现形式二者相统一，以提高毕业论文的水平。

您知道吗?

一般来说,修改论文可以从以下方面着手。

(1) 订正论点。从全篇着眼,看论点是否成立,是否正确深刻,中心论点与各分论点之间的逻辑关系是否合理,表达是否准确等,针对问题加以修改。

(2) 调整结构。看全文层次是否清楚,各部分之间的联系是否紧密,段落安排是否合理,开头与结尾、前后部分是否照应,各部分之间是否衔接自然等,针对表现内容的需要加以调整。

(3) 增删材料。根据论点的需要,看初稿中所用的材料是否必要、真实、合适,如果发现材料不能说明论点或材料不足以说明论点时,就要删节、调换或补充。有的材料单独看很好,但与表现论点无关,一定要忍痛割爱,用新的、比较典型的材料替代。

(4) 锤炼语言。主要看语言的表达是否达意,是否准确、简练,把词不达意的改贴切,把似是而非的改准确,把可有可无的字句删去。同时注意行文前后语气的贯通一致,并正确使用标点符号。

 经典案例

以学士学位论文《智慧教室环境下小学生课堂学习投入度及影响因素研究》为例,介绍学位论文的撰写过程及其注意事项。

1. 拟订写作计划

在开始论文写作任务之前,要做一个详细的写作计划,一般本科学士论文在大四上学期的十一月份开始确定选题并撰写开题报告。在开题报告里面,需要详细拟订论文写作计划。首先需要花一个月时间搜集相关资料,进行必要的文献调研、问卷调查和前期的需求分析,写出调查报告。然后,花两个月时间开始网络课程作品的设计与开发,提交开题报告。最后,花一个月时间测试网站功能并撰写论文初稿,花半个月时间修改论文并定稿。

2. 确定选题

确定选题一般有两种方式:一种是自己拟订选题;另外一种就是教师拟订选题。此案例中确定的《智慧教室环境下小学生课堂学习投入度及影响因素研究》符合论文题目的特点,题目精深,可以进行研究并撰写论文。确定选题后,完成开题报告的撰写。

3. 搜集、占有资料

对于此案例,需要搜集智慧教室环境教学相关概念、课堂投入度的理论研究及其影响因素等知识。在搜集资料时,注意分类保管,并做好相关记录。

4. 提炼观点、构思全篇

搜集完一些相关资料,便开始设计智慧教室环境下学生投入度的调查,当调查基本完成之后就可以开始构思论文的总体框架。可以从素材中提炼一些自己想要的观点,构思全篇。

5. 拟订提纲、打好框架

在正式开始撰写论文之前需要将自己的论文思路的大致提纲列出来,本案例中的目录即可作为论文的框架与提纲。

6. 撰写初稿

在实验研究的过程中,需要不断地记录实验结果,做好相应的笔记,为论文的撰写提供材料准备。同时,要开始论文初稿的撰写。

7. 修改定稿

完成论文的初稿后,从多个角度对其进行修改润色,最终写成案例中的论文。

撰写学位论文是每位高校毕业生必须完成的任务。掌握学位论文的基本组成结构和基本撰写步骤,是完成一篇合格的学位论文的关键因素。无论是学士学位论文、硕士学位论文还是博士学位论文,基本都按照这几个步骤开展。

10.3.3 学位论文的结构

学位论文,通常由以下几部分组成:题目、中英文摘要、关键词、目录、绪论、正文、结论、参考文献、致谢、附录和如图10.3.2所示。

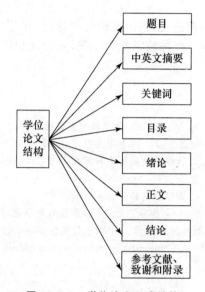

图10.3.2 学位论文组成结构

1. 题目、摘要和关键词

对于学位论文结构中的前三部分,即题目、摘要和关键词与学术论文的要求基本相似,不同的是,学位论文需要增加英文摘要。

2. 目录

无论是学士学位论文、硕士学位论文还是博士学位论文,目录是必不可少的组成元素。由于学位论文的篇幅比较长,因此提供清晰的目录导航是非常必要的。

3. 绪论

绪论的位置在正文之前,应专门分出一个章节来介绍。绪论中应包含的主要元素有:课题研究背景、国内外研究现状、研究目的和意义、研究路线与组织结构、研究框架与研究方法。

4. 正文

正文部分一般分三到四章进行详细阐述。首先阐述课题的需求分析,或是调查问卷的设计及数据分析,然后针对具体的课题阐述具体的内容,最后一般都要加上一章总结与展望,在这一章中主要介绍本课题的创新之处和不足之处以及对研究的展望。

5. 参考文献和致谢

学位论文的参考文献的书写格式和研究报告的格式一样,参考文献需要包含中文文献和英文文献。除此之外,学位论文中还需要有致谢。

6. 附录

在学位论文中,用到的调查问卷和访谈提纲等材料都应放在附录中,供读者查看。

无论是学士学位论文、硕士学位论文还是博士学位论文,组成元素基本上是相同的,都包含上述几个部分。所不同的主要在绪论和正文部分,一是硬性的字数要求,另一个就是研究内容的逻辑结构和新颖性及创造性。

请下载一两篇优秀的毕业论文,列出该论文的提纲,并写出优缺点及创新之处,对其做出合理的评价。然后选择一个你较熟悉的主题,列出学位论文的一级和二级提纲并写出其创新之处。

[1] 李克东. 教育技术学研究方法[M]. 北京:北京师范大学出版社,2003.
[2] 丁力. 科技论文选题的原则与方法[J]. 河北电力技术,2007(12):59.
[3] 蔡燕. 毕业论文写作提要[J]. 新疆警官高等专科学校学报,2002(02):51-53.
[4] 崔敏. 如何写博士论文[J]. 公安教育,2007(10):48-51.
[5] 张志夏. 写论文如何选题[J]. 浙江教育科学,2006(03):64.
[6] 张伟远. 远程教育研究报告的撰写(连载之七)[J]. 远程教育杂志,2004(01):55-59.
[7] 张伟远. 研究范例:对网上教学的研究[J]. 中国远程教育,2004(03):22-27.
[8] Qiyun Wang and Huay Lit Woo. Comparing asynchronous online discussions and face-to-face discussions in a classroom setting[J]. British Journal of Educational Technology,2007,38(02):272-286.